市场营销学实务教程

主　编　杨　勇
副主编　高秉元　王晓东
参　编　荆颖蔷　李永霞

中国财富出版社

图书在版编目（CIP）数据

市场营销学实务教程 / 杨勇主编 . —北京：中国财富出版社，2024. 2（2023. 2 重印）
ISBN 978－7－5047－6610－6

Ⅰ. ①市…　Ⅱ. ①杨…　Ⅲ. ①市场营销学—教材　Ⅳ. ①F713. 50

中国版本图书馆 CIP 数据核字（2018）第 042971 号

策划编辑 周　畅　　**责任编辑** 周　畅
责任印制 梁　凡　　**责任校对** 孙会香　卓闪闪　　**责任发行** 杨　江

出版发行	中国财富出版社		
社　　址	北京市丰台区南四环西路 188 号 5 区 20 楼	**邮政编码**	100070
电　　话	010－52227588 转 2098（发行部）		010－52227588 转 321（总编室）
	010－52227566（24 小时读者服务）		010－52227588 转 305（质检部）
网　　址	http://www. cfpress. com. cn		
经　　销	新华书店		
印　　刷	北京九州迅驰传媒文化有限公司		
书　　号	ISBN 978－7－5047－6610－6/F · 2865		
开　　本	787mm×1092mm　1/16	**版　　次**	2018 年 4 月第 1 版
印　　张	28. 5	**印　　次**	2024 年 2 月第 3 次印刷
字　　数	624 千字	**定　　价**	58. 00 元

序　言

21 世纪是知识经济兴起、全球经济一体化、国际间竞争更为激烈、企业间竞争与合作并存的时代，尤其是中国加入世界贸易组织以后，国内市场国际化、国际市场国内化的趋势更加明显。科学技术的发展，新媒体的不断涌现，新产品的寿命周期越来越短，产品的更新换代越来越快，使企业面临着更大的挑战。随着消费者收入水平的不断提高，受教育程度不断加深，消费需求变化越来越大，呈现出由少到多、由粗到精、由低级到高级、由感性到理性、由大众化到个性化的发展趋势。所有这些，使得企业间的竞争无处不在、无时不在。而企业间的激烈竞争不仅表现为人才、技术竞争，更是营销战略、策略、手段等的竞争。市场营销对企业的经营与管理、生存与发展具有越来越重要的作用和意义。

市场营销学作为一门建立在经济科学、行为科学和现代管理理论基础之上，实践性、综合性非常强的应用性学科，本身处于不断创新、不断发展与不断完善的过程中。尤其是营销理论与实践本土化更需要结合中国政治经济社会改革进程、市场发育程度和企业营销实践，不断进行创新，将一些实践中行之有效的新理论、新理念、新方法、新经验纳入学科体系中，以使市场营销学更符合中国国情，更具有中国特色，更符合高素质应用型人才培养的要求。

我们根据市场营销教学研究、学术研究与社会实践，结合市场营销学理论的发展以及我国企业的实际，吸收、融合最新的营销研究成果，努力把握现代经济环境的新变化和新趋势，围绕“企业开展市场营销”这一主题，按照企业进入市场的过程依次展开论述；我们从提高大学生的实践动手能力和创新意识、培养高素质应用型人才的要求出发，遵循“知识在于应用，营销始于行动”的教学原则，依照“理论、实务、案例、实训”四位一体的原则进行编写。全书涵盖了市场营销导论、市场营销概述、市场营销环境分析、市场调查与市场预测、消费者行为分析、目标市场营销、市场竞争战略、产品策略、定价策略、分销渠道策略、促销策略、政治权力与企业公关、服务营销、国际市场营销、市场营销新发展、市场营销管理共十六章内容。

本书既可作为经济类、工商管理类及职业技术类本专科学生的教材，也可作为企业市场营销人员培训及自学的参考书，还可作为创业人员与营销管理者的业务指导书。

由杨勇对全书框架结构、各章节的编排进行了总体规划，各章节写作具体分工如下：第一、二、三、十、十三、十四章由杨勇负责编写，第七、八章由王晓东负责编写，第四、九、十一章由高秉元负责编写，第十二、十五、十六章由荆颖蔷负责编写，第五、六章由李永霞负责编写，最后由杨勇总纂。

本书编写承蒙北京市社会科学院经济研究所副所长、中国总部经济研究中心主任赵弘研究员的精心指导，得到了运城学院副院长黄解宇教授、教务处长刘宽亮教授、运城学院经济管理系、运城学院非公有经济研究中心、运城职业技术学院以及中国财富出版社的大力支持和关怀，在此一并表示深深谢意。

本书在编写过程中，参考了国内外有关市场营销方面的大量书籍及不少专家学者的研究成果。如果参考文献出现遗漏，还请专家学者予以谅解。值此出版之际，向他们表示真挚的感谢。

由于时间仓促、编者水平有限，书中疏漏在所难免，敬请各位读者见谅，并期望能将问题反馈给我们，我们将及时更正与补充，以使本书更加完善。

杨　勇

2018 年冬于运城学院

教学建议

菲利普·科特勒曾说："市场营销学的父亲是经济学，母亲是行为科学；数学是祖父，哲学是祖母。"市场营销学作为一门建立在经济科学、行为科学和现代管理理论基础之上，实践性非常强的应用学科，需要学生掌握的知识很多。建议在系统学习经济学、管理学、战略管理学、统计学、经济数学、会计学等课程的基础上，开设该课程。

为了使市场营销学实务教程的教学达到预期效果，建议通过讲授法、谈话法和读书指导法，在全面、准确地阐述市场营销基本原理的基础上，注重案例分析、课堂讨论、角色扮演、企业参观、实验室实验、实践实训等活动，引导学生深入实际市场环境开展市场营销活动，通过实战演练，让学生切身体验与感受市场营销的工作过程；充分利用学院资源，采用计算机和网络等多媒体现代化教育手段进行教学。

本课程的考核方式可采取知识考核与实践能力考核相结合的方式进行。

通过市场营销学实务教程的理论与实践相结合的教学及考核方式，培养学生既切实理解与系统掌握市场营销的相关理论知识，又具备市场调查与预测、市场分析与营销策划的动手能力，还能提升其团队合作意识、创新思维、组织协调、敬业精神、人际沟通、心理健康、语言文字表达等方面的综合素质。

学时分配建议（供参考）

章节	课程内容	学习要点	学时安排
第一章	市场营销导论	市场营销学的产生与发展 市场营销学的研究对象及内容 市场营销学的学科特点和研究方法	2
第二章	市场营销概述	认识市场 认识市场营销 市场营销人员的基本素质 市场营销观念及其演变	4
第三章	市场营销环境分析	市场营销环境概述 微观营销环境 宏观营销环境 市场环境分析与企业对策	4

续 表

章节	课程内容	学习要点	学时安排
第四章	市场调查与市场预测	市场调查 市场预测	6
第五章	消费者行为分析	消费者市场与生产者市场 影响消费者（生产者）购买行为的诸因素 消费者（生产者）购买决策过程	4
第六章	目标市场营销	市场细分化 目标市场选择 市场定位	6
第七章	市场竞争战略	竞争者分析 市场竞争战略 市场竞争定位及竞争对策 现代企业竞争的新战略	4
第八章	产品策略	产品组合策略 产品寿命周期理论 新产品开发策略 品牌及包装 产品风险及其规避对策	6
第九章	定价策略	影响定价的因素 定价程序和方法 定价策略 定价风险及其规避	4
第十章	分销渠道策略	分销渠道概述 中间商 分销渠道策略 物流管理策略	4
第十一章	促销策略	促销与促销组合 人员推销策略 广告策略 营业推广策略 宣传报道	6
第十二章	政治权力与企业公关	政治权力 企业公关	2
第十三章	服务营销	服务与服务营销 服务营销质量管理 服务的有形展示	2

续 表

章节	课程内容	学习要点	学时安排
第十四章	国际市场营销	国际市场营销概述 国际市场营销环境分析 国际市场营销策略	4
第十五章	市场营销新发展	网络营销 全球营销与战略联盟 绿色营销 知识营销 数据库营销 事业关联营销	2
第十六章	市场营销管理	市场营销组织 市场营销计划 市场营销执行 市场营销控制	4
总课时			64

目　录

第一章

市场营销导论

学习目标与要求

1. 了解市场营销学在国内外的产生与发展。
2. 熟悉市场营销学研究对象、内容及学科特点。
3. 掌握市场营销学研究方法。

本章知识架构

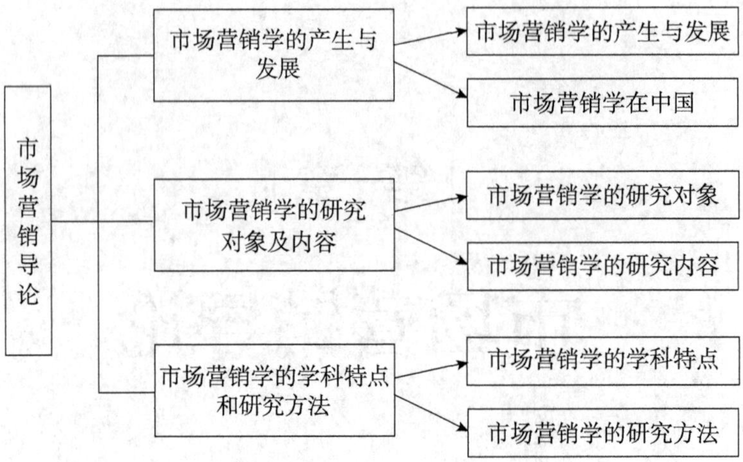

导入案例

雕牌及纳爱斯

一、雕牌及纳爱斯集团简介

1. 雕牌品牌

雕牌品牌标识由一个苍劲有力的手写体“雕”字和一只展翅飞翔、搏击长空的大雕形象组合而成。雕，是一种猛禽，是藏民的图腾，在藏语中有卫生清道夫之意。雕，筑巢于悬崖绝壁上，翱翔天际，啄食腐败生物，尽清洁卫士的天职，保护生态环境。产品商标选雕，意在对顽垢污渍和丑恶现象猛力去除。雕牌是纳爱斯集团旗下的主导品牌。

2. 纳爱斯集团

纳爱斯集团是专业从事洗涤和口腔护理用品的生产企业，总部位于中国有“浙江绿谷”之称的丽水市。

纳爱斯集团的前身是成立于1968年的地方国营“丽水五七化工厂”，曾经在全国洗化行业内产值排名倒数第二，是一个仅有几十个人的手工作坊式小厂。1993年年底改制为股份公司，2001年12月组建企业集团。纳爱斯在中国改革开放大潮中长足发展，自1994年以来，完成的各项经济指标连续多年稳居全国行业榜首。

目前，纳爱斯集团在华南地区的湖南益阳、华北地区的河北正定、西南地区的四川新津、东北地区的吉林四平和西北地区的新疆乌鲁木齐建有五大生产基地，这五大生产基地与总部在全国形成“六足鼎立”之势，是目前世界上最大的洗涤用品生产基地。年产洗衣粉100万吨、液体洗涤剂30万吨、肥皂28万吨、甘油2万吨、牙膏2.5亿支。洗衣粉占有中国市场40%以上的份额，肥皂占有超过67%的市场份额，液体洗涤剂产销量多年来稳居行业前茅。集团产品拥有纳爱斯、雕牌两大名牌四大系列400多个品种，其中“纳爱斯”“雕牌”为驰名商标。雕牌洗衣粉、雕牌液体洗涤剂同为中国名牌产品和国家免检产品。

二、雕牌成功的目标市场战略

雕牌在竞争激烈的日化市场取得成功，其出色的营销策略，尤其在目标市场选择和品牌定位上的创新功不可没。

1. 洗衣皂针对目标市场的产品创新

纳爱斯在与香港丽康公司合作之后，将突破点锁定在洗衣皂上。这是一个消费者对之毫无感觉的市场领域：地方货各自为营，根本没有全国性品牌。机会就在这里。当时的洗衣皂厂家没有品牌意识，产品本身也存在诸多缺陷：块大、粗糙、外观蜡黄、赤裸无包装，再加上味道实在不敢让人恭维，所以俗名就叫“臭肥皂”。但臭肥皂却是人们洗衣必需的东西，虽然香皂味道好，可去污力却比不上洗衣皂。

(1) 雕牌超能皂

针对洗衣皂市场的情况，纳爱斯认为要在洗衣皂上打开缺口，就得从实质上进行改造。纳爱斯通过产品创新，向市场推出了新品——雕牌超能皂。雕牌超能皂的颜色独特——蓝色，造型独特——中凹，形象代表独特——大雕，意喻去污迅捷。但初入市场，新奇的颜色和包装没有带来消费者对“雕牌”的青睐，消费者认为又是一种玲珑剔透的香皂，去污力值得怀疑，因此雕牌超能皂受到冷落。

面对窘境，一个在日后被许多企业引为经典范例的著名广告策划案在纳爱斯公司悄悄出台。1993年6月21日，《浙江日报》刊登了纳爱斯公司的免费大赠送广告，一个手写体的遒劲汉字“雕”的注册商标首次醒目地出现在媒体上。广告列举了雕牌超能皂的四大优点，并告诉读者只要剪下报上的广告券就能免费领取超能皂一块，还有机会抽奖获得免费港澳游。广告一经推出，各经销点人气骤增，众多消费者由此免费领略到了用超能皂洗衣的诸多好处，而口碑相传也在消费者心中留下了雕牌的良好印象。从此，雕牌超能皂畅销不衰至今，连续多年占据同类产品销量第一的位置。

雕牌超能皂的成功就在于找到了产品的市场空白点，同时为占领这一市场，运用独特的促销传播手段建立产品的知名度，推动顾客尝试，并通过消费者的消费体验进而增进他们对产品的好感和偏爱，提高其对产品的信任度。

(2) 雕牌透明皂

在超能皂取得成功后，紧接着雕牌透明皂迅速上市。这一次，形状由大变小，一手可握，便于消费者使用。同时，改良香味，变为淡淡的清香，再配以中档的价位。产品一上市，迅速被成千上万的消费者接受，很多商场、超市一上柜就被抢购一空。雕牌透明皂从一上市就被消费者追捧到现在仍经久不衰，让当初并不看好的同行大跌眼镜，等醒悟过来，纷纷上马之时，早已错失良机。雕牌透明皂改变了人们的使用习惯，而价格上的优势、新产品的优势及强劲的广告使雕牌透明皂一举成名，成为洗衣皂销量第一的品牌，透明皂的成功为雕牌掘到了第一桶金。从此雕牌走出了丽水这个偏远的地区，走上了更大的舞台。

2. 雕牌洗衣粉的目标市场定位：大众路线

雕牌洗衣皂成功切入市场是因为选择了一个相对空白的市场竞争不是很激烈的目标市场，而雕牌洗衣粉切入市场就要面对宝洁、联合利华等外资企业的封锁了，这时候目标市场的选择就显得更加重要。

此时的中国洗衣粉市场一直被宝洁、联合利华和国内的奇强占据。外资经过数年的运作，已经牢牢占据了城市市场绝大多数份额，而奇强从外资不太重视但容量很大的农村市场入手，连续三年获得全国销量第一。但在洗衣粉市场中，城市市场中档价位的洗衣粉严重缺档，早些年以活力28和白猫为首的高档浓缩粉已渐渐不再受宠，逐渐被外资品牌的复配粉所代替。但外资洗衣粉的价格仍然超出了大多数消费者的接受程度，市场急需中档洗衣粉的出现。再者，以奇强、全力为代表的农村路线的领路军，虽已在农村市场有了坚固的基础，但在知名度方面是软肋。而农村消费者在有限的电视媒体上还没有看到什么厂家做广告，所以在洗衣粉的选择上是盲目的。这个市场空白就成为了雕牌洗衣粉成功切入市场的跳板，雕牌用低价作为进军日化市场的“冲锋炮”，用广告在农村市场奠定品牌形象，结果遍地开花。1999年，雕牌洗衣粉奇迹般地跃居市场占有率第二位，2000年获得全国销量第一。

三、雕牌针对目标市场的营销策略

1. 灵活的价格策略

消费者对于价格总是很敏感的，雕牌用低价打开城市市场的口子，在过硬质量的保证下和全新市场的创造中，价格优势增加了雕牌成功的筹码。

雕牌洗衣粉凭借其过硬的质量和超低的价格得到了消费者的认可。1999年，雕牌对外宣告其建成了全世界领先的全自动喷粉设备，生产效率大大提高，为此做注脚的是：这一年刚开始，雕牌洗衣粉的价格就降到了一箱29元，跌破了30元的心理价格底线，一步到位的价格让同行们措手不及。2000 年，雕牌洗衣粉再接再厉，继洗衣皂之后又拿到一个全国销量第一。雕牌洗衣粉的“三级跳”不仅让自己出尽风头，更引发了整个行业的价格跳水，以宝洁和联合利华为首的外资企业不得不低下高贵的头，每袋同容量洗衣粉从零售价 6 元降至 2.2 元，每年可为中国百姓减轻 50 多亿元的生活开支，国内品牌的价格也是一落再落。

随着市场的发展，为提升品牌价值，雕牌开始适时地运用高价策略。2003 年，纳爱斯在全国各地陆续上市雕牌天然皂粉。天然皂粉洗护“二合一”，提倡时尚洗衣新概念，是人性化、生态化的环保产品，400g 天然皂粉（家庭装）的零售价为 3.5 元/包，在洗衣粉新产品同质化中脱颖而出。高价位对于消费者而言，常意味着高品质和高社会阶层。雕牌天然皂粉的新鲜出炉标志着雕牌开始进军日化高价细分市场，这有利于提升雕牌的品牌附加值，产品的环保特质也进一步充实了品牌文化。同时，其多品种出击，尤其是进军宝洁一统天下的高端洗护市场，能在战略上分散对手注意力，增加品牌抗风险的系数，有助于真正打破宝洁在日化行业的封锁。

2. 牢固的销售终端

强大的经销体系和渠道优势是雕牌能在短时间内实现超速度上升的保证。雕牌在与经销商签订合同时，都会向经销商许诺年底给予一定的返利，保证其一年的努力得到相应的回报。

对经销雕牌的绝对信心，使得经销商签合同时，心甘情愿地把预付金打进雕牌的账户。这个举措一箭三雕：第一，大大加固了生产商与经销商合作的基础；第二，预付金为雕牌的流动资金作了坚实的保证，使生产和广告均正常运作；第三，也是最重要的，在一定程度上，雕牌抽空了经销商的流动资金，以至于经销商想代理其他品牌，也苦于资金匮乏，心有余而力不足，确保了经销商对雕牌的忠诚度。

3. 强大的生产能力

纳爱斯集团不仅自己拥有的五大生产基地全力生产，自己的生产能力得到了全面的利用，还借力竞争对手的生产能力，使其成为行业中的王者。

纳爱斯集团在全国各地进行外加工。一个奇怪而又颇具讽刺意味的现象是，现在包括我国的德国汉高的四个洗涤剂生产厂和宝洁的两个工厂在内的遍布全国 19 个省的 30 家企业，它们的生产线每天都在生产着纳爱斯的产品，而后者的香皂、洗衣粉、牙膏又在与它们争夺市场份额。因为这种委托加工，徐州汉高洗涤剂有限公司脱离了亏损 4000 万元的窘境而扭亏为盈，甘肃“蓝星”从扭亏到盈利再到创下该厂 20 年来洗衣粉生产的历史纪录。更重要的是，这些委托加工企业，已成为纳爱斯在全国迅速布下的星星之火，不仅有效地实现了产地直销，还减少了运输成本。细算下来，纳爱斯如果完全自己生产，原材料和成品运输的成本，与交通便利的地区相比，每吨要多付出 600 元，一年下来，就白白丢掉 3 亿元的利润。而委托加工，只付出每吨 200 元的加工费，效益可想而知。

4. 针对性强的广告策略

广告必须根据不同的产品特色和不同的目标消费群体，进行有针对性的诉求，实现由创造、扩大知名度到巩固品牌形象、塑造企业文化的完美升华。雕牌广告的诉求手段种类纷呈，但都具有清晰一致的核心思路。

雕牌透明皂的广告主要针对农村市场。相对于城市用洗衣机洗衣的频率高、洗衣粉使用比例大的情况，农村市场的皂类使用率要高得多。透明皂的广告就用一对农村老年夫妇，以一种拉家常的对话形式，清晰地传达出雕牌透明皂的功效，而两位老人和蔼可亲的邻家形象也让人们觉得真实，拉近了消费者和产品的距离。显然，这是一个有效的针对既定市场和既定消费者的广告。

再来看看洗衣粉广告。雕牌洗衣粉的第一则广告主要针对城市市场，并欲填补中档洗衣粉市场的空缺，因此，价格实惠是诉求的要点。这则广告回避了当时众多洗衣粉广告的功能性宣传，反复用“我要雕牌”来引起消费者的注意，并用“只选对的，不选贵的”暗示雕牌的价格实惠。结果广告一经播出便家喻户晓，对雕牌知名度的提升起了很大作用。

雕牌靠广告起飞，却并非毫无目的的狂轰滥炸，每一个产品的广告都针对了不同的消费群体，力求深入人心；每一则广告都跳出了竞争对手陈旧的宣传模式，给消费者留下深刻的印象。同时，每一则广告都紧紧围绕着“同一种声音”，即纳爱斯集团的企业核心文化——“我们的努力只为提升您的生活品质”“真情付出，心灵交汇”……这是一种人本的回归，一种崇尚企业服务大众、心灵平等沟通的至高追求。

（资料来源：http：//www. cehuajie. cn. 2013－06－09. 略有改动）

从上述案例可以看出，纳爱斯集团作为专业从事洗涤和口腔护理用品的生产企业，成功运用市场营销原理，由“曾经在全国洗化行业内产值排名倒数第二，是一个仅有几十个人的手工作坊式小厂”，发展成为“自 1994 年以来，完成的各项经济指标连续多年稳居全国行业榜首”和“目前世界上最大的洗涤用品生产基地”的优秀日化企业，其洗衣粉、肥皂在我国市场占有的份额及液体洗涤剂产销量多年来稳居行业前茅。这充分地证明了市场营销学（Marketing）作为一门综合性的应用性学科，对指导企业从事生产经营活动有极其重要的作用。

市场营销学于 20 世纪初创建于美国，这与美国市场经济的不断发展和市场营销实践的进一步演变密切相关，是美国社会、经济、政治、文化、科学技术等各方面因素共同作用的结果，后来流传到欧洲、日本等国家和地区。20 世纪 80 年代初期，市场营销学开始被大量引入我国，并从传统的市场营销学演变为现代市场营销学，其应用从营利性组织扩展到非营利性组织。市场营销学在营销实践中不断完善和发展。

第一节　市场营销学的产生与发展

一、市场营销学的产生与发展

（一）市场营销学的产生

自从出现市场，人类的市场营销活动就再没有终止过。我国从事市场经营活动的历史源远流长，经商文化博大精深，在漫长的营销活动中逐渐培育出我国经营者们“秘而不宣”的经营谋略。据我国的古典名著《史记·货殖列传》《汉书》等记载，在我国古代历史上曾经出现过许多成功的商人，在实践中积累了一套成功的经商办法。春秋战国时期的范蠡、商祖白圭，早已总结了至今仍脍炙人口的“旱则资舟，水则资车”“论其有余不足，则知贵贱”等理论；范蠡的经商理财十八要则，更是被企业经营者们奉为经商理财的宝典。我国古代经营者实践多理论少，总结不够，系统性不强，固而很少被纳入营销经典中去。

被誉为现代管理之父的彼得·德鲁克认为，规范的、系统的市场营销活动理念最早起源于 17 世纪的日本，是由日本三井家族的一位成员于 1650 年发明的，他在东京定居下来后，成立了世界上第一家百货商店，他为该商店提出了一些经营原则。过了 250 年之后，美国的西尔斯·罗巴克公司才提出类似的原则。该原则的基本内容是：公司充当顾客的采购员；为顾客设计和生产适合需要的产品；保证满意，否则原款奉还；为顾客提供丰富多彩的产品，而不是只着眼于一套工艺、一种类型、一个程序。

进入 19 世纪后期，伴随着科学技术的进步，标准产品、零部件和机械工具的发展，食品储存手段的现代化，电灯、自动纺织机的应用等，资本主义经济得到了空前的发展，资本主义的矛盾日趋突出。连连爆发的经济危机，迫使企业更为关注产品销售，以应对市场竞争，并在实践中不断探求市场营销的运行机制和运行规律。20 世纪初，世界主要资本主义国家先后完成了工业革命，由自由竞争进入了以社会化大生产为基础的垄断资本主义阶段。垄断组织加快了资本的积聚和集中，使企业的生产规模越来越大，生产能力迅速增加，专业化程度日益增强，产品市场由本地市场向全国市场甚至国际市场扩张，市场竞争日趋激烈；同时由于科学技术的迅猛发展，新设备、新产品不断涌现，迫使企业更多地了解消费需求及竞争对手的情况，以便争取市场竞争中的有利地位。人口迅速增长，个人收入水平不断提高，扩大的新市场为社会创造了无数的商机。而美国古典管理学家、科学管理理论的主要倡导者、被后人尊称为“科学管理之父”的泰罗从工厂的车床旁总结归纳出以提高劳动生产率为主要目标的“科学管理”理论，现代经营管理之父亨利·法约尔“从总经理办公桌旁”创立的一般管理体系应运而生，使企业内部决策、计划、组织、协调与控制变得更为严密，也使企业有可能和有能力运用现代化的调查研究方法，预测市场变化趋势，制订有效的生产计划和销售计划，控制和调节市场销售量。为适应资本主义市场经济迅猛发展、社会快速变革这种客观需要，市场营销学作为一门独立的经营管理学科诞生了。

（二）市场营销学发展的四个阶段

市场营销学从诞生到发展，大致经历了以下四个阶段：

初创阶段（1900—1920 年）

市场营销思想的形成和发展首先是在美国，这与美国市场经济的不断发展和市场营销实践的进一步演变密切相关。20 世纪初，随着西部开发运动和铁路向全国各地的延伸，美国国内市场急剧扩大。由于生产的社会化、现代化，导致企业生产能力的增长超过市场需求的增长。企业开始重视商品的销售和促销，美国的许多营销学者开始发表和出版一些论著，分别论述产品分销、推销、广告、定价、产品设计和实体分配等专题。为了培养企业销售人才，美国各地纷纷成立了销售学校，一些大学设立了工商管理市场营销专业，但名称还不甚规范。1902 年，美国密歇根大学开设的这门学科的名称是“美国的分配和管理行为”。从 1902 年到 1905 年，美国的密执安大学、加州大学、伊利诺斯学院和俄亥俄大学等相继开设了市场营销课程。韦尔达、拉尔夫·巴特勒和威尼斯在美国最早使用“市场营销”术语。韦尔达提出，“经济学家通常把经济活动划分为三大类：生产、分配、消费……生产被认为是效用的创造”“市场营销应当定义为生产的一个组成部分”“生产是创造形态效用，营销则是创造时间、场所和占有效用”。他还认为“市场营销开始于制造过程结束之时”。1910 年，执教于威斯康星大学的拉尔夫·巴特勒教授正式出版《市场营销方法》一书，首次使用“市场营销”作为学科名称。1911 年，第一个市场调查研究机构在美国诞生。1918 年弗莱德·克拉克教授编写了《市场营销原理》讲义，被多所大学用作教材并于 1922 年出版；L. S. 邓肯教授也于 1920 年出版了《市场营销问题与方法》。这一阶段的市场营销学，同“推销”或“促销”的含义是通用的，其内容局限于流通领域，主要是“分配学”和“广告学”，研究的重点是企业产品的广告与人员推销等促销方法。

应用阶段（1920—1945 年）

1929 年，美国爆发经济危机，随即席卷包括德国、英国、法国等整个资本主义国家，形成了前所未有的、持续最久的世界经济大危机。经济危机造成生产严重过剩，商品大量积压，企业倒闭，工人失业。其中美国、德国、法国、英国共有 29 万家企业破产，资本主义国家失业工人达到 3000 多万，美国失业人口 1700 多万。主要资本主义国家市场明显由卖方市场转为供过于求的买方市场。严峻的事实迫使企业经营者关注的首要问题已经不是如何扩大生产和降低成本，而是怎样把产品销售出去。为了帮助企业打开销路、争夺市场、增加销售，市场营销学家提出了“创造需求”的理论，开始进行市场调查、分析、预测，并运用大量的实际资料，形成了许多新的原理。如弗莱德·克拉克和韦尔达在其《农产品市场营销》（1932 年出版）一书中指出：农产品市场营销系统包括集中（农产品收购）、平衡（调节供求）和分散（化整为零销售）三个相互关联的过程。营销者在其中执行 7 个市场营销职能：集中、储存、融资、承担风险、标准化、销售和运输。1937 年，美国全国市场营销学和广告学教师协会及美国市场营销学会合并组成现在的美国市场营销学会。该学会在美国设立市场营销调研专刊，对市场营销学的发展起了重要作用。1941 年，P. D. 昆巴斯和 H. W. 方济教授二人合著了《市场营销原理》，他们从企业经营者的立场出发，对市场营销的职能进行了广泛的探讨。到第二次世界大战结束，市场营销学得到长足的发展，并在企业经营实践中广泛应用。但是，这一时期的营销研究仍然局限于商品销售技巧、销售方法和销售渠道等方面，基本上没有超出商品流通领域。

变革阶段（1945—1955 年）

第二次世界大战后，市场营销学从概念到内容都发生了深刻的变化。在这一时期，社会经济发生了显著的变化，现代科技的进步，促进了生产力的高度发展，大量的军用品生产转向民用品生产，产品数量剧增，品种日新月异，市场完全变成了买方市场；资本主义“生产过剩”的经济危机比“二战”前更为频繁，平均五六年就爆发一次；消费者的欲望与需求有很大的增长和向更高层次上变化，对社会供给提出了更高的要求。在这种情况下，市场营销学也随之发生变革。

许多市场营销学者经过潜心研究，提出了一系列新的营销观念和新的研究方法。1947 年，E. A. 迭迪与 D. A. 雷博赞教授合作出版了《市场营销体系的形成》一书，在该书中，他们研究了产品、价格及管理等各部分之间的变动关系，从而使市场营销学成为一门动态的学科。

美国著名的市场营销专家菲利普·科特勒与阿姆斯特朗合著的《市场营销原理》，自出版以来直到今天还是美国各大学普遍采用的教科书。他们主要研究了最终消费者和工业品使用者市场及销售策略、价格策略等问题。

1952 年，范利、格雷斯和考克斯合作出版了《美国经济中的市场营销》一书，全面地阐述了市场营销如何分配资源、指导资源的使用，尤其是指导稀缺资源的使用；市场营销如何影响个人分配，而个人收入又如何制约营销；市场营销还包括为市场提供适销对路的产品。同年，梅纳德和贝克曼教授在《市场营销原理》一书中，把市场营销定义为“影响商品交换或商品所有权转移以及为商品物流服务的一切必要的企业活动”。他们归纳了研究市场营销的五种方法：产品研究法、机构研究法、历史研究法、成本研究法、职能研究法。

大发展阶段（1956 年至今）

这一阶段，是市场营销学理论与实践大发展阶段，其代表人物主要有：罗·奥尔德逊、约翰·霍华德、杰罗姆·麦卡锡、菲利普·科特勒、乔治·道宁等。

罗·奥尔德逊是营销功能主义学派的创始人，他在1957年出版的《市场营销活动和经济行动》一书中，提出了“功能主义”，主张从经营者行为的角度把握市场营销活动。约翰·霍华德在出版的《市场营销管理：分析和决策》一书中，率先提出从营销管理角度论述市场营销理论和应用，从企业环境与营销策略二者关系来研究营销管理问题，强调企业必须适应外部环境。杰罗姆·麦卡锡在1960年出版的《基础市场营销学》一书中，对市场营销管理提出了新的见解。他把消费者视为一个特定的群体，即目标市场，企业制订市场营销组合策略，适应外部环境，满足目标顾客的需求，实现企业经营目标。

1967年，菲利普·科特勒出版了《市场营销管理：分析、计划与控制》一书，该著作更全面、系统地阐述了现代市场营销理论。书中对营销管理下了定义：营销管理就是通过创造、建立和保持与目标市场之间的有益交换和联系，以达到组织的各种目标而进行的分析、计划、执行和控制过程。并提出，市场营销管理过程包括分析市场营销机会，进行营销调研，选择目标市场，制订营销战略和战术，制订、执行及调控市场营销计划。

菲利普·科特勒突破了传统市场营销学认为营销管理的任务只是刺激消费者需求的观点，进一步提出了营销管理任务还影响需求的水平、时机和构成。因而提出营销管理的实质是需求管理，还提出了市场营销是与市场有关的人类活动，既适用于营利组织，也适用于非营利组织，扩大了市场营销学的范围。

乔治·道宁首次提出了市场营销的系统研究法。他在1971年出版的《基础市场营销：系统研究法》一书中提出，市场营销是企业活动的总体系统，通过定价、促销、分销活动，并通过各种渠道把产品和服务供应给现实顾客和潜在顾客。他认为：“作为一个系统，它有一个人为的控制机制。这个机制将对各种破坏力量作出反击，以维持本系统与其外部环境的平衡。”

1984年，菲利普·科特勒根据国际市场及国内市场贸易保护主义造成封闭市场的状况，提出了大市场营销理论，即6P战略：原来的4P，即产品（Product）、价格（Price）、渠道（Place）、推广（Promotion），加上两个P——政治权力及公共关系。他提出了企业不能只被动地适应外部环境，而且也应该影响其外部环境的战略思想。1986年，科特勒又进一步提出了“10P”组合的理论，即在“6P”组合基础上再加上“4P”：探查（Probing）即市场调查研究、划分（Partitioning）即市场细分、优先（Prioritizing）即目标市场选择、定位（Positioning）。“10P”组合理论全面概括了市场营销学的研究内容。

近几十年来，随着科学技术的日益进步、社会政治经济情况的不断变化、企业市场营销实践的不断探索，市场营销学在它的基本理论、营销观念、学科体系、传播领域等方面都有着重大的发展。

（1）营销观念不断深化。由早期的生产观念、产品观念、推销观念不断演变为市场营销观念、全方位营销观念和社会营销观念。

（2）营销对象内涵、外延不断扩大。市场营销学从研究和指导企业行为，到现在它已经作为一种强有力的理论被推广应用到如医院、学校、社会福利等非营利机构，也被应用到诸如争取国外援助、旅游开发、农业开发等政府项目中来，政府的竞选也都采用了这些理论和方法。

（3）市场营销学理论不断创新。市场营销学界每隔几年就有一批有创见的新概念出现（见表1－1)。这些概念推动了市场营销学从策略到战略、从顾客到社会、从外部到内部、从国内到国际乃至全球的系统的全面的发展和深化。到目前为止，市场营销学已逐步建立起以“满足需求”“顾客满意”为核心内容的框架和体系。

表1－1　　市场营销学新概念

年代	新概念	提出者
20世纪50年代	市场营销组合	尼尔·鲍顿
	产品寿命周期	齐尔·迪安
	品牌形象	西德尼·莱维
	市场细分	温德尔·史密斯
	市场营销观念	约翰·麦克金特立克
	市场营销管理	约翰·霍华德
	营销审计	艾贝·肖克曼
20世纪60年代	“4P”组合	杰罗姆·麦克锡
	营销近视	西奥多·莱维特
	生活方式	威廉·莱泽
	买方行为理论	约翰·霍华德等人
	扩大营销概念	菲利普·科特勒等人
20世纪70年代	社会营销	杰拉尔德·泽尔曼等人
	低营销	菲利普·科特勒等人
	定位	阿尔·赖斯
	战略营销	波士顿咨询公司
	服务营销	林恩·休斯塔克
20世纪80年代	营销战 大市场营销 内部营销 国际／全球营销 关系营销 事业关联营销 大众营销	雷维·辛格 菲利普·科特勒 克里斯琴·格罗路斯 西德尼·莱维 巴巴拉·本德·杰克 瓦拉达拉杰和梅农

续 表

年代	新概念	提出者
20 世纪 90 年代以来	网络营销 差异化营销 绿色营销 4R 营销 4C 营销 数据库营销 整合营销 内部营销 绩效营销 情绪营销 行为定价	葛斯·哈泊 赫海凯特 唐·E. 舒尔茨

链 接

欧洲营销之父：多米尼克·夏代尔

法国巴黎商学院前院长、世界权威的管理及市场营销学者和作家，被誉为“欧洲营销之父”的多米尼克·夏代尔教授在战略营销领域工作了25年，他是第一个把营销理念从美国带到法国的人，曾荣获国际营销协会的各类奖项，享有极高的国际声誉，并在美洲、欧洲和亚洲组织过几十场专题讨论会。夏代尔教授在欧美地区出版有20多部学术专著，并被翻译成多种语言，在多个国家广为流传。

他的主要观点有：①营销要以人为本，不仅是要考虑顾客的需要，更要考虑顾客的利益。一个公司如果能考虑到顾客的利益，那么它的产品就能为更多的顾客接受，对客户的忠诚度是营销的基础。②品牌建设举足轻重。品牌战略无论在什么时候都是一个重要的策略，一个企业如果想要得到长期发展，希望开拓国际市场，发展的前瞻性必不可少，要努力打造优质的品牌。③营销中要坚持简约的理念。营销的根本理念还是“简单”。他说：“营销手段无论如何多样，其目的都是为能够更近地贴近顾客，使之获得更大的认同感，用一种简单的方式赢得他们对产品的理解与喜爱。”

第二次世界大战结束后，日本经济飞速发展。在这个进程中，“营销管理”的新思维从美国传到日本。从此，“用市场而不是用组织的理论来思考商业活动”的市场营销思想成为了日本企业的重要信念。日本企业结合国内外市场环境的变化及特点，对市场营销理论进行了创新性应用，成效显著；日本企业创造了独具日本特色的营销模式，在技术创新和产品策略、渠道运作与管理、CI 战略和广告策略以及国际营销等方面取得了举世瞩目的市场业绩。

总之，随着社会经济及市场经济的发展，市场营销学发生了根本性的变化，从20世纪初的传统市场营销学演变为现代市场营销学，其应用从营利组织扩展到非营利组织，从国内市场扩展到国际市场。当今，市场营销学已成为与企业管理、经济学、行为科学、人类学、数学等学科相结合的实践性非常强的应用性学科。

链 接

科特勒的营销三时代

科特勒把营销分为三个时代。

第一个时代就是营销1.0。正如亨利·福特所言："无论你需要什么颜色的汽车，福特只有黑色的。"这就是以产品为中心的时代。这个时代的核心是产品管理，营销也被局限于支持生产活动的七大功能之一，它的主要功能是为产品创造需求。麦卡锡的4P理论被奉为1.0时代的圭臬：开发产品、制定价格、进行促销和建立渠道。简而言之，此时营销尚停留在战术阶段，它几乎不需要任何创新。营销1.0时代基本上是卖方市场的时代。

从20世纪70年代开始，全球逐渐进入买方市场时代：产品日益丰富，为争夺顾客，企业之间开始了激烈的竞争。这时候更多的营销因素诞生了，比如4C理论所强调的顾客、成本、便利和沟通，营销也因为处于顾客需求不足的时代而越发引起企业重视，逐渐从战术层面上升至战略层面。营销者认识到，要更有效地创造需求，必须改变以产品为中心的方式，转变为以顾客为中心。STP战略的出现是营销2.0时代的核心标志，它强调市场细分（Market Segmenting）、目标市场（Market Targeting）和市场定位（Market Positioning）。事实上，这是当下营销中最常用的营销战略模式。

从20世纪90年代开始，电脑、互联网逐渐进入人们的生活。随着网络化的深入，人类也开始变得高度互联，信息不再是稀缺资源，消费者的消息变得异常灵通，同时也极大地促进了口碑的传播。就如同维克托写的《大数据时代》当中所说的，这个世界被四样东西所改变。第一个是移动终端的来临，第二个是社交时代，第三个是大数据，第四个是云计算。为了适应这些新的变化，营销者又一次开始了营销变革，更专注于人类的情感需求。新时代的营销概念也应运而生，比如情感营销、体验营销、品牌资产营销等。先前的以消费者为目标的传统市场定位模型已经无法继续创造需求，现在的营销者必须同时关注消费者的内心需求。这就是科特勒所说的营销3.0。

二、市场营销学在中国

市场营销学在我国的传播可以追溯到20世纪三四十年代。1933年，由丁馨伯编译的《市场学》是我国现存最早的市场营销教程，1934 年上海世界书局出版了由丁馨伯编译的《市场学原理》，1935 年，上海黎明书店出版了侯厚吉主编的《市场学》。当时一些大学的商学院开设了市场学课程，教师主要是从欧美地区留学归来的学者。由于受长期的战乱影响及半封建半殖民地市场经济落后的限制，我国市场营销学的研究和应用具有很大的局限性。

中华人民共和国成立后，从 20 世纪 50 年代到 70 年代末，由于西方的封锁和我国实行高度集中的计划经济体制，抑制了市场所发挥的作用，再加上我国高等院校课程设置照搬苏联模式，因此，在高等院校的经济管理类专业都停开了市场营销学课程，市场营销学的研究在中国（除港、澳、台地区）基本中断，学术界对国外迅速发展的市场营销学知之甚少。

党的十一届三中全会后，我国确定了以经济建设为中心，实行对外开放、对内搞活的发展战略和大政方针；逐步明确了以市场为导向、建立社会主义市场经济体制的改革目标，从而为我国重新引进和研究市场营销学创造了良好的条件。

1978 年，一些大专院校开始引进市场营销课程。1979 年，少数大专院校开始聘请外籍教师来华讲授市场营销学。1980 年，中美两国政府合作成立了中国工业科技管理大连培训中心，聘请美国著名的营销专家讲课，其中著名的市场营销学教授菲利普·科特勒曾两次到我国进行市场营销讲学。通过对国外市场营销学著作、杂志和国外学者讲课内容进行翻译介绍，选派学者、专家到国外访问、考察、学习，邀请外国专家和学者来国内讲学等方式，推动了营销理论的实践应用，为我国市场营销学的进一步发展打下了基础。

1984 年 1 月，全国高等财经院校综合大学市场学教学研究会（1987 年更名为中国高等院校市场学研究会）成立。1991 年 3 月，中国市场学会在北京成立。研究会和学会为促进学术界、企业界理论与实践的结合，为企业提供营销管理咨询服务和培训服务，建立对外交流渠道，做了大量有效的工作。

1992 年以后，是市场营销理论研究结合我国实际提高、创新的时期。邓小平南方讲话，奠定了建立社会主义市场经济体制的改革基调。改革全方位展开，国内经济结构开始变化，外资企业大量涌入，经济全球化趋势日渐明显，买方市场特征逐步显现，我国企业参与国际市场竞争的趋势不可回避。在这种形势下，强化营销和营销创新成为企业的重要课题。为此，中国营销学界一方面加强了国际沟通，举办了一系列营销国际学术会议；另一方面展开了以中国企业实现“两个转变”（从计划经济向市场经济转变，从粗放经营向集约化经营转变）和以“跨世纪的中国市场营销”为主题的营销创新研究，并取得了一系列成就，出现了一批颇有价值的原创性研究成果。

自 1992 年将市场营销专业列入本科招生目录，到 2017 年为止，国内各大学已普遍开设了市场营销课程，教育部将市场营销学列为工商管理类专业的核心课程之一；从最初的一部分综合大学、财经院校开设市场营销专业，发展到理、工、医、农、艺、体等类千余所院校开设了市场营销本科、专科专业，其中765所本科院校开设了市场营销专业（据大学生必备网2017年8月测算）。人才培养的层次也从原来的专科、本科，发展到硕士、博士。全国市场营销专业教师超过6000人，编著并出版了市场营销学教材、专著上千种。

尽管“有不少营销学者在市场营销学的中国化方面，也做了有益的探索”（吴健安语），也有人声言，30年前如果不知道以菲利普·科特勒、迈克尔·波特为代表的美式营销是无知的；而30年后的今天，再过高地盲目崇拜美式营销，不构造中国的营销思想是无耻的，但目前市场营销学在我国的研究还不够深入，并且出现了市场营销理论研究与营销实践的距离越来越远的现象，许多被称为“营销学者”的人专注于实际营销问题的研究太少，模型化、抽象化、理论化的成果越来越多。大量理论脱离实际的营销知识输出现象相当严重，以致于高校培养出了大量的营销专业毕业生，而企业里最缺的人才却正是营销人才。成功应用市场营销学思想与方法指导企业实践的案例还不够多，特别是中小企业对市场营销尚未引起足够的重视。

美国福特汽车公司国际商务管理主席奥戴德·申卡尔在其著作《中国的世纪》中就断言，20世纪是美国的世纪，21世纪是中国的世纪，2025年中国将拉开“中国世纪”的大幕。对于“中国世纪”的市场营销学而言，则有待于更多的市场营销专家学者既要积极投身理论研究，更应理论联系实际，结合我国社会主义现代化大生产和社会主义市场经济条件下、工商企业市场营销管理的实践经验，创立并不断完善具有中国特色的市场营销学，真正为我国企业在21世纪飞速发展作出应有的贡献。

第二节　市场营销学的研究对象及内容

一、市场营销学的研究对象

任何一门学科都有其特定的研究对象，以确定其研究范围和基本内容，把本学科与其他学科区别开来。市场营销学作为一门新兴的、正在发展中的学科，关于其研究对象，目前国内外学者众说纷纭，存在着各种各样的表述，尚未形成统一的观点和认识。例如，有人认为市场营销学是研究通过一定的销售渠道把生产企业同市场联系起来的过程；有人认为是研究为消费者服务的一种理论；有人认为是研究生产者和消费者之间的一种联系；还有人认为是研究工商企业为实现营销目标而开展的一套商业经济活动等。

我们认为，市场营销学作为一门适应市场营销活动的发展而发展起来的应用性学科，它是研究使适当的产品、以适当的价格、在适当的时间和地点、用适当的方法销售给尽可能多的顾客，最大限度地满足其需求的一门科学，其研究对象应该是企业的营销活动及其规律。这种活动是以发现消费需求为起点，以满足消费需求为核心，以系统的产品生产、销售或劳务提供为手段，识别、分析、评价、选择和利用市场机会，以实现企业经营目标为结果的企业整个市场营销活动及其发展过程。

二、市场营销学的研究内容

市场营销学研究的范围非常广泛，包含的内容也极其丰富。从企业市场营销活动的内在联系上概括，有以下几方面的内容：

（1）企业通过市场调查，根据外部环境和内部条件判断应向市场提供什么产品才是有利的，所提供的产品之间应该具有怎样的配合关系才有利于扩大销售、增加利润。

（2）产品应如何包装。

（3）产品应用何种适当的品牌策略。

（4）企业在产品售前、售后应向顾客提供哪些服务、如何提供服务，才有利于提高产品的竞争力。

（5）对本企业产品应如何定价，与竞争对手如何展开价格竞争，才能达到预期的经营目标。

（6）广告的运用和预算。

（7）人员推销的组织、培训和推销方法的应用。

（8）可供选择的销售推广方式及其适用条件和应用方法。

（9）产品的运输和仓储。

（10）产品销售渠道的建立与中间商的选择。

（11）为取得必要的市场信息，如何开发市场调查和市场预测。

（12）企业营销战略制订的步骤和方法。

随着经济全球化和知识经济时代的到来，以及经济全球化带来的各种机遇和挑战，市场营销新理念不断出现，市场营销学的研究内容将更加丰富。

第三节　市场营销学的学科特点和研究方法

一、市场营销学的学科特点

市场营销学与其他学科相比，具有的特点是：①市场营销学是大量从其他学科汲取养分的学科；②市场营销学是一门应用性学科；③市场营销学是科学性与艺术性相统一的学科；④市场营销学是差异性非常显著的学科。

（一）市场营销学是大量从其他学科汲取养分的学科

纵观市场营销学的百年发展史，市场营销研究者来自不同的学术领域，有着不同的实践经验，工作在不同的岗位，运用各个学科的理论来研究企业市场活动中的实际问题，从而成为当今世界发展最快、动态性最强的应用性学科之一。菲利普·科特勒在1987年5月“美国市场营销协会成立50周年暨世界市场营销学大会”上所作的报告中说：“市场营销学的父亲是经济学，母亲是行为科学；数学是祖父，哲学是祖母。”“经济科学提醒我们，市场营销是用有限的资源通过仔细分配来满足竞争的需要；行为科学提醒我们，市场营销学涉及谁购买、谁组织，因此，必须了解消费者的需求、动机、态度和行为；管理理论提醒我们，如何组织才能更好地管理营销活动，以便为顾客、社会及自己创造效用。”实际上，市场营销学在发展演进过程中除了从其祖上承袭了优秀成果外，它还在不断从诸如系统科学、传播学、社会学、广告学、心理学、人类学、美学甚至军事学等汲取营养，使其始终处于不断更新发展之中。

（二）市场营销学是一门应用性学科

伴随着经济发展和企业经营管理需要而产生并发展的市场营销学是企业活动的产物。市场营销学的基本原理、方法和策略是企业市场营销实践活动的理论总结。它一方面紧密联系企业实践中出现的新情况、新问题，另一方面不断从其他学科汲取养分，丰富和完善学科体系与方法，反过来指导企业实践。

世界发展到今天，营销无处不在，市场营销学已经是当代企业在迅速变化的市场环境和日趋激烈的竞争中求生存、求发展的管理利器。无论是有意识的还是无意识的，任何组织与个人都在从事着各种各样的营销活动。在当今的环境中，好的市场营销已经成为企业成功的必备条件。市场营销已经渗透到人们生活中的点点滴滴，在社会经济生活的各个方面得到广泛应用。

（三）市场营销学是科学性与艺术性相统一的学科

市场营销学从诞生以来，在学术界长期存在它“是科学还是艺术”的争论。其实，市场营销学既是一门科学，也是一门艺术。说其是科学，因为它有规律可循，可以被认识，可以量化和复制。“科学”的力量在于它能揭示事物的客观规律，人们可利用这种规律达到长远目标，实现可持续发展。当我们收集各种市场信息和情报资料时，尽量用科学方法收集和分析，这时科学成分比较大。说其是艺术，是强调它的权变性、灵活性。“艺术”的魅力在于能抓住时机，做别人想不到的事，做别人拿不准、没胆量做的事。当对取得的各种信息资料进行整理、分析、评价以后，要作最后决策时，这时艺术成分就大一点，主要是依据企业决策者的实践经验和主观判断。科学性和艺术性的统一，就在于在科学的市场营销理论和原则指导下，用现代管理科学的理念、方法、工具来装备自己，在理智的状态下，最大限度地发挥艺术的魔力，以实现企业的营销目标。

当然，在科学性与艺术性并重的情况下市场营销才能达到最佳效果，在我国一般科学性所占比例较少，出现了一些营销失败的案例。

（四）市场营销学是一门差异性显著的学科

市场营销的差异性特征表现在两个方面：一方面是指不同行业、不同产品的市场营销，从理论到实践都存在很大的差异性。根据行业特点，采用不同的研究方法，产生了不同的市场营销学，如旅游市场营销学、服务营销学、网络营销学、物流营销学、医药营销学、房地产营销学、保险营销学等。另一方面，市场营销学是有效指导企业适应差异性的目标市场的实践指南。市场营销学指导企业在竞争激烈和不断变化的市场营销环境中，如何识别、分析、评价、选择和利用市场机会，如何满足其目标顾客的需求，提高企业经营效益，求得企业的长期生存和发展。

二、市场营销学的研究方法

作为一门学科，市场营销学和其他自然科学和社会科学一样，研究方法很多。其研究的根本方法是马克思主义的唯物辩证法。只有运用唯物辩证法的基本原理来研究市场营销中现象与本质的关系，才能揭示市场营销活动发展变化规律；只有贯彻唯物辩证法中实事求是、理论联系实际的原则，注重调查研究和案例分析，才能吸取市场营销中的教训和总结成功的经验，实现营销目标。市场营销学具体研究方法可以概括为传统研究法、矛盾分析法、系统研究法、比较分析法、定性定量结合分析法、案例分析法和社会研究法。

（一）传统研究法

传统研究法指国内外市场营销学研究中常用的几种方法，包括产品研究法、机构研究法、职能研究法和管理研究法。

（1）产品研究法，即对产品如农产品、工业品等分门别类的研究方法。这种研究方法较为详细、具体、深入地分析研究不同产品的特色、品种以及产品标准、包装、分销渠道、价格与促销等问题，与之相适应所带来的消费者的不同行为。这一方法的研究结果，形成各大类产品的市场营销学，如农产品市场营销学、汽车营销学、食品营销学、房地产营销学等。

（2）机构研究法，主要分析执行营销职能的组织及其相互之间的关系，即对分销系统的各个环节（机构），如生产者、代理商、批发商、零售商等进行研究的方法。这种研究方法以商品流通的各个环节为主线，侧重分析研究流通过程的这些环节或层次的市场营销问题，研究不同营销组织机构的特性、变革和功能，分析生产者、代理商、批发商、零售商以及各种辅助机构的作用、运作方式及营销策略。这一方法的研究结果形成了批发学、零售学等。

（3）职能研究法，即研究市场营销的各类职能以及在执行这些职能中所遇到的问题及解决方法。分析不同的营销活动如广告、销售人员、企业公关在市场上的运作方式。这一研究方法的结果形成了营销组织、营销计划、营销执行、营销控制等为主要内容的市场营销管理。

（4）管理研究法，又称决策研究法，即从管理决策的角度研究市场营销问题。从管理决策的角度看，企业的营销活动受两类因素的制约和影响：一类是企业的外部环境因素，另一类是企业内部条件。企业在制订营销策略时，必须全面分析企业外部的环境因素，同时考虑到企业的内部条件，进而依据企业的任务和目标，选择适当的市场机会，确定目标市场，制订最佳的市场营销组合方案，将适当的产品提供给目标顾客，从而扩大市场销售，提高市场占有率，增加企业盈利，最终实现企业的任务和目标。管理研究法广泛采用了现代决策论的相关理论，将市场营销决策与管理问题具体化、科学化，对营销学科的发展和企业营销管理水平的提高具有重要作用。

（二）矛盾分析法

市场营销活动是诸多矛盾的统一体。因此，市场营销学的研究会运用到矛盾分析的方法，分析营销活动中的各种矛盾，找出这些矛盾运动的规律。如在营销活动中，经常会遇到营销者与中间商、顾客之间的矛盾，商品供给与需求的矛盾，市场需求与企业能力之间的矛盾（市场需求是多方面、多层次的，对企业来说可以认为是无限的，但企业所掌握的资源却是有限的，即使是实力再雄厚的大企业也不可能对任何市场需求都有能力提供产品给予满足）等。市场营销学通过深入研究矛盾各方的现状，分析它们在对立统一关系中各自所处的地位和所起的作用，探索它们之间的相互联系与发展趋势，从而进一步揭示市场营销运动的规律。

（三）系统研究法

系统研究法，是唯物辩证法关于事物运动的普遍性原理的具体发展，它是正确认识和掌握复杂事物的运动过程的有力武器。辩证法认为自然界和社会中的各种事物、各种现象是相互联系和相互制约的。市场营销学作为一门涉及面很广的科学，其研究对象有着十分复杂的内外联系，而且这些联系又都处于动态的变化之中。不运用系统分析的方法，就不能正确地研究和表达这些联系的发展变化。

系统研究法从企业内部系统、外部系统以及相互协调的角度来研究市场营销学。系统研究法主要应用了系统工程的原理和方法，企业内部系统主要研究企业内部各部门如生产部门、财务部门、人事部门、营销部门等如何协调；企业外部系统主要研究企业与外部环境尤其是目标市场之间的关系协调问题。

运用系统研究法要有整体的观念。市场营销活动是各个环节、各种要素、各个方面的综合，这涉及政治法律、人口经济、自然科技、社会文化等方方面面。我们在分析市场营销时，一定要把它当作一个有机整体来看待。运用这种方法还要有整、分、合的观点。对问题的研究既要从整体出发，又要进一步具体分析，然后综合起来进行考察评价得出总体的结论。

运用系统研究法，一方面，强调企业营销系统与更大系统的协调关系，将企业营销与社会经济系统的协调和一些相关系统的协调联系起来；另一方面，也将企业各营销职能作为一个分系统，强调它们之间的“整合”与协调。企业内部系统与外部系统通过商流、物流、货币流、信息流及风险流相互连接起来，从而发挥出最大效能，产生出高的营销效益。

（四）比较分析法

市场营销学探索的规律，是企业营销活动实践的概括和理论的升华。在市场营销学发展过程中，有的是客观规律的反映，带有普遍的意义，必须给予理论的概括；有的则是偶然的现象，是在个别条件下产生的。只有进行反复的比较和分析，才能总结出一般的规律。例如，当今世界，国家与地区经济发展水平相差很大，美国属于经济发达国家，而我国是以解决温饱转向全面达到小康的发展中国家，我国市场与美国市场有很大的差异性，针对不同的市场必须制订不同的营销策略。如果无论什么市场特点，都采用同样的营销策略，必然会在有些市场上遭到惨败。

（五）定性定量结合分析法

马克思主义认为，任何事物都有质和量两个方面，质是一事物区别于其他事物的内在规定性，量是事物存在的规模和发展速度，事物的质和量是不可分割的。质与量矛盾的对立统一是度。度表示在一定的界限之内数量增减不会引起事物性质的变化，而如果超出一定的界限，则必然引起事物性质的变化。要正确地认识事物，就要把握住事物的质、量、度。

定性分析是指通过对所掌握的历史资料和未来条件的研究，根据自身的经验和分析判断对研究对象的发展变化趋势进行的分析；定性分析偏重于对事物发展性质如发展趋势、方向、重大转折点的分析，主要凭人的知识、经验和分析判断能力。定量分析则是根据已经掌握的比较完备的历史统计资料，应用一定的数理统计方法和数学模型，寻求有关变量之间的规律性联系，对研究对象的未来发展变化程度进行的分析。定性分析与定量分析二者结合起来互相补充，定性分析力求定量化，定量化的结果进一步作定性分析，以保证分析结果减少偏差，更恰当地反映客观实际。

（六）案例分析法

案例分析法，就是将真实的企业实践记录下来形成案例，供研究分析讨论之用。这种方法被广泛地应用于世界各地的市场营销学研究和教学之中，是研究和学习市场营销学最有效的方法之一。案例分析法基于市场营销学，既是科学也是艺术的认识和管理者的培养主要靠实践锻炼这样的考虑。通过案例分析模拟实践，就成为仅次于真正实践最有效的培养市场营销决策能力的方法。

（七）社会研究法

社会研究法，主要是指研究各种市场营销活动和市场营销机构对社会的贡献及其所付出的成本。这种方法主要研究市场效率、产品更新换代、广告真实性及市场营销对生态系统的影响等。

此外，对市场营销学的研究，还可以借鉴自然科学与工程科学采用的部分方法，如信息方法和信息模型、电脑模拟方法、未来研究方法等。

本章小结

市场营销学于20世纪初创建于美国，后来流传到欧洲各国、日本和其他国家，80年代初期被大量地引入我国，并在营销实践中不断完善和发展。

市场营销学从诞生到发展，大致经历了以下四个阶段。第一阶段（1900—1920年）——初创阶段，与美国市场经济的不断发展和市场营销实践的进一步演变密切相关。第二阶段（1920—1945年）——应用阶段，市场营销学家提出了“创造需求”的理论。第三阶段（1945—1955年）——变革阶段，提出了一系列新的营销观念和新的研究方法。第四阶段（1956年至今）——大发展阶段，是市场营销学理论与实践大发展阶段。

市场营销学在我国的传播可以追溯到20世纪三四十年代。1978年以后，一些大专院校开始引进市场营销课程。1984年1月，成立了全国高等财经院校综合大学市场学教学研究会（1987年更名为中国高等院校市场学研究会）。1991年3月，中国市场学会在北京成立。自1992年将市场营销专业列入本科招生目录，到2017年为止，国内各大学已普遍开设了市场营销课程，教育部将市场营销学列为工商管理类专业的核心课程之一。全国市场营销专业教师超过6000人，编著并出版了市场营销学教材、专著上千种。

市场营销学的研究对象是企业的营销活动及其规律。具体内容可以概括为：市场营销导论、市场营销概述、市场营销环境分析、市场调查与市场预测、消费者行为分析、目标市场营销、市场竞争战略、产品策略、定价策略、分销渠道策略、促销策略、政治权力与企业公关、服务营销、国际市场营销、市场营销新发展、市场营销管理共十六章内容。

市场营销学的学科特点表现在：一是大量从其他学科汲取养分的学科；二是一门应用性学科；三是科学性与艺术性相统一的学科。

市场营销学的研究方法主要包括传统研究法、矛盾分析法、系统研究法、比较分析法、定性定量结合分析法、案例分析法、社会研究法等。

关键术语

市场营销学　研究对象　学科特点　研究方法

思考与练习

1. 市场营销学的发展分哪几个阶段？各阶段有何代表人物及营销成果？
2. 市场营销学的学科特点有哪几个？
3. 市场营销学的研究内容包括哪些方面？
4. 简述市场营销学的研究方法。

技能训练

营销从自我营销开始——一分钟自我介绍

一、训练目标

1. 使教师迅速掌握全班学生的情况，以便以后有针对性地组织教学与实践训练活动；

2. 克服学生的胆怯心理，锻炼学生的口头表达能力、应变能力及自我控制能力。

二、训练准备

学生事先拟写自我介绍词并进行自我演练；教师准备计时工具、自我介绍词范例、相关背景知识。

三、训练内容

1. 问候与开场白；

2. 自我陈述（姓名、家乡、个人爱好与特长、家庭情况、对学校的印象及未来职业期望、对市场营销的认识和学习期望等）。

四、训练流程

教师确定演练顺序：上台→问候大家→自我介绍→致谢→返回座位。

五、训练操作要点

教师注意控制时间及课堂氛围，考核关注演讲者的神态、举止（语音语调、站姿、表情、肢体动作），介绍词的新颖性、完整性、连贯性等。

第二章

市场营销概述

学习目标与要求

1. 掌握市场与营销的内涵及相关知识。
2. 了解营销人员应具备的素质。
3. 熟悉企业营销观念的演变过程。

本章知识架构

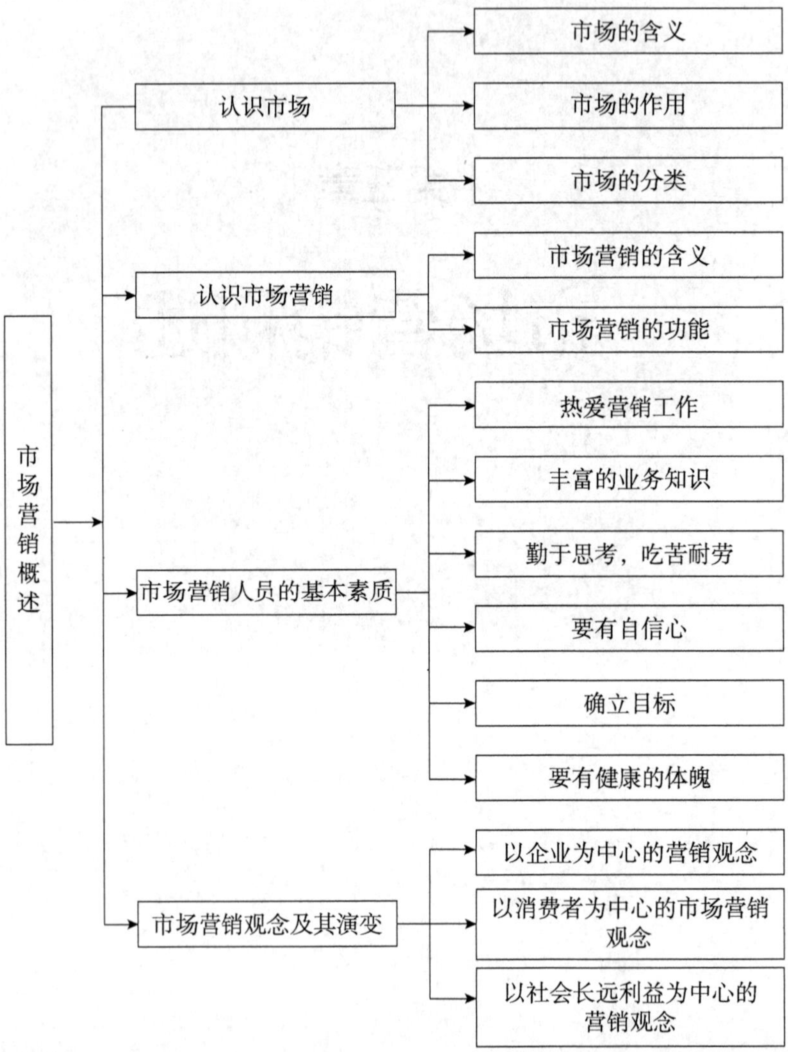

导入案例

王老吉：营销的力量

王老吉凉茶发明于清朝道光年间，至今已有175年的历史，被公认为凉茶始祖，有“药茶王”之称。20世纪50年代初由于政治原因，王老吉凉茶铺分成两支：一支完成公有化改造，发展为今天的王老吉药业股份有限公司，生产王老吉凉茶颗粒（国药准字）；另一支由王氏家族的后人带到中国香港。在中国内地，王老吉的品牌归王老吉药业股份有限公司所有；在中国以外的国家或地区，王老吉品牌为王氏后人所注册。加多宝是位于广东东莞的一家港资公司，经王老吉药业特许，由中国香港王氏后人提供配方，在中国内地独家生产、经营王老吉牌罐装凉茶（食字号）。

2002年以前，从表面看，王老吉在广东、浙南地区销量稳定，盈利状况良好，有比较固定的消费群，红罐王老吉饮料的销售业绩连续几年维持在1亿多元，无法实现规模的进一步扩大。于是，加多宝找到成美营销顾问公司（以下简称“成美”），初衷是想为红罐王老吉拍一条以赞助奥运会为主题的广告片，要以“体育、健康”的口号来进行宣传，以期推动销售。成美经初步研究后发现，红罐王老吉的真正问题在于其缺乏系统的营销规划定位。这个根本问题不解决，拍什么样的“有创意”的广告片都无济于事。经过一轮深入沟通后，加多宝公司最后接受了建议，决定暂停拍摄广告片，委托成美先对红罐王老吉进行系统地营销诊断及品牌重塑。

没有人想到，作为岭南养生文化的一种独特符号的“凉茶”，在两广的大街小巷里沉淀百年后，在专业的营销系统设计及完整的品牌推广战略的助推下突然飙红全国。销售额逐年攀升：2003年6亿元，2004年14.3亿元，2005年30亿元，以后逐年攀升，2009年突破170亿元大关。短短几年，王老吉以大热之势成为中国营销界最具“黑马”本色和盘点价位的名字，把一直囿于两广地区的凉茶卖遍全国，引爆凉茶市场，创造了中国本土企业的营销奇迹。

那么，奇迹背后的力量在哪里？王老吉的营销秘籍究竟是什么？

1. 功效诉求

凉茶是以中草药为原料的保健饮品，有“预防上火”和“降火”的作用，这种实实在在的功效是凉茶与其他饮料相比的核心优势。“上火”是人们可以真实感知的一种亚健康状态，通过中医和现代媒体的传播，消费者对“上火”的认知相对清晰，而随着人们健康意识的提高，“预防上火”和“降火”的市场需求日益庞大。作为凉茶市场的执牛耳者，王老吉的功效诉求正好满足了这个未被切割的饮料市场，这为王老吉的飞速发展提供了机会。

王老吉的配料是蛋花、布渣叶、菊花、金银花、甘草、仙草、夏枯草。用中医的观点来看王老吉的配方，其“预防上火”和“降火”的功效是经得起考验的。当消费者感觉到要上火或者已经上火时，一般情况下喝两罐王老吉便能够感觉到效果，这种真实存在的功效足以支撑王老吉在饮料市场中闯出一条阳关大道。

2. 口感调试

广东人保健观念强，这是广东凉茶铺遍布大街小巷的基础，但传统的“降火”凉茶实际上是中草药熬煮的药汤，效果虽好，但味道苦，即使在广东，年轻人也很难接受，这也是广东凉茶偏安广东一隅，难以走出广东的主要原因。

原来的王老吉口感甘中微苦，经过反复的口感测试后，罐装王老吉选择的是偏甜的配方，现在的王老吉口感像山楂水一样，更接近饮料的味道，满足了全国各地不同消费者的口感要求，在口感上得到了大众的喜爱。事实上，除了部分把王老吉当成时尚饮料的消费者认为王老吉的口感不够酷外，大多数消费者都觉得王老吉的口感很好。

从营销角度分析，通过口感的改变取悦消费者是王老吉营销全国极其关键的一步，重新调配后的口感有效地扩大了王老吉的消费者群，使其市场潜量得到了巨大的提升。没有这步，王老吉“预防上火”效果再好，核心诉求再独特，也不可能在全国卖得如此红火。

3. 定位突破

最早作为“清热解毒去暑湿”的中草药饮料，“凉茶”属于典型性的地域概念，除了两广，其他地区的消费者对于“凉茶”的这一概念认知度不高，在上火的时候也从没有想到过喝凉茶，都是通过牛黄解毒片之类的清热解毒类药品来解决问题，这成了王老吉打入全国市场难以逾越的认知障碍。显然，如果以“凉茶”的概念切入全国市场，不但市场培育过程缓慢，而且建立“凉茶”概念的费用也是一个无底洞。

王老吉在市场洞察和消费者研究方面可谓下了苦功，在定位上摆脱了传统“凉茶”概念的纠缠，跳入海量的“饮料”市场中竞争，并在“饮料”市场中区隔出一个新品类——“预防上火的饮料”。“怕上火，喝王老吉”成为核心诉求，把凉茶的功能删繁就简归纳为“怕上火”，使其通俗化和时尚化。同样的产品，同样的功能，同样的包装，仅仅因为“概念”不同，不仅破解了“凉茶”概念的地域困局，更开创了一个“饮料市场”的蓝海。

4. 品牌命名

好的品牌名称是品牌成功的第一步。“王老吉”看似土里土气，但从品牌传播角度考量，这个名称有其独特性，而且好念、好写、好记，易传播。凉茶作为中国传统中医药文化及岭南养生文化的衍生品，被当作“清热止渴去暑湿”的保健养生饮品流传了千百年，具有悠久的历史和地道的本土文化特征。“王老吉”颇具返璞归真意味的品牌名称与“凉茶”的产品属性具备了内在的匹配性。也许是无心插柳柳成荫，虽然“王老吉”这一品牌名称已经沿用一百多年，当时的命名谈不上有营销战略意图，但以现在的营销眼光审视，“王老吉”的品牌名称却在几方面体现出策略性。

第一，区隔竞争对手。凉茶品牌众多，王老吉因其品牌名称独特而与其他品牌形成鲜明的区隔，在消费者的记忆中抢先占位。不以“凉茶”两字作品牌名的后缀，在两广以外的市场推广中节省了“凉茶是什么”的传播成本。

第二，品牌名称也是产品创始人名称，创始人名称与品牌名称的无缝对接赋予品牌历史感和文化感。尤其是王老吉不遗余力地把创始人“王老吉”塑造成凉茶始祖，更是使王老吉成为“凉茶”的代名词，这种品牌印记的形成成为其他品牌难以跨越的壁垒。

第三，“王老吉”三个字无论拆开还是合在一起，都非常吉祥，迎合了中国人讲意头的嗜好。从这点上看也就不难解释王老吉为什么在浙江地区能够与中华烟、茅台酒一道，成为婚宴筵席上的“三小件”。

5. 巧妙借势

解构今日王老吉的成功，2003 年那场“非典”是一个很好的契机。在抗击“非典”过程中，医学权威专家钟南山在接受电视采访时的一句话为凉茶做了一次无意的，但对王老吉而言价值不可估量的广告——“广东人自古以来就有喝凉茶的习惯，喝凉茶对抵抗 SARS 病毒有良好效果”。当年全国防治“非典”的用药目录也是由广东制定，一些清热解毒类的药品名列其中，王老吉的“广东凉茶颗粒”也被列入，这为凉茶在全国的普及提供了一个契机。而经过“非典”的洗礼，人们的保健意识空前增强，同时也让人们对中药有了全新的认识。

反应迅速的王老吉抓住这一千载难逢的天赐良机，快速启动全国市场的按钮，主动采取一系列的营销推广策略，顺势而为，迅速切入罐装凉茶市场，在特定的市场环境下，抓住了广大消费者心理层面的需求，借势而动，一路高歌猛进，将全国90%以上的凉茶市场收归囊中。

6. 渠道为王

在销售模式上，王老吉采取总经销制，一个总经销商负责一个区域，经销商下面可发展多家邮差商（分销商），如批发邮差、餐饮邮差、士多邮差、夜场邮差、特通邮差、商超邮差、综合邮差等。这种营销模式能很好地控制整个价格体系，也保证了各个分销环节的高利润，提高了销售商的积极性。

在销售渠道上，王老吉大胆创新，敢于开辟蓝海，在借助传统的商场、超市、士多店等渠道的同时，还主动进入餐饮店、酒吧、网吧等场所。同时，王老吉还专门选择火锅店、湘菜馆、川菜馆作为“王老吉诚意合作店”，提供品尝，搞公关营销。2004 年，王老吉凉茶正式打入洋快餐店肯德基，进一步拓展了自己的销售市场空间。

在终端建设上，王老吉精耕细作，快速抢占终端。在全国一、二线城市的大多数商场、超市、杂货店、便利店、小卖部等都能感受到王老吉的“红色风暴”，很多大中型卖场都配有冰柜实物陈列、旺点空罐陈列、挂式小货架陈列、POP（Point of Purchase，卖点广告）张贴等，细致而且无孔不入的终端宣传使王老吉曝光频率极高，短时间内吸引了众多顾客的眼球。

7. 强势推广

任何一个进入中低端市场的饮料产品，要想成为全国性品牌，依靠全国性强势媒体的宣传助推必不可少。红罐王老吉的电视媒体选择主要锁定覆盖全国的中央电视台，并结合原有销售区域（广东、浙南）的强势地方媒体。2003 年，王老吉的宣传推广投入4 000 多万元，2004 年则增加到1亿元，2005 年1亿多元，2006 年“世界杯”期间广告投入更是激增，全年的广告投入将近 2 亿多元，2007 年，王老吉又以4.2 亿元的投入成为当年央视广告的“标王”，2011 年广告费 1.98 亿元，2012 年达 5.47 亿元。正是这种劲风暴雨式的广告投放方式保证了红罐王老吉在短期内迅速进入人们的头脑，给人们一个深刻的印象，并迅速红遍大江南北。

此外，王老吉在报纸广告、车身广告、市中心路牌广告、终端广告以及公关促销等方面也有不凡的手笔。全方位的品牌推广使“怕上火，喝王老吉”迅速成为老少皆知的口头禅。一个默默无闻的区域性品牌短短几年里攻城略地、遍地开花，迅速飙红大江南北，成为全国性的主流饮料。

（资料来源：吕一林，等．现代市场营销学［M].5 版．北京：清华大学出版社，2012. 略有改动）

从上述案例可以看出，在某种程度上而言，王老吉的成功就是借助于市场营销的力量，在短短几年时间，以大热之势成为中国营销界最具“黑马”本色和盘点价位的名字，由一个区域性品牌发展为全国性知名品牌，把一直囿于两广地区的凉茶卖遍全国，引爆凉茶市场，创造了中国本土企业的营销奇迹。那么什么是市场？什么是市场营销？市场营销人员应具备什么样的素质？市场营销观念经历了哪几个阶段？这是本章要研究的问题。

第一节　认识市场

市场（Markets）是市场营销学中最基本的概念，我们要正确理解市场营销，首先要了解市场的含义、作用与分类。

一、市场的含义

市场是社会分工、商品生产和交换的产物。在现代市场经济条件下，企业必须按照市场需求来组织生产、促进销售。国内外专家学者基于不同的角度，给予市场不同的解释。

地理角度：市场是商品交换的场所；经济学角度：市场是指一定经济范围内商品交换关系所反映的各种经济关系和经济现象的总和；企业角度：市场是消费者，是消费者的需求。

（1）从地理的角度看，市场是商品交换的场所，是指在一定时间、一定的地点买卖商品和劳务的场所，有集市、商店、商品批发市场等类型，如浙江义乌小商品批发市场、上海北站农贸市场等。我国古代有关“日中为市，致天下之民，聚天下之货，交易而退，各得其所”（《易经·系辞下》）的记载，即是对这种在一定时间和地点进行商品交换的场所的形象描述。现在的许多农村的集市贸易就属于这种类型。

（2）从经济学角度看，市场是指一定经济范围内商品交换关系所反映的各种经济关系和经济现象的总和。所谓交换关系，就是消费者出让货币买回生产资料和消费资料，而生产者出让商品换回货币的关系。这种交换关系直接表现为供给与需求的关系，而其背后潜藏着更为复杂的社会经济利益关系：包含着生产者和消费者的经济利益关系，包含着商品货币关系再生产的必要性和可能性，以及以商品方式管理经济的条件。这种解释将市场局限在商品流通领域，是从商品交换的宏观角度来考察市场的。

（3）从企业的角度看，市场是消费者，是消费者的需求。菲利普·科特勒认为，市场是由一切具有特定欲望和需求，并且愿意和能够以交换来满足这些需求的潜在顾客所组成。美国的另一位营销学专家杰罗姆·麦卡锡也说，市场营销是“预测消费者或客户的需求，将满足这一需求的产品从生产者导向消费者和客户，以完成一个组织的目标的行为。”彼得·德鲁克在其1954年出版的《管理实践》一书中认为，“关于企业的目的只有一个有效定义：创造消费者”。市场规模的大小，由具有需求、拥有他人所需的资源且愿以这些资源交换其所需的人数而定。市场营销学上所采用的是市场的第三种含义。

根据市场的第三种含义，市场包括三要素：有某种需求的人、为满足这种需求的购买能力和购买欲望。用公式表示：

$$\text{市场} = \text{人口} + \text{购买力} + \text{购买欲望}$$

对市场而言，人口、购买力、购买欲望这三个要素，互相制约，缺一不可。对于一个国家或地区来说，人口多少是市场大小的基本因素，是基础。如果人口多，收入很低，市场会非常狭窄；相反，收入虽高，但人口很少，市场仍然有限；然而，有了人口和购买力，假使货不对路，引不起消费者的购买欲望，对于企业来说，也不能形成有效的市场。只有当市场三要素同时具备时，才能形成健全的、完善的、成熟的市场体系，才能称为现实市场，否则即为潜在市场。潜在市场是指企业经过努力可以争取到的市场，也指随着生产发展和消费水平提高可能达到的市场。

二、市场的作用

在市场经济条件下，市场是企业活动的舞台，企业一切经营活动的出发点和归宿都在市场，市场的作用主要表现在以下三个方面。

（一）市场是联结生产与消费的纽带

在自给自足的自然经济条件下，生产者从事生产的目的，在于获得产品，以满足自身消费的需要。生产者就是消费者，两者直接结合在一起，并不需要进行产品交换，或者只有极少量的产品交换。但是在市场经济条件下，生产的目的不再是生产者自己消费，而是为了交换，或者说是为了换取自己所需要的产品。因此，生产者并不就是所生产的产品的消费者，生产者和消费者互相分离，他们之间只有依靠市场，通过商品交换才能联系起来。生产与消费的联系表现为销售与购买的市场行为：一方面，生产者通过市场卖出自己生产的产品或服务实现其价格，获得必要的补偿，这样才能继续进行再生产；另一方面，消费者通过市场买进产品，满足了物质和精神消费需要，实现了社会生产的最终目的。

（二）市场自发地调节社会生产，使社会生产各部门之间建立起应有的比例关系

市场的发展是一个由消费者（买方）决定，而由生产者（卖方）推动的动态过程。在市场经济条件下，整个社会的生产活动是由无数独立经营的企业各自分散进行。每个企业都是社会经济活动的有机组成部分，其生存和发展，是以其所生产的产品或提供的服务在品种、数量和质量上都符合消费者需要和社会需要为前提的。所谓社会需要，对企业而言，就体现在产品的价格和销路上。由于价值规律和供求规律的作用，当某种商品发生供不应求时，购买者之间的竞争引起价格上升，价格高于价值所产生的丰厚利润吸引众多的企业竞相生产这种商品，从而迅速增加其产量，扩大生产规模；反之，如果某种商品出现供过于求，产品滞销，迫使生产者之间降价竞销，价格跌至生产价值以下时又会使许多企业陆续放弃这种商品的生产，从而缩小了生产规模，减少其产量。这样，通过供求关系的变化引起的市场价格的涨落自发地调节社会生产，促进生产与需求的及时协调，从而实现生产资料和劳动力在国民经济各部门、各行业之间的合理分配和流动，使各部门、各行业的各种商品的生产大致上维持适当的比例。

（三）市场是优化资源配置和提供激励的有效方式

商品是遵循价值规律的要求，按照社会必要劳动时间所决定的价值量来进行交换的。价值规律通过价格杠杆和竞争机制，一方面，给商品生产者以压力和动力，激励他们努力改进生产技术，提高经营管理水平以降低成本，提高劳动生产率，以求在市场竞争中获胜；另一方面，市场竞争优胜劣汰的结果，使同一部门、同一行业内生产要素被不断地从效益差、竞争中被淘汰的企业配置到效益较好、竞争中获胜的企业中去，实现了有限资源的优化配置。通过竞争促使企业不断改善经营管理，革新技术，创造新产品，提高产品质量，增加花色品种，从而降低劳动消耗，提高资源的有效利

用，推动社会主义生产力的不断发展。

三、市场的分类

站在不同的角度，依据不同的标准，可以将整体市场划分为不同的类型。如依据购买者的购买目的和扮演的角色不同，市场可以分为四种类型：消费者市场、生产者市场、中间商市场和政府市场；按照市场的地理位置或流通区域来分，有国内市场和国际市场之分，而国内市场还可分为城市市场和农村市场，沿海地区市场和内陆地区市场等；若按购买者所购买的对象是否具有实物形态来划分，有商品市场和服务市场之分；按照市场供求状况及企业与消费者在市场上所处的地位不同，分为卖方市场和买方市场；按照提供商品的生产部门来分类，可分为工业品市场和农产品市场等；按照生产要素分类，可以分为金融市场、劳动力市场、房地产市场、技术市场、信息市场、产权市场等；按照市场竞争状况，可以把市场分为完全竞争市场与不完全竞争市场，不完全竞争市场又分为完全垄断市场、寡头垄断市场、垄断竞争市场等。

综合上述各种划分标准，将市场划分为以下四种类型：

（1）消费者市场。消费者市场又称生活资料市场或最终市场。这类市场上购买者的购买目的是满足个人或其家庭成员的生活需要。

（2）生产者市场。生产者市场又称生产资料市场或中间市场。这种市场上购买者的购买目的是制造其他可供出售的产品，以获取利润。

（3）农产品市场。农产品市场的农产品包括农、林、牧、副、渔五业的产品。其中一部分农产品属于生产资料市场，被购买者作为生产资料加以利用；另一部分农产品属于生活资料市场，被消费者所购买直接消费。由于农产品与工业品在生产、销售、营销方式等方面具有完全不同的特点，需要有农产品市场营销学对此进行专门的研究。

（4）服务市场。服务市场是指利用一定的场所、设备和工具，为社会生产和消费者生活提供服务和劳务的各类活动，它包括所有服务行业。随着社会主义市场经济的不断发展，服务行业在整个国民经济中的比重不断增加，新的服务行业日益增多，服务市场的范围日益扩大。金融市场、信息市场、技术市场、劳动力就业市场、旅游市场等都成为服务市场的重要组成部分。服务营销学对服务市场进行专门的研究。

第二节　认识市场营销

一、市场营销的含义

国内外的市场营销专家学者从管理职能、组织关系、利益实现及产品意义等不同角度来理解和解释市场营销，提出的市场营销定义有上百种之多。理论界、企业界对营销的理解更是千奇百怪。如美国经济学家包尔·马苏提出“市场营销是传递生活标准给社会”的定义，哈佛大学的马尔康·麦克纳教授进一步解释为“市场营销是创造与传递生活标准给社会”。2010 年，菲利普·科特勒提出最新观点——市场趋势正在呼唤“价值驱动的营销”。他认为，在新的时代，企业营销要从公司愿景与价值观入手，必须关注到社会可持续发展中所面临的问题，必须主动承担社会责任，在营销中加入更多的人文关怀，并通过新的经营手段和营销方式来推动社会的和谐发展。

综合营销专家学者对市场营销的解释，对市场营销定义如下：市场营销是指在变化的市场环境中，企业通过一定的市场交易程序，提供和引导商品或服务到达顾客手中，满足顾客需求与社会利益，从而获取利润的综合的全面的经营活动。简单地说，市场营销就是围绕消费者的需求而展开的一系列活动，用菲利普·科特勒的话说就是发现并满足需求或者说有盈利地满足需求。

在理解市场营销的含义时，必须纠正四种错误的观点：

错误观点 1：市场营销是推销或者促销；错误观点 2：市场营销是营销人员的工作；错误观点 3：市场营销是产品完成制造过程后的活动；错误观点 4：营销工作仅企业需要。

（一）市场营销是推销或者促销

由于市场营销是从英文 Marketing 一词翻译而来的，因不同的人、不同的角度、不同的理解而有不同的解释。有人认为，市场营销就是销售或者促销，也有人认为市场营销就是把货物推销出去，尤其是中小企业中持这种观点者不在少数。一提“市场营销”，就将其与“销售”“推销”“促销”“广告”“有奖销售”等混为一谈；他们发出招聘营销人员的广告或培训营销人员，应聘者一了解，原来是招聘或培训推销人员；他们所实施的营销方案，其实就是推销方案。根据菲利普·科特勒对上述观念及行为的研究，可以将营销等同于推销的行为概括为以下几个做法：

（1）把营销和销售置于同等的地位。

（2）强调争取顾客而非照顾顾客。

（3）试图在每笔交易，而非在处理“顾客终身价值”上获利。

（4）以成本加成法而非目标定价法来决定价格。

（5）单独考虑沟通工具，而非整体考虑营销沟通工具。

（6）不试图了解并满足顾客的实际需求，只一味地想销售产品。

实际上，企业的市场营销活动应当涵盖企业的全部业务活动，即包括市场与消费者研究、选择目标市场、产品开发、定价、分销渠道选择、促销、公关和售后服务等，而销售或促销仅仅是企业的整个市场营销活动的一部分。菲利普·科特勒认为：“销售是‘市场营销冰山’的尖端。销售是企业市场营销的职能之一，但不是其最重要的职能。”彼得·德鲁克认为：“可以设想，某些推销工作总是需要的。然而营销的目的就是要使推销成为多余。营销的目的在于深刻地了解和认识顾客，从而使产品或服务完全适合他的需要而形成产品的自我销售。理想的营销会产生一个已经准备来购买的顾客。剩下的事就是如何便于顾客得到这些产品或服务。”

（二）市场营销是营销人员的工作

有人认为，市场营销是企业营销部门的事情，营销工作的好坏与他人无关。

链 接

首席执行官看待营销的方式

许多首席执行官都对他们所在公司新产品的高失败率、不断攀升的广告与销售成本、市场占有率的停滞或下降、毛利的减少和其他市场表现欠佳的迹象感到讶异。他们常一味地视营销/销售部门为罪魁祸首。

1993 年，库宝建业企管顾问公司对 100 家公司的首席执行官做过调查，其中许多人都认为他们公司的营销部门“已定位不准且过于一厢情愿”。

1993 年，麦肯锡顾问公司所公布的报告中指出，许多首席执行官都认为他们公司的营销部门“欠缺想象力，想得到的新点子很少，而且不再积极地表达想法与计划”。

1994 年，博兹·艾伦·汉密尔顿公司所发表的报告中提出警告，首席执行官们认为“品牌经理对商业现实已无法把握”。

（资料来源：菲利普·科特勒．科特勒谈营销：如何创造、赢取并主宰市场[M]．高登第，译．杭州：浙江人民出版社，2003.）

这是一种误解，其实企业里的任何一员都与营销有关。

在现代市场经济条件下，营销部门的作用十分重要和突出，它的工作顺利与否几乎可以左右整个企业。正如有人所说的“销售部不是公司的全部，但全部公司都应该是销售部”。但在实际工作中，在企业内部它与采购、生产、财会、技术工程、研究开发等部门相互联系、相互制约。生产部门设计生产出最合适的产品，财务部门筹集所需要的资金，采购部门购买高质量的材料，会计部门则测算出每个产品和地区的利润率。哪个部门不合作，都直接影响着企业营销工作的质量，贻误许多发展的机会，削弱企业的竞争能力；哪个环节出现问题，都会损害营销战略的实现，整个营销工作就不会成功。

由此可见，为了实现营销目标，企业必须协调和处理好企业内部各部门之间的各种矛盾和关系。所有员工，上至高层管理者，下至基层业务人员，包括电话总机接线员、保安等，都要树立市场营销观念，建立一种企业市场营销文化。从最高领导要明确营销对企业发展的重要意义，给营销经理相应的权力和责任，让各部门都来参与企业的营销工作，招聘和提拔营销人才，建立现代企业营销制度。这是一项长期而艰巨的任务，但也是一项必须进行而且值得进行的系统工程。

（三）市场营销是产品完成制造过程后的活动

还有人认为，市场营销是产品完成制造过程后的活动。这也是一种对营销职能的片面理解。

市场营销是从发现消费者需求开始，对能够满足消费需求的产品、服务、概念、组织及事件不断地进行创意、设计、生产、推广和分销的计划与执行过程，并且不断地创造并保持企业与顾客以及供应商之间的良好关系。从广义上说，产品完成制造的过程是市场营销全过程中的一个重要环节而已。

（四）营销工作仅是企业所需要

也有人认为，营销工作仅是企业所需要，其他组织是不需要的。这也是一种对营销的错误理解。

从美国市场营销协会对市场营销的最新定义“市场营销是关于构思、货物和服务的设计、定价促销和分销的规划与实施过程，目的是创造能实现个人和组织目标的交换”可以看出，建立于哲学、数学、经济学、管理学和行为科学基础之上的市场营销学，不仅是当代企业在迅速变化的市场环境和日趋激烈的市场竞争中求得生存和发展的有效手段，而且已逐渐成为“我们这一代人的一种核心思维方式”，“激发了律师、医生、管理人员、博物馆长、政治官员以及经济发展专家的丰富想象力”，在社会经济生活的各个方面包括政府组织、高校及各种事业组织等得到广泛应用，成为社会各界共同拥有的一门应用性学科。

二、市场营销的功能

市场营销的任务是希望以最低的成本在最适当的时间和地点，以最适当的形式，提供足以满足顾客需要的产品或服务。要实现这个任务，就必须发挥市场营销的交换、供给和便利功能。

（一）交换功能

交换功能是市场营销的核心功能。交换是指在一定的规则下，从他人处取得所需之物，而以自己的某种东西作为回报的行为。从市场营销角度讲，交换包括购买、销售及所有权转移。购买是在市场集中或控制商品与劳务，并实现所有权的转移。购买的职能不仅包括购买哪些类型的产品和向谁购买的决策，也包括进货数量、质量和进货时间的决策。销售是协助或动员顾客购买商品与劳务，进而实现商品所有权的转移。销售的职能不仅包括为产品找到市场，而且包括通过推销宣传战略唤起消费者的需求，激发消费者的购买欲望，并安排好售后服务工作。定价是市场购销中必不可少的因素，它包含在购买与销售之中，而不作为一个独立的市场营销功能。

（二）供给功能

供给功能是市场交换功能的延续，是交换功能的保证。它包括运输与储存。运输是货物实体借助于动力在空间上的转移，使产品从制造场所转移到销售场所。储存是指商品离开生产领域但还没有进入消费领域，而在流通领域内的停滞。储存的设施可将产品保留到需要时供应，使企业可以制订长期的生产计划，从而更有效地工作，并使全年生产保持均衡的进度。储存将产品从生产期保存到销售期，可以调节商品的销售，以适应需求。运输和储存都属于供给功能，是实现交换功能、协调生产和消费在时间和空间方面的分离矛盾的必要条件。

（三）便利功能

便利功能即为市场活动中各环节的交易双方提供方便服务，包括资金融通、信用交易、风险承担、市场情报与商品标准化和分级等。借助资金融通，可以控制或改变商品与劳务的流转方向。实行信用交易，能给市场销售过程中各个环节的买卖双方带来方便。风险承担是商品或劳务交易中必然包含的一部分因素，在供求关系的变动、运输和储存的过程中，企业均可能因商品损坏、腐烂、短少、挥发、浪费等，以及货物在一定时期内卖不出去，而要承担财务或其他损失的风险。市场情报的收集、分析与传送，是一种通信职能，对消费者、生产者和营销机构都是十分重要的。商品的标准化和分级，指制订基本尺度或标准，使产品必须符合其要求，保证产品质量，便于消费者比对和选购。

第三节 市场营销人员的基本素质

目前，我国从事营销工作的人数超过6000万，他们是中国市场经济发展进程中首要的、决定性的、最积极、最活跃、最有潜力的要素，他们是推进我国市场营销创新与发展进程的关键所在，他们正推动着我国市场经济朝着正确的方向健康有序地发展。在现代化的大企业中，由销售人员、销售管理者、销售研究者、广告人员、促销人员、产品和品牌管理者、市场细分管理者以及顾客服务人员等组成的一支过硬的高素质市场营销队伍，是企业产品销售、市场开拓、信息传播的主力军、突击队，是满足消费者需要、获取最大利润、实现营销目标的关键因素。

那么，一个优秀的市场营销人员应具备哪些基本素质呢？综合国内外企业尤其是世界五百强企业对营销人员素质的要求，可以概括为以下几个方面，如图2－1所示。

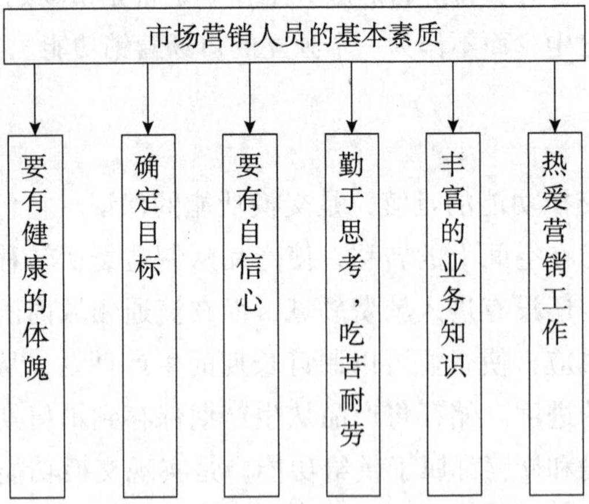

图 2－1　市场营销人员基本素质示意

第一，热爱营销工作。凡取得卓越成就的营销人员，无不热爱自己的企业、热爱企业的产品、热爱自己所从事的营销工作，以至于达到入迷的程度。将营销工作看成是一项事业，是一项其他任何职业无法比拟的对社会发展有重要影响的事业，才能真正产生出强烈的热爱，进而做好营销工作。也只有热爱营销工作，才能充满热情地去拼搏、去奋进，才能保证发挥自己的全部力量和才能。同时用自己的热情带动周围的人，感染他们全力去做。

如何才能热爱呢？在目前我国市场经济体制尚不规范、人们对营销存在偏见甚至厌恶、鄙视的情况下，就要求对营销工作有正确的认识和理解。首先，营销工作是展现自我能力的绝佳舞台：自己的努力，日复一日，年复一年，明确呈现出成果；其次，营销工作是富有挑战性的工作，在营销过程中，营销人员在与各行各业、各种层次的客户接触过程中，一边工作一边学习各种知识。其在营销过程中所吸取的各种经验教训，都是营销人员未来晋升厂长、经理的必备条件，或者在转而从事其他任何工作后，都能够使其胜任并取得成功。

第二，丰富的业务知识。营销人员要与不同的客户打交道，对各种人喜欢谈什么要清楚，进而才能与对方有共同的话题，谈起来才能投机。因此，营销人员必须掌握丰富的知识。

首先应具备一定的文化基础知识，在此基础上，还应掌握必要的业务知识，包括企业知识、商品知识、销售业务知识、广告知识、市场知识、用户知识、现代网络知识和财会金融知识等；同时为了与客户有共同语言，适应各类人群的共同话题，营销人员还必须具备涉及天文、地理、旅游、时事新闻、文学、哲学、美术、音乐、体育、养花、钓鱼等一般知识。

第三，勤于思考，吃苦耐劳。营销人员在营销过程中，要注意观察、分析、总结、归纳、提炼，勤于思考，才能不断改进工作方法，使自己的工作不断进步。同时，营销工作充满酸甜苦辣，非常辛苦，有人用“四千四万”（即千山万水、千家万户、千言万语、千辛万苦）来描述营销人员的辛苦。没有吃苦耐劳的精神是干不好营销工作的；贪图安逸和自由享乐的人，不适合干营销工作。

案　例

每个人都在准备着

美国著名指挥家、作曲家沃尔特·达姆罗施二十几岁时就当上了乐队指挥。刚当上乐队指挥时，他有些得意扬扬、忘乎所以，认为自己才华横溢，没人可以取代自己的位置。

有一天排练，达姆罗施把指挥棒忘在了家里，正当他准备派人去取时，他的秘书说了一句：“没关系，向乐队其他人借一根就可以了。”秘书的话把达姆罗施弄糊涂了。他愣了一下，随口向乐队成员问了一句：“你们谁能借我一根指挥棒?”话音刚落，只见大提琴手、首席小提琴手和钢琴手分别从上衣内袋里掏出一根指挥棒。达姆罗施一下子清醒过来，原来自己不是什么必不可少的人物！其实很多人都在努力，时刻准备取代自己。从此，每当他想偷懒、飘飘然时，他的眼前就会马上出现三根晃动的指挥棒，让他再也不敢停下努力的步伐。

职场上，很多人在一个职位上待久了，也都会认为自己能力突出、经验丰富、无人能比，没有谁可以取代自己的位置。一旦自己罢工，大家都很着急，赶快求自己回心转意。于是工作上容易变得懒散。实际上，每个人都在准备着、努力着，等待机会的到来。

第四，要有自信心。自信，对于营销人员的成功来说是极其重要和关键的。美国作家爱默森说：“自信是成功的第一秘诀。”而美国的亨利·福特说：“如果你认为自己行，或不行，你总是对的。”如果你不能把自己想象为一个成功者，你将永远不会成功。只有有了自信，你才能满怀信心地面对客户，产生一股不达目的决不罢休的气势，言谈举止表露出充分的自信，才会赢得客户信任，并取得营销成功。

自信，就是对自己行为的正确性坚信不移，抱有充分的信心。营销人员的自信心来自三个方面：第一是对自己的信心，营销人员应相信自己是一位优秀的敬业的营销人员，能够克服一切困难，干好自己的工作；第二是对企业的信心，相信企业能为消费者提供好产品，为员工提供发挥才能，实现价值的机会，使员工的一切活动完全纳入企业行为中，员工要以能成为该企业一员而骄傲，即一种企业自豪感，对企业的认同；第三是对产品品牌的信心，相信所经营的产品品牌是符合消费者利益并能为消费者所认同的值得信赖、值得忠诚的品牌。

第五，确定目标。营销人员一定要先确定目标，再决定行动的手段和方法。

只有为自己制订一个合理的目标，才能激发自己积极进取的精神；如果目标订得过高，则会使自己望而却步；如果目标订得过低，则容易实现，人便会骄傲，贪恋成功的滋味而滞留下来不肯前进。

第六，要有健康的体魄。健康的体魄，对营销人员来说尤为重要。一方面，脑体并用的艰苦劳动需要健康；另一方面，健康直接影响营销人员的外表，健康的人才容易有好的情绪，面带笑容，待人也容易热诚。只有健康的体魄，才能应付紧张激烈的竞争环境。

健康的体魄一方面是指身体的健康，通过体育锻炼、注意饮食、充分休息，即可达到；另一方面是指心理的健康，作为营销人员必须要有一个正确的心态。面对挫折，面对失败，面对热嘲冷讽，面对无端指责，面对激烈竞争的局面、瞬息万变的市场，没有稳定而乐观的心态，没有坚韧不拔、百折不挠的毅力，没有一个博大的胸襟，无论如何是不能做营销工作的。

当然，市场营销人员的素质不是与生俱来的，而是通过学习和实践培养起来的。面对全球经济一体化进程的加快，网络经济时代的来临以及越来越激烈的市场竞争，若不具备良好的思想品德修养和过硬的业务素质，将难以适应时代的需要，更谈不上促进中国市场营销的创新和发展。高素质市场营销人员的培养和造就，从整个社会来讲是一项伟大的、长期的、艰难的系统工程，需要政府有关部门、经济管理院校、研究机构、工商企业等方面紧密配合，产学研结合，通力协作，采取多种方法、多种手段、多条途径，尽快建立一支高素质的市场营销人才队伍，推动我国市场营销创新和发展的进程。

链　接

营销大师的三项素质

一个从小口吃、胆怯、害羞的孩子，一个穷得养家糊口都成问题的男人，一个35岁之前换过40个工作仍然一事无成的失败者，但是他依然执着地相信：每个人天生都有做营销的潜质，而他终有一天会凭着自己的营销潜质成为亿万富翁。

一个不可思议的成功故事被这个不可思议的人实现了，他就是世界头号营销大师——乔吉拉德。

作为一名受过生活残酷磨炼的人，乔吉拉德对如何从零起步成长为一名优秀营销人员有着深刻的理解。他相信每一个人天生都有做营销的潜质，每个人都可以成为一名优秀的营销人，而每个人所要做的重要的工作就是发现自己的营销潜质、激发这种潜质、发挥这种潜质。

营销素质是否与生俱来，我们不敢妄下定论，但是当我们回顾许多伟大的成功者的人生历程时会发现：每一名成功者都是天生的营销大师，无论他们从事何种工作、无论他们的生命起点是如何之低，出色的营销才能帮助他们的事业腾飞发展。例如：松下幸之助向世界成功推销了日本产品的新形象、比尔·盖茨向世界推销了一个个人电脑进入千家万户的梦想。

从松下幸之助、盖茨、乔吉拉德，再到其他成功的营销大师，他们的成功固然离不开天时地利，离不开时代赋予的种种机遇，但在他们的生命底色中，有某些素质是与生俱来的，那就是作为一名优秀营销人的三大优秀素质。正是这三大素质使得他们在历经艰难挫折之后，最终成就了辉煌事业。

素质一：自我认知力

对于一名追求成功的营销人来说，无论你现在处于什么状态，无论你现在从事什么行业，只要你能深刻地认知自己，明白自己的长处与短处，你就有了获得成功的可能。

认知自己是困难的，但是能够正确而深刻地认知自己，无疑是一种出色的能力——许多出色的营销人共同拥有的素质之一就是：他们都清晰地知道自己优势何在、自己能做什么、自己要往什么方向去。在这个浮华喧嚣的社会中，自我认知能力能够让营销人冷静分析自己与外部世界之间的关系，判断出自己的优势与劣势，从而清晰地找准自己的位置。

华人首富李嘉诚早年生活艰苦，经历过无数磨难。少年时期他曾在香港的茶楼里做侍应生。虽然身为侍应生，但李嘉诚有个强大的梦想：成为一名实业家。可是，像他这样没有后台、没有本钱的人，该怎样才能投身实业呢？

早熟的李嘉诚对自我有强大的认知能力，他相信自己有做销售员的潜质，而且做销售员可以为自己更快积累资本，从而成就实业家的梦想——在这种强烈自我认知引导下，17 岁的李嘉诚大胆地迈出了新的一步，他辞掉了茶楼里的安稳工作，成为一家塑胶厂的推销员。

在辛苦的推销生涯中，尽管经历种种艰苦困厄，但李嘉诚毫不退缩，因为从 17 岁那一年他就深刻认识到自己的定位与能力，他相信自己的判断，相信凭着自己的潜质终会成就一番惊人事业。

李嘉诚的成功，虽然有机遇的垂青，更多的则是他强烈的自我认知以及不懈努力的结果。

自我认知的能力对营销人来说是如此重要——它让每一名营销人冷静地判断、分析自己的职业发展前途，从而制订切实的发展方案，而不是成天抱着一夜暴富的幻想，欺骗自我，最终一事无成。自我认知也是一种成功的暗示，可以让我们在充满压力与挑战的营销生涯中，在最失望、最困厄之时，依然能看到远方摇曳着的希望之灯，鼓励着我们不断努力，不断向前，最终抵达辉煌的终点。

素质二：激励力

对于营销人员来说，激励力很多时候是一种比口才更重要的素质。口才不好可能会让你丢掉某个客户，而不懂得如何激励自己则会让自己的营销生涯提前终结。

日本保险界最成功的推销员原一平，小时候因为家境富裕，从小就像个标准的小太保，叛逆顽劣的个性使他恶名昭彰而无法立足于家乡，后来家道中落，他在23岁时不得不离开家乡，孤身到东京打天下。

原一平刚刚涉足保险时，毫无经验，不仅言辞笨拙经常得罪客户，而且由于他身材矮小饱受讥笑，作为一名曾经家境辉煌的富公子，生活的天空似乎一下子塌了下来。

但这一切并没有打垮原一平，贫富两重天的生活变化令他明白激励自己的重要性——在原一平的内心，他时刻为自己点燃一把"永不服输"的火，激励着他愈挫愈勇。

27岁时，原一平的业绩成为全公司之冠，并且位列全日本的第二名。36岁时，原一平又成为美国百万圆桌协会成员，协助设立全日本寿险推销员协会，并担任会长几十年。鉴于他对日本寿险的卓越贡献，原一平荣获日本政府最高殊荣奖。

原一平辉煌的营销生涯是由一连串的成功与挫折所构成的，他的成功是一个自我激励、自我超越的过程。

激励力是自信心与意志力的综合体。作为营销人，最常遇到的不会是客户的笑脸与鲜花，而是无穷无尽的压力与挑战。所以，对于追求成功的营销人来说，拥有强大自我激励力是如此重要——他们不再害怕压力，因为没有压力，就不会有辉煌成就；他们不惧挫折，因为生命的乐趣就蕴含在挑战与征服中。在营销生涯中，压力与挫折是磨炼意志的垫脚石，激励力则是协助营销人攀上成功顶峰的助推剂。

素质三：判断力

在IBM（国际商业机器公司）的大型主机还主宰着商业社会时，比尔·盖茨就预见到个人电脑必然会普及："让每一个家庭的每台桌子都运行着一台电脑，每台电脑里面都运行着微软的软件。"正是这种对行业发展趋势、对市场发展的深刻判断能力让盖茨成为世界最富有的人。

对于营销人员来说，判断能力就是大海航行时的方向标：在茫茫人海中，你必须能够判断出哪里有营销的机会，哪些会是潜在的客户。

奥姆是美国赫赫有名的营销"教父"，他最成功之处并不在于他的说服能力或推销技巧，而在于他的独具慧眼，总能发现一般营销人员无法发现的商机。

奥姆还是保险公司一名小推销员时，有一次他偶然经过一间小公司，从外面可以看到这个公司里有十几个人正在忙忙碌碌、跑来跑去地组装个人电脑，办公室的桌子上堆满了线路板和各种机箱。办公室虽然简陋而且狭小，但是在奥姆看来，这家公司充满了勃勃生机，具有无限的发展潜力。

虽然奥姆服务的客户都是大公司，但这一次，他提出要见主管。有人把奥姆带到了一个20岁的年轻人面前，这个年轻人当时正在一张黑色的桌子前工作。奥姆与这位年轻人详谈之后，预感到这个年轻人构想出的公司会有一番大作为，奥姆说服了年轻人接受他们的保单。

但是，奥姆所在的保险公司在政策上不接纳雇员少于50人的公司作为投保对象，而这位年轻的PC个人电脑领军人物只有16个雇员，奥姆决心挑战这个屏障，因为他预感这家小公司一定会有所发展。

奥姆找到自己的经理和有关组织部门，找了他能找的所有人，试图破除这个政策上的限制，经历多次挫折与失败，奥姆甚至签下了军令状，他终于使公司调整了原先的政策，接纳了这家小公司的保单。不出一年的时间，这家小企业就从16名员工发展到了拥有500名员工的大企业！而当时站在桌子前工作的那个年轻人就是迈克尔·戴尔。

像奥姆一样，出色的判断能力对于营销人员来说往往是成功的基石。判断能力来自直觉与经验的混合。如果说直觉是源自个人主观的感受，那么经验则是不断学习与磨炼的结果。任何一名成功的营销人，都必然是经过长时间的磨炼，才练就出准确的商业与社会判断力。

（资料来源：章蕾，林景新．营销大师的三项素质［N］．中国证券报，2007－12－14.）

第四节　市场营销观念及其演变

市场营销观念是指企业市场营销活动的指导思想，即企业用怎样的指导思想与态度去从事市场营销工作，或者说以什么为中心来开展企业生产经营活动。市场营销观念是在一定的经济基础上、一定的历史条件下产生的，并随着社会经济的发展和企业内外部环境的变化而发展变化。从一定意义上说，市场营销学的产生与发展过程，就是新的营销观念不断产生与发展的过程。一种新的营销观念一旦产生，就会成为各企业在这一个时期生产经营活动的行动准则，发挥着导向的功能和作用。

综观发达国家各企业营销观念的演变过程，大体分为三个阶段及七种观念，如图2－2所示。

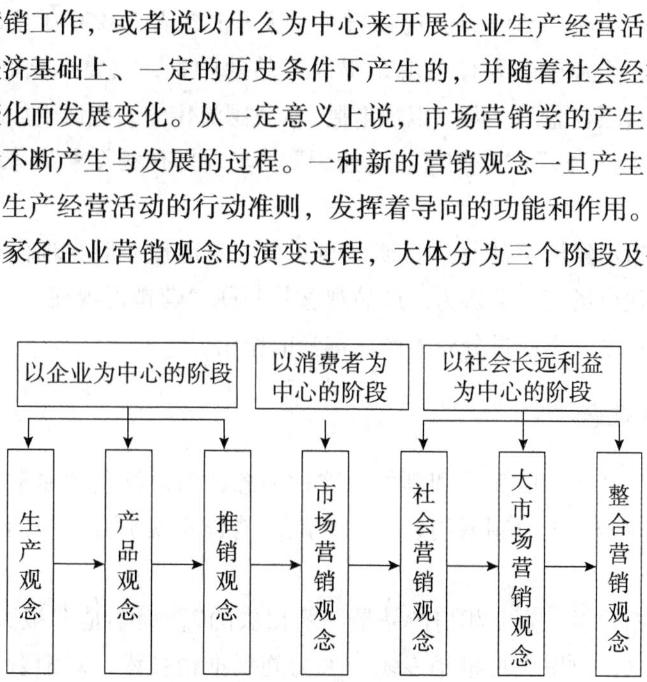

图2－2　市场营销观念演变示意

一、以企业为中心的营销观念

以企业为中心的市场营销观念，是以企业利益为根本取向和最高目标来处理营销问题的观念。以企业为中心的营销观念包括以下三种观念：

（一）生产观念，或称生产导向

就是企业的一切经营活动以生产为中心的观念。这是一种传统的、古老的经营思想。生产观念认为，消费者总是喜欢可以随处买到价格低廉的产品，企业应当集中精力提高生产效率和扩大分销范围，增加产量，降低成本。这种观念在西方盛行于19世纪末20世纪初。当时，由于物资短缺、需求旺盛，基本上是“卖方市场”，企业只要提高产量、降低成本，便可获得丰厚的利润。因此，企业的中心问题是扩大生产物美价廉的产品，而不必过多关注市场需求差异。美国福特汽车公司的老福特的一句名言“不管顾客需要什么颜色的汽车，我只有一种黑色的”被认为是最具代表性的生产观念。

生产观念是生产力水平低下、生产成本较高、市场短缺严重的条件下的产物。随着科学技术和社会生产力的发展，以及市场供求形势的变化，生产观念的适用范围越来越小，进而被另一种营销观念——产品观念所取代。

（二）产品观念

这是一种与生产观念类似的经营思想。它认为消费者喜欢高质量、多功能和具有某些特色的产品，企业的主要任务就是提高产品的质量，只要产品好，不怕卖不了；只要有特色，自然顾客盈门，即“以质取胜”。我国流传的一些谚语如“皇帝的女儿不愁嫁”“酒好不怕巷子深”“一招鲜，吃遍天”“花香自有蝶飞来”等就是这种观念的真实反映。

产品观念在市场经济不甚发达时期，确实有一定道理，但在现代市场经济条件下就行不通了。现代市场营销学认为，产品观念是一种“营销近视症”，营销产品比仅仅制造它们要复杂得多，不应过分夸大产品本身的作用。

（三）推销观念

推销观念是生产观念的发展和延伸。这种观念认为，消费者通常有一种购买惰性或抗衡心理，企业若不大力刺激消费者的兴趣，消费者就不会买他的产品，或者只是少量买一些。

在推销观念指导下，企业相信产品是“卖出去的”，而不是“被买去的”。他们建立专门的推销机构，收罗大批推销专家，大力施展推销技术，对消费者进行无孔不入的促销信息“轰炸”，以求说服，甚至强制消费者购买。目前我国移动电话发布短信息等就属于这种推销行为，它已遭到许多移动电话用户的不满和反对。

由生产观念、产品观念转变为推销观念是营销观念的一大进步，但它与前两种观念一样，也是建立在以企业为中心的基础上的，仍然是“以产定销”。当然也有人认为前两种观念是“以产定销”，后一种观念是“以销定产”。在市场经济高度发达、产品更加丰富、消费者需求更加多样化的条件下，这几种观念被一种新的以消费者为中心的营销观念——市场营销观念所取代。

二、以消费者为中心的营销观念——市场营销观念

市场营销观念是以消费者为中心的观念。这种观念认为，实现企业营销目标的关键在于正确确定目标市场的需要和欲望，“发现欲望，并满足它们”，“生产你能够出售的东西，而不是出售你能够生产的东西”，“热爱顾客而非产品”，“尽我们最大的努力，使顾客的每一块钱都能买到十足的价值、质量和满意”。概括起来就是：顾客需要什么，企业就生产什么。世界著名的 CEO——美国通用电器前首席执行官杰克·韦尔奇告诉他的员工：“公司无法给你们工作的保障，只有顾客可以！”

市场营销观念抛弃了以企业为中心的指导思想，取而代之的是以消费者（顾客）为中心的指导思想。

根据奉行市场营销观念取得的营销业绩，可以把营销分为三个层次：

（1）回应营销：发现并满足需求。这是市场存在明显的需求，公司发现这种需求，并准备以消费者可以负担得起的方式满足需求。

（2）预期营销：指企业辨认出萌芽中或潜在需求的行为。如随着许多地方的环境污染越来越严重，企业生产出健康食品、环保型产品等来满足消费需求。预期营销的风险比回应营销的风险大，企业可能太早或太晚进入市场，或甚至完全误判市场的变化与发展。

（3）塑造需求营销：这是指企业开发或引进一个新产品之前，没有消费者对这种产品产生需求，而企业创造出新的市场，推出新的产品、服务等。如20世纪50年代，没有人对索尼随身听产生需求。然而，索尼开发了这种产品及其他新产品，这些产品目前已成为日常生活的必需品。索尼创始人之一盛田昭夫说：“我并不是服务市场，而是创造市场。”

上述三种营销层次，前两种属于“由市场驱动的公司”，后一种属于“驱动市场的公司”。大多数企业属于“由市场驱动的公司”。

在营销实践中，人们往往把推销观念与营销观念相混淆，很多营销人员认为加强产品的推销就是遵循了营销观念，这是对推销与营销含义的误解，其实二者的区别是十分明显的。美国的西奥多·莱维特曾对推销观念和市场营销观念作过深刻的比较，指出：推销观念注重卖方需求；市场营销观念则注重买方需求。推销观念以卖方需求为出发点，考虑如何把产品变成现金；而市场营销观念则考虑如何通过制造、传送产品以及与最终消费产品有关的所有事物，来满足顾客的需要。从本质上说，市场营销观念是一种以顾

客需要和欲望为导向的哲学，是消费者主权论在企业市场营销管理中的体现。

西方企业的经营实践表明，在买方市场的条件下，凡是真正接受和奉行市场营销观念的企业，都充满朝气和活力，其经营效益较好。然而只有极少数企业真正遵循了以消费者为中心的宗旨，这些企业能够随时有效地对顾客需求的各种变化及时作出反应。而大多数企业为了牟取暴利，向消费者传递虚假信息，以次充好，分量不足，甚至用冒牌货和不卫生、不安全的商品来欺骗顾客，损害消费者利益。这种观念回避了消费者眼前利益的满足与长远的社会利益之间的矛盾，导致了资源浪费、环境污染、生态破坏、忽视社会服务、直接或间接地损害消费者利益等诸多弊端。正是在这种背景下，西方市场营销学家提出了如人类观念、理智消费观念、生态准则观念、绩效营销、整合营销等一系列营销新观念，其共同点就是企业营销不仅要考虑消费者利益，而且要考虑消费者和整个社会的长远利益，以社会长远利益为中心的营销观念——社会营销观念应运而生。

三、以社会长远利益为中心的营销观念

以社会长远利益为中心的营销观念，就是不仅要满足消费者的需求和欲望，而且要符合消费者自身和整个社会的长远利益，要正确处理消费者欲望、消费者利益和社会长远利益之间的矛盾。以社会长远利益为中心的营销观念包括以下三种观念：

（一）社会营销观念

社会营销观念认为，企业的任务在于确定目标市场的需求、欲望和利益，比竞争者更有效、更有利地使顾客满意，同时维护与增加消费者和社会福利。社会营销观念要求企业在营销活动过程中承担起社会责任，不能为了实现企业的营销目标，而损害了社会发展的长远目标。

社会营销观念是对市场营销观念的补充、修正和发展。市场营销观念强调的是通过满足消费者的需求与愿望，进而实现企业的利润目标。当二者发生矛盾时，保障企业的利润放在第一位，同时不自觉地损害社会长远利益。而社会营销观念则要求企业在制订营销策略时权衡三方面的利益和关系，即企业利润、目标顾客需求的满足、广大消费者和社会的利益。企业通过营销活动，充分有效地利用人力资源、地球资源，在满足消费者的需求、取得合理利润的同时，要保护环境，减少公害，维持一个健康和谐的社会环境以不断提高人类的生活质量。

当然，社会营销观念的奉行必然要影响企业眼前的经济效益，对于以利润为直接目标的企业而言，确实非常矛盾。因而出现了被迫性社会营销观念和主动性社会营销观念两种类型。

被迫性社会营销观念指企业在外部环境尤其是在政府干预的压力下，被迫考虑社会利益和消费者长远利益，集中人、财、物等力量，协调企业的产、供、销等活动，

在尽量满足顾客需求的同时获取利润。这是发达国家大部分工商企业所奉行的观念，因为利润才是资本主义企业生产的根本目的。我国许多污染严重的企业在政府干预下的"关、停、并、转"当属被动性社会营销观念的反映。

主动性社会营销观念是指企业为了自身利益，主动优先考虑社会利益和消费者的长远利益，研究、适应或改变企业外部环境因素，发现、改变或创造市场需求，竞争与协作并存，进攻与防御并举，以全方位的整体营销活动，使消费者、社会对眼前和长远利益均达到满意，最终使企业在较长时期内获取较高的利润。

主动性社会营销观念与我国社会主义的生产目的是相吻合的。我国的企业及企业家们应该是对人民、对社会、对企业和对自己负责的开拓者和创造者。在企业的生存和发展过程中，应自觉地奉行主动性的社会营销观念。

（二）大市场营销观念

20 世纪 80 年代以来，经济发达国家生产过剩，但是国内市场有限，市场竞争日益激烈。世界上许多国家的政府干预加强，贸易保护主义抬头，为了保护本国的工业，采取了一系列关税和非关税贸易壁垒。在这种封闭型或保护型的市场上，已经存在的参与者和批准者往往会设置各种障碍，使得那些能够提供类似产品，甚至能够提供更好的产品和服务的企业难以进入市场，无法开展经营服务。在这样的市场背景下，菲利普·科特勒于 1984 提出了"大市场营销"这种新的观念或新的战略思想。

所谓大市场营销观念是指在实行贸易保护的条件下，企业的市场营销战略除了产品、价格、渠道、促销之外还必须加上"政治力量"和"公共关系"（具体内容见第十二章：政治权力与企业公关）。这种战略思想被称为"大市场营销"。菲利普·科特勒给"大市场营销"下的定义为：企业为了成功地进入特定市场或者在特定市场经营，应用经济的、心理的、政治的和公共关系的技能，赢得若干参与者合作。

应当看到，"大市场营销""市场营销观念"和传统的市场营销基本理论有所不同。

1. 企业市场营销管理与企业外部经营环境的关系有所不同

过去一直认为企业要善于安排市场营销组合，使企业的市场营销管理决策与企业外部不可控制的环境因素相适应，这是企业能否成功、生存和发展的关键。"大市场营销"则认为，企业可以影响其周转中的经营环境，而不是仅仅顺从它和适应它。

2. 企业的市场营销目标有所不同

在"市场营销观念"指导下，企业的市场营销目标是千方百计地发展和满足目标顾客的需求。在"大市场营销"指导下，企业的市场营销目标是为了满足目标顾客的需求，采取一切手段，打开和进入某一市场，或者改造或改变目标顾客的需求。

3. 市场营销手段有所不同

在"市场营销观念"指导下，企业集中一切资源、力量，适当安排产品、价格、渠道、促销，采取这些市场营销手段来满足目标顾客的需求；而在"大市场营销"指导下，企业要用6P（产品、价格、渠道、推广、政治力量、公共关系）理念来打开和进入某一市场，挖掘、创造或改变目标顾客的需求。

（三）整合营销观念

进入20世纪90年代之后，美国社会处于高度发达的后工业时代，科技进步很快，尤其计算机辅助设计生产的普及及机器人的大量使用，使企业制造手段普遍表现出高度自动化，弹性生产、准时生产等新型生产方式普遍抢先。计算机的广泛使用，各企业技术水平的提高，也使得竞争者在产品及技术方面趋于同质化。根据同类市场调查结果，竞争对手可能在你测试产品的时候，就破解了你的配方，很快推出性能接近的产品，而且生产成本几乎等同。销售渠道的形式也很容易遭到竞争者模仿，在同一销售网点，同行的同类产品挤上了同一货架。营销中售前、售中、售后服务更是如出一辙，消费者很难从中分出优劣。在这种情况下，企业如何实现差异化？如何才能赢得更多顾客？

整合营销理论对此作出了回答。菲利普·科特勒认为：企业所有部门为服务于顾客利益而共同工作时，其结果就是整合营销。整合营销观念改变了把营销活动作为企业经营管理的一项职能的观点，而是要求所有活动都协调起来，努力为顾客的利益服务。整合营销以4C（顾客、成本、便利、沟通）观念为核心，强化了以消费者需求为中心的营销组合。

1. 顾客（Customer）

顾客指消费者的需求和欲望。企业要把顾客放在第一位，强调创造顾客比开发产品更重要，满足顾客的需求和欲望比产品功能更重要。不能仅仅卖企业想制造的产品，而是要提供顾客确实想买的产品。

2. 成本（Cost）

成本指顾客获得满足的成本，或是顾客满足自己的需求和欲望所肯付出的成本价格。这里的营销价格因素延伸为生产经营过程中的全部成本。包括：企业的生产成本，即生产适合顾客需要的产品的成本；顾客购物成本，它不仅指购物的货币支出，还有时间耗费、体力和精力耗费以及风险承担。新的定价模式是：顾客支持的价格－适当的利润＝成本上限。企业要想在顾客支持的价格限度内增加利润，就必须努力降低成本。

3. 便利（Convenience）

便利指购买的方便性。和传统的营销渠道相比，新的观念更重视服务环节，在销售过程中，强调为顾客提供便利，让顾客既购买到商品，也购买到便利。在各种邮购、电话订购、代购代送方式出现后，消费者不一定去商场，而是在小区或坐在家里就能买到自己所需的物品。企业要深入了解不同的顾客有哪些不同的购买方式和偏好，把便利原则贯穿于营销活动的全过程；在售前及时向顾客提供充分的关于产品性能、质量、价格、使用方法和效果的准确信息；售货地点要提供自由挑选、方便停车、免费送货、咨询导购等服务；售后应重视信息反馈和追踪调查，及时处理和答复顾客意见，对有问题的商品主动退换，对使用故障积极提供方便维修，大件商品甚至提供终生保修。为方便顾客，很多企业已开设热线电话服务。

4. 沟通（Communication）

沟通指与用户沟通。企业可以尝试多种营销策划与营销组合，如果未能收到理想的效果，说明企业与产品尚未完全被顾客接受。这时，不能只顾单向劝导顾客，而要着眼于加强双向沟通，实现真正的适销对路，培养忠诚顾客。

本章小结

市场应从三个方面理解：市场是商品交换的场所；市场是指一定经济范围内商品交换关系所反映的各种经济关系和经济现象的总和；市场是消费者，是消费者的需求。市场包括三要素，即有某种需求的人购买能力和购买欲望。市场的作用有三个：联结生产与消费的纽带；自发地调节社会生产，使社会生产各部门之间建立起应有的比例关系；优化资源配置和提供激励的有效方式。市场分为消费者市场、生产者市场、农产品市场、服务市场等类型。

市场营销用菲利普·科特勒的话说就是发现并满足需求或者说有盈利地满足需求；其功能包括交换功能、供给功能、便利功能。

市场营销人员的基本素质包括热爱营销工作、丰富的业务知识、勤于思考与吃苦耐劳、要有自信心、确定目标、要有健康的体魄等方面。

企业营销观念分为三个阶段及七种观念，以企业为中心的观念（包括生产观念、产品观念、推销观念），以消费者为中心的市场营销观念，以社会长远利益为中心的观念（社会营销观念、大市场营销观念、整合营销观念）。

关键术语

市场　市场营销　交换功能　供给功能　便利功能　生产观念　产品观念　推销观念　市场营销观念　社会营销观念　大市场营销观念　整合营销观念

思考与练习

1. 市场营销学中的“市场”与老百姓常说的“市场”及经济学中的“市场”的区别在哪里？它包含哪些要素？

2. 市场营销人员应具备哪些基本素质？

3. 市场营销观念的演变经历了哪几个阶段？各种营销观念有何特征？

4. 讨论：市场营销观念与社会营销观念有何区别和联系？

技能训练

分析案例企业的市场营销观念

一、训练目标

1. 使学生了解不同市场营销观念对企业营销活动的影响；
2. 使学生真正理解树立正确营销观念的重要意义。

二、训练内容

利用互联网或查阅文献资料，分别找到至少一个遵循生产观念、产品观念、推销观念、市场营销观念、社会营销观念、大市场营销观念、整合营销观念进行营销活动的企业案例。将调查的结果填写在下表中，调查分析结果不少于1000字。

营销观念	企业（品牌）名称	营销活动的具体表现	营销结果
生产观念			
产品观念			
推销观念			
市场营销观念			
社会营销观念			
大市场营销观念			
整合营销观念			

三、训练流程

1. 分组进行，每组5~7人，选出组长一名，各小组分工明确；
2. 每位组员各负其责，进行资料查询；
3. 填写企业营销观念表；
4. 小组讨论进行比较分析，撰写调查分析结果；
5. 上交调查分析结果。

四、训练考核（教师或学生代表打分用）

1. 企业营销观念的案例是否恰当？（20分）
2. 企业营销观念表的内容是否齐全？（20分）
3. 调查分析结果的内容质量如何？（30分）
4. 小组成员之间的团队合作表现如何？（20分）
5. 综合印象分。（10分）

合计100分。

第三章

市场营销环境分析

学习目标与要求

1. 了解市场营销环境的含义及特征。
2. 熟悉市场营销的微观、宏观环境的主要内容。
3. 掌握市场营销环境的分析方法。

本章知识架构

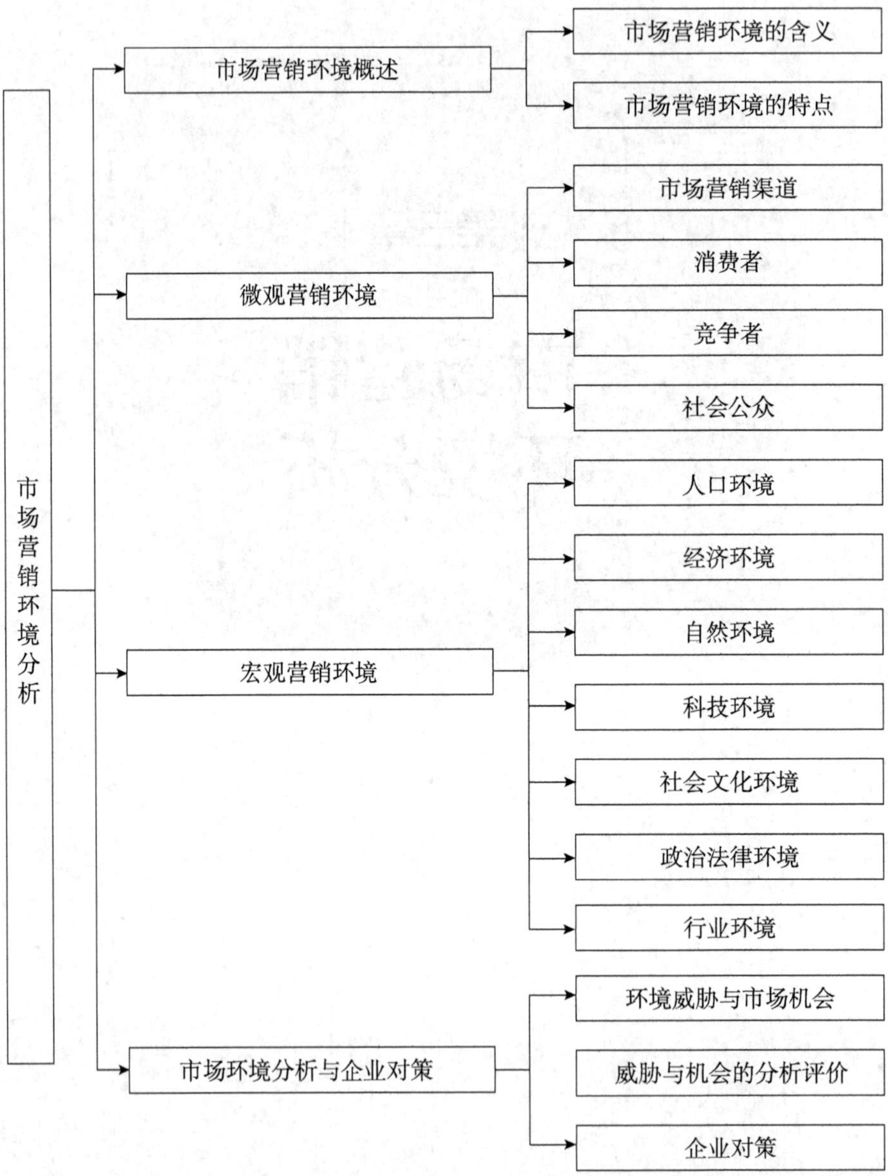

导入案例

阿里巴巴：商业帝国的生态圈

21世纪的中国，风云变幻。在这场大国复兴、实现中国梦的实践中，商业兴国的理念正逐步深入人心，并有越来越多的企业正用自身行动诠释这一理念。在众多的商业生态圈中，以阿里巴巴为代表的创新型商业生态圈，更是以其内生的创造力不断推进商业生态圈的延伸和丰富。

1. 战略愿景与战略定位：提供生态圈构建原始动力

正确的战略是成功的开始。任何一个成功的企业都需要有适合其自身发展的战略愿景和战略定位。而对于阿里巴巴和马云来说，其宏大的战略愿景为其构建创新型商业生态圈提供了原始动力。阿里巴巴的战略愿景有三：第一，要持续发展102年，打造跨越三个世纪的世界名企；第二，要成为全球十大网站之一；第三，让天下没有难做的生意，只要是商人，就使用阿里巴巴。正是在这一宏大而具有指导意义的战略愿景下，阿里巴巴上路了。

纵观阿里巴巴的发展历程，脉络清晰，如同经过测算般精准，短短几年时间就已经完成了战略布局。1999年公司成立；2000年，获取2500万元风险基金投资；2003年5月投资1亿元推出个人网上交易平台淘宝网；2003年10月创建支付宝，进军电子支付领域；2005年8月，兼并雅虎在中国的所有资产，成为中国最大的互联网公司，进军搜索领域；2007年1月成立阿里软件，进军管理软件领域；2007年11月，阿里巴巴在香港上市，融资15亿元，创下中国互联网公司融资规模之最；2008年，借助阿里妈妈进军网络广告服务。

2. 创新文化与顾客视角：构建商业生态圈基础

阿里巴巴将品牌核心理念内化为企业内部创新机制和文化，为企业打造商业生态圈提供源源不断的能量，同时以顾客视角为中心，充分把握顾客价值和外部市场，将两者结合起来，内外兼修，推动企业打造创新型商业生态圈，夯实基础。

阿里巴巴坚持“服务第一，顾客第一”的品牌核心理念，并将这一理念和其独特的品牌文化和内涵渗透到公司日常工作的每个环节，使整个组织的操作流程更具统一性、标准性和可识别性，并通过实际工作将内化效果自发地传递出来。品牌内化策略使阿里巴巴形成了不断探索的创新机制和文化，也形成了踏实肯干的工作作风，并最终为阿里巴巴打造创新型商业生态圈及后来的战略布局奠定了坚实的基础。

正是以顾客视角为中心，以顾客价值和需求为标准，以为顾客提供最大化价值为目标，才促使阿里巴巴不断地推陈出新：从最初的为企业设计架构网站，到建设汇聚大量供求信息的交流平台，从向国外买家介绍中国供应商到为中国供应商引进国际买家，从创立网络诚信评价体系到创建网络安全支付平台，所有这些创新无疑都是在最大化地满足顾客需求，提供顾客价值最大化。阿里巴巴在不断围绕顾客需求构建自己商业生态圈的同时，已经在无声无息中完成了战略布局，并将竞争对手远远甩在了身后。

3. 精准切入与定位清晰：构筑产业发展的强大动力

成立之初的阿里巴巴在认真分析和准确把握当时市场环境的基础上，清晰界定目标市场，并按照市场需求制订相应策略，以中小企业而不是大企业为切入点，进军电子商务，是其后来所有成功的开始。阿里巴巴充分研究当时的中国互联网市场现状，从信息流做起，并实施全部免费服务，为广大中小企业提供免费供求信息，即使在2001年网络泡沫破裂以后，依然坚持免费政策，正是这一政策使阿里巴巴在短时间内聚集了大量供求信息和人气。在知名度迅速扩大的基础上，阿里巴巴更进一步，把握住国际贸易的整体趋势，推出中国供应商服务，汇集全球信息，一方面向全球买家展示中国企业；另一方面向中国企业提供国际买家，并向中国供应商会员收取一定会员费用，在找到自己赢利模式的基础上，获取了发展的强大动力。

在获得初步发展的基础上，阿里巴巴准确把握住电子商务发展的关键环节——诚信问题，它们坚定地认为取得B2B领域胜负的关键不是资金或技术，而是诚信问题。为了降低诚信问题所带来的交易风险和交易成本，阿里巴巴创造性地推出诚信通服务，迅速得到市场认可。

总体而言，阿里巴巴以中小企业为目标群体，准确把握住内外在市场环境特征，并创造性地开发诚信通服务以解决诚信问题，为阿里巴巴在未来的市场远航和战略谋变储备了动力十足的原始能量。

4. 双向战略与内外兼修：实现生态圈的产业链协同

阿里巴巴集团在充分的自我认知基础上，深度挖掘其自身的资源价值，以资源整合为工具，通过横向和纵向一体化战略实现了其电子商务生态圈的迅速扩大。

首先，在B2B业务做大、做强的基础上，阿里巴巴顺势而为，果断进入C2C领域，在与eBay的竞争中，依靠免费策略和横向一体化战略，迅速获得了巨大的市场份额。2007年年初，阿里巴巴对外发布了自己的软件服务业务——阿里软件，这种向内的延伸战略，依托其已有的巨大用户群和信息把握能力，向用户提供后台业务管理软件。同时，阿里巴巴集团借助阿里妈妈进军广告服务业，颠覆了传统的广告模式，以新型的第三方平台形式聚合了数量庞大的广告需求方，阿里巴巴上的中小企业业主、淘宝的中小店铺、支付宝商铺、口碑网的个人及企业用户等成为其进行深度挖掘的资源库。在充分吸收了阿里巴巴集团B2B和C2C电子商务交易平台的成功运营经验后，阿里妈妈很巧妙地将阿里巴巴集团并购中国雅虎所获得的搜索运营能力与阿里巴巴自主创新的诚信体系、信任评价和安全支付等平台相结合，成就了中国互联网基于本土环境特征的模式创新。

其次，阿里巴巴通过纵向一体化战略来扩展至支付宝和搜索领域。为了能够解决网络支付安全的问题，2003 年 10 月，阿里巴巴推出独立的第三方支付平台——“支付宝”，正式进军电子支付领域。阿里巴巴依靠“全额赔付”的制度迅速扩大，不仅用于阿里巴巴和淘宝网自身，而且还独立应用于其他各种领域。目前支持使用支付宝交易服务的商家已经超过 30 万家，涵盖虚拟游戏、商业服务、机票等多种领域，可谓是将其产品和服务价值最大化发挥到极致。阿里巴巴并购中国雅虎，是最直接体现出其纵向一体化战略的举措。通过此次并购，阿里巴巴不仅获得了世界上顶尖的搜索技术，还控制了电子商务上游产业链，对其后来的战略布局埋下了伏笔。

阿里巴巴精心打造的包括 B2B、C2C、软件服务、在线支付、搜索引擎、网络广告六大业务领域在内的电子商务生态圈，全面覆盖中小企业电子商务化的各大环节。六大环节之间相互作用、相互影响、相互支撑，通过资源的整合应用最终发挥最大价值，实现了产业链的协同。我们也发现其他企业也正在采用相似手段，实现其产业链的延伸，如百度、腾讯等企业高调宣布利用其搜索资源和丰富的社区资源，全力进入 C2C 市场，这也再次验证了阿里巴巴战略布局的前瞻性和价值性。

毫无疑问，阿里巴巴在电子商务领域取得了很多企业难以企及的成功。未来面临环境的新变化，阿里巴巴能否不断完善，将商业生态圈这一商业新势力的价值演绎得更加完美，非常值得期待。

（资料来源：吕一林，等．现代市场营销学［M］.5 版．北京：清华大学出版社，2012. 略有改动）

从上述案例可以看出，阿里巴巴面对复杂多变的市场营销环境，高瞻远瞩，以战略布局的前瞻性，在电子商务领域取得了很多企业难以企及的成功。市场营销环境是指企业在其中开展营销活动并受之影响、制约或控制的各种因素。任何企业的营销活动都是在一定的动态环境中进行的，任何企业都绝不可能脱离环境而存在。未来面临环境的新变化，阿里巴巴能否不断完善，将商业生态圈这一商业新势力的价值演绎得更加完美，关键在于能否更深入地研究环境的变化。研究营销环境的目的在于通过对环境变化的分析研究，把握其发展规律及趋势，发现企业生存和发展的新机会和避免某些因素的变化带来的威胁。

第一节　市场营销环境概述

一、市场营销环境的含义

任何企业都如同生物有机体一样，必须生存于一定的环境之中，企业的营销活动不可能脱离周围环境而孤立地进行。企业的营销活动要以环境为依据，企业要主动地去适应和利用环境，同时可以通过营销努力去影响外部环境，使环境有利于企业的生存和发展，有利于提高企业营销活动的有效性。因此，重视研究市场营销环境及其变化，是企业营销活动的最基本的任务。

市场营销环境是企业营销职能外部不可控制的因素和力量，这些因素和力量是影响企业营销活动及其目标实现的外部条件。

根据营销环境中各种因素影响企业营销活动的方式以及企业营销活动受制于营销环境的紧密程度，营销环境可以分为微观营销环境和宏观营销环境。

微观营销环境指与企业紧密相连，直接影响企业营销能力的各种参与者，包括企业本身、市场营销渠道企业、顾客、竞争者以及社会公众。宏观营销环境指影响微观营销环境的一系列巨大的社会力量，包含人口、经济、政治法律、科学技术、社会文化及自然生态等因素。微观营销环境直接影响与制约企业的营销活动，多半与企业具有或多或少的经济联系，也称直接营销环境，又称作业环境。宏观营销环境一般以微观营销环境为媒介去影响和制约企业的营销活动，在特定场合，也可直接影响企业的营销活动。宏观营销环境被称作间接营销环境。宏观营销环境因素与微观营销环境因素共同构成多因素、多层次、多变的企业市场营销环境的综合体。

二、市场营销环境的特点

市场营销环境具有复杂性、关联性、变动性和辩证性等特点。

（1）复杂性。企业的外部环境涉及从自然环境到人文环境、从微观环境到宏观环境的各种因素，如党和国家的方针政策、政治形势、国民经济、购买能力、用户爱好、社会风尚、意识形态、自然资源、自然环境的变迁等。这种复杂性还表现在不同国家或地区之间营销环境存在着广泛的差异性，不同的企业所面对的环境也千差万别。

（2）关联性。宏观环境不仅具有复杂性的特点，同时宏观环境各因素之间都不同程度地相互关联着，相互依存，相互影响，相互制约，某一因素的变化，会带动其他因素的相互变化，甚至形成新的营销环境。一种市场营销环境的形成，绝不会是单纯地由某一种因素所决定的，而是由一系列相关的因素所决定，如拖拉机的产量和质量并不完全取决于市场的需求，而且还受到价格、资源供应、技术竞争、同行竞争等因素的影响。

（3）变动性。宏观环境是客观存在的，同时也是一个动态的系统，始终处于一个不稳定的状态中。其构成因素受众多其他因素的影响，都是不断变化的，只是变化有强弱快慢之别。在这些因素中，人口、社会与自然因素的变化相对较弱、较慢，而科技、经济、政治与法律因素的变化则相对较强、较快，其中，科技因素变化最快、最强。它是促使企业技术改造和产品创新的主要动力。从总体上讲，营销环境的变化速度正在呈现出不断加快的趋势。

（4）辩证性。企业作为社会的细胞，它们的活动往往与外部环境发生着千丝万缕的联系。一方面，环境与企业相辅相成，营销环境及其正常变化可为企业细胞的新陈代谢提供必需的场所和条件，而无数企业细胞的正常活动又能促进营销宏观环境的稳定；另一方面，环境与企业相互制约，市场营销环境的异常变化，可能制约企业的发展，甚至会破坏企业细胞，也会给企业的发展带来机会。企业必须善于利用机会，竭力排除和降低不利的因素和风险的影响。

第二节 微观营销环境

微观营销环境是指环境中直接影响和制约企业营销活动的各种条件和因素，包括市场营销渠道（资源供应者、营销中介）、消费者、竞争者和社会公众等。由于这些因素直接影响企业具体的营销活动，所以，微观营销环境又可称为直接营销环境。

一、市场营销渠道

（一）资源供应者

资源供应者是指向企业及其竞争对手供应为生产特定产品和劳务所需的各种原材料、辅助材料、设备、劳务、资金等资源的工商企业和个人。资源供应者对企业营销活动的影响主要表现在以下几个方面：

（1）供货的及时性和稳定性。现代市场经济条件下，企业必须针对瞬息万变的市场需求，及时地调整生产和营销计划，而这一调整又需要及时地得到相应的生产资料，否则，营销目标的实现将是一句空话。所以，原材料、零部件、能源、机器设备等生产资料的保证供应，将是企业营销活动顺利进行的前提。

（2）供货的质量水平。任何企业的产品质量，除了严格的管理以外，与资源供应者供应的生产资料本身的质量好坏有密切的联系。供应者的货物质量直接影响企业产品的质量。供应者的货物质量除了本身的质量以外，还包括各种销售服务。

（3）供应资源的价格变化趋势。这将直接影响企业产品的成本，企业在营销活动中，必须要密切注意供应者的货物价格变化趋势，特别是构成产品重要部分的原材料和主要零部件的价格现状及变化趋势。

由于供应者对企业营销活动产生直接影响，为了使企业在营销中取得最佳效果，第一，企业必须选择在质量、价格以及运输、供货、承担风险等方面条件较好的供应商，并保持和协调好与他们的密切关系，并且经常地、及时地了解和掌握供应者的变化与动态，以保证及时地、连续地、足额地得到资源的供应；第二，企业应广开供应门路，向多个供应商采购，避免过于依赖单一或少数的供应商，导致营销业务受制于人的被动局面；同时供应者和供货来源的多样化，促使供应者之间进行竞争，使企业处于一个有利的位置，从而使所供货物的质量得到提高并可稳定价格；第三，条件成熟时，企业应采取后向一体化的策略，自己生产主要的原材料、辅助材料等，以保障企业生产经营的正常运行，增强对营销业务的控制能力。

（二）营销中介

营销中介是指协助本企业推销产品给最终购买者的所有中介单位和个人。包括：中间商（批发、零售、代理商）、实体分配机构、营销服务机构（调研、广告、咨询）、金融中间人（银行、证券、信托、保险等）。这些都是市场营销不可缺少的中间环节。任何企业的营销活动都离不开营销中介，有了营销中介所提供的服务才使企业的产品顺利到达消费者手中。营销中介对企业的营销活动产生直接影响。市场经济越发达，社会分工越精细，这些中介机构的作用就越大。企业在营销过程中，必须处理好同这些中介机构的合作关系。营销中介问题将在第十章分销渠道策略中详述。

二、消费者

消费者是指使用进入消费领域的最终产品和劳务的消费者和生产者，也是企业营销活动的最终目标市场。消费者是市场的主体。企业丧失了消费者，就意味着失去了市场，赢得了消费者自然就赢得了市场。所以消费者是企业营销活动的最直接最重要的影响因素，分析和掌握消费者的变化趋势是企业营销活动必不可少的一个重要内容。这个内容将在第五章消费者行为分析中详述。

三、竞争者

在市场经济条件下，任何企业向目标市场提供某一产品时，就会有千千万万个企业向消费者提供同类的产品，这就是竞争。任何一个企业都是其他企业的竞争者。竞争者的营销策略及营销行为尤其是其价格、广告宣传、促销手段的变化直接影响企业的营销活动，甚至可能产生直接威胁。因此，企业决不能放松对竞争者的观察和研究，并针对其竞争行为作出相应的对策。谁是竞争者，竞争者的目标与战略如何，竞争者的反应如何，如何进行竞争定位，如何确定企业在市场竞争中的地位等问题将在第七章市场竞争战略中找到答案。

四、社会公众

社会公众是指对企业实现其经营目标具有实际或潜在利益关系和影响力的一切团体和个人。企业所面临的社会公众包括金融公众、媒介公众、政府公众、群众公众、当地公众、一般公众、内部公众和股东公众八类。

（一）金融公众

金融公众即影响本企业融资能力的金融机构，如银行、投资公司、证券经纪公司、保险公司等。金融机构的主要功能是为企业营销活动提供融资及风险保险服务。金融机构的业务活动的变化直接影响企业的营销活动，如银行贷款利率的调整，会使企业负债增多或盈利大大减少；信贷资金来源受到限制，可能会使企业陷入困境；保险公司的保险金额上升，会使企业效益下降等。因此在企业营销活动中，必须考虑和研究金融机构及其业务变化动态。

（二）媒介公众

媒介公众主要是报纸、杂志、广播电台和电视台等有广泛影响的大众传播媒介。这些团体对企业的声誉具有举足轻重的作用。对企业而言，媒介公众具有双重身份：一方面，媒介是最有效的传播工具，通过它可以与各种各样的公众进行沟通，树立企业的良好形象，实现企业的目标；另一方面，媒介又是企业非常重要的一类沟通对象，因为媒介对社会舆论有着很大的影响力。

（三）政府公众

政府公众即负责管理企业营销业务的有关政府机构。企业应主动了解有关产品质量、产品安全卫生、广告真实性、环境保护、企业自身权利保护、消费者权益保护等有关方面的政府规定，以便与有关政府部门搞好关系。

（四）群众公众

群众公众包括消费者权益保护组织、环境保护组织、少数民族团体及其他群众团体。企业的营销活动关系到社会各方面的切身利益，必须密切关注来自群众团体对企业的批评和意见。

（五）当地公众

当地公众指企业所在地附近的居民以及社区组织。企业在其营销活动中，要避免与周围公众利益发生冲突，应指派专门机构负责处理这方面的问题，并对周边公益事业作出贡献。

（六）一般公众

一般公众指潜在的消费者。一个企业需要了解一般公众对它的产品和活动的态度，争取在一般公众心目中树立良好的企业形象，以使更多的潜在消费者转变为现实消费者。

（七）内部公众

内部公众指企业内部员工，包括企业各层次、各部门的管理者和一般员工，他们是企业搞好市场营销的前提。

（八）股东公众

无论是股份公司或有限责任公司，都面临着如何与股东尤其是关键性大股东处好关系的问题，他们直接对企业的资本运作产生作用或影响，决定着企业的良性运行和协调发展。

第三节　宏观营销环境

企业营销活动除了受到微观营销环境的直接影响和制约外，还要受到宏观营销环境的间接影响和制约。

宏观营销环境泛指一切影响、制约企业营销活动的最普遍的不可控制的各种因素。作为社会的一分子，企业的生存和发展离不开一定的宏观条件。一方面，宏观环境与企业相辅相成，宏观环境及其正常变化可为企业的生产经营活动提供必需的场所和条件，无数企业的正常活动又能促进宏观环境的稳定；另一方面，环境与企业相互制约，宏观环境的异常变化有时可能超越企业的承受能力，甚至破坏企业的正常行为，而企业的不合理行为（如目前假冒伪劣产品的生产和销售）则会导致宏观环境的紊乱。现代市场营销学认为，企业营销成功与否关键在于企业能否适应不断变化的营销环境。因此，企业必须分析宏观营销环境，探讨宏观营销环境给企业带来的营销机遇和环境威胁，并研究企业如何适应宏观营销环境的变化，从而促进企业的发展。由于这些条件或因素从宏观角度间接作用于企业的营销活动，因此，宏观环境又可称为间接营销环境。宏观营销环境包括人口环境、经济环境、自然环境、科技环境、社会文化环境、政治法律环境和行业环境。

一、人口环境

市场是由具有购买欲望同时又具有购买力的人所组成，人口是最基本的消费者。从这个角度讲，人口是直接影响市场营销的微观环境因素。但没有哪一个企业能够面对所有的消费者，也不可能满足所有消费者的每一个需求。而只能从众多的人口当中，选择其中的一部分甚至是很小一部分，来满足其所有需求当中的某一需求的一部分。从这个意义上讲，人口是宏观环境的重要因素之一。它从各个不同方面对企业的营销活动产生影响。

国家统计局 2017 年 1 月 20 日发布了最新的详细人口数据，根据资料分析如下。

（一）总人口与人口增长

一个国家或地区的人口总数，基本上反映了该国或地区的消费品市场的大小。截至 2016 年年底，我国总人口（除台湾地区）共 138271 万人，比上年年末增加 809 万人。

（二）人口的地理分布

人口的地理分布指人口在不同地区的密集程度。任何一个国家或地区，人口的分布是很不均匀的。如我国人口最密集的地区是东南沿海地区，而西北地区人口稀少；从城乡区别来看，城市人口密度大，农村人口密度小。人口密度大，企业的营销活动相对集中，人口密度小，企业就要采取分散的促销手段。

人口的地理分布与消费品的需求有密切关系。人口的地理分布不同，带来了消费习惯和市场需求的不同，必然影响到商业网点的发展和服务方式的变化。企业掌握了人口的地理分布以及由此而引起的消费习惯和消费需求的差异性，就可以准确地寻找到自己的目标市场，确定企业的产品流向和流量。

（三）人口的自然构成

人口的自然构成主要包括人口的性别构成、年龄构成、家庭构成和社会构成等。

人口性别的差异使消费需求有明显的不同，而且购买的习惯与行为也有很大的差别。

在我国全国人口中，男性人口为70815万人，女性人口为67456万人。男性人口比女性人口多3359万人，总人口性别比（以女性为100，男性对女性的比例）为104：98。

从年龄构成看，16～59岁的劳动年龄人口为90747万人，占总人口的比重为65.6%；60岁及以上人口为23086万人，占16.7%；65岁及以上人口为15003万人，占10.8%。

联合国世界卫生组织2000年对全球人体素质和平均寿命进行测定，对年龄的划分标准作出了新的规定。该规定将人的一生分为五个年龄段，即44岁以下为青年人；45岁至59岁为中年人；60岁至74岁为年轻的老年人；75岁至89岁为老年人；90岁以上为长寿老年人。它将人类的衰老期推迟了10年，这对人们的心理健康和抗衰老意志将产生积极影响。不同年龄阶段的人有不同的消费需要。目前世界性的老龄化所形成的“银发市场”必须引起企业的重视。只要企业能够从老有所乐、老有所养、老有所学、老有所为、老有所医等方面去着想，必将开拓出一个广阔的老年人市场。

（四）受教育程度

受教育程度与消费者的收入、社交、居住环境以及购买行为与习惯，均有密切关系。一般而言，受教育程度越高，消费者购买商品的理性化程度就越高。据第六次全国人口普查统计，全国人口中，具有大学（指大专以上）文化程度的人口为119636790人；具有高中（含中专）文化程度的人口为187985979人；具有初中文化程度的人口为519656445人；具有小学文化程度的人口为358764003人（以上各种受教育程度的人口包括各类学校的毕业生、肄业生和在校生)。

同2000年第五次全国人口普查相比，每10万人中具有大学文化程度的由3611人上升为8930人；具有高中文化程度的由11146人上升为14032人；具有初中文化程度的由33961人上升为38788人；具有小学文化程度的由35701人下降为26779人。

在全国人口中，文盲人口（15岁及以上不识字的人）为54656573人，同2000年第五次全国人口普查相比，文盲人口减少30413094人，文盲率由6.72%下降为4.08%，下降2.64个百分点。

（五）城乡构成

到2016年年底，全国人口中，城镇常住人口为79298万人，乡村常住人口为58973万人，城镇人口占总人口比重（城镇化率）为57.45%。全国人户分离人口（即居住地和户口登记地不在同一个乡镇街道且离开户口登记地半年以上的人口）2.92亿人，比上年年末减少203万人，其中流动人口2.45亿人，比上年年末减少171万人。年末全国就业人员77603万人，其中城镇就业人员41428万人。

（六）民族构成

第六次全国人口普查显示，在全国人口中，汉族人口为1225932641人，占91.51%；各少数民族人口为113792211人，占8.49%。同2000年第五次全国人口普查相比，汉族人口增加66537177人，增长5.74%；各少数民族人口增加7362627人，增长6.92%。

案　例

信用卡市场细分　银行争抢女客户

2009年6月，中国银行推出了中银钛金女士信用卡。2009年9月，光大银行推出其首张女性主题信用卡，该卡面向25～45岁的女性发放。此外，中信银行、民生银行、华夏银行、招商银行等多家银行也相继推出了女性主题的信用卡。据了解，这些银行发行的女性主题信用卡目标群体均为高端女性客户，这些信用卡的推出均获得了她们的青睐。

一项调查显示，我国现阶段消费透支群体中大多是中青年职业女性，她们消费力旺盛，刷卡次数多。另外，女性客户的优良品质，也获得了众多银行的认可。她们的优良品质表现在信用度普遍比男性好。有关调查显示，女性的信用度好于男性，她们不会轻易牺牲自己的信用，逾期还款的情况比较少。

与普通信用卡相比，个性化的卡片设计成为吸引女性的一大亮点。在看惯千人一面的银行卡后，卡通式的女性银行卡让人感觉与众不同。

中银钛金女士信用卡有三款时尚绚丽的卡面，每款卡面的设计均独具匠心。其中玫瑰红、亮天蓝为镜面卡面，能很好地满足现代女性消费者追求品质、时尚、健康、理财的诉求，充分展现爱自己、更美丽的新生活态度。中银钛金女士信用卡为每一位持卡人免费赠送一份女士专属保险大礼包，提供丰富全面的保险服务。激活钛金女士信用卡，首刷即可享有三大保险：最高保额 3 万元的女性重大疾病险、最高保额 2 万元的购物保障险和最高可达 200 万元保额的航空类保险。

光大银行推出的首张女性主题信用卡——阳光伊人钛金国际信用卡，采用青花图案作为背景，给人以素雅而不失高贵、古典而不失时尚、鲜活而不失庄重的感觉。该卡既是信用卡，又像一张高端会员卡，发卡人为持卡人提供很多额外服务，例如，定期举办美丽讲座、才艺气质培训邀请知名美容、服饰专家介绍最新时尚观念、美容方法、服饰搭配等；定期举办高端对话，邀请知名成功女性与持卡人进行近距离交流；组织团购，不定期联系知名品牌进行会员团购；建立“小圈子生活”，根据白领女性在理财、健身、美容、儿童教育等方面的不同爱好和需求，组织各种活动，提供交流、互动的平台。

华夏钛金丽人信用卡在保险方面也下足了功夫。根据约定，该卡为持卡人奉上价值 2 万元的女性安康保险计划，乳腺癌、子宫癌、卵巢癌等女性人群高发疾病都可得到相应的疾病保险承诺。持卡人乘坐飞机时，只要出示该卡，就能在机场享受贵宾服务。

（资料来源：纪宝成．市场营销学教程［M］.5 版．北京：中国人民大学出版社，2013. 略有改动）

二、经济环境

经济环境是影响企业营销活动的主要环境因素，包括经济发展状况、收入因素、消费结构、产业结构、经济增长率、货币供应状况量、银行利率、政府支出等因素，其中收入因素、消费结构对营销活动影响较直接。

（一）经济发展状况

企业的市场营销活动要受到一个国家或地区经济发展状况的影响和制约，其影响表现在不同的经济发展阶段和经济发展形势中。

1. 经济发展阶段

不同的经济发展阶段，直接影响企业的市场营销活动。美国学者罗斯托的经济成长阶段理论，将世界各国经济发展归纳为五个阶段：①传统经济社会阶段；②经济起飞前的准备阶段；③经济起飞阶段；④迈向经济成熟阶段；⑤大量消费阶段。凡属前三个阶段的国家称为发展中国家，而处于后两个阶段的国家称为发达国家。

2. 经济发展形势

国家、地区及其全球经济的繁荣与萧条，对企业市场营销活动都有重要影响。就全球经济发展形势来看，根据联合国发布的《2018 年世界经济形势与展望》报告，全球经济增长趋强，东亚和南亚是世界最具经济活力的区域，中国 2017 年对全球的经济贡献约占三分之一。报告同时提出，尽管短期前景有所改善，但全球经济仍面临风险。包括贸易政策改变、全球金钱环境突然恶化以及地缘政治局势的日益紧张。国际社会需要共同努力，将全球经济带回到更加强有力和包容的增长轨道之上，创建一个有利于可持续发展的国际经济环境。

就我国经济发展形势来说，改革开放近四十年，取得了举世瞩目的成就，极大增强了我国的综合国力，一跃成为世界第二大经济综合体。同时也出现了一些困难与问题，如地区经济发展不平衡、贫富差距加大、产业结构不尽合理、就业问题压力大等。

国际或国内经济形势是复杂多变的，机遇与挑战并存，企业一定要做好市场调查工作，力求正确认识和判断经济发展的形势状况，确定相应的营销战略和计划。

（二）收入因素

收入因素是构成市场的重要因素。因为市场容量的大小，归根结底取决于消费者的购买力大小。一个消费者的需要能否得到满足，以及怎样得到满足，主要是取决于他收入的多少。从市场营销的角度计算消费者收入，通常从以下五个方面进行分析。

（1）国民生产总值。指一个国家某一时期内（通常为一年）所生产的产品和提供的劳务的总值（市场价格的总和）。国民生产总值的计算，虽然是不精确的，但是比较各国各时期的国民生产总值，可以概括表示一个国家生产发展的总规模、一个国家的经济实力以及市场的大小。国家统计局公布的数据显示，2010 年我国国内生产总值为 397983 亿元，同比增长 10.3%，超过日本成为世界第二大经济体。2016 年我国国内生产总值首次迈上 70 万亿元台阶，为 744127 亿元，按可比价格计算，比 2015 年增长 6.7%。

（2）国民收入。又称国民净产值，指一个国家物质生产部门的劳动者在一定时期（通常为一年）内所创造的价值的总和，或者说国民生产总值减去生产过程中所耗费的生产资料的价值，即劳动者新创造财富的价值。一个国家以一年的国民收入总额除以总人口数，即得该国的人均国民收入。人均国民收入大体上反映一个国家的经济发展水平和人民生活状况。

（3）个人收入。指从各种来源所得到的经济收入，如一个电脑专家的收入，除了他在工作单位领取基本工资和各种奖金福利外，还可以得到从事电脑知识讲座、电脑软件开发、电脑销售顾问等方面工作的收入。一个国家个人收入总和除以总人口数，便是该国的个人人均收入。一个国家或地区的总收入，可以衡量当地消费市场的容量，人均收入的多少，反映消费者购买力水平的高低。

（4）个人可支配收入。指个人收入中扣除个人直接负担的其他费用，如税金等以后的余额。这部分收入属于消费者可以自己支配的，因为这部分收入用于消费还是用于储蓄，是消费者个人的私事。

（5）个人可任意支配收入。个人可以支配的收入仍然不是消费者可以任意支配的，因为这部分收入中消费者要有一部分用于家庭生活必不可少的支出，如食物支出、水电费支出、煤气燃料费支出等。个人可支配收入中扣除这部分必不可少的生活费用支出以后的余下部分，才是消费者可以任意支配的收入，这部分收入是影响市场消费需求变化最活跃的因素。之所以称为可任意支配收入，是因为这部分收入在商品消费中的投向不固定，容易变化和转移，故这是企业营销中研究的重点。

（三）消费状况

消费状况主要指消费的结构情况，即各类消费品的支出占消费总支出的比例。随着市场上商品的增多、新产品的不断涌现、收入的增加，人们的消费结构也就必然随之变化，而这种变化通常表现为吃、穿、用等消费比例的变化与消费质量的提高。在消费质量一定的条件下，人们用于吃、穿、用等的支出比例可以概括地反映出一个国家、地区或一个家庭的富裕程度。德国著名的统计学家恩格尔对劳工家庭的消费支出构成作了研究，他指出："当家庭收入增加时，用于教育、医药卫生与闲暇娱乐活动方面的支出则增加较多，用于衣着、房租和燃料方面的支出变动不大，但购买食物部分缩小。"据此，人们根据恩格尔论述的消费支出中食物支出与总支出之比的关系，把它称为"恩格尔系数"。恩格尔系数越小，食物支出所占的比重越小，表明生活水平越富裕；恩格尔系数越大，则食物支出所占比重越大，表明生活水平越低。

我国在 1978 年前恩格尔系数是 57%，到 1998 年恩格尔系数降低为 44.5%（据《中国人权发展 50 年》白皮书国务院新闻办公室，2000 年 2 月 25 日）。到 2005 年，城镇恩格尔系数为 36.7%，农村为 45.5%。

到 2016 年中国城镇居民家庭恩格尔系数为 29.3%，农村居民家庭恩格尔系数为 32.2%。

（四）消费者储蓄和信贷

消费者的购买力在其他因素不变的情况下，还要受消费者储蓄和消费者信贷的直接影响。

消费者的个人收入不可能全部消费，总有一部分资金以各种形式储蓄起来，这是一种推迟的、潜在的购买力，一般主要是准备用来购买耐用品的。在西方，个人储蓄的形式包括银行存款、公债、股票和不动产等，这些都是随时可以转化为现实购买力的。在正常情况下，银行储蓄与国民收入成正比，是稳定的，但是当通货膨胀、物价上涨时，消费者就会将储蓄变为现金，争购保值商品。我国居民有勤俭持家的传统，长期以来养成了储蓄的习惯。

目前，我国的高储蓄含有非理性的行为，从1990年居民储蓄突破1万亿元后，到2000年已增长了5倍，达到了6万多亿元。而根据中国人民银行发布的最新统计数据，截至2007年年底，中国居民存款余额为17.2万亿元，而2015年这一数字已经飙升至55.2万亿元，短短8年时间，增加了38万亿元，这8年时间里居民存款迎来了爆发式增长，按照国家统计局最新公布的全国总人口13.7亿计算，中国居民人均存款已经达到40291元人民币，首次突破4万元大关。储蓄居高不下的原因可以概括为六点：一是居民收入总水平增加太慢，大家对未来的收入缺乏信心；二是收入分配差距拉大，多数人没法提高消费层次；三是多项改革同时出台，都要消费者拿钱；四是持币待购心理突出；五是投资渠道较少，消费者的投资意识比较差；六是社会保障体系还不是很完善。很多人储蓄的目的是应对未来不时之需，比如用来解决失业、医疗等方面的问题。因而即使银行多次下调存款利率，并增加了利息税，也没有打动消费者的心。高储蓄已严重影响到国内消费市场持续稳定发展，如何解决好这个问题值得深思。

各国广泛存在的消费者信贷，对购买力的影响也很大。所谓消费者信贷，即消费者凭信用先取得商品的使用权，然后按期归还贷款。主要信贷方式有四种：短期赊销、购买住房分期付款、购买昂贵消费品分期付款、信用卡信贷。美国消费者信贷在全世界最高，各种形式的赊销、分期付款业务十分灵活，增长迅速。我国目前开设的消费信贷种类也很多，如购车信贷、购房信贷等。这对于扩大企业产品销售会有积极作用。经济学家认为，消费信贷将有助于经济增长。允许人们购买超过现时购买力的商品，这就可以创造更多的就业机会、增加更多的收入、产生更多的需求，从而刺激经济增长。

三、自然环境

企业营销的自然环境是指影响企业生产和经营的物质因素，如企业生产需要的物质资料，企业生产产品过程中对自然环境的影响等。从20世纪60年代开始，各国学者普遍关注工业发展对自然环境的影响，也出现了许多环境保护组织，促使各国加强了环境保护立法和执法。总的来说，自然环境对企业影响的主要动向是自然资源日益短缺，能源成本日趋提高，随着工业化、城镇化进程的加快，环境污染日益严重，政府对自然资源与环境的管理和干预力度不断加大。所有这些都直接或间接地给企业带来威胁或机会。

面对资源的短缺，企业应奉行生态营销、绿色营销理念，重点发展节约能源、降低原材料消耗的产品，如开发节能、节电、节时、节空间的产品；寻找替代品，开发新能源，如以太阳能、风能、潮汐能、核能、地热能等新能源代替煤炭、石油等传统能源，加强“三废”的综合利用；大力发展人工合成材料，使产品轻型化、小型化、多功能化等。

环境污染在许多地区已经严重影响到人们的身体健康、自然生态的平衡以及经济社会的可持续发展。环境污染，首先，为治理污染的技术和设备提供了一个大市场，为不破坏生态环境的新的生产技术和包装方法创造了市场机会；其次，开发绿色产品为核心的绿色营销成为时尚；最后，企业必须注意到自身的环境污染问题，做好污染治理工作，否则将因此付出很大的代价，目前已经有企业法人因为对环境造成的严重污染而承担了刑事责任。

案　例

南京一企业偷排4年，倒废酸2000多吨，致多处水厂停水

德司达（南京）染料有限公司因向运河偷排废硫酸2698.1吨，被扬州市中级人民法院判决构成污染环境罪，处罚金2000万元，相关责任人被依法判处刑罚。经专业机构评估，这2698.1吨废硫酸平均浓度59.34%，数值超过构罪标准数百倍，且偷排地点河网密度高、水系丰富，附近多处水厂被迫停产停水。由于上述2000万元罚金被收缴国库，并不用于环境修复，因此，江苏省环保联合会近日又将该公司告上法庭，要求其赔偿环境污染修复费用2428.29万元。日前，南京市中级人民法院已受理此案。

（资料来源：王伟健．南京一企业偷排4年，倒废酸2000多吨，致多处水厂停水[N]．人民日报，2017－01－09.）

四、科技环境

科学技术因素是宏观环境中变化最快、最强的因素，是影响人类进步、经济发展和社会运行的最大力量，是促使企业技术改造和产品市场创新的主要动力。它在推动生产力发展的同时，也不断地促进社会分工的深化和新的社会需要的产生。科学技术的这种发展趋势，既给企业造成新的市场营销机会，又可能给某些企业带来威胁。

（1）科学技术的发展，产生了许多新兴的工业部门和行业，以原子能、激光、电子技术、生物工程、空间技术、高温结构陶瓷、超导材料等为代表的现代科学技术的发展，使新产品不断涌现，产品生命周期越来越短，某些技术陈旧的老产品受到无情的打击，甚至造成一个行业的萎缩或消失。

（2）科学技术的发展，改善了企业经营管理。电脑、传真机、电子扫描装置、光纤通信等大大提高了企业生产经营的工作效率，使企业经营管理逐步迈向现代化；同时，科学技术使劳动者的素质提高，人们的思维方式、生活方式、工作方式等也将发

生根本性的变革，也促使企业必须改进经营管理方式。

（3）科学技术的发展，降低了能源消耗，节约了费用。科技发展给企业带来新材料、新工艺、新方法等，大大降低了能源消耗，或寻找到新的替代能源，大大降低了成本和费用。

（4）科学技术的发展和运用，引起消费者生活方式发生很大的变化。消费需求、消费习惯、消费结构、消费方式也都发生变化，如1930年出现了超级市场，1940年出现了廉价商店，20世纪六七十年代出现了快餐服务、自助餐厅等；进入21世纪，以微电子为标志的IT发展迅速，电子购物成为时尚，新的营销模式——网络营销、微信营销等成为企业重要的营销方式。

五、社会文化环境

社会文化环境是指一个国家或地区的民族特征、文化传统、价值观、宗教信仰、教育水平、社会结构、风俗习惯等情况。

人类总是在特定的社会中生活的，久而久之必然形成特定的文化，包括一定的态度或看法、价值观念、道德规范以及风俗习惯等。

社会文化环境影响和制约着人们的观念与思维，从而成为影响人们购买欲望和行为的重要因素。教育水平的高低、审美观念的不同直接影响人们的消费行为和消费结构，价值观念差异影响消费者对商品的需求和购买行为，风俗习惯的不同导致不同的心理特征、道德伦理、行为方式和生活习惯，特定时期内直接影响对某些商品的大量需求；宗教信仰的差异涉及交谈用语、产品的颜色、图案、造型等各个方面的风俗禁忌。

案　例

宗教的力量

我国某进出口公司曾经向科威特出口700箱北京鸭，因不注意该国的宗教习惯，又不严肃对待合同规定，未按伊斯兰教的屠宰方法处理宰杀北京鸭，结果整批货物不但被拒绝进口，在政治上还出现重大损失。

（资料来源：车慈慧．市场营销［M］．北京：高等教育出版社，2010.）

企业的市场营销人员在国内和国际市场营销工作中都必须分析、研究和了解销售对象秘处的社会和文化环境，在产品设计造型、颜色、包装及商标、广告、推销方式以及服务等方面都要考虑到社会文化环境因素的重要影响，认真研究不同社会阶层和相关群体的需求特点和购买行为。

六、政治法律环境

政治法律环境是指国家的方针政策、法令及其调整变化对市场营销产生的影响。企业的营销活动是社会经济生活的组成部分，而政治法律因素时刻对经济基础发挥着巨大的作用。

首先，国内外的政局稳定与否影响着企业市场营销活动的方向。国内政治形势是指在一定时期内党和政府处理多方面关系、发展经济、管理社会生活的势态，它包括党和国家的各项方针政策的采取和改变。这些方针政策，既可以发展、促进某些企业的营销活动；也可以限制、制止和取缔某些企业的营销活动，从而对企业的发展产生决定性的作用和影响。其次，国与国之间的关系，也影响着我国企业的市场营销活动。我国在和平共处五项原则的基础上发展同国外的睦邻友好关系，进行广泛的经济技术交流与合作，为我国产品进入国际市场创造了条件。我国加入 WTO 以后，给我国的广大企业“走出去”带来新的发展机遇，同时各种挑战也在所难免。最后，政府的法令条例，特别是涉及市场营销的经济法规，对市场需求的实现与市场营销活动也具有一定的调节作用。

法律是体现统治阶级意志，由国家制定或认可，并以国家强制力保证实施的行为规范（规则）的总和。为了保证本国经济的良好运行，各国政府都颁布相应的经济法规来制约、维护、调整企业的活动。我国近年来颁布了许多经济法规。这些法规是保障我国经济协调、稳定发展和维护社会整体利益的有效手段。对于企业而言，国家的法律法规，一方面约束着企业必须在符合全体人民和社会利益的基础上去经营；另一方面，也保护企业的正当行为和利益。企业则要把握好以下两个方面：一是要知法、懂法、守法；二是要利用法律的武器维护自身的合法权益。

案 例

清华房地产公司的有奖销售

清华房地产公司开发一块交通不便、名为“斜岗坡”的棚户区。拆迁安置、“三通一平”后，慕名聘请该市长城广告策划公司为其楼盘作“整体包装”和形象推广。长城公司经过调研后推出的营销策划要点是：①重新命名，给“斜岗小区”一个好听的名字。即改“岗”为“光”，名曰“斜光小区”（取唐代大诗人王维的“斜光照墟落”的诗意，立即使“斜岗坡”这个原先只是破烂棚户区的小山岗有了浪漫气息——生活在临江而立的斜光小区，日暮江风里，沐浴在夕阳的余晖中，闻汽笛声声，看帆樯点点……），一字之改，有化腐朽为神奇的功效。②前期推广：包括图片宣传（尽情渲染棚户区低矮、狭窄、破烂、拥挤的状况，提醒人们应改变这种生活面貌)，征文比赛(描绘人们期盼美好家园的愿望，引起社会广泛关注，同时培养潜在客户)，在客流集中的都市商厦租用柜台，以楼宇模型配合三维动画电脑演示，全方位展示"斜光小区"未来的美好家居环境。这种有独到眼光的前期推广方案一出台，便引起轰动。③在闹市区设置大型电子显示屏，公布工程进度，并设置意见箱，每周对所收集意见进行评比并给予奖励；其次是组织购房户代表和建委的专家、建筑学院教授、拆迁户成立监督评议团，定期对工程进度、质量进行评议，评议结果在显示屏上公布，赢得社会对房屋质量的信任。④联系一家商业银行推出购房按揭。⑤与该市很有影响的晚报共同开展"先存钱后买房还是先买房后存钱"的大讨论，通过大讨论，让市民改变先存后买的旧观念，树立"用明天的钱提高今天的生活质量"的新消费观念，既培养大批潜在顾客，又迎合了政府的房改政策导向，容易赢得政府的支持，可谓一箭双雕。⑥全方位 SP（Sales Promotion，销售促进）促销，包括电视专题、报纸广告、MD（Mini Disc，迷你磁光盘）派发、接送市民现场参观等，其中最厉害的一招是有奖销售，即在全部购房客户中抽出大奖 1 名、小奖 20 名，小奖获 7 折优惠，大奖一名只需花 1 元钱即可"买"得一套商品房！这等于是白送！此招一出，冲着这令人耳热心跳的大奖，购房者蜂拥而上，直让众多房地产开发商傻了眼、羡慕不已。

环环相扣的策划方案顺利实施，商品房全部顺利出售，特别是 1 元钱买一套房的特奖抽出，将策划活动推向高潮，在全市造成很大反响。正当清华房地产公司乐滋滋地点数着荷包的进项时，税务局和工商局相继找上门来。税务局开出两张罚单，一张是获奖房应补交所得税的补税单，另一张是罚单，举办此项活动事先不申报、事后不缴费，要按规定罚税；工商局人员的到来则更要了房地产公司的命——工商局宣布，据该市几十家房地产公司联名举报，公司的巨奖促销违反了《反不正当竞争法》（该法明确规定企业有奖销售奖金不得超过 5000 元），巨奖行为无效，还要给予处罚。

这下轮到清华房地产公司老总傻眼了。没办法，清华公司只得召集"获奖者"商议，宣布税务局和工商局的决定。这无异于平地里扔下一颗重磅炸弹，立刻炸了锅。有的说这是房地产公司故意欺骗，有的说要到法院控告，有的说绝不会补交钱，更不会退掉房子，他们决不容忍煮熟的鸭子从手中飞走，他们说一切责任都应该由清华房地产公司来负……一时间，社会舆论也沸沸扬扬。

（资料来源：涂山青．警惕营销策划陷阱［J］．经营者，2000.）

七、行业环境

在外部环境中，对企业的营销活动和营销战略影响最直接、作用最大的当属行业环境。行业的产生、存在和发展，依赖于社会对它所提供的产品和劳务的需求。当社会的这种需求消失或被别的产品或劳务完全替代以后，这个行业也就随之消失。行业环境的影响主要是同行业内的企业之间的竞争所导致的企业营销环境的变化。

同行业内企业间的竞争有以下几种形式：

（1）在行业快速增长时期，企业只要能跟上行业的发展，就可以取得进展，这时，企业间竞争不甚激烈；而在行业缓慢增长时期，企业间的竞争加剧，竞争的目的主要是寻求扩大自己的市场份额。

（2）同行业内各企业提供的产品，如果没有大的差异，企业间的竞争在很大程度上表现为成本、价格和服务的竞争，竞争往往比较激烈。如果产品具有较大的差异性，能满足不同层次顾客的需求，那么，各企业就会通过产品差异化策略进行竞争，各企业会各自拥有一部分顾客，从而减缓竞争的激烈程度。

（3）在分散性的行业中存在着众多的势均力敌的竞争对手，企业往往各行其是，为了发展壮大而相互争斗，加剧了竞争的激烈程度。相反，在高度集中的行业中，若这一行业为一个或几个企业所控制，则行业领袖就能对行业中其他企业施加影响，或者进行协调，从而减缓竞争的激烈程度，如中国的石油能源行业、电信行业等。

（4）某些企业为了增强其竞争实力而向国际市场大量投资。由于外来竞争者参与某国或某地区的某行业的竞争，使该国或地区的这一行业内的竞争更加激烈。因为，有的外来竞争者，为了确立其在国际市场上的实力地位，获得全球性的声誉和威望，或因开拓潜在市场的需要，宁愿牺牲暂时的利润，降低投资回报率，以达到胜出的目的。

（5）潜在竞争企业加入某行业时，一方面，该行业会增加新的生产能力，另一方面，新加入者将从中争得一定的市场和重要资源，其结果往往导致行业竞争加剧、价格下降、利润率降低。当年格兰仕通过降价把一个个小的微波炉生产厂家挤出市场的时候，美的以1200万台的微波炉年产量成为格兰仕的更强大的竞争对手。

企业应根据上述几种行业竞争的不同表现形式对企业所在的行业和要进入的行业进行深入分析，以制订相应的营销对策。

第四节 市场环境分析与企业对策

每个企业都和总体环境的某个部分相互影响、相互作用。企业能够在复杂多变的环境中得以生存和发展，其重要原因就在于：①能够识别环境中影响市场营销的主要方面和因素及其变化趋势；②正确理解这些因素对市场营销的影响机理；③及时发现市场中的机会和威胁；④认识到自己为了把握机会、避免威胁所具有的优势和劣势；⑤密切关注环境的发展变化，在环境变化的时候，能够通过事先制订的计划来适应并控制变化，以保证企业经营战略的正确实施。

一、环境威胁与市场机会

环境发展趋势基本上分为两大类：一类是环境威胁；另一类是市场营销机会。所谓环境威胁，是指环境中一种不利的发展变化和趋势对企业营销所形成的挑战。如果不采取果断有效的市场营销行动，这种不利趋势将影响到企业的经济效益，伤害到企业的市场地位。这种威胁来自环境的各个方面。例如，2008 年爆发的全球金融危机，给世界多数国家和地区的经济和贸易带来很大的负面影响；国内外对环境保护要求的提高，对某些生产不符合环保要求的产品的企业无疑是一种严峻的挑战；紧缩信贷、原材料价格上涨、税率提高、出现新的竞争者、市场疲软等，都是不利于企业发展的因素。所谓市场营销机会，是指市场营销环境变化所带来的对企业市场营销活动颇具吸引力和赢利空间的领域。在该领域内，企业将拥有竞争优势，具有比竞争对手利用同一市场机会更大的优势，并获得较大的“差别利益”；宽松的政策、科技的进步、新材料的研制等可能为企业降低成本、增加销售量创造条件，这些对企业发展是有利的。

二、威胁与机会的分析评价

企业面对威胁程度不同和市场机会吸引力不同的营销环境，需要通过环境分析来评估市场机会与环境威胁。其分析方法很多，这里主要介绍威胁分析法、机会分析法。

（一）威胁分析法

威胁分析也称企业生命力衰退分析。企业生命力衰退一般要经历一个过程，而且会有先兆。威胁分析就是分析反映这些先兆现象的先行性指标。这些指标主要包括以下几个方面：

（1）本企业的销售增长率连续若干年低于国民经济增长率。

（2）销售增长率尚可，但市场占有率连续若干年下降。

（3）资金利润率连续若干年低于银行利息率。

（4）销售利润增长率连续若干年低于销售收入增长率，即增产不增收。

（5）企业平均每名职工销售利润率连续若干年低于平均每人销售费用增长率，等等。

企业对环境威胁的分析，一般着眼于两个方面：一是分析威胁的潜在严重性，即影响程度；二是分析威胁出现的可能性，即出现概率。其分析矩阵如图 3－1 所示。

		出现概率：高	出现概率：低
影响程度	大	1	2
	小	3	4

图 3－1　威胁分析矩阵

在图3－1中，处于1位置的威胁出现的概率和影响程度最大，必须特别重视，制订相应对策；处于3位置的威胁出现的概率和影响程度最小，企业虽不必担心，但应注意其发展变化；处于2位置的威胁出现概率虽小，但影响程度较大，必须密切注意监视其出现与发展；处于4位置的威胁影响程度较小，但出现的概率大，也必须充分重视。

（二）机会分析法

机会分析包括以下内容：

（1）环境市场机会与企业市场机会。市场机会实质上是“未满足的需求”。对不同企业而言，环境机会并非都是最佳机会，只有理想业务和成熟业务才是最适宜的机会。

（2）行业市场机会与边缘市场机会。企业通常都有其特定的经营领域，出现在本企业经营领域内的市场机会，即行业市场机会，出现于不同行业之间的交叉与结合部位的市场机会，则称之为边缘市场机会。一般来说，边缘市场机会的业务，进入难度要大于行业市场机会的业务，行业之间的边缘地带，有时会存在市场空隙，企业在发展中也可用以发挥自身的优势。

（3）目前市场机会与未来市场机会。从环境变化的动态性来分析，企业既要注意发现目前环境变化中的市场机会，也要面对未来、预测未来可能出现的大量需求或大多数人的消费倾向，发现和把握未来的市场机会。

（4）全面的市场机会与局部的市场机会。全面的市场机会是在大范围市场，如国际市场、全国性市场上出现的机会；局部的市场机会则是在小范围市场，如某个特定地区出现的尚待满足的需求。全面的市场机会对各个企业都有普遍意义，局部的市场机会对进入特定市场的企业有特殊意义。

机会分析主要考虑其潜在的吸引力（营利性）和成功的可能性（企业优势）大小。其分析矩阵如图3－2所示。

		成功的可能性 大	成功的可能性 小
潜在的吸引力	大	1	2
	小	3	4

图3－2 机会分析矩阵

在图3－2中，处于1位置的机会，潜在的吸引力和成功的可能性最大，极可能为企业带来巨额利润，企业应把握战机，全力发展；而处于3位置的机会，不仅潜在利益小，成功的概率也小，企业应改善自身条件，注视机会的发展变化，审慎而适时地开展营销活动。

三、企业对策

对企业所面临的主要威胁和最佳机会，最高管理层应当作出什么反应或可采取何种对策呢?

最高管理层对企业所面临的市场机会，必须慎重地评价其质量。美国著名的市场营销学者西奥多·莱维特（Theodore Levitt）曾警告企业家们，要小心地评价市场机会。他说："这里可能是一种需要，但是没市场；或者这里可能是一个市场，但是没有顾客；或者这里可能是顾客，但目前实在不是一个市场。又如，这里对新技术培训是一个市场，但是没有那么多的顾客购买这种产品。那些不懂得这种道理的市场预测者对于某些领域（如闲暇产品、住房建筑等）表面上的机会曾作出惊人的错误估计。"

企业对所面临的主要威胁有三种可能选择的对策：

（一）反抗

企业可以抵抗、抑制或扭转不利因素的发展。例如，长期以来，日本的汽车、家用电器等工业品源源不断地流入美国市场；而美国的农产品却遭到日本贸易保护政策的威胁。美国政府为了对付这一严重的环境威胁，一方面，在舆论上提出美国的消费者愿意购买日本优质的汽车、电视、电子产品，为何不让日本的消费者购买便宜的美国产品；另一方面，美国向有关国际组织提出了起诉，要求仲裁。同时提出，如果日本政府不改变农产品贸易保护政策，美国对日本工业品的进口也要采取相应的措施。结果，扭转了不利的环境因素。

（二）减轻

通过调整市场营销组合等来改善环境适应，以减轻环境威胁的严重性。例如，美国烟草公司大力宣传在公共场所设单独的吸烟区。再如，当可口可乐的年销售量达300亿瓶时，在美国的饮料市场上突然杀出了百事可乐。它不仅在广告费用的增长速度上紧跟可口可乐，而且在广告方式上也针锋相对："百事可乐是年轻人的恩赐，青年人无不喝百事可乐。"其潜台词很清楚，即可口可乐是老年人的，是旧时代的东西。可口可乐面对这种环境威胁，及时调整市场营销组合，来减轻环境威胁的严重性：一方面，聘请社会上的名人（如心理学家、精神分析家、应用社会学家、社会人类学家等），对市场购买行为新趋势进行分析，采用更加灵活的宣传方式，向百事可乐展开了宣传攻势；另一方面，花费比百事可乐多50%的广告费用，与之展开了一场广告战，力求将广大消费者吸引过来。经过上述努力，收到了一定的效果。

（三）转移

决定转移到其他盈利更多、风险较小的行业或市场。例如，烟草公司可以适当减少香烟业务，增加食品和饮料等业务，实施多元化经营。在第二次世界大战结束以后，美国许多军工企业纷纷转产，由生产军工产品转向生产民用产品，企业获得了新的生机；再如，嘉陵公司原是一个生产兵器产品的军事工业企业，由于国际形势发生变化，1980 年年底，出现了数百万元亏损的局面。面对这种不利的市场营销环境，他们抓住“保军转民”的历史机遇，大力发展民品——摩托车，他们不断进行技术创新，较快地在国内占领了摩托车生产技术的制高点，1985 年就登上了我国最大的摩托车生产企业的宝座，成为中国摩托车产业的奠基者和引导者。1995 年揭晓的全国 500 家综合最优工业企业中，嘉陵跃居全国第二。发展到今天，中国嘉陵集团已成为以摩托车及其发动机、特种装备、光学光电、汽车摩托车、零部件等为主导产业的国家级大型企业集团。

本章小结

市场营销环境具有如下特点：复杂性、关联性、变动性、辩证性。微观营销环境包括市场营销渠道、消费者、竞争者、社会公众。宏观营销环境包括人口环境、经济环境、自然环境、科技环境、社会文化环境、政治法律环境、行业环境。

环境发展对企业的影响分为两大类：环境威胁，市场机会。

企业对环境威胁的分析着眼于两个方面：一是分析威胁的潜在严重性；二是分析威胁出现的可能性。

机会分析包括以下内容：环境市场机会与企业市场机会、行业市场机会与边缘市场机会、目前市场机会与未来市场机会、全面的机会与局部的机会。

最高管理层对企业所面临的市场机会，必须慎重地评价其质量。企业对所面临的主要威胁有三种可选择的对策：反抗、减轻、转移。

关键术语

市场营销环境　微观营销环境　宏观营销环境　环境威胁与市场机会　反抗　减轻　转移

思考与练习

1. 影响市场营销的微观环境由哪几方面构成？如何影响？
2. 影响市场营销的宏观环境因素有哪些？如何影响？
3. 市场环境分析的方法有哪些？
4. 讨论：当前的社会腐败现象对市场营销有何影响？

技能训练

市场环境观察和分析能力训练

一、训练目标

通过训练，使学生提升市场环境的观察能力，掌握常见的信息收集途径与基本方法；锻炼学生的信息收集、整理和分析能力。

二、训练准备

学生事先通过各种资料对目标企业进行宏观认识；教师事先设计详细训练操作方案，讲解训练要求和目标。

三、训练内容

1. 针对你身边某企业进行宏观和微观营销环境的观察记录；
2. 了解该企业的相关资料，对该公司的外部环境进行分析；
3. 根据资料分析给该公司提出经营策略的改进建议。

四、训练流程

组建学生团队→团队分工→资料收集与汇总→团队讨论→以团队为单位提出企业环境分析报告。

五、训练操作要点

教师注意控制时间及课堂氛围，考核关注资料分析处理的质量及方案的可行性、小组分工协作及任务完成的时间等。

第四章

市场调查与市场预测

学习目标与要求

1. 了解市场调查与预测的作用、内容、步骤。
2. 熟悉市场调查与预测的原理、分类。
3. 掌握市场调查与预测的方法、技巧。

本章知识架构

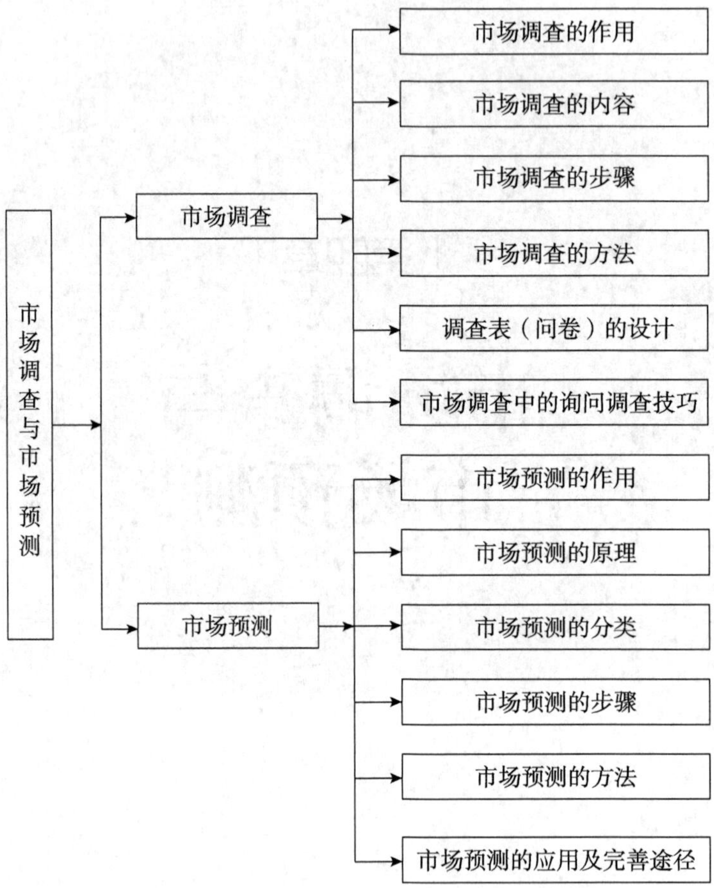

导入案例

错误的市场调查结论带来的后果

一位在上海经营宠物食品公司的企业家到北京出差，趁空闲时间，在西单图书大厦买了一本市场调查技术方面的书。3个月以后，他为这本书付出了三十几万元的代价。更可怕的是这种损失还在继续，除非这位先生的宠物食品公司关门，否则那本书会如同魔咒般伴随着他的商业生涯。

原来，这位企业家回到上海后，为了能够了解更多的消费者信息，他根据市场调查书中的技术介绍，亲自设计了精细的问卷，在上海选择了1000个样本进行调查，并且保证所有的抽样在超级市场的宠物组购物人群中产生，内容涉及价格、包装、食量、周期、口味、配料6大方面，覆盖了所能想到的全部因素。沉甸甸的问卷让企业的高层着实振奋了一段时间，但谁也没有想到市场调查正把他们拖向溃败。

2005年年初，这家企业采用新配方、新包装的狗粮产品上市了，短暂的旺销持续了一星期，随后就是全面萧条，后来产品在一些渠道甚至遭到了抵制。过低的销量让企业高层不知所措，当时远在美国的这位企业家更是惊讶："科学的调查为什么还不如以前我们凭感觉定位来得准确?"到2005年2月初，新产品被迫从终端撤回，产品革新宣布失败。

这位企业家告诉记者："我回国以后，请了十多个新产品的购买者来座谈，他们拒绝再次购买的原因是宠物不喜欢吃。"产品的最终消费者并不是"人"，人只是一个购买者，错误的市场调查方向，决定了调查结论的局限性，甚至荒谬。

经历了这次失败，这位企业家认识到了市场调查的两面性，市场调查可以增加商战的胜算，而失败的市场调查对企业来说则是一场噩梦。

（资料来源：杨勇．市场调查与预测［M］．北京：机械工业出版社，2016. 略有改动）

重视市场调查工作对企业的发展具有十分重要的意义。市场调查1910年起源于美国，第二次世界大战后逐渐推广到世界各国。现代企业开展市场营销活动是建立在对各种营销信息的占有、分析、评价和应用基础上的。没有足够、及时、正确的市场营销环境的信息资料，没有科学的市场营销调查，没有科学的市场营销预测，企业营销人员就不可能制订正确的营销战略和营销组合策略。市场调查和预测是实现现代企业的营销目标和营销效益的前提和保证。上述案例告诉我们，错误的市场调查必然导致失败的结局。本章重点介绍如何调查、预测各种影响企业市场营销活动的环境因素的变化给企业带来的机会和威胁，为企业经营决策提供科学依据。

第一节　市场调查

市场调查是指运用科学的方法，有目的、有计划、有步骤、系统地收集、记录、整理、分析、评价和使用有关市场方面的各种信息，掌握市场发生、发展及变化的趋势，为市场预测、经营决策提供可靠依据的活动过程。市场调查是企业从事生产经营活动的起点，贯穿于企业生产经营活动的全过程。

一、市场调查的作用

市场调查是企业掌握市场动态变化的有效方法，是企业进行市场预测和制订经营战略的基础，是企业正确制订和调整市场营销策略的保障。

（一）市场调查是企业掌握市场动态变化的有效方法

通过深入细致的市场调查，及时收集相关产品的供求状况、价格变化情况、竞争对手状态、国家政策变动、产业结构调整，消费心理趋向等各类市场信息，在整理、分析基础上发现新的市场机会，发现潜在的消费需求，发现市场变化的基本趋势，从而把握市场运行规律，增强参与市场活动的主动性，减少盲目性。

（二）市场调查是企业进行市场预测和制订经营战略的基础

企业通过市场调查，不仅可以收集、掌握比较系统的、全面的营销信息，而且对客观环境变化带给企业的机会和威胁的分析研究也比较符合实际，使企业的营销预测和决策建立在科学可靠的基础上，减少预测的误差和决策的失误，将现代企业的经营风险降低到最小限度。

案　例

肯德基：北京首家店的诞生

1986 年，肯德基公司派人来北京考察投资环境，来人只看到川流不息的人群，没有仔细地调查就断定肯德基在这里将大有市场，结果被公司领导以不称职为由降职。

之后，公司又派另一个人前来考察。这个人做了以下工作：

1. 先是带人出入北京主要的街道，拿秒表测算客流量。

2. 做出炸鸡样品请 500 多个不同年龄、性别、职业的人品尝，并详细询问了他们对炸鸡的味道、价格、店堂设计和用餐方式等方面的评价和看法。

3. 深入调研了现在和将来能为北京提供各种原料的供应商情况。

4. 将包括油、面、盐、菜等各种原料的样品带回美国进行化学分析。

5. 应用电脑汇总各种数据，并得出肯德基进入北京市场会有巨大的竞争力的结论。

1987 年 11 月 12 日，肯德基在北京的第一家店开业。在不到一年的时间里，盈利就达到了 250 万元，原计划 5 年才收回的投资不到 2 年就收回了。

（资料来源：全琳琛. 1 分钟学营销——故事里的营销学［M］. 北京：人民邮电出

版社，2010. 略有修改）

（三）市场调查是企业正确制订和调整市场营销策略的保障

通过市场营销的调查研究，了解市场营销环境的变化趋势，掌握市场竞争态势，从实际出发制订可行、合理的市场营销策略。依靠市场调研，对现行的各种营销策略的实施进行信息反馈、评价，为修订、补充和完善现行营销战略和策略，使之更加适应营销环境的变化和要求提供了依据和保证。

总之，搞好市场调研，对于掌握市场变化动态，进行科学预测、决策，制订、评估和完善营销战略与策略，改善企业经营状况，求得企业进一步发展，具有十分重要的意义。

二、市场调查的内容

现代企业进行市场调查，其内容应包括一切与企业市场营销活动直接或间接有关的信息和因素。主要有以下几个方面，如图 4－1 所示。

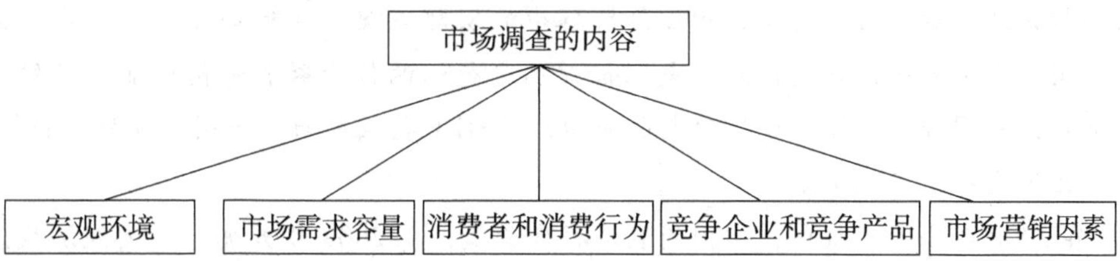

图 4－1　市场调查内容示意

（一）宏观环境调查

1. 政治法律环境

政治法律环境指影响企业市场营销的国家各项政策、方针、法律、法规等。在政治方面，一般而言，只要一国政府的政策透明、政府廉洁、政局稳定，企业就可以在了解、掌握政策的基础上，制订相应的策略或对策，从而取得企业经营的成功。但是，如果政策、方针是不稳定的，经常发生变化，则企业对政策就无法准确把握，尤其是国际经营就容易遭遇政治风险。在法律方面，主要调查与企业生产经营活动相关的法律法规，如企业法、物权法、经济合同法、劳动法、劳动合同法、各种税法、会计法、环境保护法、商标法、消费者权益保护法等。

2. 经济环境

经济环境是指一个国家或地区的经济发展速度、经济景气状况、消费信贷政策、居民的经济收入、可支配收入、储蓄与信贷习惯、消费构成、价格与通货膨胀率、消费结构水平、消费者情绪指数等环境因素。企业生产经营的成功与否与周围的经济环境（快速增长、慢速增长、衰退或滞胀）密切相关，而一个国家或地区的经济处于不同的发展阶段，则会形成不同的产业结构、需求模式、消费心态等，市场也呈现出不同特性。

案 例

从夜间灯光地图看中国经济形势，美国专家被震惊！

2017 年 4 月中旬，美国宇宙航天局（NASA）发布了全新的夜间灯光地图。按照 NASA 官方的说法，这张地图是迄今为止我们能获得的最清晰全面的灯光地图，让科学家对地球上人口聚集分布和经济活动规模有了更直观的认识。根据 NASA 官网的说法，科学家们已经研究夜间灯光 25 年了。夜间灯光亮度基本能反映生产、服务、居民消费等经济活动的活跃程度。人口聚居规律、城市化发展进程和区域经济发展水平等信息，都会暴露给夜间俯拍地球的卫星。根据 MarketWatch 网站报道，三位美国专家研究了中国夜间灯光地图后惊讶地发现，中国经济取得的实际成就，可能要比官方 GDP（国民生产总值）数字反映的还要惊人！美联储纽约分行的两位专家和哥伦比亚大学的一位教授表示，中国经济在金融危机后表现强劲，其 GDP 甚至超出了中国官方给出的数字。其中一篇论文给出了如下结论：

“在 2008 年金融危机中，中国的衰退程度最浅，从 2009 年开始，中国经济恢复情况很好。直到 2011 年以后，中国经济持续稳定在比危机前更高的水平上。”

（资料来源：郑直．从夜间灯光地图看中国经济形势，美国专家被震惊［N］．每日经济新闻，2017－05－02．）

3. 人口环境

人口因素的调查是环境调查中一个比较重要的内容。在有些国家，有的企业已经规定了在市场可行性报告中，如果没有人口专家的签字将被公认为是不可行的。同样，在一些市场经济比较发达的国家和地区，市场所在地的人口环境调查被认为是市场调查的首要因素。

人口环境调查的主要内容包括：人口总量、人口构成（年龄、性别、职业、收入、地理、家庭结构、受教育程度）、人口流动和迁移、家庭生命周期、家庭结构变化等。

4. 社会文化环境

社会文化作为一种沟通体系，是生活方式的总和，它提供了许多标准和规则，促进了社会成员的生存与发展。文化作为一种适合本民族、本地区、本阶层的是非观念影响着消费者的行为，进而影响到这一市场的消费需求、消费结构、消费方式，并使生活在同一文化范围里的人们具有更多相似的方面。

针对社会文化环境进行的调查，其内容主要涉及消费者的文化背景、社会教育水平、民族与宗教状况、风俗习惯、社会心理等方面。

5. 技术发展研究

科学技术是第一生产力，对经济发展有巨大影响，不仅直接作用于企业内部的生产和经营，还与其他环境因素相互依赖、相互作用，共同带动企业经营活动的发展。对于企业来讲，科技环境日新月异的变化，既带来新的机遇，也带来新的挑战。企业要在市场上立于不败之地，就必须时刻关注科技环境的变化，通过多种形式的调查研究，充分认识新技术、新工艺、新材料、新产品、新能源、新标准的情况，同时还要注意科学技术引领消费者观念、购买习惯、购买决策和营销策略的变化。

6. 自然环境调查

自然环境调查包括地理、气候、资源、能源等因素。企业经营要受到各种自然环境的影响，如各种资源的短缺、环境污染的严重、能源成本的上升、气候条件的变化等。自然环境对消费者行为的影响，直接影响甚至制约企业的生产和经营。企业应注意对地理环境、气候条件、季节因素等方面进行调查，要通过不断调查，了解掌握自然资源、地理与气候环境的变化，以制订适应其变化的企业发展战略。

（二）市场需求容量调查

市场是企业的舞台。市场需求是企业生产经营活动的中心和出发点。市场需求容量是可能购买该产品的人口总量、购买力和购买欲望的乘积，市场需求容量调查是市场调查的重要内容。市场需求容量调查以下内容：

（1）市场需求的产品品种调查。

（2）市场需求的产品总量调查。

（3）市场需求环境调查。

（4）市场需求的企业营销条件调查。

（三）消费者和消费行为调查

消费者是市场营销中一个非常重要的力量，可以说市场调查就是以消费者为中心的研究活动。对消费者及消费行为进行深入调查和研究，并将之应用于生产经营活动，是为生产经营企业发现新的市场机会，找到新的营销战略战术，从而提高营销成效的有效途径。消费者和消费行为的调查主要从以下几个方面展开：

（1）本企业产品的现实与潜在购买者数量调查。

（2）消费者的年龄、性别、职业、文化程度、地区分布、民族调查。

（3）消费者的购买动机、购买行为与购买习惯等调查。

（四）竞争企业和竞争产品调查

企业仅仅了解消费者的需求量是不够的，还必须了解自己的竞争对手。商场如战场，任何企业要想在市场中生存与发展，不研究竞争对手的战略而要取得竞争优势是不可能的。从某种意义上讲，了解竞争者也是现代企业经营的重中之重，是企业选择营销战略和策略的先决条件。因此，市场竞争调查正成为生产经营者最为关注的调查内容之一。

（1）竞争对手数量调查。

（2）竞争对手产品设计能力、工艺能力、发展新产品的动向调查。

（3）竞争对手市场竞争的策略和手段调查。

（4）竞争产品的质量、数量、品种、规格、商标、成本调查。

（5）竞争对手的市场营销策略组合调查。

（6）潜在竞争对手出现的可能性调查。

（五）市场营销因素调查

1. 产品调查

对提供产品的企业来说，它的产品都必须符合其消费者的需要，并且能够促使消费者以最快的速度接受自己的而不是竞争对手的产品。那么采取什么样的战略与策略才能做到这一点呢？这就需要对有关产品的各个方面进行调查，包括对产品实体、产品寿命周期、产品外观对消费者的吸引程度、产品性能质量、产品包装设计、品牌的知名度、产品使用价值、产品市场生命周期的不同阶段和推出新产品的调查。

2. 价格调查

产品价格是企业可控因素中最活跃、最敏感、最难以有效控制的因素，也是决定企业产品市场份额和盈利能力的最重要因素之一。企业的产品定价关系到产品能否顺利地进入市场，关系到产品的数量、市场占有率和利润的大小以及企业产品与企业形象的好坏。然而，产品定价又不完全是由企业单方面决定的，它涉及消费者和经销商的利益，受到市场供求状况、竞争产品价格、消费者对价格的敏感度以及其他各种社会环境因素的影响和制约。因此，在进行产品定价或价格调整的决策之前，进行价格调查是完全必要的。

价格调查的主要内容包括：企业产品的各种弹性系数包括需求与供给弹性、价格和消费者收入弹性等的调查，市场现行零售价格和价格变动的可能性的调查，各种替代品、互补品价格的调查，消费者对于产品价格的认知、在经济与心理上的价格承受能力、可以接受的最高价格的调查，竞争对手的价格变动情况的调查等。

3. 分销渠道调查

分销渠道是产品从生产者向消费者或用户转移过程中经过的通道，是企业产品通向市场的生命线，是企业的巨大财富与无形资产。分销渠道策略是营销活动的重要组成部分，合理的分销渠道可使产品以最低的成本、最短的时间、最合适的中间商实现最大的价值。因此，分销渠道调查也是营销策划调查的一项重要内容。分销渠道调查的内容一般包括：企业现有渠道能否满足销售商品需要、渠道布局是否合理、渠道成员的营销实力如何、各类中间商对企业商品有何要求、线上线下渠道差异性调查等。

4. 促销调查

促销是营销者与购买者之间的信息沟通与传递活动。促销的目的是激发消费者的购买欲望，影响和促成消费者的购买行为，扩大产品的销售，增加企业的效益。促销调查就是对企业曾经在产品（或服务）的促销过程中所采用的各种促销方法的有效性进行测试和评价，为策划设计新的促销方式和手段提供可靠依据。促销调查的内容一般包括促销手段的调查和促销策略调查，包括人员推销、广告、营业推广、公共关系的可行性、促销投入与促销效果调查。

企业通过以上内容的调查，收集有关方面的信息和资料，针对不同的市场环境，结合顾客需求，综合运用企业可以控制的各种营销手段，制订有效的市场营销组合策略，促使顾客购买和带动新市场开发，以达到企业预期的营销目标。

三、市场调查的步骤

为了迅速、准确、高质量地收集到有关市场信息的资料，市场调查必须依照一定的科学方法有步骤地进行。市场调查一般要经过调查准备、正式调查、结果处理三个阶段共六个步骤。

（一）调查准备阶段

市场调查的主要目的是通过收集与分析资料，研究解决企业在市场营销中所存在的问题，针对问题拟订正确可行的改进方案。因此市场调查首先要从企业的实际出发，对生产经营活动的现状进行全面分析研究，确定问题之所在并根据问题的轻重缓急确定调查范围。例如，某企业的某种产品近几个月来销售量一直处于下降状态，原因是什么呢，是顾客对产品质量不满意，是售后服务工作没跟上，是促销宣传费用减少的影响，还是竞争对手采取了新的营销对策，或者是由于宏观经济形势发生变化造成的，为了弄清和确定问题之所在及调查范围，一般先进行初步情况分析和非正式调查。

（1）初步情况分析。为了使调查具有针对性，调查人员可收集企业内外部有关资料，包括各种报表、记录、统计资料、用户来函、财务决算、综合及专题报告、政府部门公布的有关信息，进行情况的初步分析，以便掌握足够的背景资料，使正式调查范围缩小。

（2）非正式调查。非正式调查，也称试探性调查。调查人员根据调查问题的初步情况分析，应在小范围内作一些试探性的调查。如向本企业内部有关人员、精通调查所涉及问题的专家以及有代表性的用户主动征求意见，听取他们对这些问题的看法和意见。

通过非正式调查，只要问题的症结已经找到，所需资料已经齐备，提出改进方案，就无须进行正式调查。否则，就应当进入正式调查阶段。

案　例

日清在美国的市场调查

日本日清食品公司（以下简称“日清公司”）在准备进入美国食品市场之前，曾委托美国当地的权威机构作过调查，结果却令公司大失所望：由于美国人没有吃热汤面的饮食习惯，而是喜欢吃面时干吃面，喝汤时只喝汤，绝不会把面条和热汤混在一起食用。由此断定汤面合一的方便面很难进入美国市场，更不可能成为一日三餐必不可少的快餐食品。日清公司并没有盲目迷信这种结论，而是派出自己的专家再次进行实地考察，这次却得出了相反的结论：美国人的饮食习惯虽然“汤面分食，绝不混用”，但随着世界不同种族移民在美国的大量增加，汤面混食很有可能成为美国人的饮食“新宠”。

日清公司在坚信自己结论的基础上，确定了四大营销策略：一是针对美国人热衷于减肥运动的生理和心理需求，在声势浩大的广告宣传中，把方便面称作“高蛋白、低热量、去脂肪、防肥胖，价廉易食用的‘瘦身最佳绿色食品’”，这些广告带来了营销奇效；二是为了满足美国人以叉子进食的习惯，果断地将面条加工成短而稍硬，且又有劲道的美式方便面；三是一改以往的包装，采用美式的“杯面”包装，同时根据美国人爱喝口味重的浓汤的独特口感，不仅在面条上精益求精，而且在汤味佐料上力调众口；四是改变方便面面多汤少的传统工艺，研制生产了汤多面少的美式方便面，并改名为“远胜于汤”，使“杯面”迅速成为美国消费者人人喜爱的快餐面。

凭着这四大策略，日清公司果断地挑战美国人的饮食习惯，不仅出奇制胜地突破了“众口难调”的瓶颈，也为自己在美国市场开辟了一片新天地。

（资料来源：王槐林，李林．市场营销学［M］．北京：北京大学出版社，2010．略有改动）

（二）正式调查阶段

1. 制订调查方案

调查方案主要包括以下内容：

(1) 确定调查主题。

营销策划调研的主题确定方法很多，常用的有以下方法：

①项目确定法：即营销策划调研，是为某个项目策划而进行的前期调研工作，如《××房地产公司大世界花园项目营销策划调研方案》。

②产品确定法：即营销策划调研，是为某个新产品上市策划而进行的前期调研工作，如《××公司××新产品上市推广策划调研方案》。

③市场确定法：即营销策划调研，是为某个特定市场策划而进行的前期调研工作，如《××省化装品消费市场调研方案》。

④行业确定法：即营销策划调研，是为某个行业产品策划而进行的前期调研工作，如《××市烟草行业市场调研方案》。

⑤专题确定法：即营销策划调研，是为某个专题策划而进行的前期调研工作，如《××电冰箱市场推广策划调研方案》。

（2）决定收集资料的来源和方法。

（3）准备所需的调查表格。

（4）抽样设计。

2. 现场实地调查

现场实地调查就是调查人员根据确定的调查对象，通过各种方式方法到现场获取资料。现场调查工作的好坏，直接影响到调查结果的正确性，必须由经过严格挑选并加以培训的调查人员按规定进度和方法获取资料。

调查人员要有工作经验，了解本企业的基本情况，具备市场营销学、统计学和企业生产技术方面的专门知识，性格外向，善于与陌生人相处，工作认真，有克服困难的信心和勇气。

（三）结果处理阶段

1. 资料的整理分析

这一步骤是对调查收集到的零散的杂乱的资料和数据进行审核、分类和统计制表等。审核是为了发现资料的各种错误和误差，剔除因抽样设计有误、问卷内容不合理、被调查者的回答前后矛盾等错误，保证资料的系统、完整和真实可靠；分类是为了使资料便于查找和使用而将整理后的资料分类编号；统计制表是对调查的资料进行统计计算，通过图、表的形式反映各种相关因素的经济关系或因果关系。

2. 编写调查报告和追踪

编写调查报告是市场调查的最后一步，是对问题的集中分析和总结，也是调查成果的反映。

调查报告的内容包括：①调查过程概述又称摘要；②调查目的，又称引言；③调查结果分析，它是调查报告的正文，包括调查方法、取样方法、关键图表和数据；④结论与建议；⑤附录，包括附属图表、公式、附属资料及鸣谢等。

编写调查报告时，应注意报告内容要紧扣调查主题，针对性强，突出重点，力求客观扼要；文字简练，观点明确，说服力强；分析透彻，尽可能使用图表说明，直观性强，便于企业决策者在最短时间内能对整个报告有一个完整的了解。

追踪是指提出报告后，调研人员工作并没有最后完结，要追踪了解调研报告是否已被采纳，采纳的程度和实际效果如何，并尽可能协助有关人员尽早落实报告中提出的建议方案。

四、市场调查的方法

市场调查质量的高低，与调查方法选择是否恰当有直接的关系。市场调查的方法很多，从实地调查方式来看，市场调查可分为询问法、观察法和实验法；按选择调查对象的方法分类，可分为全面调查（又称普查）和非全面调查，其中非全面调查又可分为重点调查、典型调查和抽样调查。

（一）按实地调查方式分

1. 询问法

询问法是指调查者通过口头、电信或书面的方式向被调查者询问了解情况、收集资料的调查方法。

询问法按询问的方式，可分为面谈法、邮寄法、电话法和留置法。

（1）面谈法。面谈法是调查人员与被调查者面对面接触，通过有目的的谈话取得所需情况、数据、资料的一种调查方法。

面谈法的优点是由于调查者与被调查者面对面，便于沟通，被调查者能充分发表自己的意见，调查者收集的资料比较深入全面。缺点是面谈调查人力、费用支出较大（差旅费、调查人员培训费等），对调查人员的素质要求较高，调查结果的质量容易受调查人员的询问态度或语气、技术熟练程度和心理情绪等因素的影响。

（2）邮寄法。邮寄法是调查人员将设计好的调查问卷或表格，邮寄给被调查者，或者通过报纸等媒体发布调查问卷，要求被调查者根据要求填妥后寄回的一种调查方法。

邮寄法的优点是调查区域较广，调查对象较多，且人力、费用开支较省；避免调查人员在实地调查时可能介入的主观干扰和偏见影响，被调查者有较充裕的时间回忆、思考、答题，一般比较真实、准确。其缺点是调查时间长，问卷回收率低（5%左右），回答的问题可能不全。邮寄法的关键是如何提高问卷的回收率。

（3）电话法。电话法是调查人员通过电话向被调查者询问有关调查内容和征求意见的一种调查方法。

电话法的优点是信息反馈快、时间节省、回答率高、比较经济。但由于是通过电话调查，提问不能太复杂，时间也不能太长。电话调查的要求：调查项目要少；事先准备好问话；问话简明扼要，随时记录。

（4）留置法。留置法是调查人员把调查表当面交给被调查者，并说明填写的方法和要求，由其自行填写，再由调查人员定期收回。留置问卷调查法是面谈法与邮寄法的结合，其优缺点也介于两者之间。

2. 观察法

观察法是指调查人员到现场观察被调查者的行为或者安装仪器进行收录和拍摄（如用录音机、照相机、摄像机或某些特定的仪器）来收集情报资料的方法。它包括现场观察法、仪器监测法、实际痕迹测量法和行为记录法等。由于被调查者并不能感觉到自己正在被调查，因而可以客观地搜集、记录被调查者或事物的现场情况，调查的结果比较真实可靠。其缺点是观察的是表面现象，难以发现事物的内在联系与矛盾，同时花费的费用较多、时间较长，还受到时间和空间等条件的限制，只能观察到正在发生的现象。

运用观察法进行调查要遵循以下原则：

（1）客观性原则。一是观察者必须持客观的态度对市场现象进行记录，切不可受主观倾向或个人好恶影响，歪曲事实或编造情报信息；二是进行观察时，不能让被调查者知道，否则可能干扰调查结果。

（2）全面性原则。调查者必须从不同层次、不同角度进行全面观察，避免出现对市场片面或错误的认识。

（3）持久性原则。市场现象极为复杂，且随着时间、地点、条件的变化而不断变化，市场现象的规律性必须在较长时间的观察中才能被发现。

（4）法理性原则。即在观察调查过程中注意遵守社会公德，不得侵害公民的各种权利，不得强迫被调查者做不愿做的事，不得违背被调查者的意愿观察其某些市场活动，并且还应为其保密。

3. 实验法

实验法是指在控制的条件下，通过试验对比，对市场现象中某些变量之间的因果关系及其发展变化过程，加以观察分析获取所需资料的方法。

常用的实验法有：

（1）试销。在新产品大量投向市场之前，以少量新产品向部分消费者进行销售宣传，了解消费者对新产品质量、价格、式样等方面的反映，改进新产品，为新产品大量上市做好准备。

（2）实验室实验。即在实验室内，利用专门的仪器、设备进行调研。例如，调研人员想了解几种不同的广告媒介进行促销宣传的优劣，便可通过测试实验对象的差异，评选出效果较好的一种广告媒体。

（3）现场实验。在完全真实的环境中，通过对实验变量的严格控制，观察实验变量对实验对象的影响。即在市场上进行小范围的实验。例如，调研人员可以选择一个商店，选择在不同的时间，对同一产品使用不同的价格。通过分析顾客人数或购买数量的增减变化，即可知道某种产品的需求价格弹性。

（4）模拟实验。模拟实验的前提是掌握计算机模拟技术。模拟实验必须建立在对市场情况充分了解的基础上，它所建立的假设和模型，必须以市场的客观实际为前提，否则就失去了实验的意义。

采用实验法的好处是方法科学，能够获得比较真实的信息资料。但是，这种方法也有局限性，大规模的现场实验，难以控制市场变量，影响实验结果的有效性；实验周期较长，调研费用较高。

案　例

宝洁的市场调研

在市场调研方面，一般企业只投入销售额的 0.1%，有部分公司会投入销售额的 1% ~2%，而宝洁公司投入的市场调研费用占到销售额的 3% ~5%。

事实上，宝洁在消费者市场研究方面始终处于领先地位，目前被广为应用的市场调研技术许多是宝洁开创的。早在 1924 年，宝洁就在美国成立了消费者研究机构，成为美国工业界率先运用科学方法了解消费者需求的公司之一。宝洁发明的逐门访问的现场调查方式，至今仍是商家了解消费者需求的重要方法。宝洁也是最早使用免费电话与消费者沟通的公司之一。

宝洁每年要通过各种市场调研工具和技术与全球多达 700 万名消费者进行交流，电话与上门访问每年超过 100 万次，访问的内容涉及大约 1000 个调研项目。通过入户访问、观察、举办消费者座谈会、问卷调查、访问商店、跟踪调查系统、消费者信件及接听消费者电话等措施，宝洁建立了庞大的数据库，及时捕捉消费者的信息。这些信息帮助市场部创作富有说服力的广告和制订有效的市场营销计划，帮助产品开发部开发新产品，帮助销售部制订销售计划，保证了宝洁产品畅销度经久不衰。

仅 2004 年宝洁公司就接到超过 300 万个电话。顾客关系部门的工作人员接受持续的训练，包括宝洁品牌知识、产品使用说明技巧及紧急处理等。同时，他们通过与顾客的沟通，发现潜在问题。比如，宝洁调查了中国人的洗衣方式，从而改良熊猫洗衣粉，推出含宝洁特有 FDS 超洁因子的熊猫超洁洗衣粉，去污力更强；研究中国人的口腔保健习惯后，宝洁推出了第一支含中草药的佳洁士多合一牙膏。

信息技术的飞速发展，尤其是互联网技术的突破，为宝洁公司提供了一个解决与顾客互动关系问题的快速沟通渠道。例如，在对消费者价值清楚了解的基础上，针对不同的消费者群，宝洁构造了一套独特的品牌价值战略体系。

（资料来源：杨勇，王惠杰．现代市场营销学［M］．北京：中国物资出版社，2007.）

（二）按选择调查对象的方法分

1. 全面调查

全面调查又叫市场普查，它是指对调查对象中的每个调查单位无一遗漏地逐个进行调查，如全国人口普查。这种调查的突出优点是资源翔实可靠，但由于开展这种调查所耗的人力、物力、财力等均比较多，所耗费的时间也比较长。因此，对于一般企业而言，全面调查仅用于一些小范围的调查或对一些基础性问题的调查。

2. 重点调查

它是指对企业所面临的市场的某些重点区域进行调查。这种调查在操作上较全面，调查简单而易于实施，因而常用于解决企业各种突出问题的调查。

3. 典型调查

它是指企业从面临的市场中选择若干具有代表性调查单位进行调查，据以推论总体，以实现通过典型了解市场总体的目的。典型调查省时省力，方便易行；只要样本代表性强，典型调查可以达到高效可靠，故为企业所常用。但在使用时一定要充分保证样本的代表性。

4. 抽样调查

它是指按照随机原则，从调查总体中抽取足够的调查单位作为样本，通过对样本的调查所取得的资料来推论总体。常用的抽样方法有：

（1）随机抽样。完全不区别样本是从总体哪一部分抽出，在总体的每个单位都有同等的机会被抽取出来，如采用抽签法或乱数表法。

（2）机械抽样。遵守随机抽样原则，将全部调查单位按照与研究标志无关的一个中立标志加以排列，严格按照一定的间隔机械地抽取调查样本。由于样本在总体中分配较均匀，样本代表性也较好。

（3）类型抽样。实行科学分组与抽样原理相结合，先用与所研究现象有关的标志，把被调查总体划分为性质相近的各组，以降低各组内的标志变异度，然后在各组内用纯随机抽样或机械抽样的方法，按各组在总体中所占比重成比例地抽出样本。这种方法的样本代表性更好，可得到较纯随机抽样或机械抽样更精确的结果。

（4）整群抽样。上述方法都是从总体中抽取个别单位作为样本进行调查，整群抽样则是整群地抽取样本，对这一群单位进行全面观察。其优点是比较容易组织，缺点是样本分布不均匀、代表性较差。

（5）判断抽样。由专家判断而决定所选的样本，也称立意抽样。

抽样调查是一种科学的调查方式，具有科学、可靠、高效、经济的特征。其适用性广，易于掌握，操作方便。但在具体运用时，要严格按照技术规则进行样本的抽取，避免主观选择样本，以确保其推断结论真实可靠。

五、调查表（问卷）的设计

在询问法中，无论是当面询问，还是电话、邮寄调查，或者留置调查，调查者首先要考虑好如何向被调查者提问，应提什么问题，提几个问题最为合适等。为了保证提问的准确性和求得被调查者的配合，在正式开展调查之前，必须设计好调查表(问卷)。

（一）调查表（问卷）的内容

调查表（问卷）通常由三部分组成，即被调查者项目、调查项目和调查者项目。被调查者项目主要包括被调查人的姓名、性别、年龄、文化程度、职业、家庭住址、联系电话以及本人在家庭成员中的地位等。这些项目设置的目的主要是便于日后查询，有些项目对分析研究也有很大用处。如不同的年龄、性别、职业等对不同的商品有不同的需求，对研究不同消费者的消费构成有一定参考价值。调查项目就是将所要调查了解的内容，具体化为一些问题和备选答案，这些问题和备选答案就是调查项目。一般在所列项目中，要给出若干个答案供被调查者选择填写。调查者项目主要包括调查人员的姓名、工作单位及调查日期等。这些项目主要是为明确责任和方便查询而设。

（二）调查表（问卷）提问的类型

1. 开放式提问

指调查表（问卷）上没有事先拟好的答案，被调查者可以自由回答，故又称自由回答式提问。

开放式提问的优点：

(1) 被调查者自由回答，很可能收集到一些调查者所忽略的答案、资料或有益的意见和建议。

(2) 开放式提问使被调查者自由发表意见，活跃调查气氛。

开放式提问的缺点是资料的整理分析难度较大，同时由于被调查者的素质的差异，回答可能出现一些偏差。

2. 封闭式提问

指对调查表中所提出的问题都设计了各种可能的答案，被调查者只要从中选定一个或几个答案即可。封闭式提问主要有三种类型：

(1) 是非式。又称二项式或对比式。答案只有两个，非此即彼。

例如：你家是否有微波炉？有/没有

(2) 多项选择式。即就一个问题列出两个以上可能答案，让被调查者选择。

例如：你家的电热水器的最大缺点是：

( ) 比较耗电　　( ) 不太安全　　( ) 易出故障

（　）操作不方便　　（　）出水量太小　　（　）其他

（3）顺位式提问。又称序列式，是在多项选择式的基础上，要求被调查者对所询问题的答案，按照自己认为的重要程度和喜欢程度顺位排列作答。例如：请您按购买服装时考虑的主次顺序，以1、2、3、4、5为序填在下列方框内。

价格□　款式□　面料质量□　颜色□　做工质量□

3. 态度测量题

在市场调查中，往往涉及被调查者的态度、意见、感觉等有关心理活动方面的问题，这类问题不仅要被调查者表达他的真实态度，而且要考虑从答案中反映出其态度的强弱程度，故通常用数量方法来加以判断和测定。

态度测量题有三种类型：

（1）评比量表。由设计者事先把所测问题按不同的态度列出一系列顺位排列的答案，由被调查者自由回答。

例如：

很不喜欢□　比较不喜欢□　一般□　比较喜欢□　很喜欢□

被调查者在相应的方格上打“√”即可。

（2）数值分配量表。由被调查者在固定数值范围内，对所测问题依次分配一定数值并作出不同评价的一种态度测量表。

例如：在调查顾客对不同服务员工作的满意程度时，可让被调查者按对A、B、C三个服务员的工作满意程度分别打分，三项分值总数为10分，如某顾客评分为：A服务员4分，B服务员3分，C服务员3分，表明该顾客对服务员A、B、C的满意程度有差异。汇总所有被调查者的评分，就可以判断出顾客对各服务员的满意程度。

注意运用数值分配量表时，所对比的问题不宜过多。

（3）顺序测量题。要求被调查者对所要调查的问题态度的强弱程度用排出次序的方式来加以表达。

例如：下列三个品牌的服装请您按喜欢的程度分别给予适当的顺序，顺序依次为1、2、3。

品　牌	喜欢的程度（顺序）
A	2
B	1
C	3

（三）问卷调查应注意的问题

（1）提问要清楚明确，避免一般化的提问。

（2）避免用多义词或笼统地进行提问。

（3）避免使用引导性或暗示性的语句。

(4) 避免提出困窘性问题。

(5) 避免使用断定性或假设性问句。

(6) 注意提问的次序，应先易后难，具有趣味性的提问放在前面，核心问题在中间，专题性问题可排在后面。

(7) 调查表(问卷)设计要大方，纸张质量要高，印刷要精美。

六、市场调查中的询问调查技巧

(一) 获得合作

调查人员的首要任务是获得被调查者的合作。调查人员面对的是不同阶层、不同年龄的被调查者，他们一般并不认识调查人员，他们往往根据调查人员的服饰、发型、性格、年龄、声调、口音等来确定是否采取合作态度。因此，调查人员必须保持自身端正的仪容、得体的用语、谦和礼貌的态度，给人以亲切感，使被调查人员较易放心地接受询问。

自我介绍是询问调查的重要步骤之一，应使被调查者感到调查人员是可信的，以下是一个自我介绍的例子：

“您好！我叫×××，是××公司的业务员。我们正在进行一项有关消费品的研究，而贵住户被抽为代表之一，我需占用您一些时间，向您了解您对有关问题的看法，希望给予合作。”随之出示介绍信或有关证件。如果备有礼品，调查人员可以委婉地暗示：“我们将耽误您一点时间，届时备有小礼品或纪念品以示谢意，希望得到您的配合。”

调查人员应当避免使用诸如“我可以进来吗?”或“我可以问您几个问题吗?”之类请求允许询问的问题，因为在这些情况下，人们更易拒绝或不情愿接受调查。

调查人员应当具备应付拒绝或不情愿接受询问调查的技巧，调查人员可以这么说：“晚上七点您在家吗? 我很愿意晚上七点再来。”调查人员也可进一步解释调查目的和意义，说明接受询问后所提供的资料可供改善目前的产品及促进社会发展等；有时，向被访者作出保密承诺也是很重要的。如果被访者实在不情愿参与访问，调查人员仍应礼貌地说：“谢谢，打扰了!”这对那些重视自己的公众形象的委托企业而言是很重要的。

(二) 提问

询问调查，向被调查者提问是必不可少的，而调查人员掌握表达问题的艺术是非常重要的，因为这方面的偏差可能是询问调查产生误差的一个重要来源。

提问的规则是：

(1) 用问卷中的用词来询问。

(2) 慢慢地读出每个问题。

(3) 按照问卷中问题的次序提问。

（4）详细地询问问卷中的每个问题。

（5）重复被误解的问题。

尽管调查人员会通过培训来了解这些规则，但许多调查人员在实地调查时并不严格遵循这些规则。当询问变得枯燥时他们可能仅靠自己对问题的记忆而不是读出问卷上问题的用词，无意识地缩减了提问的用词。甚至对一些概念根据自己的理解随便作一番解释而出现调查结果的偏差。

在许多场合，被调查者会自愿提供一些与下面要问的问题相关的信息，在这种情况下，调查人员不应不按顺序跳到正在回答的那个问题，而是要调整应答者的思路，使其不要离题太远，但又不能影响应答者的情绪。调查人员可以这样说："关于这个问题，我们等一下再讨论，让我们先讨论——"通过按序询问每个问题，就不会有漏问问题的现象发生。

（三）适当追问

追问是进行开放性问题调查的一种常用技术。开放性问题对调查者来讲具有更大的难度，但开放性问题可以让被调查者充分发表意见，使调查获取更多的信息。

追问可以分为两类，一类是勘探性追问，它是在被调查者已经回答的基础上，进一步挖掘、询问问题的方法，目的在于引导被调查者对有关问题的进一步阐述。例如，问："您喜欢这种电动工具什么呢?"回答："外观漂亮。"追问："您还喜欢什么呢?"回答："手感好。"追问："您还有没有喜欢的呢?"回答："没有了。"通过追问，扩展了被调查者的回答范围，完整地记录下被调查者的喜好。

另一类是明确性追问，即澄清，它是让被调查者对已回答的内容作进一步详细的解释，目的在于进一步明确被调查者给出的答案。例如，问："您喜欢这种电动工具什么呢?"回答："很好，不错。"追问："你所说的'很好，不错'是指什么呢?"回答："舒适。"追问："怎么个舒适法呢?"回答："操作时手感很舒适。"这是明确性追问的例子，从"很好，不错"这一般化的回答中调查人员抽取出了更确切、更得体的答案。

调查人员可根据情况选择以下几种追问技巧：

1. 重复问题

当被调查者保持完全沉默时，他（她）或许没有理解问题，或还没有决定怎样来回答，重复问题有助于被调查者理解问题，并会鼓励其应答。

2. 观望性停顿

调查人员认为被调查者有更多的内容要说，可以沉默性追问，伴随着观望性注视，也许会鼓励应答者收集其思想并作出完整的回答。

3. 重复被调查者的回答

随着调查人员记录回答，他（她）也许会逐字重复被调查者的回答，这也许会刺激被调查者扩展他（她）的回答。

4. 中性的问题

问一个中性的问题也许会具体向被调查者指明要寻找的信息类型。例如：如果调查人员认为被调查者的动机应当澄清，则会问："为什么您这样认为呢?"如果调查人员感到需要澄清一个词或短语，则会问："您的意思是——?"

（四）记录回答

调查人员应当掌握一定的记录技巧。

封闭式问题一般是在反映被调查者回答的代码前打钩或画圈。

开放式问题，要求：

(1) 在调查期间记录回答。

(2) 使用被调查者的语言。

(3) 不要摘录或释义被调查者的回答。

(4) 记录包括与问题的目标有关的一切事物。

(5) 包括你的所有追问。

（五）结束访问

询问调查技巧的最后一个方面是如何结束访问并退出被调查者家中。

实地调查人员在所有相关信息没有收集齐全前不应结束调查，如果调查人员匆忙离开，可能不能够记录所有正式问题被调查后被调查者提供的自发性评论或补充性意见，而这些评论或意见可能会产生新的产品思想或其他创意性营销活动。

第二节　市场预测

预测是人们根据过去和现在的因素，有目的地运用已有的知识、经验和科学方法，判断和推测事物未来发展趋势和变化程度的活动过程。预测技术可以帮助人们探索未来，从不确定中研究各种可能出现的各种变化，并尽量把变化控制在人们能够认识解决的范围之内，以便在相应条件下取得更好的效果。

市场预测是指在市场调查的基础上，依据一定的经济理论和科学的预测方法，根据经济发展的历史和现状，对经济过程进行深刻的定性分析和严密定量计算，研究并认识市场供求变化的规律，对市场需求和市场有关因素的发展变化趋势与它们的变化程度进行估计和推测的一种市场经营活动。

一、市场预测的作用

市场预测对企业的市场营销工作的重要作用主要表现在以下几个方面：

（一）市场预测是企业探索未来、掌握自己命运的有目的的行为

古人云："凡事预则立，不预则废。"企业从事市场营销活动之前，对市场的未来发展以及市场营销行为所能引起的社会和经济后果，作出较为准确的估计和判断，对于合理制订经营计划，使经营结果符合预期目的，取得经营成功，关系极大。

（二）市场预测是现代企业提高应变能力的有力手段

现代企业生存在一个开放式的复杂多变的市场经济系统之中。市场系统的维持和发展，靠的是日益频繁密切的物质交流和信息交流。在信息化和科学技术飞速发展的社会中，信息交流在维护市场系统正常运转和发展中的作用，将大大超过物质交流。在这样一个动态的市场环境中，应变能力就成为现代企业必须具备的基本素质之一。应变能力的基本要求就是对环境的变化能够做出迅速准确的反应，并通过采取正确的战略和策略决策，积极地适应环境和能动地改造环境。

所谓适应环境，就是在环境发生变化时，能够相应地改变企业的生存方式和活动方式，改变企业的营销指导思想和营销策略，建立企业与环境之间新的平衡与协调关系。所谓积极地适应环境指在环境发生变化之前，就能够预见到环境将朝着什么方向变化，预先做好应变准备，而不是消极被动地跟在环境变化之后，穷于应付。所谓能动地改造环境，是指现代企业通过自己的努力，诸如引导需求、促销宣传、调整策略等措施，对宏观市场环境施加积极的影响，使环境条件朝着有利于顾客和企业发展的方向变化。

应变能力的大小和提高，取决于信息的收集、分析和处理工作，取决于建立一个高效率的市场营销信息系统和市场预测系统。

（三）市场预测可使企业更好地满足市场需求，提高企业的竞争能力

市场的购买力、爱好、需求结构是经常变化的，企业必须对市场作出正确的预测，通过预测来掌握市场的变化规律，以适应市场需求来组织生产和改变销售方向、结构和时机，搞活企业经营。

总之，企业可以通过市场预测，提示和描述市场变化趋势，从而为企业市场经营提供可靠依据，保证企业在经营中提高自觉性和克服盲目性，使企业增强竞争能力、应变能力，取得较好的经济效益。

案　例

哈默的酒桶

1931 年，哈默从苏联回到美国。这时，美国正在进行总统选举。哈默通过深入研

究，认定罗斯福会获胜。哈默知道，罗斯福好酒，他一旦得势，1920 年公布的禁酒令就会被废除。

哈默进而想到，到那时，威士忌和啤酒的生产量将会十分惊人，市场上将需要大量的酒桶用以装酒。而酒桶并非一般木材可以制作，非用经过特殊处理的白橡木不可。他在苏联生活多年，知道哪里大量出产白橡木。于是，他又去苏联，凭着他的老关系，订购了几船白橡木板运到美国，并在纽约码头附近设立了一间临时的酒桶加工厂，作为应急的储备。

同时，哈默在新泽西州建造了一个现代化的酒桶加工厂，取名哈默酒桶厂。

哈默做这些事时，“禁酒令”尚未解除。当哈默的酒桶源源不断地从生产线上“滚”出来时，正好是罗斯福初掌大权和禁酒令解除的时候。

人们对威士忌和啤酒的需求急剧上升，各酒厂的生产量随之直线上升。此时，哈默早已为酒厂准备了大量酒桶。生产酒类的厂家有许多，而大规模生产酒桶的工厂却只有哈默一家，所以哈默生产酒桶的盈利，大大超过了酒厂。

（资料来源：吕冬梅，等．市场营销学［M］．上海：同济大学出版社，2015.）

二、市场预测的原理

市场预测方法是以一定的科学原理为依据的。其科学原理有以下几项：

（一）连贯性原理

连贯性是指预测对象的发展会依据过去和现在的发展规律延续向前发展。市场的发展变化同任何事物一样都有它的前因后果和来龙去脉，如人们的生活习惯、消费习惯、消费模式的变化等，一般都具有很强的连续性。季节性产品销售的周期性一般也很难在短时期内改变。因此，市场预测对象的连贯性就为市场预测工作的开展提供了依据，使人们可以根据预测对象的连贯性规律，对市场预测对象的发展变化趋势和变化程度作出正确的估计。

在利用连贯性原理进行预测时，一般要求预测对象所处的系统要具有稳定性。只有在系统稳定的条件下，预测对象才可能依据原来的规律继续发展；一旦系统的稳定性受到破坏，预测对象的发展变化规律将会发生变化。这时应用连贯性原理进行预测就可能产生误差，误差的大小将随系统稳定性变化的大小而不同。

（二）类推性原理

许多事物的发展变化通常会表现出一些类似的特点。类推性就是指根据与预测对象的变化有类似特点的事物的发展变化规律，来推测和估计预测对象的发展变化趋势和变化程度。如我国可以根据发达国家小汽车的普及过程，推测我国小汽车的普及速度；根据我国一二线城市的汽车拥有速度，推测三线城市的汽车市场增长情况。

用类推性原理进行预测的关键在于发现预测对象与已知事件之间的共同性或类似点。如果已知事物或事件与预测对象之间无共同性或类似性的话，则不能应用这个原理进行预测。

（三）相关性原理

相关性是指预测对象与其影响因素之间的相互联系。任何事物的发展变化都不是孤立的，都是与其他事物的发展变化相联系的。利用相关性原理进行市场预测，就是要找出影响预测对象变化的各种因素，以及这些因素与预测对象的相互依存关系，然后根据这些影响因素的变化估计预测对象的变化。例如人口的增长会影响到服装、鞋帽需求量的增长；收入的增长会促进高档商品需求量的增长，减少低档商品的需求等。

在利用相关性原理进行预测时，除要找出各相关因素与预测对象之间的相互关系外，还必须分析在预测期内这些因素与预测对象之间的相关性是否发生较大的变化。如果将发生较大的变化，则预测结果会出现较大的偏差。

三、市场预测的分类

根据营销决策的不同要求，和不同的预测对象在预测方法的选用、预测期限的长短上的不同，市场预测通常分为以下几种：

（一）按市场预测的期限分

（1）短期预测，指计划年度内的市场预测。预测期一般为半年至 2 年。这种预测主要是为企业的日常经营管理、编制年度生产经营计划服务。

（2）中期预测，指预测期为 2 年以上 5 年以下的市场预测，这种预测主要是为企业的中期计划服务。

（3）长期预测或称远期预测，预测期在 5 年以上的市场预测，主要为企业制定长远规划、选择战略目标提供决策信息。

（二）按市场预测的内容分

（1）宏观市场预测，是对整个国民经济的总体市场进行预测，是对各种影响市场环境的社会经济环境因素的发展变化进行估计，如国民经济增长速度、国家财政金融和对外贸易政策、居民收入和支出的变化、科学技术发展状况等。宏观市场预测通常是由国家有关部门进行，个别大企业有必要时也会做这种预测。

（2）微观市场预测，是指行业或企业对产品生产经营变化趋势的预测、某类或某种产品的需求情况的预测、生产能力的预测、销售预测等。微观市场预测是企业确定生产目标和进行营销决策的重要依据。它可指示市场未来的发展趋势，帮助企业确定经营方向，增强企业的应变能力。

（三）按市场预测的方法分

（1）定性预测，它是以有关人员的直觉和经验，对预测对象运动的内在机理进行质的判断。

（2）定量预测，它是运用预测理论和有关的数学模型，对预测对象运动的规律进行量的分析。

此外，预测方法还可以按市场的地区范围划分为国际市场预测、全国性市场预测、地区性市场预测等；按产品层次可划分为单项产品预测、同类产品预测、对象性产品预测等。

四、市场预测的步骤

市场预测的过程是调查研究、综合分析和计算推断的过程。一次完整的市场预测，一般要经过以下几个步骤：

（一）确定预测目标

根据市场预测所要解决的具体问题确定预测目标是市场预测的首要任务。其中包括明确预测的内容或项目，通过预测要解决什么问题、达到什么目的；收集什么资料、怎样收集资料，采用什么预测方法；规定预测的期限和进程，划定预测的范围。

（二）收集整理资料

预测人员要根据预测目标收集进行预测所需要用到的各种资料，其中包括与预测对象有关的各种因素的历史统计数据资料和反映市场动态的现实资料。并且对所收集到的资料进行加工、整理和分析，鉴别资料的真实性、完整性、针对性、可比性，对不完整和不具备可比性的资料进行必要的补充、推算和调整，剔除那些不真实的、对预测无用的资料等，为获取准确的预测结果提供充分的依据。

（三）选择预测方法

市场预测的方法很多，各种方法都有其适用范围和局限性。在实际预测中，主要根据预测问题的性质、占有资料的多少及完整程度、预测成本的大小，并结合开展预测工作的环境和条件，按照经济、方便、有效原则，选择一种方法或几种方法同时使用，并相互进行验证，以得出准确可靠的预测结果。

（四）确定预测结果

预测是对未来事件的推测，很难与实际情况完全吻合。确定预测结果就是对所得到的预测结果的进一步分析加工，其中包括使用所选的预测方法进行预测、对预测结果进行判断评价、进行误差分析和修正、确定预测值等几方面，以得到较准确的预测结果。

（五）编写预测报告

预测报告是对预测工作的总结，内容包括：资料收集与处理过程、选用的预测方法、建立的预测模型及对模型的评价与检验、对未来条件的分析、预测结果及其分析与评价以及其他需要说明的问题等。

五、市场预测的方法

市场预测的方法有上百种，各种方法都有各自的特点和适用条件。在众多的预测方法中选择适合自己的预测目标要求的方法非常关键。定性预测方法和定量预测方法是市场预测的两种基本形式。

（一）定性预测方法

定性预测方法是市场预测中常用的预测方法。它是凭借人们的主观经验、知识和综合分析能力，通过对有关资料的分析推断，对未来市场变化趋势作出估计和判断。这种方法的优点是简便易行，不需经过复杂的计算，适用范围广、成本低、费时少；缺点是受预测者的主观因素影响大，较难提供以准确数据为依据的预测值，往往只能得出预测对象的大致发展趋势和状态。在预测对象受不能定量化的因素影响较大，或不能定量化的因素较多，资料不充分或不可靠，预测对象牵涉的领域比较广泛，预测的时段较长的情况下，常用定性预测方法。

1. 集合意见法

集合意见法是集中企业的管理人员、营销人员等，凭他们的经验和判断共同讨论市场发展趋势，进而作出预测的方法。具体做法是：预测组织者首先向企业管理人员、营销人员等有关人员提出预测项目和期限，并尽可能多地向他们提供有关资料。有关人员应根据自己的经验、知识进行分析、判断，提出各自的预测方案。为避免局限性，预测组织者可以把预测意见集中起来，用平均法或加权平均法进行数学处理，以得到较为准确的市场预测结果。

2. 专家意见法

这是依靠专家的专业知识、经验以及分析判断能力进行预测的方法。具体包括三种形式：专家个人判断法、专家会议法和专家调查法（德尔菲法）。

（1）专家个人判断法。这种方法是企业决策人或有关业务主管人员根据自己对客观实际的分析及个人的经验、知识及主观判断能力，对市场未来需求的变化及前景进行预测。

使用这种方法进行预测，对预测者有比较苛刻的要求，即预测者要对预测的目标、预测对象及相关情况非常熟悉；要具有丰富的知识和工作经验；要具有充分的认识能力、分析能力、逻辑推理水平和综合判断能力；甚至要具有优良的气质、性格等基本素质。只有这样，才能充分显示使用这种方法简单、快速的优越性，得出比较可靠的预测结果。

专家个人判断法主要适用于近期或短期的市场预测，尤其适用于那些急需对市场某些情况作出预测分析的情况。

（2）专家会议法。专家会议法又称面对面法。这种方法是围绕预测目标，由预测组织者邀请与预测对象有关的专家面对面一起开会，由专家针对预测对象进行讨论，对收集的各种资料进行集体分析判断，最后得出预测结果的方法。

（3）德尔菲法（Delphi）。德尔菲法又称背靠背法。这是一种通过发函询问的方式进行预测的方法。主要是用函询的形式，依靠专家小组背对背地作出判断分析，使不同专家分析的幅度和理由都能够充分地表达出来，经过几轮反复征询，使各位专家的意见趋向一致，最后作出预测结论。

德尔菲法的显著特点有四个：一是匿名性。各位专家之间保持匿名，以消除受权威人士等外界因素的影响，消除专家的心理压力；二是反馈性。即对各位专家预测意见进行多次间接交流，从而实现相互启发、拓宽思路、集思广益，以达到避免专家个人独立思考中的片面性的目的；三是收敛性，各位专家有充足的机会借助反馈去修正自己的意见，经过数次修正，各位专家的意见将逐渐趋同，从而达成预测共识；四是统计性，即每轮的预测反馈和最后的预测结果，都要借助统计技术来加以整理和归纳。

3. 类推法

类推法是应用相似性原理，把预测目标同其他类似事物加以对比分析，推断其未来发展趋势的一种定性预测方法。类推法的种类很多，如由点推面、由部分类推全部、由国外推算国内以及同类产品的发展趋向类推等。类推法一般适用于开拓市场，预测潜在购买力和需求量以及预测增长期的商品销售等。它适合于较长期的预测。

类推法可分为以下两种类型：

（1）对比类推法。它是根据市场及其环境因素之间的类似性，通过对比市场条件类似且分析预测目标相似的事物，来判断未来市场的变化趋势。

对比类推法可根据主体的不同分为产品类推法、地区类推法、行业类推法和局部与总体类推法等。这些方法分别从不同的角度去发现类推主体间存在的相似性，并利用它实现对未来市场状况的预测。

（2）相关类推法。它是以各种要素的因果关系为依据，通过分析研究已知市场各因素之间的相互关系及其变化规律，来判断和预测目标的未来变化趋势。如果要调查某个地区未来小汽车的需求量，不仅要对当地的人均收入水平进行调查，还要对当地的停车环境包括停车场地的多少和人均石油消费量等要素进行调查。

（二）定量预测方法

定量预测方法需要选用适当的数学方法进行预测，以得出预测结果。应用定量预测方法进行预测时，要求具有完整的统计资料、预测对象的发展变化比较稳定，偶然性突发因素影响小。

定量预测的方法很多，所有能够反映预测对象变化规律的数学方法都可作为定量的预测方法。基本方法可分为两类：时间序列预测法和因果分析预测法。

1. 时间序列预测法

所谓时间序列也叫动态数列，它是将某个经济变量的观测值按其产生时间（年度、季度、月份等）的先后加以排序所形成的数列。时间序列要求在时间上是连续的，不得出现中断。同时，要求整个时间序列的历时应有足够的长度，亦即必须足以反映历史发展过程与变化规律。常用的时间序列预测法有下面几种：

（1）简单算术平均法。简单算术平均法是根据过去若干时期实际发生数据，求简单算术平均数作为未来的预测数。一般用于水平趋势型时间序列问题的预测。它的计算公式为：

$$\overline{X}_A = \sum_{i=1}^{n} X_i / n \tag{4-1}$$

式中，$\overline{X}_A$——预测值；

X_i——第 i 个时段个数；

n——历史数据个数。

（2）加权算术平均法。它是简单算术平均法的改进，为各期的实际值乘以各期的权数再相加，除以这些权数之和，所得到的平均数作为新一期的预测值。其数学模型如下：

$$\overline{X}_W = \frac{\sum_{i=1}^{n} X_i W_1}{\sum_{i=1}^{n} W_i} \tag{4-2}$$

式中，$\overline{X}_W$——预测值；

X_i——第 i 个时段的数据；

W_1——应占的权重。

其余符号含义同前。

在实际应用中，一般对离预测期较近的历史数据应赋予较大的权数，反之则赋予较小的权数。

例题：某企业从 2013—2017 年各年的销售总额见表 4－1，若赋予 2013—2017 年各年数据的权重分别为 1、2、3、4、5，试预测该企业 2018 年的销售总额。

表 4－1　　某企业 2013—2017 年销售额

年份	2013	2014	2015	2016	2017
销售总额（万元）	965	960	997	1098	1135

解：依式（4－2），该企业2018年的预计销售总额为：

$$\overline{X}_A=\frac{965\times1+960\times2+997\times3+1098\times4+1135\times5}{1+2+3+4+5}=1063\text{（万元）}$$

（3）移动平均法。移动平均法是在算术平均法的基础上发展起来的，是把算术平均改为分段平均，并且按时间序列数据的顺序逐点推移，得到新的预测值时间序列，计算出新一期的预测值即根据时间序列实际值，从第一项开始，按一定的项数分段，求其算术平均数。时间每往后推动一期，就要删除前次求算术平均数时用到的最早一期的实际值，为保持一定项数，要加上新一期的实际值，求其算术平均数。逐项移动，边移动边平均，就可以得到一个移动平均数所组成的预测值序列。计算公式如下：

$$M_A=\frac{\sum D_i}{n} \tag{4-3}$$

式中，M_A——移动平均数；

D_i——第 i 期实际值；

n——期数。

（4）指数平滑法。这是用一种特殊的平均数来进行预测的数学方法。它是根据历史资料和数据（包括基期实际数和基期预测数），用指数加权来进行移动平均的方法。实质上也是加权平均法的一种。由于加权是用指数形式（几何级数）进行的，即分别以 a、$a(1-a)^2$、$a(1-a)^3$……对过去各时期的实际数进行加权，因而称为指数平滑法。计算公式如下：

$$F_{i+1}=F_i+a(D_I-F_I) \tag{4-4}$$

式中，F_{i+1}——下期预测数；

a——指数（或称平滑系数），$0<a<1$；

D_I——基期实际数；

F_I——基期预测数。

在实际应用时，应先确定一个初始值（F_0），对于 a 的取值不同，预测值的差异较大。为使预测结果更符合客观实际，可以用多个值进行预测，并比较依其所得的各期预测值与实际值之间的差值，从中选择较理想的 a 值来进行预测。

除了上述的时间序列预测外，还有趋势外推法、季节指数法等常用的预测方法。前者是根据预测对象的历史数据和现实资料所表现出来的趋势性变化规律，通过使用一定的数学模型来进行趋势外推，从而实现预测；后者是通过预测对象的按月（或按季）编制的时间数列资料的分析研究，采用一定的统计分析方法，先预测出可反映出其季节变动规律的季节指数，利用这种季节指数进行近期预测。

2. 因果分析预测法

市场的发展变化与众多的影响因素之间总是存在着一定程度的因果关系。因果分析预测法就是以这种客观存在的因果关系为依据，应用数理统计的理论与方法，来找出因变量与自变量之间存在的这种因果关系，并用数学语言加以描述，从而构造出相应的数学模型，用于预测工作。这类方法的主要优点是可以通过技术处理较好地排除与目标不相关的因素，从而提高预测的精度和可靠性。

常用的因果分析预测法有回归分析法（包括一元回归、多元回归以及线性回归和非线性回归）、矩阵法、计量经济法、投入产出法等多种。以下介绍回归分析法。

这个方法是处理两个变量之间相互关系的一种数据统计方法。经济生活中，许多变量之间存在着一定联系，如施肥量与粮食产量、居民收入与商品需求量、时间进展与销售额变化等。对这种相互关系，我们可以通过大量的实际数据的统计分析，找出它们之间的内在规律性，近似地确定它们之间的数量关系。经分析它大致表现为直线变化趋势，那么可采用直线方程来进行预测，所用的数学模型是：

$$y = a + bx$$

式中，x、y——分别为自变量和因变量；

a、b——回归系数，它们可以借助一系列相关的历史数据通过最小二求得：

$$a = \frac{\sum y - b\sum x}{n}$$

$$b = \frac{n\sum xy - \sum x\sum y}{n\sum x^2 \ (\sum x)^2}$$

六、市场预测的应用及完善途径

为了使市场预测结果能够真正成为营销决策的依据，在预测工作中还应注意以下几个问题：

（一）进行市场预测应具备的条件

（1）企业决策者及各个有关部门必须重视和支持预测工作的开展，并积极采用预测成果。

（2）建立一支预测队伍。企业必须根据自身的规模和需要，设立预测机构，建立一支预测队伍。

（3）建立起情报信息网。企业在自己产品的各主要市场和中心城市，要建立情报信息网点，以便摸清科学技术发展趋势、各地经济发展动态等方面的情报，这些都是企业开展预测的前提条件。

（4）建立数据资料档案。

（二）关注影响定量预测准确性的诸因素

据发达国家市场预测的经验和教训，造成定量预测准确性误差较大的因素，大致有以下六个方面：

（1）沿用原有的模型预测，但市场已发生变化。现代市场，随着消费者行为的转变、新技术革命成果的应用、产业结构的变化和国内市场的国际化等，已经发生根本性的变化。如果不是用新的预测模式型来反映这些变化，而是习惯性地沿用过去的模型、过去的参数，就必然导致种种市场预测的偏差。

（2）没有充分估计新产品替代老产品的可能性。有些企业，由于它对市场的某种垄断性缺乏创新的敏锐感，对用户或消费者选择替代产品的倾向和动向缺乏了解，对科技人员有关产品发展的一些设想也没有予以足够的重视，因而往往对新产品替代老产品的可能性估计不足，从而导致市场预测的失误。

（3）没有对市场进行深入的细分。美国的电子游戏机曾经风靡一时，当时游戏机的家庭普及率是10%，有人认为这个数字离市场饱和普及率还很远，因而认为游戏机在美国市场大有发展潜力。这是在没有对市场细分的情况下所作的一种错误的推测。事实上，只要对游戏机市场加以细分，就可以发现，游戏机主要的市场局限在满足两个条件的家庭：一是“年收入高于50000美元”；二是“有年龄在6～15岁的孩子”。这样的家庭，在美国属“上层收入”的家庭，数量不多。电子游戏机在这个市场层面的普及率已高达75%。因此，对市场细分后所作的预测，应当是“美国的游戏机市场将很快地达到饱和”。这个预测，被游戏机市场实际的发展证明是正确的。

（4）对市场驱动因素的分析不准确。市场预测常用回归分析来反映因果关系。这种方法要求对其中自变量即驱动因素的分析、估计非常准确。美国计算机行业对个人机市场作预测时，采用回归分析法，但没有对“白领工人数”这个驱动因素加以深入的分析。他们认为白领工人数越大，个人机的需求就越大。但事实上，美国5000万白领工人中，只有1600多万人可能需要使用个人机，其中实际使用的是800万人，而且大型计算机的终端对白领工人也有吸引力。美国计算机行业，由于过高估计了个人机市场的驱动因素，因此产生了预测的失误，即实际的需求远没有预测的大，从而使不少盲目进入个人机市场的企业招致了经济损失。

（5）对预测结果的敏感性缺乏认识。预测数字，尤其是单一的数字，往往带有较大的风险。交织在预测数字背后的宏观、微观环境及各项驱动因素，都是变量，有的稍有变化就可能引起预测数字较大的变化，这叫作预测结果的“敏感性”。如果忽视预测结果的敏感性，就很可能忽略预测数字中潜伏的较大风险。

（6）缺乏定量预测所需的人力、物力和财力。定量预测，尤其是长期的、大型的定量预测，需要专家、大储存量的计算机和进行大规模的数据处理，费用很大。如果这些条件缺乏，定量预测的结果就可能比较粗糙。

（三）合理选择预测方法

市场预测的方法很多，各有其适应范围，并受到各种条件的制约。因此，必须根据实际需要选择合适的预测方法，或对预测的方法进行适当的调整，以符合预测的具体要求。

（1）根据不同的预测对象选择合理的预测方法。

（2）根据掌握的有关预测对象的信息、资料和数据的情况选择预测方法。

（3）根据数据资料呈现的规律性选择预测方法。

（4）根据企业具备的条件选择预测方法。

（四）提高预测精度的途径

（1）数据与信息一定要准确完整。如果没有数据与资料的准确性，即使预测方法再好，计算机再先进，也无法保证预测精度，得不到准确的预测结果。所以，增强统计工作的严格性、系统性和科学性，是提高预测精度的关键。

（2）定性方法与定量方法相结合。在运用预测方法时，一定要在定性预测中力求定量化，定量预测的结果一定要进行定性修正，以便提高预测精度。

（3）努力提高预测人员的素质。预测所用的数据、数学模型和计算工具等都是静止的，选择什么样的方法、如何处理数据和利用先进工具等还要取决于预测人员的水平。在拥有相同的数据资料的情况下，若预测人员运用的方法和工具合理且修正正确，预测精度就高。所以，培养具有较高素质的预测人员，是企业提高预测精度的又一关键。

本章小结

市场调查为市场预测提供资料数据，为经营决策提供可靠依据。内容包括：宏观环境、市场需求容量、消费者和消费行为、竞争企业和竞争产品、市场营销因素。市场调查一般要经过调查准备、正式调查、结果处理三个阶段共六个步骤。

市场调查方法从实地调查方式来看，可分为询问法、观察法和实验法；按选择调查对象的方法分类，可分为全面调查（又称普查）和非全面调查，其中非全面调查又可分为重点调查、典型调查和抽样调查。调查表（问卷）通常由三部分组成，即被调查者项目、调查项目和调查者项目。调查表（问卷）提问的类型包括开放式提问、封闭式提问、态度测量题。询问调查首先要获得询问对象合作，掌握提问、适当追问的技巧，做好记录，注意结束访问的方式。

市场预测是对市场需求等有关因素的发展变化趋势与它们的变化程度进行的估计和推测。市场预测原理包括：连贯性原理、类推性原理、相关性原理。

市场预测的步骤包括确定预测目标、收集整理资料、选择预测方法、确定预测结果、编写预测报告；其方法包括定性预测方法（集合意见法、专家意见法、类推法等）、定量预测方法（时间序列预测法、因果分析预测法）；提高预测精度的途径包括数据与信息一定要准确完整、定性方法与定量方法相结合、努力提高预测人员的素质三个方面。

关键术语

市场调查　询问法　观察法　实验法　市场预测　连贯性原理　类推性原理　相关性原理　定性预测方法　定量预测方法

思考与练习

1. 市场营销调研的主要方法有哪些？各种方法有何特点？
2. 请结合某种产品设计一份调查问卷。
3. 常用的定性定量预测方法主要有哪些？

技能训练

调查问卷设计训练

一、训练目标

1. 了解市场调查活动的组织过程；
2. 掌握调查问卷设计的方法。

二、训练准备

1. 授课老师布置可供学生参考的调研活动的系列主题；
2. 学生成立调研小组，4～5人为一组，选择调研活动的主题；
3. 学生模拟调研公司，设立内部机构，明确分工，制订调研计划；
4. 各小组必须各自独立设计一份调查问卷。

三、训练内容

以某种产品为例设计一份科学合理的调查问卷。

四、训练组织

1. 授课老师审查各组调研计划，批准后方可开展调查问卷设计；
2. 各组采取“头脑风暴法”，整合小组成员各自设计的问卷，形成小组调查问卷；
3. 小组调查问卷初稿交授课老师检查，提出修改意见；
4. 各组将最终问卷打印成正式稿，供小组成员调查使用。

五、训练评价

1. 调研计划合理，切实可行；
2. 问卷结构完整，主题明确；
3. 问卷表达清楚，符合原则；
4. 小组分工明确，准备充分。

第五章

消费者行为分析

学习目标与要求

1. 了解消费者市场与生产者市场特点及产品分类。
2. 熟悉影响消费者（生产者）购买行为的各种因素。
3. 掌握消费者（生产者）购买决策过程。

本章知识架构

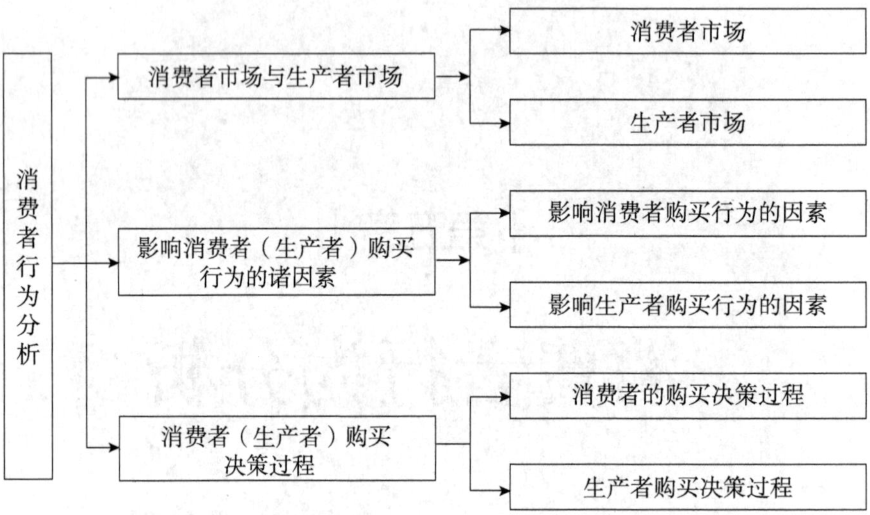

导入案例

海尔的电脑桌冰箱

海尔在营销时发现，美国大学生租的房子很小，根据这样的市场情况，海尔在小冰箱上加了一个折叠台，将冰箱和电脑桌合二为一，创造了一款电脑桌冰箱。这款产品推出后，迅速风靡美国各大高校，并迅速占领美国市场50%以上的份额。数年后，当这批大学生长大参军后，仍然钟情于海尔冰箱，甚至美国驻日本冲绳岛的军人点名购买海尔冰箱，这表明一个优秀的品牌被消费过后，就会被认可，就会创造出品牌的忠诚度。据不完全统计，目前，全球超过5200万个家庭，大约2.6亿多用户正在使用海尔冰箱。海尔集团公司总裁周云杰说，海尔产品在美国的市场份额在不断扩大。在

200L以下的冰箱市场中，目前海尔产品已经占了美国市场约30%；如果加上其他产品，海尔占有的平均市场份额约为8%；和其他同类厂家相比，海尔的综合实力在美国和全球排名均为第四。

（资料来源：胡泳．张瑞敏如是说［M］．北京：中国经济出版社，2003.）

从上述案例可以看出，海尔抓住了美国大学生这个消费群体的特点，有针对性地开发他们需要的小冰箱，在小冰箱上加了一个折叠台，将冰箱和电脑桌合二为一，创造了一款电脑桌冰箱，深受大学生的喜爱，提高了产品的市场份额和忠诚度。这充分说明研究消费者市场的重要性。

消费者包括生活消费者和生产消费者。生活消费者的市场称为消费者市场，生产消费者的市场称为生产者市场。它们是市场营销中最重要的因素之一，决定着商品及劳务的流向，是市场营销的标靶。市场营销的目的就在于调查研究消费者购买行为尤其是生活消费者的消费行为，通过满足消费者现实和潜在的需求来实现企业盈利的目标。美国北卡罗来纳大学教授、著名的营销理论专家罗伯特·劳特朋（Robert Flanterborn）于20世纪90年代提出的4C（Comsumer——消费者，Cost——成本，Convenience——便利，Communication——沟通）理论其实就是站在消费者角度思考、追求顾客满意的市场营销理论。

第一节　消费者市场与生产者市场

一、消费者市场

消费者市场又称为最终消费者市场、消费品市场或生活资料市场。它指为满足其物质和文化生活需要而购买或租用货物和劳务的个人和家庭。这是一切市场的基础，是产品的最终市场。其他市场的运行，都是围绕消费者市场而展开的。消费者市场对整个国民经济的发展起着重要作用。

（一）消费者市场的特征

现代市场营销理论的核心是满足消费者的需求。企业要在营销中取得成功，首先必须了解和把握消费者市场的基本特点。

（1）消费者人数众多，市场十分广阔。全社会的人口都是生活消费资料的购买者。每一个人都不可避免地发生消费行为。凡是有人群的地方，就需要消费品。

（2）消费者需求的差异性很大。由于消费者的性别、年龄、性格、文化、职业、收入、生活习惯、民族与习俗等的不同，对于商品和服务的需求也必然千差万别和丰富多样。同一消费者对衣食住行用某一方面的偏重或偏爱也会各异；对同一种商品，不同消费者在品种与规格、花色与式样等方面的兴趣也千差万别；差异性特征还表现在消费者需求的多层次性、季节性。

(3) 消费者购买商品的次数频繁，但每次购买的数量不多。消费数量最多的商品是便利品，对便利品的消费需要经常地、重复性地购买，但每次购买的数量较少。

(4) 消费者市场的专用性不强，价格需求弹性较大。大多数消费品有较强的替代性。一般来说，基本日常生活必需品的价格需求弹性较小，即价格变动对需求量的影响较小，如柴米油盐酱醋茶等；非生活必需品和中高档消费品的价格需求弹性较大，即价格变动对需求量的影响较大，如空调、手机、电视机、冰箱等，使得消费者购买商品的随意性也比较大。

(5) 购买者大都缺乏专门的商品知识和市场知识。由于消费者市场上的商品种类繁多，一个消费者绝不可能对所需的每一件商品都具有专业知识。他们购买商品时，往往凭个人的感觉和欲望，多属于情感购买。购买决策最易受广告宣传、商品的包装装璜、推销人员的介绍、支持和帮助，以及服务质量的影响。由于消费者购买行为的可诱导性，生产者和经营者应注意做好商品的广告宣传、引导消费、指导消费，一方面当好消费者的参谋，另一方面也能提高商品的销量。

(二) 消费品分类和营销特点

消费者市场，包括人们的衣食住行用娱所需的全部商品，既满足了消费者基本生活需要，又满足了消费者安全、发展、社交、享受、娱乐、尊重、自我实现等方面的需要，涉及的商品品种成千上万、琳琅满目。这就要求企业必须认真研究消费者市场，对消费品进行进一步的分类，以便根据自己所经营产品的特点和消费者的购买习惯，采取适当的营销策略。

消费品的分类方法很多，用综合分类法分为便利品、选购品、特殊品和未觅求品四种类型。

(1) 便利品。便利品是指日常生活必需的、消费者经常购买的、单位价值较低的物品。如一般杂货、毛巾、肥皂、洗涤剂、电灯泡、干电池以及大众化的糖果、糕点、饮料等。

便利品的购买特点是：由于属于日常需要，每次购买数量不大，购买次数较多，不受时间限制，往往就近购买，以图节省时间。同时由于经常购买与使用，消费者对这类商品也具有一定的商品知识和消费习惯，因而，他们只要认为品质和价格差异不大，就不会作过分的挑选，大多属于习惯性消费。生产企业及销售者应根据其特点，注意销售渠道的广泛性，网点要靠近居民住宅区，营业时间要长，尽量方便消费者。生产企业除了利用各种媒介广泛宣传其品牌外，应在保证质量的前提下力求产品外形和包装的美观。只有这样，才能达到预期的经营效果。

便利品可以分为常用品、冲动品和应急品。常用品是日用品，是消费者经常购买的产品。冲动品是消费者没有任何计划而临时决定购买的产品。应急品是当顾客的需求十分迫切时购买的产品。应急品的购买地点、效用很重要，一旦顾客需要，能够迅速实现购买。

（2）选购品。选购品是指那些价格比日用品较高，使用寿命较长，购买频率比较低的消费品。对于这类消费品，消费者讲求新、特、美，在购买时往往会对适用性、质量、价格或式样方面进行严格挑选和比较，购买较为慎重，如服装、皮鞋、床上用品、家具、名烟、名酒等。

选购品的购买特点是：购买频率较低，质量要求较高，消费者往往会在品种、质量、品牌、式样、价格等方面货比三家，反复挑选后，才决定是否成交；有的消费者特别注重商品的品牌和商标。生产经营此类商品，销售网点应相对集中，设立同类产品一条街或商店相对集中在某一区域或某一条街，如北京的王府井大街，上海的南京路、淮海路、四川路，西安的康富路等，以便于消费者购买时进行比较和挑选。由于消费者对选购品缺乏充分的知识，因而零售商的信誉对产品销售的影响很大。在西方国家，顾客购买选购品时，往往重视是在什么商店购买，而较少注意是什么厂家生产的，因而零售商往往愿意承担选购品的部分广告和推销费用。

（3）特殊品。特殊品主要指那些价格高、技术性能指标多、使用时间长，消费者坚持特定的品牌而不愿意接受其他代替品的商品。这类产品能显示消费者的身份和地位，满足心理需求，如电视机、高档照相机、高级组合音响、空调、冰箱、高档家具等。

这类商品的购买特点是：由于使用寿命较长，价格又高，消费者购买频率更低，选择性很强，偏爱程度很高，有一定的商品知识。因此，在经销这类商品时，商业网点的布局应更为集中一些，甚至在一个地区只有一家经销店即可；广告促销宣传不仅要宣传生产企业及其品牌，也要注意树立零售商的良好信誉；设立方便维修点，搞好售后服务。

（4）未觅求品。未觅求品又称非渴求品，是消费者目前尚不知道或虽知道而尚未有兴趣购买的商品。刚上市和未上市的新产品属于此类。在未做广告前，很多人不知道有这种产品，因而不会产生购买的欲望，这就属于未觅求品。典型的未觅求品如人寿保险、殡葬用品、药品、百科全书等，这些产品顾客虽然知道，但是并无兴趣购买。广告宣传和人员推销是未觅求品销售的重要手段。对于顾客无兴趣购买的产品，通常在更大程度上要依靠有能力的推销员的推销活动才能实现销售。

链 接

手机消费群体的分化

目前的手机消费群体可以分为以下几类：

品牌导向——信赖国际品牌和知名民族品牌，忠诚度较高，希望能享受强势品牌带来的高品质产品和服务，对产品的品质十分挑剔，但却懒于去比较选择购买，希望一次到位，价格敏感度低。

技术导向——注重对产品的技术需求，希望紧跟技术潮流，享受新科技带来的生活乐趣。对技术、市场发展有一定了解。接受新鲜事物能力强，价格敏感度不高。

潮流导向——注重产品功能，同时，在同等功能下会对不同品牌进行价格比较。群体消费观念较为成熟，比较理智，对价格敏感。

应用导向——根据自己的实际需要选择购买，属于游离状态的消费者，容易受到口碑传播、广告宣传、现场导购等外界信息的影响和价格的诱导。

以上四种类型中，第一、二类群体的购买比例在逐渐上升，第三类居多。

二、生产者市场

生产者市场又称为生产资料市场或工业品市场。它是指为制造其他产品或业务需要而购买商品或劳务的工商企业或机关、团体等事业单位。

（一）生产者市场的特点

生产者市场作为生产资料商品交易的场所或领域，与消费者市场有着相似的地方，即都要经过生产领域、流通领域。但由于生产者市场的商品来自生产领域，用之于生产领域，因此与消费者市场相比有很大的区别，生产者市场有如下几个特点：

（1）生产者市场的购买者是企业，地理分布相对比较集中。在生产者市场上，生产资料的购买者虽然可能是通过个人来进行购买的，但这里的个人不代表他自己，而是代表企业或集体。由于各地资源、地理位置、历史文化的差异性，促使某些产业在地域分布上趋于集中。

（2）生产者市场需求量大、金额高、购买频率较低。生产者市场的购买者数量与消费者市场相比要少得多、集中得多，购买的频率也低得多，但每次购买的数量远远大于消费者的购买量，特别是在生产比较集中的行业里更为明显，通常少数几家企业的采购量就占生产资料市场的大部分。

（3）生产者市场需求弹性较小或者说比较缺乏弹性。生产者市场的产品时效性、专用性强，替代性差，其需求对价格不甚敏感，一般不受市场价格变动的影响，生产者市场的需求不可能像消费者市场那样随价格的变动而任意改变，因为生产工艺、原材料的配方在短期内是难以改变的。

（4）生产者市场属于专家购买，参与购买决策的人数较多、理智性较高。生产者市场需求结构复杂、专业性较强、技术要求比较高，因此参与决策的人数较多。根据市场学家韦伯斯特（Webster）和温德（Wind）和我国的市场营销学者吴健安教授等人对现代企业的采购行为的研究，一般情况下，企业的购买决策过程通常有六种人参与：使用者、影响者、采购者、决策者、批准者和信息控制者。企业购买更多考虑成本、利润、质量等，行为较为理智。

（5）生产者市场需求属于引申需求，具有显著的波动性。从表面上看，生产者市场的需求和消费者市场的需求是独立存在的，实际上，两者之间存在着密切的联系。市场上之所以产生对生产资料的需求，归根结底是为了用于生产加工消费品，以满足消费者市场的需要。所以，生产者市场的需求是建立在消费者市场的需求基础之上的派生需求或称引申需求。消费者市场需求的小量波动会引起生产者市场的巨大波动。

（二）工业品分类与经营特点

工业品的范围极为广泛，不同类型的工业品各具不同的经营特点。按工业品在生产过程中的地位和作用来区分，通常可分为五种类型：主要设备，辅助设备，原材料，辅助材料，燃料、动力和半成品与零件。

（1）主要设备。主要设备是指各部门、各企业在生产过程中使用的机械设备。它们是进行生产和建设的主要物质技术手段。例如，专用设备包括纺织机械、印刷机械、轧钢机、锅炉、采掘机械、医疗器械等；通用设备包括汽车、机床、起重机、发电机等。

这类产品的特点是价值量大、售价高、使用时间长，具有高度的技术性。产品的交易过程相对复杂，一般要由买卖双方进行较长时间的协商或谈判，签订购买合同，生产者往往要根据消费者的要求设计和制造产品。由于其技术要求比较高，营销人员必须掌握专门的技术知识，成交后的售后服务工作必须加强。

（2）辅助设备。辅助设备是指对主要设备起辅助作用的设备。如各种工具、模具、仪表、小型马达、手推车、复印机、磅秤等。

这类产品的价值较小，价格较低，使用时间较短。它们多数已标准化、通用化。使用者可以通过中间商购买，生产企业应注意做好广告宣传工作以促进销售。

（3）原材料、辅助材料。原材料是原料和材料的通称。它们完全进入产品制造过程并转化为最终产品的组成部分。原料又分为天然产品（如煤、原油、铁矿石等）和农产品（如小麦、棉花、烟叶、水果、肉类等）。它们完全参加生产过程，构成产品的实体。对于这类产品要考虑最好采用直运直销。因为它们一般体积大、用量多，特别是基建大单位，都是大宗订货。农产品中有些产品易腐，应当注意尽量减少中间环节。同时，对少数零星客户，则要扩大经营范围，增加网点，以满足他们的需要。最好是按量、按质的要求，定时交货，注意价格合理、质量优良，尽量减少广告宣传费用，销售服务工作必须跟上。

辅助材料，一般是指用于生产过程，有助于产品形成或能保护产品的各种材料，如染料、催化剂、润滑油、清扫工具等。这类产品由于价格低、使用时间短、容易消耗，所以经常需要重复购买。它们是工业生产中的日用品。其营销特点与消费品基本相似，必须建立广泛的销售渠道。

（4）燃料、动力。燃料、动力，通称为能源。如石油、煤炭、电力等，它们都是生产过程中不可缺少的生产资料。这类产品一般由产销双方签订长期的供销合同。

（5）半成品与零件。半成品是指经过部分加工，尚需继续加工才能变成成品的材料，如棉纱、生铁、水泥、橡胶等；零件是指经过加工，用于装配整机或整机上的工业品，如轮胎、油泵、皮带、轴承、水箱等。这类产品一般均按事前的订单大量供货，中间商的作用很小，广告和商标的作用也不大。经营成败的关键是产品的质量和价格能否符合购买者的要求，以及提供的各种服务。

第二节　影响消费者（生产者）购买行为的诸因素

一、影响消费者购买行为的因素

消费者的购买行为是一种满足需要的行为，其行为的形成受一系列相关因素的影响。现代市场营销学理论认为，一个消费者在市场上为什么购买，购买什么东西，购买多少商品，何时、何地购买，是下列因素综合作用于消费者感官的结果。

（一）个人因素

（1）需求。需求产生消费，没有需求就没有市场。消费者的需求多种多样，同时又是多层次的。从起源来看，有自然性需求和社会性需求；从实际内容来看，有物质需求和精神需求；从满足顺序来看，有基本生活需求、享受资料的需求和发展资料的需求。美国人本主义行为科学家马斯洛（A. H. Maslow）的消费需求层次理论具有一定的代表性，如图 5－1 所示。

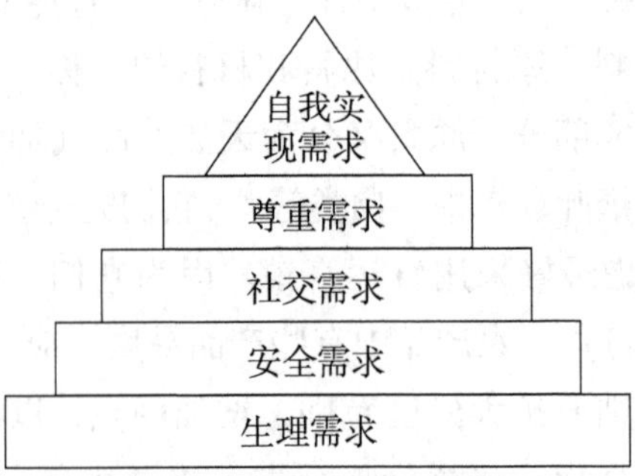

图 5－1　马斯洛的需求层次示意

（2）经济因素。经济因素是指消费者可支配收入、储蓄、资产和借贷的能力和态度。它直接决定着消费者的购买力，决定着能否产生购买行为以及发生何种规模的购买行为，决定着购买商品的种类和档次。比如，中等收入的家庭不会选择购买汽车，低收入家庭只能购买基本生活必需品以维持生存，收入较低的消费者往往比收入高的消费者更关心价格的高低，收入较高的消费者更注重产品的品质和象征性特质。

现代市场营销学认为，影响消费者购买行为的经济因素，从更深层次的角度分析，应该是两个方面：一是产品的功能是否与商品的价格相统一，其实质是要求商品的质量和商品的价格相符合，即价值与使用价值相统一，这是商品的内在规律；二是产品的价格能否为目标市场的消费者所接受，即产品的价格定在何种程度，要看消费者能不能接受、能不能承受。

(3) 个性。个性是指一个人心理特征的集合。它由能力、气质和性格构成，其中气质是最稳定、最鲜明的心理特征。消费者的个性千差万别，如消费者的性格是随和还是专横、内向还是外向、依赖还是独立、孤立还是合群、爱交际还是沉默寡言、保守还是激进以及自我印象等，有人用自信心、控制欲、自主意识、顺从性、交际性、防守性和适应性等特征来描述。气质分四种类型：多血质，又称活泼型；胆汁质，又称兴奋型；黏液质，又称安静型；抑郁质，又称逻辑型。

不同的个性导致不同的生活方式，如节俭、奢华、守旧、革新等。不同的生活方式对产品和品牌有不同的需求。这里重点分析消费者的“自我印象”对营销活动的影响。

消费者的“自我印象”又称“自我观念”，是指消费者的自我画像，即在自己心目中把自己塑造成什么样的人，或者企图使别人把自己看成什么样的人。不同的人具有不同的自我印象，不同的自我印象又会影响购买行为的差异性。在现实生活中，消费者往往购买与自己的自我印象相一致的商品，如果与自我印象不相称，就拒绝购买。例如一个人认为自己有学者风度，他绝不会去购买所谓的“奇装”，而必然选择既端庄又有风度的服装。同时，消费者的自我印象还与相关群体的关系很密切，符合相关群体标准的商品他会乐意购买，不符合的就不会购买。而市场营销者为了吸引顾客，常常利用消费者的自我观念进行营销活动。例如，在化妆品广告中，几乎所有主角都是女性，而且是漂亮的女性。这种广告设计使女性认为自己很美或期望自己很美的自我观念觉醒，从而产生购买行为。

(4) 角色与地位。一个人在一生中会加入许多团体，甚至同时参加多个团体，如家庭、工作单位、协会及各类社会团体。每个人在团体中的位置可用角色和地位来确定。每一个角色都伴随着一种相应的地位。它反映一个人所取得的社会成就，也反映社会对一个人的尊敬程度。一个人所充当的每个角色都要顾及周围人的要求和在各种场合中所期望的表现。因此，人们在购买商品时，常常会考虑到自己在社会中的角色和地位。不同的角色和地位，会有不同的需求和购买行为。

（二）社会因素

消费者作为整个社会生活中的一分子，除个性因素影响自己的消费行为，社会因素的影响及制约作用也是不可低估的。

（1）文化。文化是指人类在生活实践中建立起来的价值观念、伦理道德、风俗习惯、宗教信仰、语言文字等。文化是决定人们需求、欲望和行为的最基本因素。低级动物的需求受本能的支配，原始人的需求也十分简单，而现代人由于文化发展的程度和特点不同，需求就显得十分复杂。文化对消费者的购买行为具有强烈和广泛的影响。不同的文化教育水平，就会带来不同的世界观和人生观、不同的宗教信仰，从而影响消费者的需求和购买行为的差异。

在一个大文化背景下，又可分为若干不同的亚文化群。亚文化群是指存在于一个较大社会中的一些较小的具有特色文化的群体所特有的特色文化，其不同表现在语言、价值观、信念、风俗习惯等方面的不同。人类社会的亚文化群主要有四大类：民族亚文化群、种族亚文化群、宗教亚文化群、地域亚文化群。各种亚文化群体所形成的文化特点都导致消费需求和购买行为上的差异性。

几乎所有的人类社会中都存在着某种形式的社会层次结构，即社会阶层。社会阶层是指在一个社会中具有相对同质性和持久性的群体，可依据职业、收入、受教育程度、社会地位以及居住区域等因素来综合划分。同一阶层的消费者具有相似的价值观、兴趣爱好和行为方式，因此，他们的消费行为也大致相似。

（2）相关群体。所谓相关群体就是能够直接或间接影响一个人的态度、意见与价值观念的个人与集团。由于影响程度的不同，相关群体又分为主要群体与次要群体。关系比较密切的相关群体如家庭、亲朋好友、同学、同事、邻居等称为主要群体；关系比较一般的群体如各种有关的社会团体、职业性协会等称为次要群体。

相关群体对消费者购买行为的影响，一般表现为三个方面：第一，相关群体为每个人提供各种可供选择的消费行为或生活方式的模式，使消费者改变原有的购买行为或产生新的购买行为；第二，相关群体引起的仿效欲望，使消费者肯定或否定对某些事物或商品的看法，从而决定其购买态度；第三，相关群体促使人们的行为趋于某种“一致化”，如人们常常模仿电影明星而购买某种款式的服装、皮鞋、公文包等，从而出现“一致化”现象。

由于相关群体对消费者选择商品品种、商标、花色等方面的影响，企业在市场营销中，不仅要具体地满足某一消费者购买时的要求，还要十分重视相关群体对购买行为的影响。同时要充分利用这一影响，选择同目标市场关系最密切、传递信息最迅速的相关群体，了解其爱好，做好产品推销工作，以扩大销售。

（3）家庭。家庭的生活方式、文化程度、价值观念及购买习惯对消费者购买行为的影响不仅是直接的，而且是潜意识的。不管愿意或不愿意，也无论在什么场合，家庭对消费者购买行为的影响总会通过各种方式体现出来。

一个人一生中一般要经历两种家庭：一种是父母的家庭，这是与生俱来的家庭。每个人的价值观、审美观、爱好、习惯等大多在父母的影响下形成，且这种影响可能伴其终生。另一种是自己的家庭，也就是个人的衍生家庭。一般来说，由夫妻及其子女组成的家庭是社会上最重要的“消费单位”。在这一家庭中成员间的互相影响是最直接的，而且影响也是最大的。

不同阶段的家庭具有不同的需求特点。根据家庭成员对商品购买的参与程度和作用的不同，可分为各自做主型、丈夫支配型、妻子支配型和共同支配型。

（三）市场因素

影响消费行为的市场因素主要是广告宣传、企业形象、销售服务、商品包装、商品价格和商场布局等。

商场布局主要包括商场外观设计、商品橱窗宣传、商品货位摆布、商场内部装饰等以及灯光照明、音响、气味、温湿度的调节、售货员的态度等。

案　例

苹果的经验：永远比消费者所想更进一步

一名顾客使用苹果零售店的应用，就能提前预约，以享受零售店的专人服务。这种方式能预期顾客的到来。它提供了客户需求水平信息，可以更有效地配置员工；顾客能减少等待时间，并得到员工不分散注意力的专有服务，这是消费者在其他零售行业很难得到的体验。即便没有预约，客户服务也几乎从顾客进店那一刻开始，消费者会在适当的时候，受到一名苹果代表的欢迎。这个岗位的每个员工都必须拥有对计算机和卓越客户服务的极大热情。

员工必须做到消费者进店后只需自我介绍一次。第一位迎接的员工悄悄记下顾客外貌细节，如穿着特征等，然后将这些信息发送给其他员工。其他员工就能直接用姓名称呼顾客。

苹果店的员工会倾听顾客的需求，试图理解顾客的目的，然后亲自指引互相应的区域。万一有人进店偷窃，员工也很有可能会注意到。这种提前关注客户的做法，使苹果店的偷窃发生率大大降低。

在消费者越来越接近购买决策时，苹果店的员工会向顾客提出深入的后续问题，消费者因而会有一种被理解的感觉。这种关系或许刚刚开始，但它看起来持久而真诚，这就是消费者舒适感的来源。

结账的时候，收银台会来到消费者面前——苹果店员会带着移动信用卡读卡器，到顾客面前完成交易。消费者对苹果店最后的印象与第一印象同样温暖，在整个购物过程中被无微不至地关怀着。

（资料来源：吴健安，钟育赣．市场营销学［M］．北京：清华大学出版社，2015.）

二、影响生产者购买行为的因素

生产者购买行为的形成与消费者购买行为的形成一样，是一系列相关因素影响的一个复杂的连续过程。它主要受以下几个因素的影响：

（一）企业内部因素

任何企业购买何种生产资料、生产资料的多少，首先要根据企业内部的需要，而内部需要主要根据以下因素确定：

第一，企业的采购目标。企业的采购目标有三个，一是企业必须盈利；二是尽量降低生产成本；三是能够适应社会和消费者的需要。这三个目标中，最直接的是企业盈利。

第二，企业的采购政策。企业在不同的生产时期，其采购政策也会不同。有时购买生产资料注重质量，有时注重价格；有时采购比较分散，有时比较集中；有的企业购买决策高度集中，有的则相对分散。营销人员要分析研究不同企业的采购政策，以便有效地推销生产资料。

第三，企业的采购制度。由于各个企业的内部组织结构不同，它们的采购制度也有所不同。有的企业设立若干事业部，采购工作由各事业部自己负责；有的企业只设立一个采购部门，统一负责企业的全部采购工作。

第四，企业的采购程序。企业的采购程序是指企业采购生产资料的整个过程。由于各企业的生产过程及生产资料本身的不同，其采购生产资料的过程也是不同的。如纺织厂采购棉花是经常性的，是大宗采购，而机器使用是较长时期的，所以采购过程也较长等。

营销人员必须了解企业的机构是如何设置的，决策的审批程序是如何进行的，企业对采购人员的活动是如何控制的等，才能采取相应的营销措施。

（二）社会环境因素

任何企业的生产和经营都是在一定的社会环境下进行，社会环境因素必然深刻影响企业的购买行为且企业不可控制，主要包括以下三个方面：

第一，政治法律环境因素。任何企业的生产和经营活动必须严格遵守国家各个时期的方针、政策和法令，尤其是在以满足人民群众日益增长的物质文化生活需要为生产目的的社会主义国家，企业的采购、生产、营销行为更应考虑政府的有关政策法规。

第二，宏观经济发展环境因素。一个国家在不同的时期，经济发展的政策是不同的。当国民经济处于高速增长时期，生产者需要大量采购生产资料，以支持企业扩大生产规模从而满足社会经济增长的需要。当国民经济处于调整或缓慢增长时期，工业品的采购数量就会适当减少，以避免企业库存过多而形成大量资金积压。

第三，科学技术发展环境因素。科学技术的发展直接影响到企业现有产品的前景和企业新产品开发的速度和方向，在我国，随着改革开放的不断深入，不断引进先进生产技术，产品的市场寿命周期不断缩短，企业要加快产品的升级换代，因此对生产资料的采购提出了更高的要求。

（三）人事关系因素

生产资料的购买，是由许多具有不同地位、权力、职务的人组成的，因此不同的人事关系也影响了生产者购买行为。

在生产者市场，除了专职的采购人员外，还有其他一些人员也参与采购决策过程。根据角色的不同，所有参与采购决策的成员可以分为使用者、影响者、决策者、批准者、采购者、信息控制者六个类型。

这六种类型采购决策参与者在企业中的地位、职权和个人说服力不同，各自起着不同的作用。营销人员必须分析各类参与者的影响力，找对主要决策者，从而做到有的放矢。

（四）采购人员个人因素

采购人员个人因素，是指参加购买决策过程的每个参加者都具有的个人因素，包括个人动机、感受、偏好等，这些个人因素又受年龄、收入、受教育程度、职位、个性及对风险的态度等的影响。

生产企业的采购任务最终要落实到采购员身上，因此采购员的个人动机、心理素质、文化素养、业务水平、职务地位、事业心、负责精神等必然影响到具体的采购过程。

第三节 消费者（生产者）购买决策过程

一、消费者的购买决策过程

消费者的购买决策过程，是指消费者购买行为或购买活动的具体步骤、程度、阶段。每个消费者在购买任何产品时，都会有一个决策过程。但不管哪种购买决策过程，消费者在为满足需要而采取购买行为之前，必然发生一系列心理活动，如对商品的感知、注意，以及对商品的情绪变化过程等，进而促成购买行为的发生，一直延续到实际购买之后。

由于影响消费者购买行为的经济因素、心理因素、社会因素在不同消费者之间作用的程度不同，因而消费者的购买决策过程也有很大的差异。有的购买过程只需几分钟，有的购买过程需要几个月甚至几年。研究消费者购买决策过程，目的就在于使营销人员针对购买决策过程的不同阶段的不同特征，采取相应的营销措施。典型的消费者购买决策过程一般可分为引起需求、收集信息、评价选择、购买决策和购后评价五个阶段。

（一）引起需求

指消费者发现现实情况与其所设想的状况之间有一定的差距，从而意识到自己的消费需求，即确认自己的需要是什么。这种需求是购买决策的起点。需求可由内在刺激或外在刺激引起，也可以是两者相互作用的结果。内在刺激是指饥饿、干渴、寒冷等刺激使人们意识到对食物、饮料、衣服、住房等的需求。外在刺激是指饮食店里的点心，五金交电公司里的电冰箱、空调等刺激引起消费者的需求，以及价格、广告、亲戚朋友、邻居、同事等影响而唤起消费者的需求。

在引起需求阶段营销人员的主要任务是：

（1）了解消费者与本企业产品有关的现实和潜在的需求。在价格和质量等因素既定的条件下，一种产品如果能满足消费者的需求越多，则其对消费者的吸引力就越强。

（2）了解消费者的需求随时间的推移以及外界刺激强弱变动的规律，以便企业设计诱因，引导或刺激消费者采取行动。

（二）收集信息

如果消费者引起的需求很强烈，且满足这种需求的产品很多，又非常容易买到，则消费者将立即采取购买行动以满足其强烈的需求。然而在多数情况下，已被引起的需求并不能马上获得满足，消费者需要收集有关的信息，以便作出选择。对于营销人员来说，这一阶段的一个关键问题是要了解消费者所要求助的信息来源，以及这些信息来源对于消费者购买决策的相对影响程度，并采取相应的措施及时将所需信息传递给消费者。

消费者所需信息有四个来源：

第一，个人来源，即消费者从家庭成员、亲戚朋友、邻居及同事等方面所获得的信息。消费者是很依赖于这种信息来源的；

第二，商业来源，即消费者从广告、推销员、零售商、商品包装、商品展销会、商品目录及商品说明书等方面获得的信息；

第三，公众来源，即消费者通过报纸、杂志、电视等大众传播媒介的客观报道，政府机构发布的信息，消费者团体的评论中获得的信息；

第四，经验来源，即消费者通过触摸、试验和亲自使用某种商品所得到的信息。

上述信息来源中，从商业来源所取得的信息量是最大的，它起到通知的作用；其他来源信息起验证和评价的作用；影响力最大、最可靠的是从个人来源得到的信息。

在收集信息阶段营销人员的主要任务是：

（1）了解消费者的信息来源。

（2）了解不同信息来源对消费者的影响程度。

（3）设计信息传播策略。

（三）评价选择

当消费者收集了各种信息之后，就会对这些资料加以整理和系统化，并进行分析对比、综合评价。这种对比和评价往往是围绕产品属性、属性权重、品牌信念、效用函数等方面展开的。任何一个消费者在购买时不仅要考虑产品质量的优劣、价格的高低，而且要比较同类产品的不同属性。尽管商品是同类的，但由于品牌的不同，其各自的特点和优势也不相同。消费者只要认为某种品牌的产品在某些方面的属性好于其他品牌的同类产品，而且能够买到，则首先选择这个品牌的产品。

在评价选择阶段营销人员的主要任务是：

（1）了解消费者采用什么方法评价其产品。

（2）调查了解消费者心目中的理想产品所具有的各种属性。

（3）寻找和分析本企业产品的特色。

（4）唤起消费者对被忽视属性的注意。

（5）将企业产品特色与消费者心目中的理想产品所具有的各种属性联系起来，这样才能吸引消费者并满足消费者的迫切需要。

（四）购买决策

购买决策是消费者购买行为过程中的关键性阶段。消费者只有作出购买决策后，才会付诸实际的购买行动。消费者往往会做出五方面的决策：品牌决策、卖主决策、数量决策、时间决策和支付方式决策。经过评价选择后，消费者便产生了购买意图，在一般情况下，会购买自己最喜欢的品牌。但从购买意图到购买决策的最后确定过程中，还受三个因素的影响：一是他人的态度。如某人本想马上买一件皮衣，但同伴说今年的天气不会太冷，某人遂改变主意，花几十元买了一件保暖内衣。他人态度的影响大小主要取决于他人态度的坚决与否、他人与消费者的关系如何、他人是否权威；二是意外情况。如在购物过程中，钱包丢失；购物过程中，售货员的态度不好等。三是预期风险的大小；在所购商品比较复杂、价格昂贵，因而预期风险较大时，消费者可能采取一些避免或降低风险的习惯做法，包括暂不购买或改变购买意向。

在购买决策阶段营销人员的主要任务是：

（1）向消费者提供更多有关商品信息，便于消费者比较。

（2）通过提供优质服务，提供消费者购买使用的便利条件，加深消费者对企业及商品的良好印象，促使消费者做出购买本企业商品的决策并付诸行动。

（3）协助企业创造良好的购物环境。

（4）了解引起消费者有风险感的因素，进而采取措施来减少消费者的可察觉风险。

（五）购后评价

购后评价是消费者购买过程的最后一个阶段，也是非常重要的一环。消费者通过使用和处置过程对所购产品或服务有了更加深刻的认识和理解，它对消费者本人的下一次购买和其他人的购买有直接的影响，所以应引起现代企业营销人员的高度重视。

消费者购买商品后，往往会通过自己的使用，通过家庭成员及亲友、同事的评判，对自己的购买决策进行检查和反省，以确定购买这种商品是否明智、效用是否理想等，从而产生满意或不满意的购后感受。如果是满意的，消费者本人就会重复购买，而且会鼓动、引导他人购买这种商品，这种鼓动和引导往往比广告宣传更有效；反之，则会厌弃这种商品和企业，并通过有关渠道、媒介将购后感受公之于社会，影响其他人，从而影响企业的整体形象和产品形象。

可见，消费者的购后评价，对企业产品的销售影响极大，企业必须以热情诚恳的态度来对待消费者的意见和批评，改进市场营销工作等，尽可能增加消费者购后的满意感，减少其不满意感。

在购后评价阶段营销人员的主要任务是：

（1）重视售后信息的收集。

（2）广泛征求消费者意见，及时处理投诉。

（3）提供售后服务，增强消费者购后满意感。

（4）产品宣传实事求是并留有余地。

案 例

消费者购车决策在加快

尼尔森与汽车之家最新一次调研发现，“77%的受访者从萌生购车想法到成交提车，只花了不足90天，其中30%一个月内就买定成交。”购买决策时间“缩水”，并不意味着鲁莽和冲动——得益于丰富的互联网信息，如今购车族更加理性、精明。

在信息化时代，购买决策过程依旧如漏斗一般，充满层层筛选和诸多变数。消费者在买车过程中，会有意或无意浏览不少其他品牌的车型。数据显示，仅在汽车之家资讯类一个板块，快要作出购买决定的消费者一个月的车型浏览数量平均可达 42 款，且深入了解过其中的 16 款车型。

在信息浏览中，消费者对于意向车型的态度也在不断变化。比较筛选阶段，高达 61%的消费者改变了原有的车型偏好。即使在购买的最终阶段，这一比例也高达 31%。对品牌最初的好感，并不能保证最终的购买决定。

目前中国是全世界竞争最激烈的汽车市场之一，有 200 多个中外品牌、1500 多款车型。尽管汽车企业广告投放一直保持涨势，但效果不容乐观。据尼尔森汽车电视广告效果实时追踪研究，仅有 30%的中国受访者能回忆起电视广告的内容，在他们中只有 29%表示能回忆起品牌，而最终的整体广告传播效果仅为 9%。这一比例在美国是 19%。

传统大众媒体在消费者信息来源序列中的地位，逐渐被互联网、新媒体超越。汽车消费者更看重 4S［“回位一体”汽车特许经营模式包括整车销售（Sale）、零配件（Sparepart）、售后服务（Service）、信息反馈（Survey）］店（64%）、亲戚朋友介绍（62%）和专业汽车网站（42%）。据尼尔森与汽车之家的调研，如今善于使用互联网的购车族，决策流程可以分为三个阶段。首先，消费者会设定一个购车预算，基于安全口碑、实用性口碑等因素筛选车型。之后，会对这个数据库中的车型进行比较和评估，深入了解口碑、性能和外观设计等因素，筛选心仪的两至三款车型。最终环节是 4S 店体验，外观、舒适性和促销优惠是促进购买决定的最终因素。

同时，不同阶段品牌制胜的因素不尽相同。开始的品牌筛选阶段，最重要的是安全性比较好（42%），在预算之内（33%）及青睐的品牌（33%）等；比较阶段开始更多关注产品设计（49%），车辆性能（46%）及消费者口碑（37%）；在踏进 4S 店作最终决定时，更关注驾乘舒适性（40%）、口碑（23%）、促销（22%）和油耗（21%）。

在信息浏览阶段，消费者更多通过新闻、搜索和资料库获取信息；比较评估阶段的消费者更有针对性，对其他用户的评价反馈更重视；最终购买时，论坛和促销信息是消费者关注的重点。

（资料来源：吴健安，钟育赣．市场营销学［M］．北京：清华大学出版社，2015.）

二、生产者购买决策过程

生产者购买一般是先试购（新购），然后再决定是否长期大批量在同一家供应商采购。经过试购以后，采购单位会提出品种、规格、价格、交货方式、付款条件等方面的修改意见，称为修正重购。再经过一段时间，双方已没有什么异议，采购单位就会将向已确定的供应商采购看作是例行公事，称为直接重购。

从生产者市场与消费者市场的特点差异以及购买类型可以看出，生产者购买决策过程较消费者购买决策过程更复杂、步骤更多，一般可分为以下八个步骤。

（一）认识需求

认识需求是指生产者认识自己的需要，明确所要解决的问题。认识需求是生产者购买决策的起点，它可能是由企业内部因素或外部因素刺激引起的。企业内部因素，如企业决定生产新产品而需要增添新设备及原材料；旧机器设备已陈旧，需要更新；机器发生故障，需要更新或需要新零件；已购买的生产资料不能满足需求，采购的产品不尽如人意，需要更换原来的供应者；采购负责人认为还有可能找到更质优价廉的供应商等。企业外部因素，如企业营销人员从广告、商品展销会或卖方推销人员介绍等途径了解到价廉物美的替代品，从而产生需要等。

（二）说明需求

当企业购买者认识需求后，即同购买中心和生产、设计、财务、质检等部门一起商量，共同研究，说明所购产品的品种、性能、特征、数量和服务，提出产品的可靠性、耐用性、价格及其他特征的标准和要求，写出详细的技术说明书，作为采购人员的采购依据。

（三）确定需求

即确定待购买商品的具体规格及性能。在说明产品需要类别及特征后，企业要着手对所待购产品做进一步分析，并将所购买的产品特点或服务转化成对供应商的具体、详细而精确的特性要求，如待购商品或服务的具体规格、性能、耐用程度、型号、价格、交检期及其他必备的属性。同时，要把这种具体要求落实到采购人员。

（四）寻找供应商

采购人员根据产品技术说明书的要求寻找最佳供应商。采购人员可以依据以往的经验，根据设计、生产、质检、财务等部门的要求，直接指定供应商，也可以通过查阅工商企业名录、电话、广告宣传等途径来寻找供应商，还可以通过其他企业介绍，并对查阅到的供应商供应的商品的生产、供货、质量、价格、信誉及售后服务、人员配备等进行调查，加以分析、比较后，从中确定几家合适的供应商作为备选。

（五）分析供应商的建议书

企业为了选择合适的供应商，采购人员可邀请有声望的及与自己所需产品有关的供应商参加座谈讨论，征集建议。对于复杂和花费大的新项目，购买者会要求每一潜在的供应商提出详细的书面建议，采购人员可对各个供应商的产品说明书、价目表等有关资料进行分析比较，并对供应商的生产能力和资源条件等进行分析评价，经选择淘汰后，挑选出理想的供应商。

（六）选择确定供应商

企业对供应商建议书加以分析评价，确定供应商。评价内容包括供应商的产品质量、性能、规格、产量、技术、价格、履约能力、企业信誉、服务、交货能力、财务状况、顾客评价、地理位置等。在此基础上，最后决定选择最符合企业需求的供应商。在选择供应商时，一般不要只选择一两家，最好同时选择多个供应商，这样，可以避免对某一供应商的过分依赖。

（七）履行常规购货手续，签订购货合同

购买者一旦选择了供应商，就要履行常规的购货手续，即采购员要与供应商具体洽谈，为供应者准备购买目录表，提出产品技术质量要求、购买数量、期望供货期，提供保险单及付款保证，最后签订购货合同，合同中要注明违约处置及仲裁。双方签订合同后，合同或订单副本应送到进货部门、财务部门及企业内其他相关部门。购买形式包括直接购买、互惠购买、租赁、招投标采购等。

（八）评估购买结果

购买者评价购买结果，又称绩效评价，即对各个供应商的供应情况加以评价，以决定维持、修正或中止供货关系。评价方法主要是征询使用者的满意程度。评价购买结果，可能引导购买者继续购买，或者改变供应商，或者减少购买量。对于供应商而言，正式订购仅仅是业务的开始，只有在采购单位绩效评估满意的条件下才能得到长期的业务。

生产资料的购买决策过程的分析结果说明，企业营销人员只有了解和掌握了工业购买者的需求状况和决策程序，才能针对目标市场制订有效的营销计划。

本章小结

消费者包括生活消费者和生产消费者，生活消费者的市场称为消费者市场，生产消费者的市场称为生产者市场。

消费者市场又称为最终消费者市场、消费品市场或生活资料市场。它指为满足物质和文化生活需要而购买货物和劳务的个人和家庭。消费者市场的基本特点有：消费者人数众多，市场十分广阔；消费者需求的差异性很大；消费者购买商品的次数频繁，但每次购买的数量不多；购买者大都缺乏专门的商品知识和市场知识。消费品用综合

分类法分有以下四种类型：便利品、选购品、特殊品、未觅求品。

生产者市场又称为生产资料市场或工业品市场。它是指为制造其他产品或业务需要而购买商品或劳务的工商企业或机关、团体等事业单位。生产者市场有如下几个特点：生产者市场的购买者是企业，相对比较集中；生产者市场需求量大、金额高、购买频率较低；生产者市场属于专家购买，参与购买决策的人数较多，理智性较高；生产者市场需求属于引申需求，需求弹性较小。工业品分为以下五种类型：主要设备、辅助设备、原材料与辅助材料、燃料与动力、半成品与零件。

影响消费者购买行为的因素包括个人因素、社会因素、市场因素。影响生产者购买行为的因素有企业内部因素、社会环境因素、人事关系因素、采购人员个人因素。

消费者的购买决策过程，是指消费者购买行为或购买活动的具体步骤、程度、阶段。一般可分为五个阶段：引起需求、收集信息、评价选择、购买决策、购后评价。

生产者购买决策过程较消费者购买决策过程更复杂、步骤更多，一般可分为以下八个步骤：认识需求、说明需求、确定需求、寻找供应商、分析供应商的建议书、选择确定供应商、履行常规购货手续及签订购货合同、评估购买结果。

关键术语

消费者市场　生产者市场　便利品　选购品　特殊品　未觅求品　引起需求　收集信息　评价选择　购买决策　购后评价

思考与练习

1. 消费者市场和生产者市场有哪些不同特点？
2. 消费品分哪些类型？经营特点有哪些？工业品分哪些类型？经营特点各是什么？
3. 消费者购买行为主要受哪些因素的影响？购买过程分哪几个阶段？企业应在各阶段采取何种对策？
4. 生产者市场的购买过程分哪几个阶段？供应者应在各阶段采取何种对策？

技能训练

营销游戏——你了解“另一半”吗？

一、训练目标

1. 通过游戏帮助学生理解不同亚文化下消费行为的差异；

2. 通过游戏使学生理解企业应针对不同的目标受众采取不同的营销策略。

二、训练准备

学生：理解男女不同性别消费行为的差异性。

教师：

1. 产品类别卡片（数码照相机、果汁饮料、洗发水等）；

2. 画有笑脸或哭脸的牌子。

三、训练内容

将全班同学分成男、女两组，分别以对方性别为目标受众，为同样的一种产品进行营销活动的策划和设计。

四、训练流程

1. 教师随机抽取男女同学各10人，分别组成两个小组；

2. 教师随机抽取产品卡片，出示给包括两个小组成员在内的全班同学；

3. 两个小组在15分钟时间内，以对方性别为目标受众，完成产品营销创意；

4. 每个小组各派一名代表，到讲台上陈述创意；

5. 除两个小组成员以外的其他异性同学以举牌的方式分别给两个小组打分，笑脸表示喜欢和肯定，哭脸表示不喜欢或否定；

6. 进行分数的核算，选出获胜的一组。

五、训练评价

1. 学生点评；

2. 教师总结。

| 第六章 |

目标市场营销

学习目标与要求

1. 理解市场细分、目标市场选择、市场定位的概念。
2. 理解市场细分、目标市场选择、市场定位三者之间关系。
3. 掌握市场细分方法、目标市场选择策略、市场定位策略。

本章知识架构

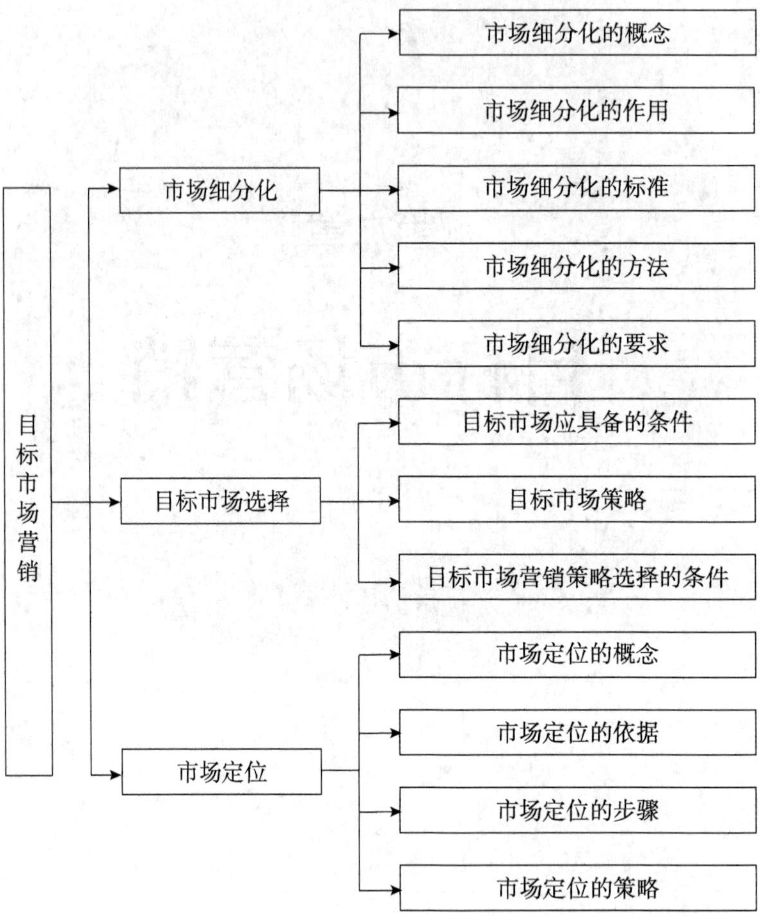

导入案例

江崎糖业的目标市场选择

日本泡泡糖市场年销售额约为740亿日元，其中大部分被“劳特”垄断，其他企业再想挤进泡泡糖市场困难重重。但江崎糖业公司对此并不畏惧，公司成立了市场开发团队，专门研究霸主“劳特”产品的不足和短处，寻找市场的缝隙。经过周密的调查分析，终于发现“劳特”的四点不足：第一，以成年人为对象的泡泡糖市场正在扩大，而“劳特”却仍旧把重点放在儿童泡泡糖市场上；第二，“劳特”的产品主要是果味型泡泡糖，而现在消费者的需求正在多样化；第三，“劳特”多年来一直生产单调的条板状泡泡糖，缺乏新型式样；第四，“劳特”产品价格是110日元，顾客购买时需多掏10日元的硬币，往往感到不便。通过分析，江崎糖业公司决定以成人泡泡糖市场为目标市场，并制订了相应的市场营销策略。不久便推出了功能型泡泡糖四大产品：司机用泡泡糖，使用了高浓度薄荷和天然牛黄，以强烈的刺激感消除司机的困倦；交际用泡泡糖，可清洁口腔，祛除口臭；体育用泡泡糖，内含多种维生素，有益于消除疲劳；轻松型泡泡糖，通过添加叶绿素，可以改变人的不良情绪。同时精心设计了产品的包装和造型，价格定为50日元和100日元两种，避免了找零钱的麻烦。功能型泡泡糖问世后，像飓风一样席卷全日本。江崎公司不仅挤进了由“劳特”独霸的泡泡糖市场，而且占领了一定的市场份额，从零猛升至25%，当年销售额达175亿日元。

（资料来源：杨勇，王惠杰．现代市场营销学［M］．北京：中国财富出版社，2015.）

从上述案例可以看出，面对庞大而复杂的消费者群体，任何企业都无法满足其全部需求。江崎糖业公司通过分析强大竞争对手“劳特”的优劣势，找出其产品存在的市场缺陷，经过市场的进一步细分，找出能够满足其需求的目标市场——司机用泡泡糖、交际用泡泡糖、体育用泡泡糖、轻松型泡泡糖，制订合理的市场营销策略，从而在短时间内占领了25%的市场份额。目标市场营销就是企业通过实施市场细分、目标市场选择、市场定位三位一体的营销战略，寻找、辨认出最有市场价值并有能力为之服务的特定消费者群体，作为自己的目标市场，为企业、产品及品牌树立鲜明的特色以形成相对优势，从而使得战胜竞争对手、实现经营目标成为可能。

第一节 市场细分化

由于消费者数量众多，以及由于消费心理、购买习惯、收入水平、资源条件、文化背景和地理位置等的差别所造成的消费需求和消费行为的多样化、层次性，不可能有哪一个企业单凭自己的人力、物力和财力能够完全满足消费者的所有需求，也没有哪一个企业能够完全满足消费者某一方面的需求。为了使其所掌握的有限资源得到有效的使用，企业必须对所经营的市场范围加以适当的限定，从整体市场中找出最适合企业经营的某个市场领域，即目标市场选择。为此，首先必须进行市场细分化。

一、市场细分化的概念

市场细分化是指企业通过市场调研，根据消费者对产品的不同欲望和需求、不同的购买行为与购买习惯，把整个市场划分为若干个由相似需求的消费者组成的消费群体的过程。

市场细分的概念是美国著名的市场营销学家温德尔·史密斯总结了众多企业的市场营销经验于20世纪50年代中期提出的。他认为顾客是有差异性的，有不同需求、欲望，寻求不同的利益，企业应该对市场进行细分，而不是仅仅停留在产品差异上。

市场细分的基础和依据是消费需求的异质性，即消费者需求、动机和购买行为的多元性。一般来说，组成市场的消费者由于他们所处的地理环境和社会环境、所接受的教育及自身的心理素质、购买动机等的不同，他们对产品的价格、质量、款式等的要求也不尽相同，存在着需求的差异性。同时也有一些消费者由于同处一样的地理环境，或接受了同样教育，或具备相同的心理素质等，使得他们对产品各方面的需求大致相似，这样的一些消费者就构成了一个细分市场。

二、市场细分化的作用

市场细分化是现代企业从事市场营销的重要手段，对企业营销具有以下重要的作用。

（一）市场细分化有利于企业深刻认识市场、发现市场机会

通过市场细分化，使企业对每一个细分市场的购买潜力、满足程度、竞争状况等进行分析对比，可以认识掌握每一个细分市场上需求的差异，寻找目前市场上的空白点，即了解现有市场上有哪些消费需求没有得到满足。如果发现某些需求没有得到满足，或被满足的程度很低，竞争者尚未进入或竞争对手很少，该企业能够提供产品来满足这些消费者的需求，则可以以此作为企业的目标市场。这就是市场给予企业的最有利的经营机会。它使企业能够及时作出投产、异地销售决策，根据本企业的生产技术条件编制新产品开发计划，掌握产品更新换代的主动权。

尤其是对中小企业而言，通过市场细分化，找到自己力所能及的经营机会，寻找适合该企业开发的需求，避免与大企业进行直接竞争，从而能在大企业之间的空隙中生存和发展，起到拾遗补缺的积极作用。在科学技术高度发达、人民生活水平普遍提高的今天，消费者的需求日趋多样化，这就给广大的中小企业提供了更多的机会。

（二）市场细分化有利于企业充分、合理利用现有资源

实行市场细分化的企业，比较容易集中力量深入了解所选定的目标市场的需求和

愿望，根据自己有限的资源条件，集中人、财、物及技术、信息等一切资源，实施或调整其营销策略；在细分的市场上，信息容易了解和反馈，一旦消费者的需求发生变化，企业可迅速改变营销策略，制订相应的对策，使企业能够在激烈的市场竞争中生存、发展和壮大。

（三）市场细分化有利于企业制订或调整企业的营销策略

通过市场细分，有助于企业深入了解消费者需求，从细分市场中选择确定企业的目标市场，针对目标市场制订有效的市场营销组合策略，使产品开发更具科学性和适用性、价格更具合理性、渠道选择更具针对性、促销方式更具有效性。同时可以根据消费者需求的变化状况、市场竞争情况，不断调整企业的营销策略。

（四）市场细分化有利于企业提高市场竞争力

企业的竞争能力受客观因素的影响存在一定差别，但通过有效的市场细分化，找出每个细分市场上竞争者的优势和劣势，企业可以利用竞争者的弱点，同时有效地开发该企业的资源优势，企业可以面对自己的目标市场，生产出适销对路的产品，既能满足市场需要，又可增加企业的收入；通过市场细分，用较少的资源把竞争者的顾客和潜在的顾客变为该企业的顾客，提高市场占有率，增强竞争能力。

案 例

宝洁公司的市场细分制胜

宝洁公司（P&G）是美国著名的化妆品制造企业。早在20世纪80年代就开始进入我国市场。它在护肤及卫生用品市场实施了一系列成功的市场细分、目标市场选择和市场定位的策略。在20世纪80年代初，宝洁公司针对当时我国消费者头皮屑患者较多的现象，敏锐地觉察到这一细分市场，因而率先推出具有去头皮屑功能的“海飞丝”洗发水。这一产品在市场上获得了巨大成功，并且成为当时时尚的消费品。其后，宝洁公司又针对城市女性推出了“玉兰油”系列护肤品。除以上品牌之外，宝洁公司陆续推出了针对不同细分市场的多个品牌的护肤及洗涤卫生用品，如“飘柔”洗发护发二合一，既使用方便又有利于头发飘逸柔顺；“潘婷”则含有维他命原B_5，可以令头发健康而亮泽。这一系列产品定位鲜明、细分市场明确的战略决策，在宝洁公司的发展和壮大过程中起了决定性的作用。

（资料来源：屈云波，张少辉．市场细分——市场取舍的方法与案例［M］．北京：企业管理出版社，2010. 略有改动）

三、市场细分化的标准

(一) 消费者市场细分的一般标准

由于消费者为数众多、需求各异，所以消费者市场是一个复杂多变的市场。同时总有一些消费者有某些类似的特征。这些特征即是消费者市场细分的标准，大体可以分为四类，即地理标准、人口标准、心理标准和行为标准。

1. 地理标准

地理标准指采用地理方面的一些因素，如按消费者所在的不同的地理位置（包括行政区域、地理位置、气候等）作为消费者市场细分化的标准。地理标准之所以作为市场细分的依据，是因为人们居住、工作及娱乐的地点对他们的消费行为影响很大，处于不同地理位置上的消费者，如城市与农村、南方与北方、山区与平原、国内与国外等，表现出不同的消费观念、价值观念、购买习惯等，具有不同的购买需要。而处于同一地理条件下的消费者，他们的需求有一定的相似性，对企业的产品、价格、分销、促销等营销措施也会产生类似的反应。

把地理因素作为标准细分市场是最简便的一种细分方法。对于分析不同地区消费者的需求特点、需求总量及其发展变化趋势具有重要的意义，有利于企业开拓区域市场。但地理因素是一种相对静态的因素，不一定能充分反映消费者的特征，处于同一地理位置的消费者对某一类产品的需求仍有较大的差异。因此，有效地市场细分化还必须考虑其他的一些动态因素，包括人口、心理、行为等。

2. 人口标准

人口标准指用人口统计方面的因素来细分消费者市场，即按照人口的一系列性质因素来辨别消费者需求上的差异。所谓人口的性质因素指年龄、性别、家庭人口数、收入、职业、教育程度、家庭生命周期、宗教、种族、民族、国籍、社会阶层等。

人口的性质因素是最常用的市场细分化标准。因为消费者的需求与这些因素有着密切的联系，而且这些因素一般比较容易衡量。如美国的服装、化妆品、理发等行业的企业一直按性别细分；汽车、旅游等企业则一直按收入水平来细分；玩具市场可以用年龄来划分；食物、房屋等则可以依据家庭规模和家庭结构来进行划分。

案　例

韩国SK电讯的市场细分

韩国SK电讯依据年龄、性别等对用户市场进行细分。

按照年龄细分市场精确到了每隔5岁左右就为一个年龄段。13~18岁的初级用户重在培养其对TTLting品牌的认知；为19~24岁大学在读期间或刚刚进入社会的年轻人设立了TTL时尚俱乐部；25~35岁的职业人士有UTO。

依据性别来细分，针对本国家庭女性多的特点，SK电讯专门设立了CARA品牌，这也是SK电讯针对本土文化设计的最有特色的品牌。

（资料来源：屈云波，张少辉．市场细分——市场取舍的方法与案例［M］．北京：企业管理出版社，2010．略有改动）

随着社会的发展，某些产品的消费者在性别或其他因素上的界限会越来越不明显，如现代女性越来越多地购买和使用以往只有男性才使用的产品。因此，有必要从更深层次上即消费者的心理和行为上来进行细分。

3. 心理标准

心理标准指根据消费者的心理特点来进行市场细分化。心理标准主要表现在生活方式、个性、价值观、格调、风险感知等方面。

（1）生活方式，指一个人或者一个群体对于生活消费、工作和娱乐的不同看法或态度，如追求时髦或顽固守旧、崇尚奢华与节俭朴素等。生活方式不同的消费者，他们的消费欲望和需求不一样，对企业市场营销策略的反应也各不相同。西方国家有许多企业针对不同生活方式的消费者群体，设计不同的产品和安排不同的市场营销组合；也有企业用AIO系数来划分消费者的不同生活方式。A指Activities（活动），包括消费者的工作、假期、娱乐、运动、购物、社区交往等活动；I指Interests（兴趣），指消费者对家庭、食物、服装款式、传播媒介、成就等的兴趣；O指Opinions（意见），指消费者对社会问题、政治、商业、经济、教育、产品、文化、价值等的意见。企业可以通过市场调查研究，了解消费者的活动、兴趣、意见，据此来划分不同生活方式的消费者群体。

（2）个性，是指消费者的个人性格。这也是消费者市场细分化的一个重要因素。很多企业给其产品赋予某些个性特征，以迎合消费者的个性并因此获得成功。如德国奔驰汽车被赋予"一只勇猛的雄狮、一座庄严质朴的宫殿、一位严谨的老板"的个性特征，而深受消费者的厚爱。

（3）价值观，是指一个人对周围事物的是非、善恶和重要性的评价，在消费需求方面反映了我们为现实生活而调整需求的观点。美国密西根大学调查研究中心的研究人员找出了九种和购买行为有关的基本价值观，即自尊心、生活享乐、归属感、安全感、追求温馨关系、成就感、兴奋、自我实现、被尊重。每个人都想把这九种基本价值观看作是自己理想的价值观，其相对重要性因人而异，而且影响到消费行为。企业可以将这些价值观的相对强度作为细分市场的标准。

（4）格调，是指人们对工作、消费、娱乐等特定的习惯和倾向性方式。一个人格调的高低与其富裕程度和所受教育的程度有密切关系。不同的格调产生不同的需求偏好。2009 年麦肯锡公司对我国富裕消费者进行了调查，将我国富裕消费者划分为七种类型：时尚奢华型、苛求完美型、浮华炫耀型、都市文雅型、力争上游型、脚踏实地型、热衷奢侈型，为企业有针对性地满足富裕消费者的需求提供了可靠依据。

（5）风险感知，消费者任何的购买行为，都可能无法确知其预期的结果是否正确，而某些结果可能令消费者不愉快，这种对结果的不确定性就是风险，包括财务风险、功能风险、社会风险、心理风险、身体风险、时间风险六种类型。财务风险是指消费者购买的产品是否值得他们所支付的金钱；功能风险是指所购买的产品是否能像期待的那样发挥作用；社会风险是指消费者购买的产品是否能够被别人认同；心理风险是指消费者担心所购买的产品可能对自身形象产生影响或者与自我概念不一致；身体风险是指所购买的产品可能对自己及他人的身体造成伤害；时间风险是指如果购买的产品不满意，需要花精力和时间去修理、退还或者再次选购。

风险感知就是指在产品购买过程中，顾客因无法预料其购买结果的优劣以及由此导致的后果而产生的一种不确定性感觉。一个人的风险感知能力对其购买行为有着极其重要的影响，尤其是针对一些投资产品。根据风险感知能力的高低可以将市场分为低风险感知者、中等风险感知者、高风险感知者。

4. 行为标准

行为标准指消费者的购买行为、购买习惯，包括产品购买与使用时机、产品利益、使用者、使用状况、品牌忠诚度、购买阶段、购买态度和消费时机等。产品购买与使用时机指有规则或无规则的购买、平常购买或节日购买；产品利益指消费者购买产品时所追求的好处，也就是产品带给消费者的利益，如高品质、优良服务、多功能、安全、经济实惠等；使用者包括从未使用者、潜在使用者、过去使用者、初次使用者、经常使用者等；使用状况包括使用量和使用频率等；品牌忠诚度指绝对忠诚、一般忠诚、不忠诚等；购买阶段一般包括尚未知道、知道、有购买意愿、已经购买、重复购买等阶段；购买态度包括喜爱、不感兴趣、讨厌等；消费时机指消费者产生需求、购买或使用产品的时机的差异性，如结婚、开学、节假日等与平时的消费行为有较大差异，这就要求企业进行相应的规划，设计出有针对性的营销方案。

（二）生产者市场细分的一般标准

生产者市场的购买者一般是集团组织，购买的目的主要是用于再生产。生产者市场的细分标准有的与消费者市场的细分标准相似，如地理环境、产品利益、使用率、品牌忠诚度、购买阶段、态度等。但是，生产者市场还有与消费者市场不同的特点，因此，生产者市场也有其不同的细分标准。

1. 最终用户

不同的最终用户对同一产品的市场营销组合往往有不同的要求。如同样是轮胎，不同的生产者的需求就不一样，飞机轮胎的质量要求高于拖拉机轮胎的质量要求，载重卡车与赛车的质量要求也不一样。高技术产品生产者更看重产品的质量、服务而不是价格。企业应通过最终用户的市场细分标准，不断寻找市场机会，对不同的最终用户采取不同的营销组合策略，满足不同最终用户的需求。

2. 用户规模

很多企业也根据用户规模的大小来细分市场。用户的购买能力、购买习惯等往往取决于用户的规模。在西方国家，很多企业把用户分成大用户和小用户，采取不同的对策与之打交道。大用户数目少，但购货量大，企业往往采用更加直接的方式与之进行业务往来，这样可以相对减少企业的推销成本；小用户则相反，数目众多，但单位购货量较少，企业可以更多地采用其他的方式，如中间商推销等，利用中间商的网络来进行产品的推销工作。

3. 用户的地理位置

用户的地理位置对于企业的营销工作，特别是对产品的上门推销、运输、仓储等活动有非常大的影响。地理位置相对集中，有利于企业营销工作的运筹、开展。很多国家和地区，由于自然资源和历史的原因，形成了若干的工业区，如美国的五大湖地区是钢铁工业区，就形成了对矿产品的集中需求；在我国，以及经济结构的调整，随着西部大开发战略的实施，西部地区将对纺织机械、矿山机械、大型运输工具、建筑材料有大量需求。

四、市场细分化的方法

按照选择市场细分标准的不同，市场细分化可以有三种方法。

（一）单项变量细分法

单项变量细分法是指只选择一个市场细分标准进行细分市场的方法，即根据影响消费者需求的某一重要因素进行市场细分。例如，玩具市场，影响需求量的主要因素是年龄。不同年龄的儿童对玩具的需求不同，可按年龄标准把市场细分为 1 ~3 岁玩具市场、4 ~5 岁玩具市场、6 ~7 岁玩具市场、8 ~12 岁玩具市场、12 岁以上玩具市场等几个细分市场。1 ~3 岁的玩具应该具有启蒙功能，而 12 岁以上的玩具应具有益智或科技功能。

单项变量细分法的优点是细分过程比较简单、易于操作。采用这种方法有两个适用条件：第一，市场竞争不太激烈，市场细分程度高，用单一变量能够细分出有效市场；第二，影响消费者购买的各个因素中有一项主导因素，其影响最为强烈。单项变量细分法的缺点：一是形成的细分市场描述不够明确，在激烈的市场竞争环境中针对性不强；二是影响消费者或用户需求的因素是多种多样的。各种因素相互交错在一起共同对某种需求产生影响，单项变量细分法可能会因为主观原因而忽略了其中的重要因素，出现细分市场不准确的情况。

（二）综合变量细分法

综合变量细分法又称为多变量法，它是指选择两个以上（少数几个）影响较大的因素为细分标准进行细分市场的方法。其中以两个或三个变量进行市场细分是最常用的综合变量细分方法。例如，对家具市场的细分采用三个细分标准，如表 6 – 1 所示。

表 6 – 1　家具市场的细分

细分标准	细分情况
户主年龄	18 ~ 34 岁，35 ~ 49 岁，50 ~ 64 岁，65 岁以上
家庭人口	1 ~ 2 人，3 ~ 4 人，5 人以上
月收入水平	1000 元以下，1000 ~ 3000 元，3000 元以上

（三）系列变量细分法

系列变量细分法又称为多层次变量法，它是指根据企业经营的需要选择多个细分标准，根据一定顺序由大到小、由粗到细进行系列市场细分的方法。

案　例

日本黄樱酒的市场细分

日本的黄樱酒酿造公司，依据以下思路进行市场细分，如表 6 – 2 所示。

表 6 – 2　黄樱酒的市场细分情况

地区	年龄	作用
关西	老年	嗜好
关东	中年	消除疲劳
其他	青年	娱乐

首先，根据地理标准对消费者分类，他们选中了日本关东地区。因为关西地区已有许多日本名酒，如“滩之名酒”“伏见名酒”等品牌已有较大影响；关东地区尚无名酒品牌，许多消费者在酒店要酒时，只有“一级酒”“二级酒”的称呼。关东地区属于日本首都圈，人口比较集中，约 3000 万人，同其他地方相比也占有较大优势。其次，依据消费者的年龄分类，“黄樱”选择了中年人士——他们通常是酒的

爱好者、消费的主力。虽然在日本市场威士忌酒、葡萄酒、白兰地酒等大量流入，但是日本烧酒也甚是流行。他们认为这个年龄层今后仍然是“黄樱”的支持者。最后，“黄樱”又用行为标准对中年人士喝酒追求的利益再次细分，最终确定了自己的目标市场。

（资料来源：屈云波，张少辉．市场细分——市场取舍的方法与案例［M］．北京：企业管理出版社，2010. 略有改动）

五、市场细分化的要求

从企业营销的角度而言，无论是消费者市场还是生产者市场，要使市场细分化具有实际的意义，必须具有以下几个条件：

（1）可衡量性，即根据某种特性因素划分出来的每个细分市场，其规模和购买力的大小能够进行数量化的、准确的评估和推算，各细分市场有明显的区别，有容易识别的顾客群。比如在电冰箱市场上，在重视产品质量的情况下，有多少人更注重价格，有多少人更注重省电，有多少人注重外观或兼顾几种特性。如果被划分出来的细分市场无法衡量，这样的细分是无效的。

（2）可进入性，是指企业根据目前的人、财、物和技术、信息等资源条件，通过确定适当的营销组合策略占领某一细分市场，使该细分市场的消费者得以购买本企业的产品。所选定的细分市场必须与企业自身状况相匹配，企业有优势占领这一市场。可进入性的分析重点是要考虑消费者的集中程度、竞争对手的数量、政府政策以及交通条件等因素。

（3）可营利性，是指企业细分出来的市场应该有一定的规模和市场潜力，使企业能够在一定的时期获取足够的利润且有相当的发展潜力，值得企业为该市场制订专门的战略、策略和为此投入资源。如果企业为某个细分市场确定的营销组合并不能使企业获利，也不能在多个细分市场经营中获得联合优势，这样的市场细分也就没有了实际意义。

案　例

福特汽车公司的侏儒特制汽车构想

福特汽车公司为了更好地满足特殊消费者的需求，在20世纪50年代曾经打算专门为1.2米以下的侏儒生产特制汽车，这需要特殊的产品设计、不同的生产线及组装设备，造成成本剧增。通过市场调研和细分后，发现这一汽车细分市场的需求极其有限，人数较少，盈利前景暗淡，最终放弃了这一构想。

（资料来源：张洪培等．市场营销［M］．天津：南开大学出版社，2014.）

（4）相对稳定性，指细分市场的标准要稳定，市场的需求具有一定的稳定性，便于企业能够制订出系统有效的市场营销组合计划以进入细分市场。由于企业营销的内外部环境在不断变化，所以企业也要随时矫正营销行为，在保持经营理念相对稳定的同时，还应有阶段性的目标市场调整，对于不适应企业发展的细分市场应果断作出调整。

第二节　目标市场选择

目标市场是指企业为满足现实的或潜在的需求而开拓的特定市场。没有一个企业能够满足所有消费者的所有需求，市场细分化的目的就在于从一系列的细分市场中选择出对企业最有利的市场组成部分，即目标市场。

案　例

索瓦蕾服装公司的目标市场选择

日本索瓦蕾服装公司在1954年成立时，就下决心要在妇女流行服装市场上占据一席之地。从那时开始，公司始终围绕着公司的长期发展目标选择具体的目标市场。公司建立初期，只是几个人组成的缝纫组，他们根据日本女装仿欧美式样的特点裁剪、缝制出法式流行女装。20世纪60年代初，在日本妇女中掀起西服热，公司便上门承包、定做女式西服，由缝纫组发展成为小型服装厂，在社会上开始站住了脚。从此，公司不再局限于跟在其他企业后面赶“潮流”，而开始了解妇女时装需求心理和女装市场行情，在目标市场系列中选择出最佳目标市场——礼服市场。因为公司了解到，随着人们生活水平的提高，妇女们希望有一身参加红白喜事时穿的黑色礼服代替日本传统和服。于是索瓦蕾服装公司在大企业尚未经营的领域里开始了黑色礼服的制作。当黑色礼服在大城市市场趋于饱和时，公司从20世纪80年代以来，开始制作花色女式服装和装饰品，并逐年扩大生产比例。公司一步一个脚印，围绕着企业长期的发展目标，不断地调整目标市场，保证了公司稳定持续的发展。

（资料来源：屈云波，张少辉．市场细分——市场取舍的方法与案例［M］．北京：企业管理出版社，2010．略有改动）

一、目标市场应具备的条件

企业要选择目标市场，首先应确定哪些细分市场是可供选择的，因为并不是所有的细分市场都适合企业。因此，在确定目标市场之前，要对细分出来的市场进行分析评估，所选择的目标市场应具备以下几个条件：

（1）企业在所选定的目标市场上有足够的销售量。只有足够的销售量，才能保证企业有足够的盈利。因此，作为目标市场，首先应具有一定的规模和需求。如果市场规模过小，企业进入后得不偿失、无利可图，这样的子市场没有开发的价值。同样，市场上要有现实和潜在的需求，企业才可能向其提供适销对路、物美价廉的产品，以满足消费需求而获得盈利；同时，还要对子市场进行购买力分析，不具备一定购买力的市场，尽管有潜在的需求，也不能作为目标市场。

（2）企业必须有能力满足目标市场的需求。市场无限，企业能力有限，企业只能将有限的能力服务于有限的市场。因此，作为目标市场，不仅要考虑市场规模、需求状况和购买力，更要考虑企业的营销能力。只有当企业的人力、物力、财力以及经营管理水平等主观条件具备时，才能将子市场作为企业的目标市场。否则，所开发的市场只能为其他企业带来益处。

（3）企业有较强的市场控制力。企业确定的目标市场，除了应具备上述条件外，还要研究分析掌握竞争对手在该市场上的经营状况。企业对目标市场具有较强的控制力，主要有以下几种情况：①市场上没有竞争对手；②市场上只有少数竞争对手，且势力不算太大；③即使有竞争，企业也有足够的实力和充分的把握击败竞争对手，取得竞争优势。

（4）有利于企业总体经营目标的实现。企业的任何行动，都是紧紧围绕其自身的总体经营目标的实现来展开的，目标市场的选择同样如此。如果不符合企业总体经营目标的实现，再好的子市场都应放弃。

符合上述条件的细分市场，企业可以作为目标市场，并根据市场分析状况，制订出正确的目标市场营销策略，进入并占领这一目标市场，实现预期目标。

二、目标市场策略

（一）范围策略（市场覆盖模式）

范围策略如图 6－1 所示，分别如下：

（1）产品与市场集中策略如图 6－1（a）所示。产品与市场集中策略是指企业集中全力只生产某一种产品，供应某一顾客群，进行集中营销。采用这种策略一般基于以下考虑：企业具备在该市场从事专业化经营或取胜的优势条件；限于资金能力，只能经营一个细分市场；该细分市场中没有竞争对手；在经营取得成功后向更大的市场范围扩展。

（2）产品专业化策略，如图 6－1（b）所示。产品专业化策略是指企业集中生产一种产品，并向各类顾客销售这种产品。如企业生产适合各类用户需要的各种载重 8 吨的运货卡车。产品专业化可以使企业专注于某种或某类产品的生产，有利于形成和发展生产和技术上的优势，在该领域确立市场领导者地位。

(3) 市场专业化策略，如图 6－1（c）所示。市场专业化策略是指企业专门经营满足某一顾客群体需要的各种产品。如某企业生产能满足矿山开发所需各种不同类型的车辆、机械设备。

(4) 选择性专业化策略，如图 6－1（d）所示。选择性专业化策略是指企业选取若干个具有良好的盈利潜力和发展潜力且符合企业的目标和资源的细分市场作为目标市场，这些细分市场之间没有明显的联系，但是每一个都存在良好的经营机会。选择性专业化策略的优点是可以有效地分散经营风险，即使某个细分市场盈利不太好，仍可在其他细分市场取得较好盈利。采用这种策略的企业应具有较强的资源和营销实力。

(5) 全面覆盖策略，如图 6－1（e）所示。这是指企业生产多种产品去满足各种顾客群（各细分市场）的需要。实力雄厚的企业为取得市场领导地位常采用这种策略。

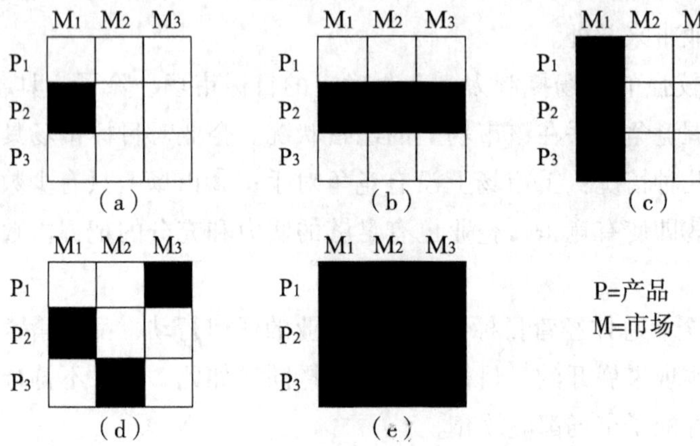

图 6－1 市场覆盖模式

（二）营销策略

市场细分化的结果，使企业面临许多不同细分市场上的经营机会。确定了目标市场的范围以后，在这些目标市场的营销策略有三种类型：

(1) 无差异性营销策略。指企业以整个市场作为目标市场，不区分各细分市场上需求的差异性，而是寻求各类购买者需求中相同的部分。向其提供单一的产品，采用单一的营销组合策略。这种策略要求企业向市场推出一种型号的产品、统一的包装、固定的价格，采取广泛的分销渠道，进行同一内容的广告宣传。

无差异性营销策略如图 6－2 所示。

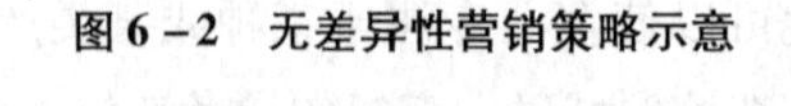

图 6－2 无差异性营销策略示意

（2）差异性营销策略。差异性市场营销策略是指企业把整体市场划分为若干需求与愿望大致相同的细分市场，然后根据企业的资源及营销实力选择部分细分市场作为目标市场，并为各目标市场制订不同的市场营销组合策略。

差异性营销策略如图6－3所示。

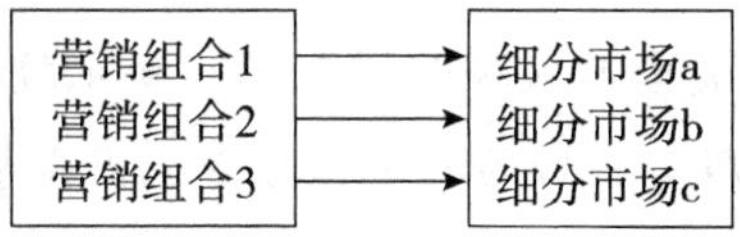

图6－3 差异性营销策略示意

（3）密集性营销策略。密集性营销策略是指将市场分割为若干细分市场后，只选择其中某一细分市场作为目标市场。其指导思想是把企业的人、财、物集中用于某一个或少数几个小型市场，以求在这些市场上得到较大的市场份额。

密集性营销策略的优点是针对性较强，一方面能够深入了解市场，以更好地满足需求；另一方面集中精力服务于消费者，同时节省营销费用，提高投资收益率，增加盈利。这种策略的缺点是由于选定的市场范围太小，企业集中经营一个狭小的细分市场，缺乏回旋的余地，经营风险较大。

密集性营销策略如图6－4所示。

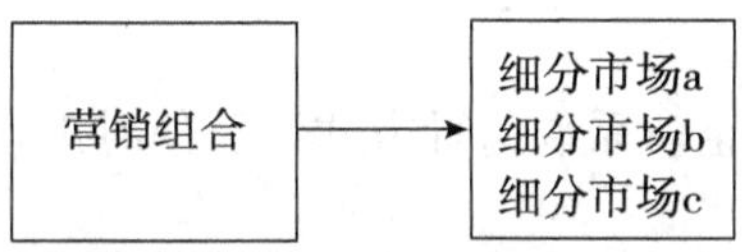

图6－4 密集性营销策略示意

案 例

绅宝的密集性市场选择策略

绅宝公司在“二战”中以制造战斗机而闻名。战后，绅宝利用自己的技术力量，生产了一种小型、廉价、注重驾驶乐趣的汽车。这种汽车由于是按照飞机驾驶的高要求设计的，因此座位舒适、控制系统比较准确、安装装置十分完备。直至20世纪70年代，人们一直把绅宝汽车视作“瑞典人的手工艺品”。每年在美国卖出1万辆左右，其顾客多半是工程师、大学教授和喜爱长途旅行的人。

20世纪70年代末期，汽车市场竞争加剧，美国的通用和日本的丰田在生产经济性汽车方面竞争十分激烈。绅宝公司也面临着两种选择：要么生产经济车；要么生产昂贵车。绅宝汽车公司选择了后者，因为按照它的经济实力及设备能力，很难与通用、丰田等大公司竞争，如果也生产经济车，必须年产25万辆才能有利可图。显然这在竞争中处于不利地位，而昂贵车市场虽然很小，但由于每部车的利润高，又能发挥绅宝的技术优势，因此，进军昂贵车市场才是出路。它估计到20世纪80年代末，跑车市场将急剧扩大，购买这类跑车的顾客其年龄都在25～44岁，这一年龄阶段的顾客群增长较快，而且大都是双职工，夫妻都有较好的工作，薪水较高，比较富有，他们需要质量高、性能好、驾驶舒适、服务良好的汽车，再贵也买得起。从1979年开始，绅宝公司为这个市场推出了新的SAAB9000涡轮增压汽车，每辆汽车的售价2万美元。事实证明这种市场细分策略取得了很大成功，绅宝车1983年在美国的销量超过25万辆，市场供不应求，有些经销商甚至以拍卖的方式，将车卖给出价最高的人。这一年，绅宝车销售额年增长率为42%，成为汽车行业中销售增长率最高的一家。

小公司以少量的财力、较弱的生产能力，针对规模小但对品质要求高的某一细分市场集中营销，其利润反而超过了大公司，正如该公司的高级管理人员所说："通用汽车公司要卖出几百万个汉堡包，而我们只要卖出极少的牛排便可与它竞争。"

（资料来源：宋海峰．哈佛市场营销策略［M］．呼和浩特：内蒙古人民出版社，2010.）

（三）市场进入策略

所谓市场进入策略是指企业采取何种方式以及何时进入选定的目标市场。

1. 进入方式

（1）国内市场进入方式。通常可能的进入方式有如下三种：

①收购现成的产品或企业。这是进入目标市场最快捷的方式。在下列条件下收购现成产品或企业是最有利的：

企图进入该市场的企业对于这一行业的知识储备还很不足；

尽快进入新市场对企业有较大的利益；

企业如依靠内部发展的方式进入新市场，将遇到种种阻碍，如专利权、经济规模、原料及其他所需物资供应的限制等。

②以内部发展的方式进入市场。所谓内部发展是指企业依靠自己对目标市场的调查研究，设计、制造并推销符合目标市场需要的产品。采取这种进入市场的方式，往往要考虑下列情况：

· 内部发展的方式有利于巩固该企业的市场地位；

· 没有适当的企业可供收购；

· 收购的对象要价过高；

· 存在其他各种收购现成企业和产品的障碍。

③以与其他企业合作的方式进入市场。这种进入方式有它的明显优点。首先，采用合作的方式，将使风险因合作分担而降低；其次，合作的企业将在技术上、资源上相互支持，从而使单个企业无力开拓的市场，成为可以利用的机会；最后，合作企业可以互补长短，并能发挥协作的作用，形成大于单个企业经营能力总和的新能力。

企业间的合作可以是生产企业与生产企业合作，也可以是生产企业与销售企业合作。合作方式的选择要根据销售量、成本、利润的分析，选用对企业最有利的合作方式。

（2）国际市场进入方式。企业确定国际化经营的战略，就意味着国际市场进入方式的选择问题。国际市场进入方式多种多样，要从企业实际出发，选择更适合企业的进入方式。

①出口。即产品在国内市场完成其开发设计和生产制造的全部或大部分过程，然后出口国外。大多数企业开始都是以出口作为进入国际市场的重要方式。

②交钥匙工程。在交钥匙工程中，承包人承揽外国客户的工程项目并负责项目的一切细节，包括操作人员的培训。当合同完成的时候，外国客户将获得一个可以随时完全运作的整个设施的“钥匙”——“交钥匙”的名字由此得来。交钥匙工程实际上是承包人向其他国家出口工艺技术的一种方法。从某种意义上来说，这是一种高度专业化的出口。化学工业、制药工业、炼油工业和冶金工业中交钥匙工程非常普遍，这是因为这些行业都使用复杂和昂贵的工艺技术。

③许可证贸易。根据许可协议，许可人把“无形财产的权利”授予被许可人，供后者使用特定的一段时间。作为回报，许可人将从被许可人那里获得特许权使用费。无形资产包括专利权、发明、配方、工艺、设计、版权以及商标等。

④特许专营。特许专营可以说是一种专业化的许可协议。在该协议下，许可人不仅把自己的无形资产销售给被许可人，而且还要求被许可人遵守严格的经营规则。许可人经常为被许可人的连续经营提供帮助。特许专营主要为服务型企业所采用。例如：麦当劳就是通过特许专营战略发展起来的。对于被许可人应该如何经营餐馆，麦当劳都定有严格的规则。这些规则涉及对菜单、烹制方法、员工政策以及餐馆的设计和选址等方面的控制。麦当劳还为它的被许可人组织供应商链条，并且为它们提供管理培训和财务支持。

⑤合资企业。合资企业是由两个或两个以上的本来相互独立的企业共同投资创建、共同拥有、共同经营管理的跨国企业。在合资企业中，有些合资方在合资企业中取得了多数股份，从而取得了对企业较强的控制权。

⑥独资子公司。在独资子公司中，企业拥有100%的股权。在国际市场上建立独资子公司的方法有两种，即企业可以在当地建立新的公司，也可以通过兼并现有公司，并利用兼并的企业来促进在该国市场上的产品销售。

2. 进入时机

企业经过市场细分、机会分析，发掘出良好的经营机会并选定目标市场后，并不意味着企业可以立刻向目标市场全面推进，还必须分析和把握进入市场的时机，因为过早或过迟进入市场都将导致经营受阻。

确定适当的进入市场的时间，主要取决于两个方面：

（1）企业向选定的目标市场全面推进之前，先要计算在正常情况下，做好一切准备工作需要多长时间。准备工作包括：向目标市场提供的产品，必须进行精心设计，并在可能的条件下在用户或顾客中加以试用，以发现和扩展产品的优点，提高产品的适用性；形成预期的生产能力所需要的时间；如有必要，产品需进行试销，以调整营销策略；推销人员需进行必要的培训等。

（2）调查和预测按正常时间进入目标市场时，市场形势将会出现哪些变化。例如：目标市场的购买力的变化，竞争者准备抢先进入市场的时间，新出现的竞争者进入市场的可能时间，目标市场需求是否有可能发生变化等，以便对进入市场的时间作出调整，即比正常的进入时间提前或推后。

三、目标市场营销策略选择的条件

目标市场策略的选择，必须从企业的实际出发，综合考虑以下几个方面的因素：

（一）企业的实力

所谓企业实力是指企业所拥有的生产能力、技术能力、资金能力、销售能力、管理能力等的总和。如果企业实力雄厚，可以采取差异营销策略或无差异营销策略，服务于整个市场；但若企业资源有限、实力较弱，其能力不足以覆盖所有的细分市场，无力顾及该行业的整体市场，那么唯一合乎实际的选择就是采用集中市场营销策略，以更好地服务于目标市场，提高市场占有率。

（二）产品的特点

它包括产品的品质、性能、使用寿命、规格、式样等。根据产品的不同特点，可以采用不同的市场策略。如果企业的产品性质相似，像汽油、大米、钢铁等，产品的特性长期以来变化不大，可以采用无差异营销策略；而像服装、照相机、家用电器等产品，其特性经常随消费者需求的改变而发生变化，宜采用差异营销策略或集中营销策略。

（三）市场的特点

它包括市场规模、市场需求、市场位置等。如果市场上消费者的需求与偏好相似，消费者的特性差异不大，则企业可以采用无差异营销策略，为所有的消费者提供同样的产品；反之，若消费者之间的特性相差很大，则企业应在细分市场后，采用差异营销策略或集中营销策略。

（四）产品寿命周期

它指产品的市场寿命周期，包括投入期、成长期、成熟期、衰退期等阶段。企业应根据产品在寿命周期中的不同阶段，采用不同的市场营销策略。在投入期，新产品刚投入市场，品种不多，竞争也不激烈，可采用无差异营销策略，也可以采用集中营销策略，先占领一个市场，再伺机扩展；在成长期和成熟期，竞争者纷纷加入，消费者的需求向深层次发展，企业应采用差异营销策略，以满足不同消费者的需求；而在衰退期，企业要收缩市场，往往可以采用集中营销策略。

（五）竞争者的市场策略

它包括同一行业内的竞争者、不同行业的竞争者。当今社会，企业普遍处于竞争激烈的市场环境中。进行营销策略的选择，如果不考虑竞争者的状况及采取的策略，就难以生存和发展。如果竞争者采用了无差异市场营销策略，企业可以同样使用无差异市场营销策略与对手展开竞争，也可以避其锋芒实行差异市场营销策略或集中营销策略，抢先向市场深度进军，占领更深层次的细分市场；如果竞争对手十分强大而且已采用了差异营销策略或集中营销策略，企业则应进行更有效的市场细分，实行差异营销策略或集中营销策略。

第三节　市场定位

根据哈佛大学心理学博士米勒的研究，随着知识社会带来的信息爆炸，顾客心智中最多也只能为每个品类留下七个品牌空间。而杰克·特劳特进一步研究发现，随着竞争的加剧，顾客心智中连七个品牌也容纳不下，只能给两个品牌留下心智空间。1969 年，杰克·特劳特提出了“定位”的概念。自 1972 年，美国最具影响力的营销杂志《广告时代》（*Advertising Age*）刊登名为“定位时代的到来”系列文章，使定位理论正式进入世界营销舞台的中央，距今已 40 余年。2001 年，美国营销学会评选“定位”为“有史以来对美国营销影响最大的观念”。2009 年，美国《广告时代》杂志评选“定位”为“史上最佳营销经典”第一名。

一、市场定位的概念

目标市场选定以后，企业为开拓和进入目标市场，取得产品在目标市场上的竞争优势，更好地为目标市场服务，还要在目标市场上给本企业产品作出具体的市场定位决策，即勾划企业产品在目标市场即目标顾客心目中的形象，使企业提供的产品有一定特色，适应一定顾客的需要和偏好，并与竞争者的产品有所区别。

市场定位即企业产品具有一定的特色，适应目标市场一定的需求和爱好，塑造产品在目标顾客心目中的良好形象，以求在顾客心目中形成一种特殊的偏爱。

案　例

“娃哈哈”的市场定位

第一，寻求和评价市场机会。“娃哈哈”的创始人宗庆后认为，在中国计划生育政策下，独生子女无疑是家长的掌上明珠，孩子的健康和饮食结构也是父母最关心的问题。同时，中国有约3亿名儿童，这是个有巨大潜力的市场。第二，以儿童市场为目标。“娃哈哈”集团与浙江医科大学的专家学者一起，运用中国传统的食疗理论，结合现代营养学合理营养的原则，共同研制开发了一种不含激素、营养成分齐全、味道可口的儿童营养液，并为它取了一个后来广为孩子们熟悉的名字“娃哈哈”。第三，市场定位——“特别的爱给特别的你”。“娃哈哈”一上市即受到孩子和家长们的热烈欢迎，投产当年就获利183万元。“娃哈哈”在激烈的市场竞争中独辟蹊径，以儿童市场为突破口，以“特别的爱”奉献给特别的孩子们，取得了巨大的成功，为日后进一步发展奠定了坚实的基础。

从“娃哈哈”集团的成功可以看到，市场定位策划始于市场机会研究。所谓市场机会，一般是指给企业及其市场营销带来赢利的可能性的市场条件。现代市场营销观念要求，企业的一切活动应以满足顾客需求为中心。这也道出了市场机会的实质——市场上存在着尚待满足或没有完全满足的需要和欲望。了解它们、发现它们、评价它们，是市场机会研究策划的中心任务。

企业根据消费者对产品的不同需求、不同的购买习惯与购买行为，将整体市场划分为若干个消费者群体，即细分市场。之后，应将各个细分市场的发展潜力、吸引力、风险度，结合自己的资源、目标进行评估分析，找出理想的细分市场作为自己企业的目标市场。例如，“娃哈哈”集团的目标市场就是儿童市场。

（资料来源：根据娃哈哈集团公司网站资料整理）

二、市场定位的依据

从根本上说，定位就是要寻找差别。寻找顾客对市场上现有产品、品牌和企业形象的差别，包括实际的差别、感觉的差别和态度的差别等。由于不同企业经营的产品不同，面对不同消费者，所处的竞争环境也不同，因而市场定位所采用的依据也不同。总的来说，市场定位的依据有以下五种：

（一）依据具体的产品特性定位

产品特性包括生产制造该产品的技术、设备、生产过程以及产品的功能等，也包括与该产品有关的原料、产地、历史等因素。这些特性都可以作为定位要素。例如，“海尔，中国造”、日本电器、瑞士手表等强调的是产地及其相关因素，“杜康酒”是以历史定位，貂皮大衣是以原料定位等。

（二）依据特定的使用场合及用途定位

为老产品找到一种新用途，是为该产品创造新的市场定位的又一个依据。

（三）依据顾客得到的利益定位

产品提供给顾客的利益是顾客最能切实体验到的可以用作定位的依据。如“海飞丝”去头屑效果显著；“飘柔”洗发护发二合一，使头发柔顺飘洒；“潘婷”营养健康，护养头发效果佳；“沙宣”使头发黑亮光泽锁住水分。

（四）依据使用者的类型定位

企业常常试图将其产品指向某一类特定的使用者，以便根据这些顾客的看法塑造恰当的形象。

（五）依据企业的竞争地位定位

这种定位已超出了产品定位的范畴，是一种更为广泛意义上的定位。根据企业在市场上的竞争地位，可以将企业分为市场领导者、市场挑战者、市场追随者和拾遗补缺者四个类型。（详细内容见第七章“市场竞争战略”）

其实，企业进行市场定位所依据的方法往往不止一种，而是多种方法同时使用。因为市场定位是多维度、多侧面的。

案　例

他们如何定位

白加黑

感冒药市场同类产品甚多，市场高度同质化，无论中、西成药都难以有实质性突破。“白加黑”看似简单，只是把感冒药分成白片和黑片，并把感冒药中的镇静剂“扑尔敏”放在黑片中。实则不简单，不仅在外观上与竞争品牌形成很大差别，“治疗感冒，黑白分明”；

更重要的是与消费者生活习惯匹配，“白天服白片，不瞌睡；晚上服黑片，睡得香”。

乐百氏

纯净水开始盛行时，所有品牌都宣称自己的纯净水纯净。消费者不知道哪个品牌真的纯净或更纯净的时候，“乐百氏纯净水经过27层净化”，对其品牌的“纯净”提出了一个有力的支持点。“27层净化”给人“很纯净，可以信赖”的印象，很快家喻户晓。

舒肤佳

后来居上的“舒肤佳”之所以成功，关键一点在于它找到了新颖而准确的概念——“除菌”。它以“除菌”为轴心，诉求“有效除菌护全家”，广告中通过踢球、挤车、扛煤气罐等场景告诉大家，生活中会感染很多细菌，放大镜下的细菌“吓你一跳”。“看得见的污渍洗掉了，看不见的细菌你洗掉了吗?”然后通过“内含抗菌成分‘迪保肤’”的理性诉求和实验，证明“舒肤佳”可以让你把手洗“干净”，还通过“中华医学会验证”增强品牌信任度。

采乐

西安杨森的“采乐”去头屑特效药把洗发水当药卖，“头屑是由头皮上的真菌过度繁殖引起的，清除头屑应杀灭真菌；普通洗发水只能洗掉头发上的头屑，我们的方法，杀灭头发上的真菌，使用8次，针对根本”；“各大药店有售”。在药品行业找不到强大对手，在洗发水领域里更是如入无人之境，使消费者要解决“头屑根本”时忘记去屑洗发水，直接想起“采乐”。

（资料来源：吴健安、钟育赣．市场营销学［M］．北京：清华大学出版社，2015.）

三、市场定位的步骤

市场定位的主要任务，就是通过集中企业的若干竞争优势，将自己与其他竞争者区别开来，其关键就是企业要设法在自己的产品上寻求出比竞争者更具有竞争优势的特性。竞争优势一般有两种基本类型：一是价格优势（又称成本优势），即在同样的条件下比竞争者定出更低的价格，这就要求企业最大限度上降低单位成本；二是偏好竞争优势（又称产品差别化优势），即能提供确定的特色来满足顾客的特定偏好，这就要求企业在产品特色上下功夫。因此，企业的市场定位过程可以通过以下三大步骤来完成，即企业确认该企业的竞争优势、准确选择相对竞争优势以及显示独特竞争优势。

（一）确认该企业的竞争优势

这一步骤的中心任务是要明确以下三大问题：一是确定我们的竞争对手是谁？竞

争对手的产品定位如何？二是目标市场上足够数量的顾客欲望满足程度如何，以及还需要什么？三是针对竞争者的市场定位和潜在顾客的真正的利益要求，企业应该和能够做什么？通过明确上述三个问题，企业就可从中把握和确定自己的潜在竞争优势。

（二）准确选择相对竞争优势

相对竞争优势表明企业能够胜过竞争者的能力。这种能力既可以是现有的，也可以是潜在的。准确地选择相对竞争优势就是一个企业各方面实力与竞争者的实力相比较的过程。比较的指标应是一个完整的体系，通常的方法是分析、比较企业与竞争者在经营管理、技术开发、采购、生产、市场营销、财务、产品等方面究竟哪些是强项，哪些是弱项。

（三）显示独特竞争优势

这一步骤的主要任务是企业要通过一系列的宣传促销活动，使其独特的竞争优势准确地传播给潜在顾客，并在顾客心目中留下深刻印象。首先，企业应使目标顾客了解、熟悉、认同、喜欢和偏爱本企业的市场定位，在顾客心目中建立与该定位相一致的形象。其次，企业通过一切努力强化目标顾客的形象认知，保持目标顾客对自身的了解，稳定目标顾客的态度和加深与目标顾客的感情，来巩固自身与市场相一致的形象。最后，企业应注意目标顾客对其市场定位理解出现的偏差或由于企业市场定位宣传上的失误而造成目标顾客认知上的模糊、混乱和误会，并及时纠正与市场定位不一致的形象。

四、市场定位的策略

企业及产品的市场定位是通过为企业或产品创立鲜明的特色与个性，塑造独特的市场形象来实现的。企业在进行市场定位时，要了解竞争对手的产品特色，要调查了解消费者对该类产品各种属性的重视程度，以确定自己的产品位置。一定要制订正确的市场定位策略，避免出现错误的市场定位策略。

（一）正确的市场定位策略

1. 填补市场空位（又称回避定位）

它是指企业回避与目标市场上的竞争者直接对抗，把产品定位于目标市场上的空白处，开发并销售目前市场上还没有的某种有特色的产品。这样可以避开激烈的市场竞争，使企业有一个从容发展的机会。

采取这种策略的企业必须明确三点：①市场空白处的潜在顾客数量；②技术上的可行性；③经济上的合理性。

2. 与现有竞争者共存（又称并列定位）

它指企业把自己的产品定位在与某一个竞争者的同一位置上，与现有竞争者争夺同样的顾客，彼此在产品、价格、分销及促销等各个方面差别不大。对于竞争者来说，如果有足够的市场份额，而且其既得利益没有受到多大损害，它们一般是不在乎多出一个竞争对手的。因为激烈的对抗常常会两败俱伤，很多实力不太雄厚的企业经常采用这种定位策略。

3. 逐步取代现有竞争者（又称对抗定位）

如果企业实力十分雄厚，有比竞争者更多的资源，能生产出比竞争者更好的产品，不甘于与竞争者共享市场，则可以发动一场攻坚战，把现有竞争者挤出市场，自己取而代之。采用这种策略的原因，一是与企业条件相符合的市场已被竞争者占领，而且这个市场的需求不够大，不足以让两个企业共同分享；二是企业有足够的实力，想成为行业领先者。当然，采用这种策略的风险是相当大的，企业应做好充分的准备。

4. 产品的重新定位

它是指企业变动产品特色，改变目标顾客对其原有的印象，使目标顾客对其产品新形象有一个重新的认识过程。产品的重新定位对于企业适应市场环境，调整市场营销战略是必不可少的。企业产品在市场上的定位即使很恰当，但在出现下列情况时，也需要考虑重新定位：一是竞争者推出的市场定位于该企业产品的附近，侵占了本企业品牌的部分市场，使该企业品牌的市场占有率有所下降；二是消费者偏好发生变化，从喜爱本企业某品牌转移到喜爱竞争对手的某品牌。

案　例

美国米勒啤酒的重新定位

在20世纪60年代末，美国米勒啤酒公司在美国啤酒市场排名第八，市场份额仅为8%，与百威、蓝带等知名品牌相去甚远。为了改变这种现状，米勒公司决定采取积极进攻的市场战略。

他们首先进行了市场调查。通过调查发现，若按使用率对啤酒市场进行细分，啤酒饮用者可细分为轻度饮用者和重度饮用者，而前者人数虽多，但饮用量却只有后者的1/8。美国啤酒的80%是被50%的顾客消费掉的，另一半顾客的消耗量只占消耗总量的12%。

他们还发现，重度饮用者有以下特征：多是蓝领阶层；年龄在25～50岁；爱好体育运动；喜欢观看体育节目；每天看电视的时间不少于3～5小时。米勒公司决定把目标市场定位在重度使用者身上，并果断决定对米勒的“海雷夫”牌啤酒进行重新定位。

重新定位从广告开始。他们首先在电视台特约了一个《米勒天地》栏目，广告主题变成了“你有多少时间，我们就有多少啤酒”，以吸引那些“啤酒坛子”。广告画面中出现的尽是些激动人心的场面：船员们神情专注地在迷雾中驾驶轮船，年轻人骑着摩托车冲下陡坡，钻井工人奋力止住井喷等。

结果，“海雷夫”的重新定位战略取得了很大的成功。到了1978年，这个牌子的啤酒年销量达2000万箱，仅次于AB公司百威啤酒，在美国名列第二。

（资料来源：屈云波，张少辉．市场细分——市场取舍的方法与案例［M］．北京：企业管理出版社，2010. 略有改动）

（二）错误的市场定位策略

在市场定位时，企业容易出现错误的定位策略。企业必须对此足够重视，予以避免。

1. 定位不足

定位不足是指企业的广告宣传推广等模糊不清，不能够体现出自身优势，不能够突出产品的差异性，没有引起消费者的共鸣，没有在顾客心目中树立明确的形象。

2. 定位混乱

定位混乱是指企业的品牌特征太多，或者品牌的定位改变过频，无法在消费者心目中把自身和竞争对手区别开来，难以在消费者心目中形成稳定的产品特质，导致消费者产生模糊的印象。

3. 定位狭窄

定位狭窄是指企业没有认清消费者的心理偏好，使产品本来可以适应更多的消费者，而由于宣传产品特征仅适用于一小部分消费者，使大多数消费者的需求没有得到真正的满足，也就是说，由于定位狭窄，失去了一些本可以成为该产品的顾客群。

4. 定位过度

定位过度是指企业为了使消费者通过对自己的产品产生偏好，使用过分的宣传以及为消费者提供过度的许诺，反而难以取信于消费者而使产品难以推广。

总之，市场定位是一门科学，需要企业进行很好的市场调查，确定竞争对手，了解消费者对定位的认识，结合自身实际，确定自身优势，体现出与竞争对手的差异性，避免出现错误的定位策略，从而完成市场定位工作。

本章小结

市场细分化是指企业通过市场调研，根据消费者对产品的不同欲望和需求、不同的购买行为与购买习惯，把整个市场划分为若干个由相似需求的消费者组成的消费群的过程。市场细分的基础和依据是消费需求的异质性，即消费者需求、动机和购买行为的多元性。市场细分化有利于企业深刻认识市场，发现市场机会；市场细分化有利于企业充分、合理利用现有资源，制订或调整企业的营销策略；市场细分化有利于企业提高市场竞争力。

消费者市场细分的标准大体可以分为四类，即地理标准、人口标准、心理标准和行为标准。生产者市场细分的标准大体可以分为：最终用户、用户规模、用户的地理位置。

市场细分化有三种方法：单项变量细分法、综合变量细分法、系列变量细分法。市场细分化的要求有四点：可衡量性、可进入性、可营利性、相对稳定性。

目标市场是指企业为满足现实的或潜在的需求而开拓的特定市场。目标市场应具备的条件：企业在所选定的目标市场上有足够的销售量；企业必须有能力满足目标市场的需求；企业有较强的市场控制力；有利于企业总体经营目标的实现。目标市场策略包括：范围策略（产品与市场集中策略、产品专业化策略、市场专业化策略、选择性专业化策略、全面覆盖策略）、营销策略（无差异性营销策略、差异性营销策略、密集性营销策略）、进入策略（进入方式、进入时机）。目标市场营销策略选择的条件包括：企业的实力、产品的特点、市场的特点、产品寿命周期、竞争者的市场策略。

市场定位即企业产品具有一定的特色，适应目标市场一定的需求和爱好，塑造产品在目标顾客心目中的良好形象，以求在顾客心目中形成一种特殊的偏爱。市场定位依据下列因素：具体的产品特点、特定的使用场合及用途、顾客得到的利益、使用者的类型、企业的竞争地位。市场定位的步骤分三步：确认该企业的竞争优势、准确选择相对竞争优势、显示独特竞争优势。正确的市场定位策略有填补市场空位、与现有竞争者共存、逐步取代现有竞争者、产品的重新定位。应注意避免定位不足、定位混乱、定位狭窄、定位过度等错误策略。

关键术语

市场细分化　目标市场　无差异性营销策略　差异性营销策略　密集性营销策略　市场定位　重新定位

思考与练习

1. 企业为什么要进行市场细分？如何进行市场细分？
2. 目标市场策略的类型各有哪些？
3. 选择目标市场要考虑哪些因素？
4. 如何进行目标市场定位？

技能训练

你是否被定位打动了?

一、训练目标

1. 熟悉市场定位的方法和步骤;
2. 掌握如何根据消费者及竞争对手进行定位;
3. 培养学生创新思维能力。

二、训练准备

· 学生:

熟悉市场定位的相关理论。

· 教师:

1. 白色卡片和蓝色卡片若干;
2. 较粗的水性笔若干;
3. 笑脸和哭脸的牌子若干;
4. 事先从全班同学中抽取20名作为大众评审。

三、训练要求

1. 游戏分组进行,每组6~8人;
2. 每组在15分钟的时间内完成产品定位设计。

四、训练流程

1. 将白色卡片和蓝色卡片发给20名大众评审;

2. 请20位同学在白色卡片上写上一件产品名称,在蓝色卡片上写上任一消费群体;

3. 收回全部卡片,按颜色分开;

4. 将其余同学分组,每组6~8人;

5. 每组派代表从老师手中抽取两种颜色卡片任意一张;

6. 给定15分钟的时间,各组同学假想将白色卡片上的产品卖给蓝色卡片上的消费者,给产品设计一个合理的定位;

7. 15分钟后,各小组派一个代表到讲台上陈述,由大众评审举笑脸或哭脸牌表决;

8. 进行分数的核算,选出得分最高的三个组。

五、训练评价

1. 学生点评;
2. 教师总结。

| 第七章 |

市场竞争战略

学习目标与要求

1. 了解识别市场竞争者的方法及判断竞争者的战略与目标。
2. 熟悉市场竞争的原则、市场竞争者分类及竞争策略。
3. 掌握市场竞争战略要领。

本章知识架构

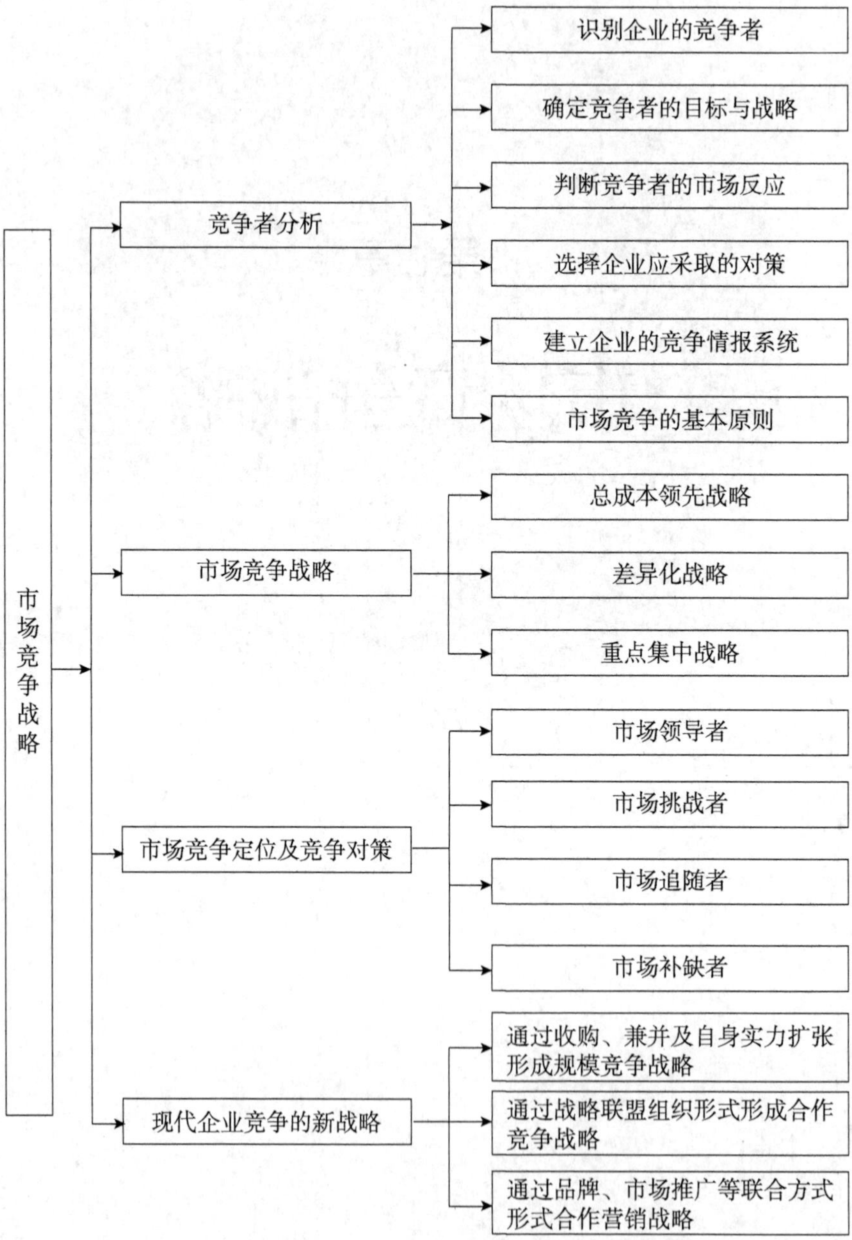

导入案例

“乐凯”的市场竞争策略

乐凯彩色胶卷在与“柯达”“富士”彩色胶卷竞争中制定的竞争战略策划是一个成功的范例。乐凯彩色胶卷在中国4000万卷彩色胶卷的年销量中，以1300万卷“三分天下”，雄踞全国彩色胶卷销售量榜首。它们制订的竞争战略内容主要包括以下几方面：

（1）以廉取胜的定价策略。乐凯——9.60元/盒；柯达——20.00元/盒；富士——19.00元/盒。

“差不多”的质量和“差得多”的价格，吸引了千千万万的消费者，这是乐凯彩色胶卷在市场上与进口彩色胶卷争雄的第一张王牌。

（2）进一步开拓国内市场。在国内市场上，乐凯算了一笔账：美国人均年消费彩卷达2.8卷，我国目前只有其1/56，人均不到0.05卷；中国市场潜力在农村，而农村又是洋货鞭长莫及之地。乐凯着手从河北省做起，在每个县搞乐凯彩扩点，并与广播电视系统联手举办摄影培训班，引导农村消费。

（3）在国际市场上，乐凯采取“你打进来、我打出去”的策略。因为无论是发达国家或是发展中国家，消费都是有层次的，乐凯已打入柯达、富士的“后院”，在美国、日本、德国等地销售达300万卷，目前又进军独联体国家，开辟新战场。

（4）依靠科技，不断开发新产品，降低成本。在乐凯公司，科技力量体现得实实在在：其一，新产品不断涌现，以创新取胜；其二，成本不断降低。乐凯的目标是：三年内靠科技进步使成本下降20%，巩固低价优势。

（5）组建企业集团，增强竞争力。中国感光材料工业的“三巨头”——第一胶片厂（保定）、第二胶片厂（南阳）与感光材料技术开发中心（沈阳）已于1992年正式合并，组成乐凯胶片公司，三艘大船铸成一只巨舰，迎风破浪。1992年年底乐凯又与南京528厂达成协议，合资生产彩色扩印机，集成配套，全面出击。

乐凯公司只用了几年的时间便超越了国外同行用半个世纪才走完的历程。近年来所产的无水洗乐凯SA-1型彩色相纸在国际博览会上被专家评为“超过富士等同类相纸”；第三代乐凯彩卷在1996年质量评比中曾与“柯达”“富士”“爱克发”“柯尼卡”等进口品牌的彩卷进行交叉冲扩试验，被专家认为“胶卷自身已具备了最佳技术质量水准”。乐凯公司作为我国民族感光材料工业的一面旗帜，在外国品牌的大举进攻下，敢于挺起胸膛与洋彩卷一争高低，打出了“为中国名牌而战”的旗号。

（资料来源：杨勇，王惠杰．现代市场营销学［M］．北京：中国财富出版社，2015.）

从上述案例可以看出，乐凯公司通过制订合理的市场竞争战略方案，只用了几年的时间便超越了国外同行用半个世纪才走完的历程。案例告诉我们，市场竞争是市场经济的基本特征之一，没有竞争，市场营销的科学性和艺术性也就无从体现，市场营销工作也就失去了存在的意义。市场竞争所形成的优胜劣汰，是推动市场经济有序健康发展的强劲动力。企业要想在激烈的市场竞争中立于不败之地，必须树立竞争观念，不断研究市场、研究竞争对手，不断开发新产品，改进生产技术，更新设备，降低经营成本，提高经营效率和管理水平。企业必须认真研究竞争者的优势与劣势、竞争者的战略与策略，明确自己在竞争中的地位，制订正确的市场竞争战略，努力取得市场竞争的主动权。

第一节　竞争者分析

市场竞争是指商品生产者为使自己经营的商品在市场上相互比较、相互争夺购买者，以求得消费者与社会的承认，从而迅速实现商品价值的一种活动。企业在开展市场营销活动中，仅仅了解其顾客是远远不够的，还必须了解其竞争对手。“知己知彼，百战不殆”。

一、识别企业的竞争者

识别企业的竞争者似乎是一件很容易的事情，实则不然。企业的现实和潜在竞争者的范围是极其广泛的。企业被潜在竞争者击败的可能性往往大于现实的竞争者，正所谓“明枪易躲，暗箭难防”。如“奇强”洗衣粉的现实竞争者是“白猫”洗衣粉等，潜在的竞争者则是正在研制的不需要洗衣粉的超声波洗衣机。企业应有长远的眼光，从不同角度来识别竞争者。

二、确定竞争者的目标与战略

在确定了谁是竞争者之后，企业还要进一步搞清每个竞争者在市场上追求的目标和实施的战略是什么？每个竞争者行为的动力是什么？

（1）竞争者的目标。每个竞争者都有侧重点不同的目标组合，如获利能力、市场占有率、现金流量、技术领先和服务领先等。企业要了解每个竞争者的重点目标是什么，才能对不同的竞争行为做出不同的正确反应。

（2）竞争者的战略。各企业采取的战略越相似，它们之间的竞争就越激烈。在多数行业中，根据所采取的主要战略的不同，可将竞争者划分为不同的战略群体。

（3）竞争者的优势及劣势。企业需要估计竞争者的优势及劣势，了解竞争者执行各种既定战略的情报，以及是否达到了预期的目标。发现竞争对手的弱点，专攻薄弱环节。在市场营销实践中，企业会经常面对一个（或一群）强大的竞争者，它们拥有雄厚的资本、绝对领先的技术、完善的管理体系、强大的品牌影响、良好的社会关系以及一流的人才队伍。在这种情况下，企业需要通过收集分析竞争者过去几年中的情报和数据，如销售额、市场占有率、边际利润、投资收益、现金流量、新投资、设备能力利用等，研究竞争者的优势和劣势，并有效地将其优势转化为劣势。

三、判断竞争者的市场反应

竞争者的目标、战略、优势和劣势决定了它对降价、促销、推出新产品等市场竞争战略的反应。根据竞争者反应的强弱不同，把竞争者分为从容不迫型竞争者、选择型竞争者、凶猛型竞争者和随机型竞争者四类。

（1）从容不迫型竞争者。一些竞争者对某些特定的竞争行为反应不强烈，行动迟缓。其原因可能是认为顾客忠诚度高，不会转移购买；也可能重视不够，没有发现竞争对手的新措施；还可能是因缺乏资金，无力作出相当的反应。

（2）选择型竞争者。一些竞争者可能会在某些方面反应强烈，如对降价行为作出针锋相对的回击，但对其他方面（如增加广告预算、加强促销活动等）无动于衷，可能认为这对自己威胁不大。了解竞争者会在哪些方面作出反应，有利于企业选择最为可行的攻击类型。

（3）凶猛型竞争者。一些竞争者对所有的攻击行为都作出迅速而强烈的反应，意在警告其他企业最好停止一切攻击行为。同行企业一般都避免与这类竞争者直接交锋。

（4）随机型竞争者。有些企业对竞争攻击的反应模式具有随机性，往往难以捉摸，它们在特定场合可能采取也可能不采取行动，并且无法预料它们将会采取什么行动。

四、选择企业应采取的对策

在明确了谁是主要竞争者并分析了竞争者的优势、劣势和反应模式之后，企业就要决定自己的对策：进攻谁、回避谁，可根据以下几种情况作出决定：

（1）竞争者的强弱。多数企业认为应以较弱的竞争者为进攻目标，因为这可以节省时间和资源，事半功倍，但是获利较少。反之，有些企业认为应以较强的竞争者为进攻目标，因为这样可以提高自己的竞争能力并且获利较大，而且即使强者也总会有劣势。

（2）竞争者与该企业的相似程度。多数企业主张与相近似的竞争者展开竞争，但同时又认为应避免摧毁相近似的竞争者，因为其结果很可能对自己不利。

（3）竞争者表现的好坏。有时竞争者的存在对企业是必要的和有益的，具有战略意义。竞争者可能有助于增加市场总需求，可分担市场开发和产品开发的成本，并有助于使新技术合法化；竞争者为吸引较小的子市场提供产品，可导致产品差异性的增加。但是，企业不能把所有的竞争者都看成是有益的。因为每个行业中的竞争者都可分为表现良好和具破坏性的两种类型。表现良好的竞争者按行业规则运作，按合理的成本定价，有利于行业的稳定和健康发展；他们激励其他企业降低成本或增加产品差异性；它们接受合理的市场占有率与利润水平。而具有破坏性的竞争者则不遵守行业规则，他们常常不顾一切地冒险，或用不正当的手段（如收买贿赂买方采购人员等）扩大市场占有率等，从而扰乱了行业的均衡。

五、建立企业的竞争情报系统

国际竞争情报专家协会对企业竞争情报所下的定义是：竞争情报是对整体竞争环境的一个全面监测过程，通过合法手段收集和分析商业竞争中有关商业行为的优势、弱势和目的的信息。

竞争情报在现代企业竞争中起着越来越重要的作用。作为企业领导，能否意识到情报竞争力，是企业核心竞争力形成和发展的基础。在全球500强企业中，有90%以上已经建立了较为完善的竞争情报系统。竞争情报已不仅是企业寻找市场机会的重要因素，而且已成为企业“克敌制胜”的有力武器。

企业竞争情报系统，就是企业为了竞争致胜的需要而设置的竞争情报收集、整理、加工、贮存、分析、研究、管理和保障等要素的相互联系的完整集合。我国企业为了及时准确地掌握竞争者情报，也必须建立起自己的竞争情报系统，具体步骤如下：

1. 建立系统

这个系统首先要明确市场营销管理者所需要的主要情报是什么，情报的最佳来源途径有哪些。

2. 收集数据

通常推销人员、经销商和代理商、市场咨询机构和有关的协会，以及有关的报刊杂志等，都可成为情报来源。

3. 评价分析

对所收集的资料分析评估，作出必要的解释，整理分类。

4. 传播反馈

通过电话、报告、通信、备忘录、布告等形式，将情报资料及时送达企业相关部门。

案　例

美国斯坦福的竞争情报服务

美国著名的竞争情报专业机构斯坦福向美国工商企业提供的竞争情报服务包括：①竞争情报的收集及分析；②竞争情报培训；③为企业建立竞争情报研究机制提供咨询服务。

斯坦福对竞争情报的研究采取的主要调查分析方法为：①专家调查法；②数理统

计法（模糊判断法）；③层次分析法；④定标比超法；⑤态势分析法（SWOT）。

斯坦福竞争情报研究的信息源主要包括：①报刊和专业杂志；②行业协会出版物；③产业研究报告；④政府管理机构对外公开的档案（如工商企业注册资料、上市公司业绩报告等）；⑤政府出版物；⑥互联网及数据库；⑦工商企业名录；⑧产品样本、手册；⑨企业招聘广告；⑩企业内部员工；⑪经销商；⑫供货商；⑬客户；⑭行业主管部门；⑮展览会；⑯竞争对手；⑰信用调查报告；⑱专业调查咨询机构；⑲其他渠道。

六、市场竞争的基本原则

在市场经济发展过程中，由于资源分布不均和经济发展的不平衡，总会使有些企业在某方面有优势而在其他方面存在劣势。不可能存在只有优势而没有劣势或者只有劣势而没有优势的企业。关键在于企业能否发现自己的优势和劣势，以扬其所长，避其所短。为此，企业必须尽力把握好以下几个原则：

（一）确定企业的差别优势

企业在制订市场竞争策略时，必须注意分析自己和竞争对手的某些差别优势，以及目标市场需求的变化，以便于确定自己的重点、发挥自己的优势、选定竞争策略。只有这样，才能扬长避短，发挥优势，把握企业的特长，提高竞争能力，在激烈的竞争中取胜。

（二）把握时机，争取速度

在市场竞争中，反应迅速是企业竞争成功的重要手段。市场需求千差万别、瞬息万变，企业能在市场竞争中争取主动，时机和速度是个关键。因此，企业必须具有对市场的敏感性，随时把握目标市场的动态变化，在充分调查研究的基础上，抢先设计新产品，抢先投入生产，抢先进入市场，抢先转移市场，以赢得时间实现目标。

（三）必须灵活机动

市场营销活动复杂多变，竞争格局风云变幻，只有随时根据市场变动，以变应变，把握目标市场需要，调整营销方向，才能使产品适销对路，提高企业的竞争能力，才能在激烈的目标市场竞争中稳操胜券。

（四）注意发挥整体效益

企业在分析差别优势，确定主攻目标的核心策略后，还需要有其他策略支持、配合，组成有机的整体，协同作战，在市场竞争中各显神通，全面发挥作用，以提高竞争中的整体效益。

（五）以德取胜，遵纪守法

在社会主义市场经济条件下，企业在竞争过程中，必须遵守社会主义的公共道德，遵纪守法，才能真正经得起市场竞争的考验，成为真正成功的企业。

第二节 市场竞争战略

如何制订正确的竞争战略，如何战胜竞争对手达到预定的营销目标，是竞争战略的最重要内容。美国哈佛大学商学院的著名教授、竞争战略之父迈克尔·波特在《竞争优势》一书中指出："在产业中取得高于平均水平的经济效益的三种通用策略：成本领先、别具一格和集中一点。"

一、总成本领先战略（Overall Cost Leadership）

总成本领先战略是指企业尽可能降低自己的生产和经营成本，在同行业中取得最低的生产成本和营销成本的做法。

实现总成本领先战略的途径主要是改进生产制造工艺技术、设计合理的产品结构、扩大生产规模、提高劳动生产率等。总成本领先战略可以说是比较传统的竞争做法，但仍是现代市场营销活动中比较常见的竞争做法。

要想实现总成本领先，一般要求取得一个比较大的市场占有份额，因此低成本和低价策略需要结合使用。企业在考虑采用这种竞争战略时，需考察行业的经验曲线形状，如果没有成本经济性上的好处，那么企业的营销利润会受到大量侵蚀。

1. 总成本领先战略需要的基本条件

（1）持续的资本投资和良好的融资能力。

（2）较高的工艺加工能力。

（3）对工人进行严格的监督与管理。

（4）产品的制造工艺设计领先，从而易于用经济的方法制造。

（5）有低成本的分销渠道。

2. 总成本领先战略需要的基本组织条件

（1）结构分明的组织结构与责任。

（2）能满足以严格的定量目标为基础的激励机制。

（3）严格的成本控制体系与制度。

（4）经常做详细的控制报告。

3. 总成本领先战略具有的风险

（1）经过多年积累取得的降低成本的投资与方法、制度、技术等可能因为新技术的出现而变得毫无用处。

（2）后来的加入者或竞争追随者可能通过模仿或其他廉价的学习途径掌握到降低成本的方法；或者没有经过挫折与风险就掌握到降低成本的方法。因此，后来者可能具有更大的成本竞争力而抵消率先实行这种战略的企业的竞争优势。

（3）过于注重成本的结果往往导致对市场需求变化反应迟钝，因而产品落后或不能适应需求。

（4）往往因为定价是处于成本的最低界限边缘，因此当竞争对手发动进攻时，缺少回旋余地。

二、差异化战略（Differentiation）

差异化战略是指从产品定位因素、价格因素、渠道因素、促销因素及其他营销因素上造就差异，形成企业对于整个产业或主要竞争对手的“独特性”。

差异竞争是目前市场营销活动中占主流的竞争做法。因为该种竞争战略不仅适用于目标市场营销，更重要的是，它是最符合“营销观念”的做法。

1. 差异化战略的竞争特点

（1）构筑企业在市场竞争中特定的进入障碍，有效地抵御其他竞争对手的攻击。因为一旦企业在营销中形成了差别，如品牌的高知名度和特色、产品独特的功能、专有的销售渠道和分销方式、顾客熟悉的广告刺激及营销沟通方式等，就很难被竞争对手模仿，因而也就很难有竞争对手能轻易打入该企业所占据的目标市场。

（2）减弱顾客和供应商的议价能力。顾客从接受“差异”中形成了某种或若干方面的偏好，顾客购买“喜欢的品牌”而不是购买“便宜的品牌”的行为偏好一旦确立，就不会更多地转移购买其他的品牌。到了顾客依赖于特定的品牌时，企业绝对市场地位就确立了，顾客的议价能力被大大减弱。企业一经在行业中确立了这样的营销优势或“独占”地位，也会使某些供应商更难在市场中寻找到其他更好的交易对象，供应商的议价能力也就被大大减弱。而且，供应商甚至会受到社会公众压力，使其不能轻易地拒绝为公众所喜欢的品牌产品提供资源，供应商的议价能力在这种情况下更加被削弱了。

（3）企业希望获取超额利润，也有获取超额利润的可能。原因在于，品牌差异增大时，顾客转换品牌困难，议价能力低，这就使得不少在差异竞争中得到成功的企业，可以为其产品向顾客索取一个高的溢价。如日本索尼公司在创业之初，就是把其全部经营所获利润用于树立品牌市场形象和开发新产品，取得成功后，索尼产品几乎都可以比竞争对手高5%～10%的定价销售。

2. 差异化战略需要的一般条件

（1）企业拥有强大的生产经营能力。

（2）企业拥有独特的具有明显优势的产品加工技术。

（3）企业对创新与创造有鉴别及敏感的接受能力。

（4）企业有很强的基础研究能力。

（5）企业有质量与技术领先的企业声誉。

（6）企业拥有产业公认的独特资源优势或能够创造这样的优势。

（7）企业能得到渠道成员的高度合作。

3. 差异化战略需要的基本组织条件

（1）营销部门、研究开发部门、生产部门之间能进行密切协作。

（2）重视主观评价与激励，而不是采用制度式的定量指标进行评价与激励。

（3）组织内具有轻松愉快的气氛，能够吸引高技能的工人、技术人员或科技人才大量加入和努力工作。

4. 差异化战略具有的主要风险

（1）与低成本的竞争对手比较，甚至与普通的竞争对手比较，可能成本较高，以至于差异对顾客的吸引力下降甚至丧失。

（2）顾客偏好变化，导致差异不能对顾客再有吸引力。

（3）竞争对手对于顾客特别喜欢的差异的模仿。

三、重点集中战略（Focus）

重点集中战略是指企业集中主要精力主攻某个特定顾客群、产品系列的一个细分区段或某个地区市场的经营战略。

重点集中战略可能涉及少数几个营销组合因素，也可能涉及多个营销组合因素。其主要特点是，所涉及的细分市场都是特定的或是专一的。也就是说，集中竞争战略是针对一组特定顾客的。战略的含义是：企业集中力量，以更好的效果、更高的效率为某一狭窄的服务对象提供产品或服务。

重点集中战略需要的市场条件与组织条件，随集中的目标不同而变化。这一战略的前提是：企业能够以更高的效率、更好的效果为某一狭窄的战略对象服务，从而超过在更广阔范围内的竞争对手。

案　例

波特油漆公司的重点集中竞争战略

美国的波特油漆公司通过市场细分，将目标市场确定为职业油漆工。公司提供油漆的服务系统灵活、及时，可以迅速将油漆送到工地，哪怕只是1加仑也会及时服务。公司同时为职业油漆工提供休息场所，还在工厂车间设置了免费咖啡屋。重点集中竞争战略使该公司在油漆行业取得了卓著的业绩。

（资料来源：杨勇．价格竞争论［M］．北京：中国社会出版社，2005.）

重点集中战略有两种不同形式：企业着眼于在其目标市场上取得成本优势的叫成本集中；而着眼于在其目标市场上取得差异化形象的叫差异化集中。

重点集中竞争战略的主要风险有以下几个：

（1）当覆盖整个市场的那些竞争对手因为规模经济的好处大幅度降低成本，或者积极细分市场增加产品组合或产品线长度时，可能导致采用目标集中竞争战略的企业经营缺少特色或成本优势不再存在。

（2）集中目标指向的特定细分市场的需求变得较小，因为是采用了集中的做法，所以转移产品到其他的细分市场相当困难。

（3）在过度细分的市场上，因为市场容量很小，目标集中企业没有明显的好处，问题取决于从一般细分到过度细分的时间是否会太短。

第三节　市场竞争定位及竞争对策

企业在进行市场分析之后，还必须明确自己在同行业竞争中所处的位置，进而结合自己的目标、资源和环境，以及在目标市场上的地位等来制订市场竞争战略。现代市场营销理论根据企业在市场上的竞争地位，把企业分为四种类型，如表 7 –1 所示。

表 7 –1　　市场竞争中的企业类型

企业类型	相对市场占有率（%）	企业竞争策略
市场领导者	40	扩大市场总需求 保护市场占有率 扩大市场份额
市场挑战者	30	攻击市场领导者 攻击同等实力者 攻击实力较弱者
市场追随者	20	紧密追随 距离追随 选择追随
市场补缺者	10	拾遗补缺 见缝插针

从表 7 –1 可以看出，市场领导者占据了 40% 的市场份额，市场占有率最高；市场挑战者占据了 30% 的市场份额，在相关产品市场上处于次要位置，但具备向市场领导

者或其他类型的竞争者发动全面或局部的攻击能力；市场追随者拥有20%的市场份额，通过追随市场领导者保持并不断提升自身的份额；市场补缺者掌握10%的市场份额，占据着其他类型的竞争者不感兴趣的某些细小市场。各类不同的竞争者根据自身特点在市场竞争过程中采取不同的竞争策略。

一、市场领导者

市场领导者是指在相关产品的市场上占有最大的市场份额，在价格变化、新产品开发、分销渠道建设和促销力量等方面处于主宰地位，对该行业其他企业起着领导作用的企业。它是市场竞争的先导者，也是其他企业挑战、效仿或回避的对象，这种领导者几乎各行各业都有，如我国一些行业著名的市场领导者企业：彩电行业的长虹集团、冰箱行业的海尔集团、电脑行业的联想集团、微波炉行业的格兰仕集团等。

市场领导者的地位是在竞争中自然形成的，但不是固定不变的。为了维护市场领导者的优势，保住自己的领先地位，通常采取以下三种战略：

（1）扩大市场需求总量。市场领导者占有的市场份额较大，当一种产品的市场需求总量扩大时，受益最大的自然是这些企业。例如，我国消费者如果增加微波炉的购买量，受益最大的自然是格兰仕集团。一般说来，市场领导者可通过开发产品的新顾客、寻找产品的新用途和增加顾客的使用量的途径扩大市场总需求量。

案　例

杜邦公司不断寻找尼龙新用途

美国现代化工之父——杜邦公司通过不断寻找产品新用途，给公司带来了一个个新的巨大市场，如尼龙。杜邦公司开发出尼龙新产品时，主要是用作生产降落伞绳索，用于军事目的。第二次世界大战结束后，杜邦公司很快将尼龙转为民用。从生产女袜到生产男女衬衫，从生产汽车轮胎帘布到制作地毯、壁挂等，使杜邦公司通过寻找尼龙新用途，不断增强企业的优势，保持企业的市场领导地位。

（资料来源：王槐林，李林．市场营销学［M］．北京：北京大学出版社，2010．略有改动）

（2）保护市场占有率。占据市场领导者地位的企业在力图扩大市场总需求的同时，还必须时刻防备竞争者的挑战，注意保护自己的市场阵地。市场领导者最好的防御方法是发动最有效的进攻，不断创新，永不满足，掌握主动，在新产品开发、成本降低、分销渠道建设和顾客服务等方面成为本行业的先导，持续增加竞争效益和顾客让渡价值。即使不发动进攻，至少也要加强防御，堵塞漏洞，不给挑战者可乘之机。可供市场领导者选择的防御战略有六种：阵地防御、侧翼防御、以攻为守、反击防御、运动防御和收缩防御。

（3）扩大市场份额。据有关的研究认为，“市场份额在10%以下的企业，其平均投资报酬率在9%左右；而市场份额超过40%的企业将得到30%的平均投资报酬率，或者是市场份额在10%以下的企业的平均投资报酬率的3倍”。市场领导者可以通过产品创新、提升质量、多个品牌、强化广告等策略来提高市场占有率，扩大市场份额。从而使扩大市场份额成为达到增加收益、保持市场领先地位的重要途径。

案　例

腾讯公司市场领导者战略

1. 开发新用户

（1）转变未使用者：腾讯从开发QQ医生到推出QQ电脑管家，目的就是与360公司争夺客户资源，将原本使用360产品的客户转变为使用QQ产品的用户，从而打击奇虎公司。

（2）进入新的细分市场：腾讯通过旗下大规模的产品系列，全面向游戏、网购、门户网站等多个行业进军，意图不断扩大自身所占领的市场份额。

2. 增加使用量

腾讯公司依靠所掌握的庞大的客户资源——旗下拥有超过10亿的注册账户和4亿的活跃账户——不断推出各种新的产品，包括各种新款游戏和会员优惠，以及在已经发布的各种产品中推广特惠回赠活动群，力图扩大使用其产品的客户群，对已经是其客户的，腾讯也千方百计地增加其使用产品的次数，以此来稳固自身的市场。

3. 保护市场份额

（1）阵地防御。毋庸置疑，腾讯在巩固自身市场方面一直是不遗余力的。以腾讯旗下的游戏领域为例，从2009年开始，腾讯旗下的游戏领域收入就占腾讯总收入的40%以上，而腾讯在网络游戏市场行业中的份额，也一直稳定在25%以上，2010年更是达到33%。可见，游戏领域是腾讯公司最重要的收入，并且也一直稳定地占据着国内四分之一的市场，腾讯公司在游戏领域可以说是稳居第一把交椅。

（2）侧翼防御。腾讯除了最核心的游戏和即时通信领域外，在其他领域也拥有很强的竞争力：腾讯旗下的QQ个人空间是中国最大的个人空间，拍拍网是中国第二大电子商务交易平台，腾讯门户网是中国浏览量第一的门户网站……这些辅助产品进一步巩固了腾讯公司在互联网市场的领导地位，完备齐整的产品系列也一直是腾讯公司能够稳坐江山的最大利器。

(3) 反击防御。①在这次腾讯与360之争中，腾讯公司对奇虎公司推出的360QQ保镖做出了最快也是最迅猛的反击防御——在所有安装360安全卫士的电脑上将无法运行QQ。虽然这一措施值得商榷，但是其效果确实明显——据奇虎公司统计，因此被迫卸载360安全卫士的客户达到6000万人，使得奇虎公司的市场份额损失惨重，最终为这场纷争奠定了结局。②腾讯公司另一个策略就是联合其他公司一致反对奇虎，在奇虎宣战后，腾讯公司在最短的时间内和金山、百度、傲游、可牛4家公司磋商，5家公司宣布一致抵制360，结成广泛地对抗奇虎公司的联盟，增强了实力。

(资料来源：宋彧．市场营销原理与实务［M］．北京：清华大学出版社，2013．略有改动)

二、市场挑战者

市场挑战者是指在行业中占据第二位及以后位次，有能力对市场领导者和其他竞争者采取攻击行动并希望夺取市场领导者地位的企业。

市场挑战者如果要向市场领导者和其他竞争者挑战，首先必须确定自己的战略目标和挑战对象，然后还要选择适当的进攻战略。战略目标同进攻对象密切相关，对不同的对象有不同的目标和战略。一般说来，挑战者可从下列三种方案中选择：攻击市场领导者（风险大，潜在利益也大）；攻击与自己实力相当，但经营不佳、资金不足者；攻击规模较小、经营不善、资金缺乏的企业。在确定了战略目标和进攻对象之后，挑战者还需要考虑采取什么进攻战略。这里有五种战略可供选择：正面进攻、侧翼进攻、包围进攻、迂回进攻和游击进攻。通常不可能同时使用所有的进攻战略，但也很难单靠某一种战略取得成功。

三、市场追随者

市场追随者是指那些安于市场次要地位，在产品、技术、价格、渠道和促销等大多数营销战略上模仿或跟随市场领导者的企业。在很多情况下，追随者可让市场领导者和市场挑战者承担新产品开发、信息收集和市场开发所需的大量费用，减少自己的经营风险，并避免向市场领导者挑战可能造成的重大损失。

当然，市场追随者并非完全被动地单纯跟随市场领导者，它必须找到一条既利于自我发展，又不致引起竞争性报复的经营战略。以下是三种可供选择的追随战略：

· 紧密追随——全面模仿市场领导者；

· 距离追随——基本模仿，但在包装、广告和价格等方面保持一定差异；

· 选择追随——某些方面紧跟，某些方面自行其事。

四、市场补缺者

所谓市场补缺者是指精心服务于市场的某些细小部分，而不与主要的企业竞争，只是通过专业化经营来占据有利的市场位置的企业。

市场补缺者的作用是拾遗补缺、见缝插针，虽然在整体市场上只占有很小的市场份额，但是比其他企业更充分地了解和满足某一细分市场的需求，能够通过提供高附加值而得到高利润和快速增长。

市场补缺者在选择市场补缺基点时，多重补缺基点比单一补缺基点更能减少风险、增加保险系数。

市场补缺者如何经营补缺基点呢？经营补缺基点的主要战略是专业化市场营销，包括最终用户专业化、垂直专业化、顾客规模专业化、特殊顾客专业化、地理市场专业化、产品或产品线专业化、产品特色专业化、客户订单专业化、质量或价格专业化、服务专业化、销售渠道专业化。通过各种专业化，向市场提供某种具有特色的产品和服务，赢得市场发展的空间，市场补缺者甚至可能成为“局部市场的巨人”。

市场补缺者面临的主要风险是当竞争者介入或目标市场的消费习惯发生变化时有可能陷入绝境。因此，市场补缺者必须完成三项任务：创造补缺市场、扩大补缺市场、保护补缺市场。

第四节　现代企业竞争的新战略

随着全球经济一体化，国际化竞争日益加剧，“持续创新”“效率”和“快速反应”成为企业竞争取胜的主要手段。一些学者认为，现在企业所处的竞争环境属于“不确定”的时代，有许多难以预料的变化。许多成功的企业无一例外地具备全球竞争的视野和战略思维方式，将常规竞争战略与现实环境结合起来，不断调整自己的竞争战略，从而派生出各种通向竞争优势的迥然不同的竞争途径，以适应全球竞争的需要。

通过对国内外大量企业竞争案例的分析，我们认为，现代企业的市场竞争策略的调整，主要从三个方面体现出来。

通过收购、兼并及自身实力扩张形成规模竞争战略；通过战略联盟组织形式合作竞争战略，通过品牌、市场推广等联合方式形成合作营销战略。

一、通过收购、兼并及自身实力扩张形成规模竞争战略

诺贝尔经济学奖获得者、美国经济学家斯蒂格利茨说：“在整个美国经济发展史中，没有哪个成功的大型公司不是通过并购发展起来的。”

企业兼并、收购，实现强强联合，是市场竞争中的经久不衰的话题，是现代大多数企业的必然发展方式。企业之间通过不断整合、兼并、收购、联合，不断做强做大，

形成规模竞争优势。近年来，全球企业并购、合并的浪潮更是愈演愈烈，波音兼并麦道、奔驰和克莱斯勒的合并、宝马收购劳斯莱斯、花旗集团兼并旅行者公司、惠普并购康柏、美国第一银行与第一芝加哥公司合并、美洲银行和国民银行合并，等等，可谓波澜壮阔、惊心动魄。这些大手笔的并购案例，造就了全球性的经济巨头。以1998年4月花旗集团并购旅行者公司为例，其并购总额达830亿美元，使花旗一跃成为全球最大的金融服务公司。了解“蓝色巨人”IBM（国际商业机器公司）的人几乎没有人不发出这样的感慨，IBM既大，又快，更强。拥有40多万名员工，年营业额超过500亿美元，几乎在全球各国都有分公司，其分布之广，让人惊叹不已，仅仅是IBM的全球服务部就包括“整合技术服务”（IGS）、“业务咨询服务”（ITS）及“战略外包服务”（BCS）三大部分。其中的业务咨询服务部，前身是业务创新服务部（BIS），其以35亿美元并购了普华永道咨询以后，二者重新整合成了BCS。BCS现在是全球最大的管理咨询组织，在世界各地有大约6万人的咨询顾问队伍，是最具典型性的行业领袖型企业。毋庸置疑，通过强强联合实现技术优势的互补，增强并购公司的竞争力，从某种意义上改变了全球产业的组织结构，并对同行业竞争提出了严重挑战。

事实证明，企业要想保持自身的优势，必须加速发展，把企业做大做强，形成规模。如果能在某个方面成为领跑者，即使回报率与别人相同，也能更轻易地获取比弱小的竞争者更大的收益。通过收购、兼并及自身规模实力扩张实现强势效应主要体现在以下几个方面：

第一，垄断市场份额。沃尔玛占据着世界零售行业霸主位置，是全球500强魁首，自1962年在美国阿肯色州乡村创立第一家沃尔玛商店以来，迄今在美国已拥有连锁店约3500家，在其他国家约1250家，全球雇员数140多万，2004—2008年在全球新增80万名雇员。目前沃尔玛提供了美国家庭使用的牙膏、洗发精和卫生纸等日用品以及食品的30%，控制着美国20%的CD/VCD/DVD的销售、25%的药品销售。每年约有14亿名顾客光顾沃尔玛，82%的美国家庭每年至少一次在沃尔玛购买物品。沃尔玛掌握着越来越多的美国和世界家庭的购买力。雀巢在世界拥有479家工厂，大约有225000名员工，是一家大型跨国食品公司。微软在桌面操作系统软件上，英特尔在计算机芯片市场上则几乎达到了独家垄断的地步。

第二，控制社会资源。沃尔玛统治着全球1万家左右的供货商。有人这样形容沃尔玛：“沃尔玛就像判官，手中握着一支大笔，掌握着生杀大权。它掌控着社会购买力，至于入场券，它想给谁，就给谁。如果它觉得你的价格不合适，它便自己来做，或者再找其他人，总能找到合适的。”通用汽车公司，在美国25个州设有136个工厂，雇佣员工35.6万人。在上游，有3万多家中小企业为通用汽车提供原材料、零部件和各种工艺流程。通用汽车每年消耗钢铁占美国钢铁总产量的10%，橡胶占25%，铝占6%左右。据测算，假如通用汽车公司辞退1名员工，就意味着其他零部件供应商要辞退2名员工，美国服务行业要辞退9名员工。

第三，引领行业发展。纵观人类工业文明的发展史，19 世纪，美孚石油、杜邦化学、摩根财团建立了传统工业的产业秩序；20 世纪上半叶，通用汽车、通用电气、AT&T（美国电话电报公司）建立了现代化工业的产业秩序；20 世纪后期，IBM、微软、英特尔建立了信息化工业的产业秩序，沃尔玛在美国零售业界建立起了商业零售价格体系和质量标准；可口可乐与百事可乐在竞争与垄断的平衡中共同执掌着饮料行业的秩序，维护着这个行业的效益。

二、通过战略联盟组织形式形成合作竞争战略

大量事实证明，企业在实际市场竞争中，既展开必要的竞争，又进行必要的合作。所谓合作竞争战略是指通过与其他企业包括竞争对手的合作来获得企业竞争优势或战略价值的战略。其中战略联盟是合作竞争战略的主要实现形式。

战略联盟公司又称虚拟公司，是指一些公司为了实现自己的战略目标，完成某一特定任务，寻找某一特定商业机会，利用信息技术打破时空阻隔，在短时间内与其他公司迅速组建起合作关系而构成的一种新型的网络式联盟组织。这些战略联合避免了直截了当的收购，而是采取多种多样的形式，各自发挥自己的竞争优势，共同开发一种或几种产品，最终把共同开发的产品迅速推向市场。联盟目标一实现，先前组建的联盟公司即宣告解散，有了新的战略目标和新的合作者后，又组成了新的联盟公司。一个联盟公司，可能包括数十家独立公司。一家独立公司也可同时或先后参加多家联盟公司。有资源对外贸易人士曾这样评价战略联盟公司“这种合作给人以稳操胜券之感，因合作的每一方皆有利可图，如不是这样合作的话，每一方要图到这样的利可不那么容易。”

自 20 世纪 80 年代以来，战略联盟开始迅速发展。全球领先的企业纷纷开始了战略联盟。美国苹果计算机公司和 IBM 公司长期以来在个人电脑行业互为头号的竞争对手，但是为了发展一套完善的计算机操作系统，双方决定合资 10 亿美元研究和开发新一代个人电脑的硬件、软件和网络。苹果公司前总裁约翰·斯柯利曾指出：“如果没有 20 世纪 90 年代的战略联盟，这种高科技的公司要想生存和发展是不可想象的。”韩国的主导运营商 SK 电信公司每推出一种增值电信业务，如专为已婚女性量身定做的 CARA（关爱）移动电话服务，除了在手机上为用户提供定制的女性页面和关于女性美容护肤的短信、图片外，还联合一大批专业女性服务商，为 CARA 的女性用户提供包括美容、餐饮、购物、文化、旅游等会员服务和优惠，使通信服务产品大大增值。

据统计，最近几年在世界范围内，有 2 万多个企业战略联盟形成，其中一半以上是在直接竞争对手之间形成的。仅 IBM 公司就与美国和海外的各类公司缔结了 400 多个战略联盟。通过战略联盟来降低交易费用、分散研发风险、避免过度竞争、形成资源互补、共同培育市场，最终实现双赢或多赢，已经成为当今企业的一种普遍的战略思维。用其倡导者布顿伯格教授与纳尔巴夫教授的话说，是“合作把饼做大，竞争把

饼分掉”。

在我国也不乏强强联合、优势互补，形成规模经济与资源利用最大化，既能突出大集团的规模经营优势，又能发挥大集团所不具备的市场快速应变能力的成功范例。如在PC（人个计算机）市场占有强大优势的联想与在即时通信市场占有绝对市场分额的腾讯的联合，全球最大的建材加盟连锁机构德国欧倍德集团与青岛海尔集团各占50%股份共同投资组建“欧海家居有限公司”，开发建材连锁超市。

三、通过品牌、市场推广等联合方式形成合作营销战略

所谓合作营销，主要是指厂商共同分担营销费用，协同进行营销传播、品牌建设、产品促销等方面的营销活动，以达到共享营销资源、巩固营销网络目标的一种营销理念和方式。它包括企业与上游供应商、下游渠道分销商和零售商以及相关行业的其他厂商之间的合作。营销专家艾略特·艾登伯格在其著名的《4R营销》一书中预言：“水平合作营销将是后经济时代新的大趋势。”水平合作营销的目标是通过联合相关公司的品牌来提高某种产品和业务的参与程度。单独品牌也许不会引起消费者的注意力，但是这些品牌联合起来，就会形成非常强的合力。

（一）品牌联合

所谓品牌联合，是指两种或两种以上的企业品牌，通过相互联合，相互借助而形成的一种独特的品牌。其中一种品牌可以借助于其他一些品牌来丰富自己品牌的内涵，从而更好地表明产品的品质或特性，实现优势互补与资源共享，提高品牌知名度与美誉度，以更好实现“1+1>2”的协和效应。正如美国明尼苏达州大学卡尔森管理学院的一位教授所言：“当品牌单独出现没有说服力时，联合品牌可以更好地标明商品的品质。”

从20世纪90年代电脑业巨头英特尔公司与计算机制造商推出联合品牌开始，到现在，联合品牌的运营已进入各个行业，且品牌联合主体的实力也越来越强。如长城与韩松电子共同推出面向高端用户群的“金长城-HANSOL”联合品牌显示器；联想集团与D-linK公司联合缔造的“联想-D-LinK”联合品牌网络产品开始上市；海尔与万达集团联姻，共同进军房地产行业，推出其联合品牌产品“万达·海尔房”。

（二）联合推广

联合推广是指两个或两个以上的企业在互惠互利的基础上，通过各种促销方式如联合广告、联合展销、联办订货会、经销商的分购联销等，互通有无，取长补短，增强竞争实力，分享市场空间，实现共赢目的的活动。

企业间联合推广比较成功的案例如麦当劳与可口可乐、肯德基与百事可乐之间的良好合作。2000年8月~12月31日，历时半年，百事可乐与雅虎首开了网站与消费品

行业联合推广的先河。2001 年，我国出现了第一宗网站与消费品行业的联合推广范例——乐百氏在新浪网上进行 6 个月的综合广告投放（含全屏、固定按纽、滚动按纽、画中画、网上游戏、有奖问答等），向新浪支付 100 万元人民币的费用，并在乐百氏纯净水瓶上免费印制 20 亿个新浪网标志。有专家如此评论新浪与乐百氏的联合推广："两个在各自行业里的龙头品牌的策略联盟，对双方品牌资产的增值非常有好处，新浪和乐百氏两个品牌交织可以达到 1 +1 >2 的作用。"

四、竞争新战略对我国企业的启示

无论从企业规模、资金积累还是管理基础等各个方面，国内外的企业存在着很大差别，简单将国际大企业的竞争战略模式复制到我国的企业事实上不可能成功。我们应该借鉴国外企业市场竞争经验，学习国外企业市场竞争中的精髓，结合我国企业的实际、市场环境的实际、市场竞争的实际，形成适合我们自己的竞争战略，并使自己在竞争中取得胜利，这是我国企业的头等要务。

第一，不要盲目求强求大。美国著名经济学家、1992 年诺贝尔经济学奖获得者科斯就"企业的合理规模"作过阐述。他认为，企业和市场是两种相互替代的资源配置机制，而交易费用决定企业的存在。企业通过市场交易内部化而减少交易费用。当企业规模扩大到其管理费用增长额与交易费用相等时，企业就达到边际。企业规模超过了这个边际，势必增大企业的投入成本，管理越来越复杂，而且管理机构更加庞大，从上层管理到基层管理，环节增多，企业高层领导人的命令、意见、意图传递给基层领导人容易被漏遗、误解或歪曲，下层和外界的信息传递给企业高层决策者时也会出现类似情况，企业的管理机构越庞大，这种失控现象就越严重，不可避免地带来组织上和管理上的困难而增大内耗。结合我国国情，我国企业绝不能仅仅把目光停留在扩大规模上，而更应重视抓好企业内部管理。在此基础上，加强与其他企业的技术协作，将各自的优势技术结合起来，实现技术优势的互补，谋求"1 +1 >2"的技术协同。

第二，加强企业之间的联合。随着科学技术的不断发展，面对着日益多变的动态市场环境，任何单个企业仅凭一己之力都不足以应对。走联合之路，依靠牢固的价值链条和营销网络，无疑是一种理想的发展途径。如在市场启动阶段，企业可以与上、下游厂商进行合作广告，把联合信息在同一时间、通过同一渠道向最终的目标顾客传播；在市场推广阶段，企业利用合作促销的形式，实现与合作伙伴促销费用的相互对接，可以起到增大宣传效果、节约促销实际开支的效用，实现营销费用上的"1 +1 >2"。

第三，树立正确的厂商合作关系。企业的发展离不开供应商的支持，与供应商确定良好的关系有利于实现企业的长远发展。而我国一些企业尤其是许多零售企业与供货商关系没有理顺，供货商积极性不高，工商关系优势没有整合发挥出来。据业内人士介绍，如今供货商的产品欲进入商场超市，至少要交进场费、装修费、促销费等费用，商场开展活动，供货商还要交赞助费。这种做法固然为零售企业赢得了一部分销售收入之外的利润，但是也使得供货商不得不提高售价，以弥补损失，从而使零售企业增加进货成本，失去了价格优势。因此要积极探索厂商合作的正确途径，彼此协同运作，维护稳定的关系，降低整个价值链内部的管理成本和信息交换成本，从而营造企业的核心竞争优势。

本章小结

市场竞争是指商品生产者为使自已经营的商品在市场上相互比较、相互争夺购买者，以求得消费者与社会的承认，从而迅速实现商品价值的一种活动。

企业应当从不同角度来识别竞争者，搞清每个竞争者在市场上追求的目标和实行的战略是什么？每个竞争者行为的动力是什么？

竞争者分为四类：从容不迫型竞争者、选择型竞争者、凶猛型竞争者、随机型竞争者。企业采取的竞争对策可根据竞争者的强弱、竞争者与本企业的相似程度、竞争者表现的好坏等情况作出决定。建立企业竞争情报系统的步骤包括：建立系统、收集数据、评价分析、传播反馈。市场竞争的基本原则包括：确定企业的差别优势；把握时机，争取速度；必须灵活机动；注意发挥整体效益；以德取胜，遵纪守法。

通用竞争战略有三种：总成本领先战略、差异化战略、重点集中战略。

根据企业在市场上的竞争地位，把企业分为四种类型：市场领导者、市场挑战者、市场追随者、市场补缺者。

现代企业竞争新战略包括：规模竞争战略；合作竞争战略 ；合作营销战略。竞争新战略对我国企业的启示有：不要盲目求强求大、加强企业之间的联合、树立正确的厂商合作关系。

关键术语

市场竞争　竞争者　总成本领先战略　差异化战略　重点集中战略　市场领导者　市场挑战者　市场追随者　市场补缺者

思考与练习

1. 如何进行竞争者分析？
2. 分析竞争者的不同反应模式有何实际意义？
3. 常用的市场竞争战略有哪几种？
4. 处于不同竞争地位的企业应采取何种竞争策略？

5. 市场挑战者的进攻战略有哪些？主要的进攻对象是哪些？

6. 市场追随者有哪些可供选择的追随战略？

技能训练

竞争者分析报告

一、训练目标

1. 熟悉竞争者分析的方法；

2. 掌握竞争者分析报告的写作步骤、方法。

二、训练准备

1. 授课老师根据学生人数进行分组；

2. 每组要撰写一份《×××公司竞争者分析报告》；

3. 每组要制作好 PPT，课堂上进行讲述；

4. 分析报告上交，老师点评。

三、训练操作步骤

第一步：绘制市场竞争/产品分析图，界定谁是背景行业的直接竞争者；

第二步：界定背景行业的其他竞争者；

第三步：辨别竞争者采取的营销战略；

第四步：识别竞争者的目标；

第五步：收集竞争者相关信息；

第六步：处理收集的信息；

第七步：评估竞争者能力的优势和劣势；

第八步：评估竞争者反应模式。

四、训练成果：竞争者分析报告

五、训练评价标准

1. 内容：完整可行、条理清晰、有创新见解；

2. 格式：规范；

3. 现场表现：语言流畅、表现自如。

| 第八章 |

产品策略

学习目标与要求

1. 了解整体产品、产品组合策略及新产品开发风险。
2. 熟悉产品寿命周期各阶段特点及新产品开发策略。
3. 掌握品牌与包装策略。

本章知识架构

- 产品策略
  - 产品组合策略
    - 整体产品概念
    - 产品组合策略
  - 产品寿命周期理论
    - 产品寿命周期的含义
    - 产品寿命周期各阶段的特征及对策
  - 新产品开发策略
    - 新产品的概念和种类
    - 新产品开发
    - 新产品开发失败原因分析
    - 新产品的推广
  - 品牌及包装
    - 品牌决策
    - 包装决策
  - 产品风险及其规避对策
    - 产品风险及主要类型
    - 产品风险的主要原因
    - 产品风险的规避对策

导入案例

娃哈哈产品策略

如今，娃哈哈集团已生产销售乳饮料、瓶装水、碳酸饮料、茶饮料、果汁饮料、罐头食品、医药保健品、休闲食品8大类近300个品种的产品，2016年销售额达529.1多亿元，占据中国饮料业产量的六分之一，是中国饮料业当之无愧的老大。娃哈哈每年的新品销售贡献率平均达20%～30%，涌现出“营养快线”等多款经典产品。从某种程度来说，娃哈哈的成功是产品策略的成功。

总结娃哈哈的产品策略，其适当跟进、适当创新、上市速度和节奏的把握都值得借鉴。但是，其虎头蛇尾的产品管理与组织，则值得人们反思。

1. 正向：创新、速度

（1）跟进中创新

模仿跟进，是娃哈哈产品策略中的核心词汇。娃哈哈八宝粥、非常可乐、果汁饮料、瓜子、激活等产品属于典型跟进型产品。但仅仅是跟进策略，很难解释娃哈哈的许多产品为何能够后来居上。跟进中创新，既减少市场风险，同时又差异化创新发展，这才是娃哈哈产品跟进策略的真正核心。

1991年，娃哈哈跟进广东果奶儿童饮料。对手只有两种口味；娃哈哈则一下子推出了菠萝、荔枝、哈密瓜、草莓、苹果、葡萄6种口味，6种口味为一组打包销售，增加了顾客购买的便利性和选择性，再加上大手笔的电视广告轰炸，销售量很快后来居上；对手推出钙奶，娃哈哈马上又推出AD钙奶，“维生素A+D更有助于钙的吸收”诉求更到位，迅速赶超对手。

这种跟进中的创新仅仅是小伎俩，不高明，但有效，不一定能塑造长期的竞争优势，但一定能够迅速提升产品的短期销量。

在娃哈哈庞大的产品体系中，跟进中创新的产品销售贡献占比并不高，占高销售额的、利润贡献大的，都是抢先入市的创新产品。当年娃哈哈纯净水的成功，主要靠“抢先入市，抢先传播”，而产品本身并没有什么创新。近两年，娃哈哈相继成功推出的“爽歪歪”“营养快线”则是产品成分配方的创新。这两类产品入市一两年内，依然没有强有力的竞争对手出来挑战，这与其中的科技创新壁垒有关。

在经费投入上，娃哈哈每年至少提取销售收入的3%作为开发经费，每年技术开发经费达数亿元。强大的研发体系、技术力量成为娃哈哈产品不断推陈出新、继续发展的原动力。

（2）速度制胜

这里的速度有3层含义：一是产品从研发到上市的跟进速度，娃哈哈AD钙奶、果汁饮料等，均在对手产品上市后的一两月内完成，跟进速度之快令业界瞠目；二是产品铺市速度，只要宗庆后一声令下，依靠2000多家经销商、上万家二批商，一月之内，产品可铺到全国数百万个零售点，这种铺市速度唯有康师傅可以匹敌；三是指节奏，娃哈哈新产品上市的节奏不可过快，也不可过慢，要因事而异，因时而异。

“眼睛看着一个，手里拿着一个，心里想着一个。”纵观娃哈哈的发展，一两年推出新产品或者一年推出一两个产品，企业有时间、有精力、有资源，成功的概率比较大。反过来，在1995年，宗庆后一时躁动，加快了新品上市步伐，十余类新品同步推出，“胡子眉毛一把抓”，每个产品从规划定位到营销推广，做得都不到位，没有一个成功。2004年，与1995年不可同日而语的娃哈哈，“好了伤疤忘了痛”，一下子又推出三大类产品——激活功能饮料、娃哈哈香瓜子、大厨艺方便面，结果远没有达到预期目标。2007年，宗庆后一边与达能战斗，一边接连上市了思慕C、呦呦奶茶、泡泡乐茶饮料，产品定位有问题，市场推广不系统，新品前景并不妙。

2. 反向：管理、组织

（1）虎头蛇尾的产品管理

一般而言，产品上市的导入期、成长期与产品成熟期的产品策略、推广策略很不一样。前者注重消费者教育、产品铺市、USP（独特的销售主张）卖点、促销活动；后者注重细分化产品跟进、品牌形象的塑造和培养、竞争品的对抗、渠道的维护等。

娃哈哈没有严谨的产品、品牌管理体系，没有专业人士跟进维护，提升产品、品牌的发展，一切都由宗庆后一人决定。可是，宗庆后有创业、打天下的激情，却不一定有维护产品的精力，何况面临8大类近300个品种的产品的发展、维护、管理，宗庆后一定也是力不从心。现在，某些产品的危机已经显现。

比如，位居中国瓶装水业首位10余年的娃哈哈纯净水，已经受到“健康多一点”康师傅水的正面攻击，也受到善于类别营销与炒作的农夫山泉“水分两种，弱碱性，弱酸性”的侧面攻击，不知娃哈哈怎样应对。

再比如，2007年娃哈哈推出了思慕C，市场前景也不太被看好。思慕C果汁牛奶混合饮品与营养快线有什么本质区别？“本是同根生，相煎何太急。”营养快线仍在快速成长期，却急忙推新品牌，自相残杀，自我替代，太着急。

（2）混乱的产品组织

自2001年起，娃哈哈即定位于“全方位饮料公司”。围绕此定位，娃哈哈在果汁饮料、茶饮料、功能饮料、混合饮料的产品线扩展方面做得很不错。但是，既然决定了战略定位，就应该坚定地执行，随后推出的瓜子、方便面、维生素片等产品大类，不知跟“全方位饮料公司”定位有什么关联？

宗庆后的理由是“饮料销售有季节性，瓜子、方便面上市，可以平衡淡旺季”。照此推理，娃哈哈还要不断地上马饼干、糖果等冬季消费量大的系列食品。这些产品虽然渠道销售有互补性，但市场运作手法不同。如果娃哈哈一定要发展这些食品，最好采用独立运作的事业部制，类似于康师傅旗下的方便面事业部、饮料事业部和糕点事业部，三大事业部的产供销体系完全独立，三支销售队伍各自独立发展。

显然，这么大的集团，8大类相关产品线，相对于康师傅、统一等集团，总数量不算多。但由于宗庆后采用高度集权式管理，分身乏术，一个人怎么可能经营好这么多的产品大类？娃哈哈必须作出抉择：或者分层授权，一些产品线独立经营；或者放弃一些不重要的产品类别。否则，无论宗庆后怎样日理万机，一定是顾此失彼，很难"百花齐放，齐头并进"。

（资料来源：李晨耘．市场营销学实用教程［M］．北京：北京大学出版社，2010．略有改动）

从上述案例可以看出，产品是市场营销组合中最重要、最基本的因素。企业必须根据目标市场的情况决定发展什么样的产品，以满足特定顾客的需求。同时也应该注意到，必须注重产品的管理工作，并结合市场状况，做好新产品的开发与市场维护工作。企业市场营销活动是以满足顾客需求为中心，而市场需求的满足只能通过提供产品和服务来实现。所以产品策略是企业其他营销活动的基础，也是市场营销组合的决定因素。

第一节 产品组合策略

生产的发展和消费需求的多样化，决定着一个企业的生产经营范围不可能只是一种产品或其中的一个规格或一个花色，而是各种不同品种、规格、花色的产品组合。

一、整体产品概念

在现代营销学中，产品是指能提供给市场，用于满足人们某种欲望和需求的任何有形物品和无形产品。它包括实物、场所、服务、组织、观念等。以往学术界多年沿用三个层次来表述产品的整体概念，即核心产品、形式产品和附加产品。但近年来，菲利普·科特勒等学者认为五个层次的内容更能深刻而准确地表述产品的整体概念的含义，如图8-1所示。

（一）核心产品

核心产品是产品整体概念中最主要最基本的层次，它能够为消费者提供直接的利益，是满足消费者需要的核心内容。它是消费者购买产品时所追求的利益，是消费者真正想要购买的东西。核心产品不能独立于产品的实体或服务的活动形式而存在，只有在使用或消费产品或服务时，核心利益才能体现出来。可以说，在工厂，生产的是形式产品；在市场上，销售的是消费者的需求与欲望，营销人员的任务就是要发现隐藏在产品背后的消费者真正的需要。

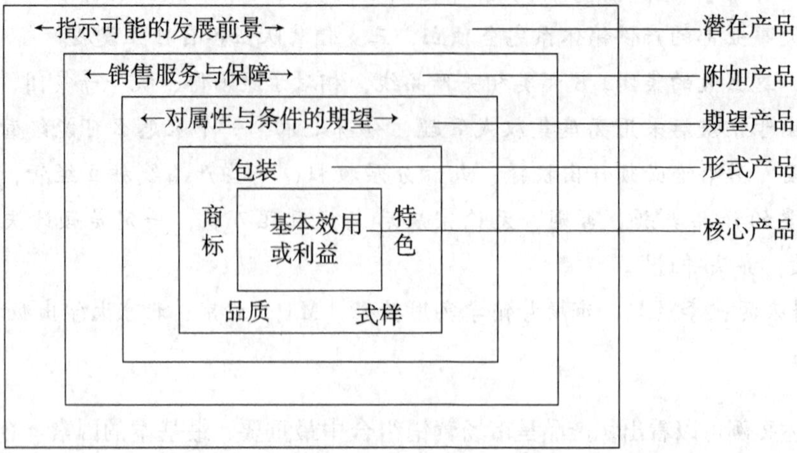

图 8－1　产品整体概念的五个层次

（二）形式产品

形式产品又称有形产品，指产品的外观形态。它是核心产品得以实现的形式或载体，即满足顾客需求的各种具体产品形式。一般来说，有形产品具备五方面特征：质量、特色、式样、品牌和包装。产品的基本效用必须通过某些具体形式才能得以实现，这五方面的具体特征是消费者得以识别和选择的主要依据。市场营销人员应努力寻求更加完善的外在形式以满足顾客的需要。

（三）期望产品

期望产品是指购买者在购买该产品时期望得到的与产品密切相关的一整套属性和条件，当这些期望产品大致相同时，消费者会就近购买。如旅馆的客人期望得到清洁的床位、洗浴香波、浴巾、衣帽等服务，因为大多数旅馆均能满足旅客这些一般期望，所以旅客在选择档次大致相同的旅馆时，一般不选择哪些旅馆能提供期望产品，而是根据哪家旅馆就近和方便而定。

（四）附加产品

附加产品又称延伸产品，是指顾客购买产品时所得到的全部附加服务和利益，如提供信贷、免费送货、安装、保养、质量保证、包换、售后服务、技术培训等所有服务项目。附加产品不是使用核心产品所必需的，即消费者不必一定要通过附加产品才能得到核心产品，但消费者得到附加产品，既能得到一种心理的满足，也能够更好更多地享用核心产品。附加产品是构成产品差异化的重要内容，是市场竞争中很重要的层面。许多企业成功的经验充分说明，现代企业之间的竞争并非各公司在其工厂所生产的产品，而是附加在产品上的包装、服务、广告、咨询、融资、运送、仓储及具有其他价值的形式。能正确发展附加产品的公司必将在竞争中赢得主动，从而推动企业发展和提高市场竞争力。

（五）潜在产品

潜在产品是指现有产品包括所有附加产品在内的，可能发展成为未来最终产品的潜在状态的产品。潜在产品指除了现有产品，可能演变的趋势和前景。如彩色电视机可发展为录放影机、电脑终端机等。

总之，从以上五个层次不难看出，产品这一概念的内涵、外延都是以消费者需求为标准的，由消费需求来决定的。可以说：产品整体概念是建立在需求 = 产品这一等式基础上的。没有产品整体概念，就不可能真正贯彻现代营销观念。

二、产品组合策略

在现代化大生产中，大多数企业都生产或经营若干产品，如何把所有产品联系起来考虑，以获取较好的整体效益就涉及产品组合策略。

案　例

普拉斯：把产品组合起来营销

日本的普拉斯公司，是一家专营纸张、文具、图钉、回形针、尺子等文教用品的小公司。由于利润较低，公司生意始终很清淡，眼看就要陷入破产的境地。

公司里有一个名叫玉村浩美的女职员，她通过观察发现，顾客在购买文具用品的时候，都不是仅买一样东西，而是好几件一块儿买。她从中得到了启示，想出了一个新颖的经营点子——文具组合，即将铅笔、钢笔、尺子、橡皮、小刀、圆规和透明胶带等，放进一个设计精巧、轻便易带的盒子里，盒子的外表则印上色彩鲜艳和形象生动的卡通图案。

文具还是原来普拉斯公司经营的产品，但经过新奇的组合后，一上市就成为热门商品。第一年就销售了 300 多万盒，获得了意想不到的巨额利润。

此后，玉村浩美再接再厉，进一步改善文具组合，在盒子里装上电子表、温度计，使它的功能趋于多样化。她还根据孩子们的好奇心理，把文具盒弄成了五花八门、千姿百态的变形金刚样式。

这样的文具很受孩子们的欢迎，所以销售量越来越大，很快就风行全球。

（资料来源：全琳琛. 1 分钟学营销——故事里的营销学［M］. 北京：人民邮电出版社，2010.）

（一）产品组合及其相关概念

（1）产品组合：是指企业生产或销售的全部产品大类、产品项目的组合，即企业的经营范围。

（2）产品线（产品大类）：是指一组紧密相关的产品。它有类似的功能，满足顾客同质的需要，销售渠道相同等。

（3）产品项目：是指一类产品中品牌、规格、式样、价格所不同的单个具体产品。

产品组合具有宽度、长度、深度和关联性。

·产品组合的宽度：是指产品组合中所包含的产品大类的多少。

·产品组合的长度：是指产品组合中所包含的产品项目的总和。如以产品项目总数除以产品线数目即可得到产品线的平均长度。

·产品组合的深度：是指一条产品线中所包含产品项目的多少。

·产品组合的关联性：是指一个企业的各个产品线在最终用途、生产条件、分销渠道或其他方面相互关联的程度。

分析产品组合的宽度、长度、深度和关联性，有助于企业更好地制订产品组合策略。一般情况下，企业增加产品组合的宽度，有利于扩展企业的经营范围，实行多角化经营，可以充分发挥企业特长，使企业特别是大企业挖掘技术、资源的优势和潜力，提高经济效益。同时，可以分散风险，增加产品组合的长度，使产品线更加丰满。在满足顾客的不同需要的同时，可使企业增加效益。增加产品组合的深度，可占领同类产品的更多细分市场，满足顾客更广泛的需求和爱好，吸引更多的顾客。而增加产品组合的关联性，则可使企业在某一特定市场领域内加强竞争能力和赢得良好声誉。

（二）产品组合策略

所谓产品组合策略，就是在产品组合的宽度、长度、深度和相关性方面的决策。企业在优化和调整产品组合时可选择如下策略：

（1）扩大产品组合。扩大产品组合包括开拓产品组合的宽度和加大产品组合的深度。前者指在原产品线内增加一条或几条产品线，扩大经营范围。后者指在原有产品线内增加新的产品项目。当企业预测现有产品线的销售额和利润在未来可能下降时，应及时考虑增加新的产品线；当企业准备增加产品特色，为更多细分市场服务时，可选择增加新的产品项目。一般扩大产品组合，可充分利用资源和技术，分散风险，增加竞争力。

（2）缩减产品组合。当市场繁荣时，较长较宽的产品组合可为企业带来更多的盈利机会；但当市场不景气，能源原料供应紧张，缩减产品线反而能使总利润上升。因为剔除小的甚至亏损的产品线和产品项目，企业可集中资源和力量发展获利较多的产品线和项目。

（3）产品延伸策略。每种产品都有其特定的市场定位。产品延伸策略指全部或部分改变原有产品的市场定位。具体有向上延伸、向下延伸和双向延伸。

向上延伸是企业原来定位于低档产品市场，在原产品线内增加高档项目，进而进入高档品市场。实行这一策略的主要原因是高档品有较大的增长潜力和较高的利润率，企业具备开发高档产品的能力，企业要重新进行市场定位。

向下延伸是指企业由原来定位高档产品线向下延伸，增加低档产品项目。实行这一策略的原因是高档产品销售增长缓慢，市场需求有限，市场竞争激烈，企业的资源设备没有得到充分利用。企业最初进入高档产品市场目的是建立品牌信誉，然后再进入中、低档市场，扩大市场占有率，补充企业产品线的空白。

案 例

派克笔延伸之败笔

派克钢笔曾号称“钢笔之王”，是一种高档产品。人们购买派克笔，绝对不仅是为了买一种书写的工具，更主要是购买一种形象、体面、气派，购买一种名牌文化，高档次是派克笔的强项。尤其是重大事件中、重要的人物身上都有派克钢笔的影子。

1982 年，派克公司新任总经理彼特森对公司进行改革。他上任后不是让派克笔的优势变得更大，不把主要精力放在改进派克笔的款式和质量、巩固和延伸自己的市场强项——高档产品上，而是去争夺低档笔市场，热衷于生产经营每支 3 美元以下的大众化钢笔——吃着嘴里的，看着碗里的。结果没过多久，派克公司不仅没有顺利地打入低档笔市场，反而让另一个克罗斯公司乘虚而入，派克笔的高档笔市场被冲击，市场占有率下降到 17%，销量只是克罗斯公司的一半。

（资料来源：杨勇，王惠杰．现代市场营销学［M］．北京：中国物资出版社，2007.）

双向延伸是原定位于中档产品市场的企业掌握了市场优势后，决定向产品线上、下两个方向延伸，既增加高档产品，又增加低档产品。

第二节 产品寿命周期理论

一、产品寿命周期的含义

产品寿命周期是现代市场营销学中的一个重要概念。在市场上，任何一种产品都面临着由弱到强、由盛到衰的过程。产品寿命周期是指产品自投入市场到被市场淘汰为止，全部过程所持续的时间。

（一）影响产品寿命周期长短的因素

（1）技术进步。由于技术进步使许多新技术、新材料、新工艺不断涌现，生产出比原有产品性能更好、成本更低、使用更方便的新产品，从而使老产品提前被淘汰。

（2）市场竞争。市场竞争会迫使各企业研制新产品，会缩短现有产品的寿命周期。

（3）政府干预。政府为维护社会整体利益，可能会采取经济手段，鼓励或限制某行业发展，会延长或缩短产品应有的寿命周期。

（4）消费需求的变化。人们的价值观、审美观、消费时尚、消费爱好的变化会影响到不同产品的寿命周期。

（二）产品寿命周期与产品自然寿命周期

产品自然寿命周期，即产品的使用寿命，是指一种产品从开始使用到消耗磨损废弃为止所经历的时间。它的长短主要取决于产品本身的设计和制造质量，以及使用方式和维修保养水平。而产品的寿命周期是经济寿命，是由社会、市场等因素决定的。一个市场寿命周期极短的产品，可能其自然寿命周期很长，如时装。一个市场寿命周期极长的产品可能其自然寿命周期极短，如鞭炮。

（三）产品寿命周期阶段划分

典型的产品寿命周期一般可分为四个阶段，如图 8－2 所示。

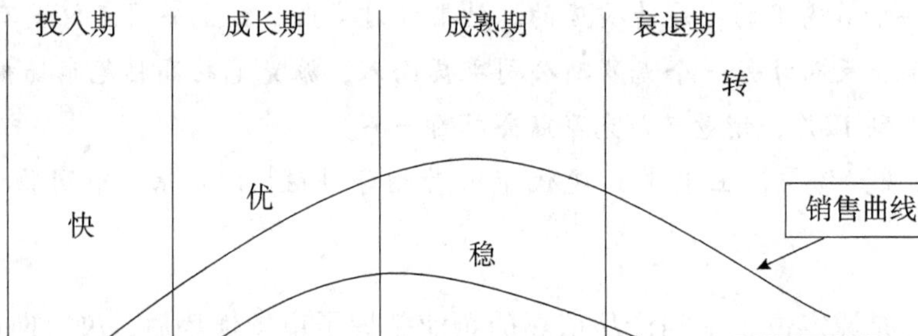

图 8－2　产品寿命周期示意

（1）投入期。产品刚上市，知名度低，销售增长缓慢，由于促销费用高，企业几乎没有利润，甚至亏损。

（2）成长期。产品试销成功，开始批量生产，销售增长迅速，利润也显著增加，竞争者陆续出现。

（3）成熟期。产品大量投产销售相对稳定，销售和利润增长达到顶峰后速度渐缓，并开始呈现下降趋势，同时行业的生产经营者增多，竞争激烈。

（4）衰退期。由于竞争激烈，需求过于饱和，或新产品出现使产品销售明显下降、利润日益减少，最后因无利可图而退出市场。

并非所有产品寿命周期都相同。有些产品一上市就很快进入成长期，称为早熟；有些产品一试销没进入成长期就衰退了，称为夭折；有些产品正常进入成长期，而迟迟进入不了成熟期，称为苟延残喘；有些产品历经多次循环，久盛不衰，称不规则性。

二、产品寿命周期各阶段的特征及策略

（一）产品寿命周期各阶段的特征（见表8－1）

表8－1　　产品寿命周期各阶段特征

	投入期	成长期	成熟期	衰退期
销售额	低	快速增长	缓慢增长	下降
利　润	微小或负	大量增长	由高到低	低或无
现金流量	负	适度	大量	少量
顾客类型	创新者	早期接受者	多数大众	保守者
竞争者	甚少	渐多	最多	渐少

（二）产品寿命周期各阶段的策略

产品寿命周期各阶段呈现的特征不同，企业需制订不同的营销策略。

1. 投入期市场营销策略

投入期产品销量小，促销费用高，生产成本高，利润低乃至负值，企业面向的顾客是高收入层。因此，对开发新产品的风险性应有足够的认识，营销策略要突出“准”字。这时企业应主要在建立和完善销售渠道和介绍产品、吸引消费上下功夫。

将价格和促销两个因素结合起来，投入期企业一般可有四种营销策略，如图8－3所示。

		促销 高	促销 低
价格	高	快速掠取策略	缓慢掠取策略
价格	低	快速渗透策略	缓慢渗透策略

图8－3　投入期市场营销策略

（1）快速掠取策略。以高价配合高促销费用，以求迅速扩大销售量，提高市场占有率。适用条件是：产品确有特点，有吸引力，但知名度不高；市场潜力大，目标顾客有较高支付能力，面对潜在竞争威胁，急于建立品牌形象。

（2）缓慢掠取策略。以高价格配合低促销费用，目的是以尽可能低的费用取得最大限度的收益。适用条件是：市场规模有限；产品有一定知名度；目标顾客愿意支付高价格；潜在竞争不紧迫。

（3）快速渗透策略。以低价格配合高促销费用，以求迅速占领市场，随着销量的扩大，使成本降低，取得规模效益。适用条件：市场规模大，产品知名度不高；顾客对价格十分敏感；潜在激烈竞争；单位成本可随着生产规模的扩大而大幅下降。

（4）缓慢渗透策略。以低价格配合低促销费用，推出新产品。低价格可扩大销售，低促销费用可降低成本，增加利润。适用条件：市场规模大并熟悉产品；市场对价格十分敏感；竞争威胁不大。

2. 成长期市场营销策略

成长期销售迅速增长，利润迅速增加，成本逐渐降低，但高利润使得一些竞争者进入。随着竞争的加剧，产品市场开始细分，增加销售渠道，平均促销费用开始下降。这时营销策略应突出“好”字，在提高产品质量和服务上下功夫。企业可采取如下策略：

（1）努力提高产品质量，增加新的功能、特色和款式。

（2）积极开拓新的细分市场和增加新的销售渠道。

（3）广告宣传重点，应从建立知名度转向说服顾客购买。

（4）在适当时机降低价格，以吸引那些对价格敏感的顾客，并抑制竞争。

3. 成熟期市场营销策略

成熟期市场销售增长缓慢，利润开始下降，市场竞争十分激烈，各品牌、各款式的同类产品不断出现，名牌产品逐渐形成。这时营销策略应突出“争”字，即争取稳定市场，延长产品市场寿命。企业可采取如下策略：

（1）市场改良。寻找新的细分市场，特别是挖掘那些没有用过本产品人群的新市场。

（2）产品改良。通过改变产品特性，吸引顾客，扩大销售。如提高产品质量，增加产品功能，改进产品款式。

（3）市场营销组合改良。通过对产品、价格、销售渠道和促销四个营销组合因素的改变，扩大销售。

4. 衰退期市场营销组合策略

衰退期产品销售量迅速下降，利润迅速下降，大量竞争对手退出市场，消费者的偏好发生转移。这时企业营销策略应突出“转”字，即有计划、有步骤地转移阵地，及时实现产品更新换代。企业可采取如下策略：

（1）继续策略。延续过去的营销策略，直至产品最后完全退出市场为止。把企业能力和资源集中到最有利的细分市场上，从中获得利润。

（2）收缩策略。大幅度降低产品的促销费用，降低营销成本，以取得当前的利润，但可能加速产品衰退速度。

（3）放弃策略。对于衰退较快的产品，当机立断，放弃经营。

综上所述，产品寿命周期各阶段策略比较，如表8－2所示。

表8－2　　产品寿命周期各阶段策略比较

	介绍期	成长期	成熟期	衰退期
营销目标	创建产品知名度和试用产品	市场份额达到最大	保护市场份额同时争取最大利润	减少开支，选择撤退时机
产品	提供试销产品	提供产品，扩展服务、担保	品牌和型号多样化	逐渐减少衰退产品，生产开发新产品
价格	一般较高	制定能渗透市场的价格	定价与竞争者抗衡	降价
促销	强化广告宣传在创新者和经销商中建立知名度	在大量市场建立产品知名度	强调品牌差异和利益	降低到维持住绝对忠诚者所需的程度
分销	选择性分销	密集性分销	更密集性分销	有选择地减少无利润分销点
生产策略	少量生产	大量投产，扩大生产能力	转移生产产地，增加产品品种	缩减生产

第三节　新产品开发策略

随着科学技术的进步，消费者需求的不断变化，市场竞争的日趋激烈，产品的生命周期日趋缩短。大多数新产品问世以后，就面临着被更新产品取代的命运，而更新产品又将被更新的产品淘汰。企业要想在市场竞争中获得成功，企业的产品在市场竞争中持久地占领有利的市场地位，必须不断地适应市场潮流变化，不断地推出适合消费需求的新产品，才能适应变化的市场需求。因此，企业应力求采取正确的新产品开发策略。

一、新产品的概念和种类

市场学中使用的新产品概念不是从纯技术角度来理解的，即新产品并不一定是新发明的产品，它是对企业而言的新产品，是企业第一次生产、销售的，可能在世界上早已出现，在其他地区早已经销或本地区其他类似的企业已提供的产品。所谓新产品是指产品整体概念中任意一部分的创新、变革和改变，并为顾客带来新的利益。

根据上述定义，新产品可分为以下五种基本类型：

（1）全新新产品。它是指应用科技新原理、新技术、新材料制造的前所未有的产品。它们代表着科学技术发展的方向，标志着一个新科技时代的到来，是现代科学技术的最新成果。如世界第一辆汽车、第一架飞机、20 世纪 90 年代信息高速公路的兴起等。

（2）改进新产品。它是指不是由于科学技术的进步，而导致产品的重大革新，而是采用新工艺、新材料、新包装等对现有产品的品质、性能、款式等作一定的改进。

（3）换代新产品。它是指适合新用途、满足新需要，在原有产品的基础上采用新材料、新技术、新工艺而制造出来的新产品，如黑白电视机改为彩色电视机、双桶洗衣机改为全自动洗衣机等。

（4）仿创新产品。它是指企业模仿市场上已有的产品，并加以创新而生产的产品，也称企业的新产品，日本松下公司就是通过开发仿创新产品而迅速发展起来的。

（5）组合新产品。它是指合并已有产品的功能后向消费者提供方便或创意的产品，如组合音响、音乐贺卡等。

二、新产品开发

（一）新产品开发的基本要求

（1）要有市场。新产品在市场上要有一定的销量，为市场所需要，为此，要预测市场容量。

（2）要有特色。新产品要具有独创性，有新的功能、新的用途，符合市场的新需求。

（3）要有能力。必须根据企业自身的生产条件、技术力量、原材料资金等情况量力而行，尽可能形成一定规模的生产能力。

（4）要有效益。企业在开发新产品前必须进行可行性分析和量本利分析，充分发挥现有生产能力，综合利用边角废料，以较少投资获得较大收益。

案　例

铱星的陨落

美国铱星世界通信公司（以下简称铱星公司）曾经是 20 世纪世界卫星通信业的代

表。它作为卫星移动通信业的开拓者，曾耗资60亿美元，用12年的时间进行技术创新，研究开发出了由66颗低地球轨道卫星组成的移动通信网络。从理论上讲，该网络可以使用户随时随地进行通信联络。但从1998年11月投放市场以来，由于手机和服务费用昂贵等原因，该公司的客户一直稀少。到1999年8月初，只有2万家用户，而要实现赢利则至少需要有65万家用户。在无法按期偿还巨额债务的情况下，铱星公司于1999年8月被迫向特拉华州的破产法院申请破产保护。到2000年3月18日，铱星公司终止了向它的客户提供服务。至此，这项耗费巨资的宏伟计划宣告破产。铱星公司从开始投入运营到倒闭，只经过了一年多的时间。其间，铱星公司从一个备受推崇的高科技企业跌入破产的深渊。铱星公司的教训在哪里呢？

技术的超前性固然重要，但是它不能代替市场。产品的准确市场定位是制约其生命力的关键因素。像铱星公司这样的伟大创意，只是给少数人“享受”的未来科技，缺乏大规模的普遍的市场需求，很难有强大的生命力。铱星系统设计的初衷，是建立一个覆盖全球并在任何时间、任何地点都可以拨打的无缝隙的移动通信系统。它具有覆盖区域更广阔、信号更清晰、提供完善的寻呼服务、具备更强大的漫游功能以及完善的“千年”问题解决方案等优势。在技术上，铱星系统开创了全球个人通信的新时代，它称得上是一次通信史上的革命，是现代通信的一个里程碑。铱星网络覆盖面的80%是人迹罕至的海洋、荒漠、高山和极地。真正对这种新产品有需求的市场群体，主要是那些经常穿梭于世界各地的跨国公司的高层管理人员，以及石油、采矿、航海等特殊行业的工作人员，而这个用户群无疑是相当狭小的，这就极大地限制了铱星电话的市场规模。铱星公司还可为一些地域广阔而人口稀少的欠发达地区提供包括语音、数据、电视节目传输在内的全方位“固定”通信服务等。然而，铱星公司预想中的主要客户却是那些商业用户和公司经理们，对他们而言，这项技术毫无必要，因为他们大多集中在大中城市。这使得铱星公司在很大程度上忽视了个人用户以外的其他市场。

正因为在“错误的时间、错误的市场、投入了错误的产品”，铱星无可奈何地陨落了。

（资料来源：杨勇，王惠杰．现代市场营销学［M］．北京：中国物资出版社，2007.）

（二）新产品开发的形式

（1）独立研制，是针对企业现有产品存在的问题，开展独创性研究，创造出具有本企业特色的新产品，从而取得技术上的领先地位和市场上的优势，一般适合于资金和科研力量比较雄厚的企业。

（2）技术引进，通过引进技术和购买专利来开发新产品。该方式可缩短研制时间，在短期内提高技术水平、生产效率和产品质量。技术引进须符合企业生产条件及市场需求，避免盲目引进。

(3) 研制与引进相结合，既重视引进先进技术，也不放弃独立研制，将技术引进与技术开发结合起来，注意消化吸收，是目前国外企业采用较多的一种形式。

(4) 协作研制，是企业与企业、企业与科研单位、企业与大专院校之间共同开发的方式。该方式利用企业外部的科研力量弥补自己的不足，也有利于科学成果商品化，加速新产品开发进程，该方式较适合我国目前大多数企业。

(三) 新产品开发的程序

虽然新产品开发能充分利用企业资源应付竞争，从而增强企业活力，提高经济效益。但在现实生活中新产品开发持续高失败率却令人不安。据美国某工业设计公司估计，近几年来有80%~90%，新产品在市场上遭到失败。失败的原因是，或对市场规模估计太高，或实际产品设计得不如预想的那样好，或市场定位不正确，或定价太高，或广告宣传运用失当。为了提高新产品开发成功率，必须建立科学的产品开发程序，大致可分为以下8个主要步骤：

1. 构思形成

新产品构思主要来源包括：内部来源、顾客、竞争者、销售商和供应商及其他。

(1) 许多新构思来自企业内部。企业高级管理人员的突发灵感和销售人员每天与顾客接触的一线性，是一种切实可行的构思来源。丰田声称它的职员每年提出200万项构思，85%得以贯彻。

(2) 企业可从观察和聆听顾客的过程中得到新产品构思。

(3) 观察竞争者的广告及其他信息，从而获取新产品线索。购买竞争者新产品，然后剖析改进，制造更适合于市场需求的产品。

(4) 销售商和供应商因转售产品直接接近市场，也会有许多好的新产品构思。

新产品构思还有其他各种来源：贸易杂志、展览和研讨会、工业顾问、广告代理商、营销调查公司、大学、商业实验室和发明人等。

2. 构思筛选

筛选构思的目的是剔除那些不能达到预期目标或能达到目标而企业能力所不及的设想方案，在后面几个阶段产品开发成本飞涨，因此企业必须采用能转变成盈利性产品的构思。

3. 产品概念的形成与测试

新产品构思经筛选后，需进一步发展具体、明确的产品概念。产品概念是指已经成型的产品构思，即用文字、图像、模型等予以清晰阐述的，是消费者利益的集中凝练，用一句新奇的语言概括出来，引导消费。如彩电行业曾不断推出过的新产品概念：康佳的“柔性”彩电、创维的“健康逐行王”、长虹的“精显王”背投彩电等。一个产品构思可转化为若干个产品概念。每一个产品概念都要进行定位，并提交目标市场有代表性的消费者群进行测试、评估。

4. 市场营销战略的制订

企业选择了最佳产品概念之后必须制订出这种产品引入市场的初步市场营销计划，并在未来发展中不断完善。初拟报告由三部分组成：①描述目标市场的规模、结构和消费者购买行为，产品定位以及短期（如 3 个月）的销售量、市场占有率、利润率等；②概述产品预期价格、分销渠道及第一年营销预算；③简述较长期（如 3 ~ 5 年）的销售额和投资收益，以及不同时期的市场营销组合等。

5. 商业分析

商业分析即从经济效益分析产品概念是否符合企业目标，即预测销售额和推算成本与利润。

6. 新产品研制

市场研究与开发者或工程部可以把通过商业分析的新产品概念试制成为实体模型或样品。这些模型或样品必须具有产品概念所规定的所有功能特色，还必须传达想要表现的心理特征。

7. 市场试销

市场试销应对以下几个问题作出决策：①试销的地区范围，试销市场应是企业目标市场的缩影；②试销时间，试销时间长短一般应根据该产品的平均重复购买率决定；③试销所需费用开支；④试销营销策略及试销成功后应进一步采取的战略行动。

8. 正式上市

新产品试销成功后，就可以正式批量生产，全面推向市场，这时，要支付大量费用，而初期利润往往微小甚至有亏损。因此，此阶段应对产品投入市场的时机、区域目标市场的选择和最初的营销组合作出慎重决策。

三、新产品开发失败原因分析

开发新产品是关系到企业生存发展的大事，企业要努力开发。但这又是一项艰难的工作，不仅需要投入大量资金，而且不是任何新产品都能获得成功，企业要承担很大的风险。

新产品从研究到开发到生产和销售，是一个充满风险的过程。有调查表明，新产品的失败率为：消费品 40%、工业品 20%、服务产品 18%。新产品开发失败原因如表 8 - 3 所示。

表 8－3　　新产品开发失败原因

失败原因	具体细节
市场规模太小	对这类产品的需要不足
和公司能力不匹配	公司能力与生产和营销的需要不匹配
产品不够新或没有差别	创造性差的创意实际上没有向顾客提供任何新的东西。技术可能是新的，但是顾客利益不明显
没有真正的利润	相对于顾客需要而言，产品没有提供更好的东西，在核心技术上投资不足
相对于竞争者来说较差的定位	竞争产品的组合超过了该产品的认知利益，价值低
没有分销渠道的充分支持	产品没有能够获得预计的分销渠道的支持。在需要的时候渠道却没有提供相应的产品展示，顾客无法购得产品，没有售后服务
预测错误	由于高估了销售量而生产过剩，或因为对销售量估计不足，生产的产品不够，营销工作不足而丧失了机会
没有按照时间表进行	进入市场太迟，循环时间太长，丧失了技术或市场机会
竞争性的反应	产品在市场上获得成功之前，竞争者的反应非常迅速，降低价格和促销，竞争者模仿产品的设计并加以改进
出现了技术上大的转变	被所在领域技术根本的改变“打得措手不及”，采用旧技术的时间太久
顾客口味的变化	在产品达到市场渗透之前，顾客偏好发生了根本性的变化
环境限制因素的变化	一些关键因素，例如经济环境或者原材料成本，发生了巨大的变化
重复购买太少或者没有新产品的扩散	开始顾客会购买产品，但销售量永远也达不到潜量
较差的售后服务	产品太复杂或是可靠性差，没有相应的服务
投资回报率不足	相对于投资来说，利润太少（例如销售量太低或成本太高）
各职能部门缺乏协调	研究开发的产品不能满足顾客需要，产品不能提供营销部门识别的利益，设计的改变使得产品生产起来很困难
公司本身的问题	营销、研究、生产部门相互之间有冲突。在设计和营销的关键方面缺乏充分的沟通

注：根据中国商业技师协会市场营销专业委员会编写的《市场营销方法与实践（2003）》中的资料改编。

四、新产品的推广

由于各种新产品都在一定程度上引起消费者生活方式和使用习惯的改变，因此，新产品被消费者普遍接受需要一个或快或慢的过程，企业必须有针对性地对不同采用者进行推广。

（一）新产品采用者类型

由于社会地位、消费心理、产品价值观、个人性格等多种因素的影响，不同顾客对新产品采用具有很大差异，如表 8－4 所示。

表 8－4　　采用新产品消费者类型及比例

消费者类型	比例
创新采用者	2.5%
早期采用者	13.5%
早期大众	34%
晚期大众	34%
落后购买者	16%

（1）创新采用者：这类消费者市场信息灵通，经济富裕，喜欢标新立异，不保守，是企业投放新产品的极好目标。

（2）早期采用者：这类消费者喜欢鉴赏评论，以领先采用为自豪，经济状况良好，但与创新者比较为谨慎。

（3）早期大众：这类消费者接触外界事物较多，有较好的工作环境和固定收入，对“舆论领袖”消费行为有较强模仿心理，不甘落后于潮流，购买高档产品时特别慎重。

（4）晚期大众：这类消费者对新事物、新环境多持怀疑或观望的态度，一般要等大多数人证实新产品效用后才肯购买。

（5）落后购买者：这类消费者思想保守，对新事物、新变化多持反对态度，只有当新产品被一致认可后才会采用。

（二）新产品推广策略

新产品推广，应将重点放在“创新采用者”和“早期采用者”身上，也就是抓住市场上早期潜在买主，使其成为现实买主。取得成效后，迅速推广，扩大市场占有份额，一般有两种策略可被选择。

（1）渐进策略。企业将新产品有选择地投入主要市场或特定地区，然后逐步扩大。这种策略比较稳妥，能使新产品产量增加与市场扩大协调起来，有利于企业不断改进、完善计划，即使出现一些问题，损失也不会太大；但采用此策略，产品推广速度较慢，收益率较低，潜在竞争威胁较大。

(2) 急进策略。企业在新产品试销效果非常理想的前提下，将产品全速推进预期各市场。这一策略收益增长率高、见效快，能有效防止竞争，但推广和促销费用较高，而且有一定风险。因此，企业必须在正确预计新产品推广前景的情况下才能采用。

无论是选择渐进策略还是急进策略，都要有周密的计划，而且要与企业的实际生产能力相协调。

案　例

某品牌啤酒的市场推广

某市的某品牌啤酒如今在当地占据了绝对的市场份额，而它当初上市推广之时，还有一段趣话。当时的总经理带领一班人，四处推销自己的啤酒，此前啤酒也没有进行过什么销售策划，可以想象到推销这种啤酒的难度。有一次，总经理带着一个助手步行了几天，却一瓶啤酒也没有推销出去。在夏天的一个炎热的中午，总经理又疲劳、又饥饿、又伤感，在一棵大树下，他与助手大喝用来推销的啤酒直至酩酊大醉，然后把剩余的啤酒瓶全都砸烂。从此他悟出一个道理，公司没实力、产品不出名，要推销出去是多么艰难。公司首先必须进行一些营销策划，他开始实施营销策划运作。啤酒很快得到了消费者的认可，代销商也主动找上门来订货，他再也不用像过去那样去苦苦地哀求代销商。公司经过几年的营销策划运作，很快占领了本市及周边市场，把另一个品牌的啤酒彻底挤出了当地市场。

（资料来源：吴粲．策划学——原理、技巧、误区及案例［M］．北京：北京师范大学出版社，2008.）

第四节　品牌及包装

品牌、包装都是产品整体概念的重要组成部分。掌握制订和实施品牌与包装策略有利于优化产品组合与营销组合，提高营销效益。

一、品牌决策

（一）品牌及其相关概念

所谓品牌就是产品牌子。它是卖者给自己的产品规定的商业名称。通常由文字、标记符号、图案和颜色等要素或这些要素的集合构成，用来识别一个卖者或卖者集团的产品，以便同竞争对手的产品和服务区别开来。

品牌包括品牌名称、品牌标志、商标。

（1）品牌名称，是指品牌中可以用语言称呼的部分，也称品名。如“娃哈哈”“桑塔纳”等。

（2）品牌标志，是指品牌中易识别、易记忆但不能用语言称呼的部分，也称品标。

（3）商标是法律名称。它是经过注册登记，并受法律保护的品牌或品牌的一部分。商标是企业的无形资产，依据其知名度和美誉度的高低，具有不同价值，驰名商标更是企业巨大的财富。我国习惯于对一切品牌不论其注册与否统称商标。只是有“注册商标”和“非注册商标”之分。因此“品牌”与“商标”在我国常通用。

品牌含有六个层次含义：①属性；②利益；③价值；④文化；⑤个性；⑥用户。这说明品牌是个复杂的符号，如果仅仅把品牌当作一个名字，那么是对品牌的曲解，每当人们提起一个品牌时，首先想到的是可以识别的这六个方面，当然品牌中持久的含义是其价值、文化和个性，它们构成品牌的实质。

（二）品牌的作用

品牌的作用可以从企业和消费者两个方面来体现出来。

1. 品牌对企业而言

（1）有助于促进销售、树立企业形象。借助品牌，消费者可以了解和记住品牌及商品，也记住了企业，在消费者信任品牌的同时，树立了企业形象和产品形象，增强了企业的竞争能力，促进销售，增加利润。

（2）有利于保护品牌使用者的合法权益，保护企业间的公平竞争，防止他人模仿、抄袭和假冒。

（3）可建立稳定的顾客群，吸引那些具有品牌忠诚者的消费者。依据市场变化，企业需不断开发新产品。淘汰老产品，有了品牌，消费者对某一品牌的偏爱，可驱使其接受和购买该品牌标定下的产品组合及其扩大而带来的新产品。

（4）有利于企业实行品牌战略。不同的品牌对应不同的目标市场，针对性强，利于拓宽各细分市场。

2. 品牌对消费者而言

（1）可以便于其识别、选购。随着科技的发展，同类产品之间的差异越来越难以辨别。由于不同品牌代表不同品质、不同利益，所以方便消费者认牌购买。

（2）有利于监督产品质量，保护消费者合法权益。品牌可以使消费者明确哪个厂家对该产品负责，便于监督产品质量，从而也保护了自身利益。因为企业为维护自己品牌的形象，都十分注重恪守对消费者的利益承诺。

另外，名优品牌商品，还能使消费者显示生活档次和品位，使其获得心理满足。

（三）品牌设计

品牌设计就是为品牌创造出独特性，主要是对品牌要素的设计。

1. 品牌设计的主要要素

（1）品牌名称。

品牌名称，是指品牌中可以用语言称呼的部分。作为品牌识别要素，品牌名称担负着品牌的功能，是品牌识别系统的核心要素。品牌名称与品牌的核心内涵、产品特性紧密相连，是顾客判断产品质量的关键线索，在一定程度上影响着消费者的购买行为，进而影响着一个品牌的兴衰。正如美国当代营销大师阿尔·里斯所认为："一个好的品牌名称是品牌被消费者认知、接受、满意乃至忠诚的前提。品牌的名称在很大程度上对产品的销售产生直接影响。品牌名称作为品牌的核心要素甚至直接影响到一个品牌的兴衰"。

品牌名称能够直接产生对产品有利的自然联想，如提到"农夫山泉"这个名字，消费者马上就会想到它来自深山，是纯天然的；看到"红豆"，马上就联想到相思豆、关爱、爱慕等内容；提到"娃哈哈"，马上想到了小学生经常唱的那首歌，无形中增强了亲和力。所以企业非常重视品牌名称的确定。

（2）品牌标识。

品牌标识是指品牌中易识别、易记忆，但不能用语言称呼的部分。品牌标识是形成品牌一致形象的关键元素，是品牌活力元素的重要内容。

品牌标识具有可视的特点，容易识别。如消费者一看到包装上的 Coca – Cola 的标志字体、白色水线和红底色的图案，马上就知道是可口可乐，一看到山德士上校一身西装、满头白发及山羊胡子的形象，就知道是肯德基等；标识的多样性，容易跨地域传递；标识具有的含义，可以激发消费者的联想。

要规范品牌标识的使用，避免在品牌传播过程中不能够规范统一地使用品牌标识，这会对品牌形象带来损害。

（3）品牌专用色彩。

品牌的专用色彩是用来象征品牌并应用在视觉识别设计中所有媒体上的特定色彩。专用色在视觉识别中具有强烈的识别效应。如 IBM 被称为"蓝色巨人"；一看见黄色的 m 型门店就想到这里出售的是汉堡包，它代表的是麦当劳；还有像可乐红、电信蓝、邮政绿等，很容易让人们记住。

品牌专用色的确定需要根据品牌的内涵而定，突出品牌与竞争者的区别，并创造出与众不同的色彩效果，吻合受众的偏好和表达品牌个性。专用色的选用通常是以国际标准色谱为标准的，品牌的专用色使用不宜过多，通常最多不超过三种颜色。

案 例

苹果的“白色”

手机中的领导者苹果，在品牌专用色的确定方面不断调整，最初苹果标识含6种颜色。经过比较后，从“识别度”来看，“白色”使得苹果产品具备高度的识别度即使在一定距离之外也能看到。最后确定为“白色”。

（4）品牌形象代表。

有些企业会设计品牌的形象代表。形象代表是品牌标识的一个特殊类型，往往取材于人类本身或现实生活。常见的品牌形象代表以动画人物为主，如酷儿、米老鼠等；也有一些企业会采用真实人物作为形象代表，如“王守义十三香”就是以王守义的真人照作为形象代表，已成为中国驰名商标；再如KFC伯伯——山德士上校一身西装、满头白发及山羊胡子的形象，也已成为肯德基国际品牌的最佳象征。

（5）品牌广告语。

品牌广告语是用来传递有关品牌的描述性或说服性信息的短语，是关于品牌信息的记述或品牌承诺、思想传达的短句。它告诉消费者，这是什么品牌，能提供什么帮助。品牌标语能从侧面使消费者对于品牌认识产生积极影响。广告语对于品牌认知具有非常重要的作用，与品牌名称、品牌标识、品牌专用色彩及形象代表一起构筑品牌非常有效的传播手段。如“牛奶香浓，丝般感受”“原来生活可以更美的”等，都是非常好的广告语，对品牌的传播和记忆起到了积极的作用。

2. 品牌设计的注意事项

品牌设计中充满了艺术性和创造性。其题材极其广泛，凡花鸟虫鱼、飞禽走兽、人物事件、名胜古迹、神话传说和天文地理都可作为品牌内容。但在设计时应注意以下要求：

（1）标志性。即能与同类企业有明显区别，反映本企业产品特色和风格。

（2）新颖性。造型别致、新颖、美观大方的品牌或商标不仅能增强广告宣传效果，而且给人以美的享受。

（3）通俗性。易认、易记、易懂、又便于产生联想的品牌才能在广告宣传的瞬间留下较深印象。因此，要求其文字内容概括、简练、醒目、主题明确、图案清晰。通俗性要强调通而不俗，不贪“俗名”，像“财神”“肥婆”“黄金万两”“狗窝饭店”等就有点儿太俗了。

（4）寓意性。品牌设计应通过直接形象、间接形象或含蓄的文字恰如其分地反映、表示、隐喻商品的特征和风格，以便唤起消费者美好的联想，如日本的富士胶卷，以富士山、蓝天白雪给消费者以联想。

（5）适应性。品牌设计应考虑不同消费者的心理要求，在图案、颜色、符号和文字上要考虑不同民族、国籍、宗教、文化的偏好和禁忌，防止误解和引起不必要的纠纷，便于在不同场合、多种媒体使用。

（6）严肃性。其文字、名称、图案、符号要符合《中华人民共和国商标法》规定，不得同中国或外国的国家名称、国旗、国徽、军旗、勋章、红十字等相同或相似，不得使用政治上有不良影响或不尊重民族风俗习惯的商标。

（7）艺术性。一个好的品牌既要能够针对消费者心理，启发其联想，又要强调思想内容健康，无不良意义。

（四）品牌策略

1. 品牌有无策略

要不要使用品牌，是企业在品牌决策时首先要考虑的问题。如前所述，使用品牌固然能为企业带来许多好处，但企业也必然要为此付出相应的费用，还要为不同品牌分别制订不同的市场营销策略，加重消费者和企业的负担。因此，有些企业也常采用无品牌策略，如超市包装简易、价格便宜的产品。

但必须说明：商品无品牌也有对品牌认识不足、缺乏品牌意识等原因。当然，商品有无品牌不是一成不变的。

2. 品牌归属策略

品牌归属策略即品牌归谁所有，谁对品牌负责。生产者可以用自己的品牌，也可用他人品牌。用他人品牌又包括用他厂品牌和用中间商品牌两种策略。

（1）采用生产者品牌：是为获取品牌所带来的利益，以便推广新产品上市：当品牌打响后，产品极受欢迎时，销售者也乐意推销生产者品牌的产品。

（2）中间商品牌：是指在中间商的品牌下出售无生产企业品牌的产品。对资金薄弱、市场营销经验不足的小厂较适合，也可利用中间商良好的声誉，庞大、完善的分销体系为生产企业在新市场推销新产品服务。

（3）用他厂品牌：即把本企业生产的产品用其他企业品牌出售，国内许多合资和联营企业常采用这种策略。

3. 品牌名称策略

给自己产品使用品牌的生产企业面临进一步的抉择，品牌名称决策至少有以下四种：

（1）个别品牌策略：即企业为不同用途、不同质量的产品分别设计不同的品牌，采用此策略的好处主要是没有将公司的声誉系在某一产品品牌的成败之上，分散了失败的风险，扩大了品牌阵容，有利于壮大企业声誉，但设计宣传费用较高。

（2）统一品牌策略：即对企业生产的所有产品均使用统一品牌进入市场，如飞利浦公司、索尼公司，该策略可节省大量广告费用，可利用原有品牌知名度推出企业新产品。目前酒类、饮料、电器等使用统一品牌较多，但使用该策略要求，不同产品必须具有相同的质量。

（3）分类品牌名称：即对公司所有产品使用不同类型的家族品牌名称，如松下公司（音响制品用 Panasonic，立体音响用 Technics），这是对前两种策略的一种折中。

（4）企业名称与个别品牌并用：即企业对每一种产品都确定一个品牌名称，但每个品牌名称前又冠以企业名称，如新加坡杨协成饮料公司推出杨氏豆沙汤、杨氏菊花茶、杨氏龙眼茶等。这种做法可以使新产品享受企业的整体信誉，利于销售；同时各新产品又有自己品牌名称，可使新产品保持相对独立性，具有各自特色。

4. 品牌扩展策略

品牌扩展是指企业利用其成功品牌的声誉来推出改良产品或新产品，使新产品在节省促销费用的情况下顺利地进占市场。其早在 20 世纪初就盛行于欧美发达国家，世界许多的著名企业大多是靠品牌延伸实现其快速扩张的。美国著名经济学家艾·里斯说："若是撰述美国过去十年的营销史，最具有意义的趋势就是延伸品牌线。"国内企业在推出新产品、进入新领域时，也广泛采用这种策略，如娃哈哈集团成功推出果奶后，又利用这一品牌及图样特征成功推出纯净水、可乐、八宝粥等新产品，这些新产品很快进入市场是借助于"娃哈哈"这个成功品牌，但要注意若新产品不尽如人意，消费者不认可，也会影响该品牌市场信誉。

案　例

五粮液集团的品牌扩展

五粮液集团的前身为 20 世纪 50 年代初由 8 间糟房组建的五粮液酒厂。进入 20 世纪 80 年代中后期，五粮液集团抓住改革开放和机制转变的大好时机，有计划地实行了"质量效益型""质量规模效益型""质量规模效益多元化"三步发展战略，企业得到了长足发展，进一步巩固了其"中国酒业大王"的地位。其中品牌延伸也为五粮液集团的发展立下了汗马功劳。

一开始，五粮液集团产品单一，仅有五粮液、尖庄两个品牌，分属高档酒和低档酒。当时全国白酒新品牌不断涌现，竞争激烈。面对新变化，五粮液集团根据市场细分理论，充分利用"五粮液"这一品牌优势，连续开发出具有不同价位和针对不同层次的白酒新品牌。首先成功地推出了五粮春、五粮醇、五粮神、五湖液等"五"字头的全国性品牌。

同时，五粮液集团又根据我国地域差异大，各地消费者习惯、口味、经济条件都不一样的情况，有针对性地开发了系列区域性品牌，开发的金六福、浏阳河、东方龙、川酒王、老作坊、铁哥们、情酒、岁岁乐、喜寿宴、蜀帝宴、五夜丰、交杯喜等上百个品牌。深受市场欢迎，取得了良好的经济效益。

（资料来源：根据五粮液集团网站相关资料整理）

5. 多品牌策略

多品牌策略是指企业同时为一种产品设计两种或两种以上的互相竞争的品牌，这种策略由宝洁公司首创并获得成功，运用此策略可以在分销陈列时占有更多的货架，又可以以其独有的特色吸引有多种不同需求的顾客，实际运用时，应适时撤销市场占有率过低的品牌。

6. 品牌重新定位策略

品牌重新定位策略是指全部或部分调整或改变品牌原有定位的做法。随着消费者偏好的转移和竞争者品牌的推出，适时适势地进行品牌重新定位是必不少的工作。七喜公司的“非可乐”饮料定位是品牌重新定位的成功范例。

7. 互联网域名商标策略

由于域名系统（DNS）是国际共有资源，可较好地实现信息传播，这就决定了它有巨大的商业价值。域名不仅作为互联网单位名称和 Imemet 网络上使用网页的所有者身份标识，还具有商标属性，域名也采用“注册在先”原则，企业一旦有了域名，就表明企业在互联网上拥有了自己的门牌号码。因此，许多企业都把知名商标注册成域名。

二、包装决策

（一）包装的概念和作用

1. 包装的概念

包装是对某一品牌商品设计并制作容器或包扎物的一系列活动。产品包装包括三部分，即：

（1）首要包装：是产品紧靠着的包装容器。如牙膏皮、啤酒瓶等。

（2）次要包装：是保护首要包装的包装物，又称销售包装，如牙膏软管外的纸盒。

（3）运输包装：是为储存和运输需要而形成的大包装，主要为了储存、搬运、辨认商品，如装运牙膏的纸板箱。

此外，附在产品或包装上的还有标签，在标签上一般都印有包装内容和产品所包含的主要成分、品牌标志、产品质量等级、生产厂家、生产日期有效期和使用方法等。有些标签上还印有彩色图案或实物照片，以促进销售。

2. 包装的作用

（1）保护产品：包装保证产品在生产过程结束后直至被消费掉以前，产品使用价值不受外来影响，产品实体不损坏、散失和变质，尤其是对易腐、易碎、易燃、易爆的产品，有了完善的包装可保护其使用价值，这是包装的基本作用。根据中国包装技术协会的统计，我国每年因包装不善所造成的经济损失在150亿元以上，其中70%是由运输包装造成的。如袋装水泥的破包率为15%～20%，每年损失300万吨，玻璃的破损率平均为20%，每年损失高达4.5亿元。

（2）便于储运：良好的包装有助于外形不固定商品的运输和储存，既有利于堆码、装卸、陈列、清点、售卖，也方便消费者购买、携带和保管。

（3）促进销售：有人说包装是产品的脸，产品的脸不漂亮，没有特色，产品在货架上低人一等，这样的产品自然是卖不动的；相反包装设计精美，包装上既注明制造商名称、品牌，便于消费者认购，又能吸引顾客，使其产生购买欲望，可以讲美观、得体的包装是无声的推销员。据美国杜邦公司研究发现，63%的消费者是根据商品包装作出购买决策。由于精美包装的吸引，到超市购物的消费者所购物品通常超过出门时打算购物数量的45%。

（4）增加利润：通过精心设计的包装可美化生活、提高档次，满足消费者的心理要求。因此，消费者乐于按较高价格购买，而且包装合理，可减少产品损耗、降低储运费用、增加企业利润。

案　例

山姆森玻璃瓶

1898年，鲁特玻璃公司的一位年轻工人亚历山大·山姆森在同女友约会中，发现女友穿着一套筒型连衣裙，显得臀部凸出，腰部和腿部纤细，非常好看。约会结束后，他突发灵感，根据女友穿的这套裙子的形象设计出一个玻璃瓶。

经过反复地修改，亚历山大·山姆森不仅将瓶子设计得非常美观，很像一位亭亭玉立的少女，还把瓶子的容量设计成刚好一杯水大小，而且使用非常安全，易握不易滑落。更令人叫绝的是其瓶型的中下部是扭纹型的，如同少女所穿的条纹裙子。瓶子试制出来后，获得大众交口称赞，有经营意识的亚历山大·山姆森立即到专利局申请专利。

当时，可口可乐的决策者坎德勒在市场上看到了亚历山大·山姆森设计的玻璃瓶后，认为其非常适合作为可口可乐的包装，于是他主动向亚历山大·山姆森提出购买这个瓶子的专利，经过一番讨价还价，最后可口可乐公司以600万美元的天价买下此专利。要知道在100多年前，600万美元可是一项巨大的投资，然而实践证明可口可乐公司这一决策是非常成功的。

采用亚历山大·山姆森设计的玻璃瓶作为可口可乐的包装后，可口可乐的销量飞速增长，在两年的时间内，销量翻了一倍。从此，采用山姆森玻璃瓶作为包装的可口可乐开始畅销美国，并迅速风靡世界。600万美元的投入，为可口可乐公司带来了数以亿计美元的回报。

（资料来源：吴健．现代物流学［M］．北京：北京大学出版社，2010.）

（二）包装的设计

包装的设计应考虑以下因素：

（1）包装应与商品价值或质量相适应。“一等产品，三等包装”，“三等产品，一等包装”都不利于销售。

（2）包装应能显示商品的特点或独特风格。对于以外形和色彩表现其特点的商品，如服装、装饰品、食品等，包装应向购买者直接显示商品本身，以便于选购。

（3）包装应方便消费者购买、携带和使用。这就要求包装有不同的规模和分量，适应不同消费者需要。

（4）包装上的文字说明应实事求是。如产品成分、性能、使用方法、数量、有效期限等要符合实际，以增强顾客对商品信任。

（5）包装装潢给人以美感。设计时要考虑消费者的审美习惯，使消费者从中获得美的享受，并产生购买欲望。

（6）包装装潢上的文字、图案、色彩，不能与目标市场的风俗习惯、宗教信仰发生抵触。

（三）包装策略

（1）类似包装策略：企业所生产的各种产品都采用相同或相近图案、色彩等共同特征，包装使顾客容易辨认是同一企业的产品，使用该策略可节省包装设计费用，扩大企业声誉，有利于新产品的推销，但有时也会因为个别产品质量下降影响其他产品的销路。

（2）配套包装策略：将多种相关联的产品配套放在同一包装物内出售，如：系列化妆品、成套经典名著等。使用该策略可方便消费者购买、携带与使用，有利于扩大产品销售，但在实践中，须注意消费者购买能力和产品之间的关联程度，切忌任意配套搭配。

（3）双重用途包装策略：也称再使用包装，即包装内产品用完后包装物本身还可作其他用途，虽增加了成本和售价，但消费者感到值得。如：玻璃器皿、铝桶、塑料桶、手提袋等，包装材料都具有双重用途。使用该策略可刺激消费者购买欲望，也可使印有商标的包装物发挥广告效果。但要注意材料适当、成本合理。

（4）附赠品包装策略：在商品包装物内附有赠品以诱发消费者购买，可附玩具、图片、奖券等。如美国麦氏咖啡在其礼盒中附赠咖啡勺或咖啡杯，就有较好的促销效果。该策略对儿童和青少年及低收入者比较有效，不仅可引起购买兴趣，而且可增加重复购买。

（5）改变包装策略：当某种产品销路不畅或长期使用一种包装时，企业可以依据消费的要求更换包装材料，改变包装设计，实施新的包装策略，以引起消费者注意。如苏州的檀香扇在我国香港市场的售价原为 65 元，销量不大，后改用成本 5 元一个的新颖别致的锦盒包装，售价提高到 165 元，销售量却大幅度提高。

以上各种策略亦可结合使用。

案　例

森永的产品畅销了

日本森永公司（简称森永）经营番茄酱。番茄酱是日本人最爱吃的调料之一，市场竞争十分激烈。在众多的经营者中，以可果美和森永两家为最大的竞争者。长期以来，可果美的销量是森永的两倍。森永的老板反复研究自己为什么不如可果美，调查研究结果显示：质量与可果美一样，广告宣传甚至比可果美还多。

森永发动员工分析原因和出谋划策。有一个推销员提出，将番茄酱包装瓶的口改大，大到汤匙可以伸进去。老板觉得这一建议不错，立刻采纳并投入生产。这种做法果然非常成功，使销量急剧增加，没过半年时间，森永的销量超过了可果美，一年以后，它占有了日本大部分市场。改大瓶口获得成功的奥秘何在？原来，市场上装番茄酱的玻璃包装，由于瓶口太小，消费者使用时，得用力摇后，将瓶倒过来，番茄酱才慢慢流出来，影响取用。而森永把瓶口改大，使原来的食用问题解决了。喜欢此类产品的日本人，不觉得食用量多消耗了，还夸它使用方便。包装一改，财源滚滚而来。

（资料来源：杨勇，王惠杰．现代市场营销学［M］．北京：中国物资出版社，2007.）

第五节　产品风险及其规避对策

市场营销就是发现或创造并满足需求，而市场需求的满足只能通过提供适销对路的产品和服务来实现。所以说产品是企业营销战略的重点，是企业提升竞争能力的源泉。做好产品风险的识别和防范成为企业防范与控制营销风险、满足市场需求的一项重要内容。

一、产品风险及主要类型

产品风险是指企业在产品设计、生产、品牌、包装等方面存在某些缺陷或受其他各种不确定性因素的影响，而在市场上未达到预期收益水平给其带来较大损失的可能性。综合营销学者和专家们的研究成果，我们认为产品风险包括产品设计风险、产品性能质量风险、产品入市时机选择风险、产品定位风险、产品产量风险、产品品牌风险和产品包装风险等几个方面。

（1）产品设计风险是指企业所设计的产品式样过时或者产品质量过于超前而不能满足或不适应市场需求，设计的品牌或包装不受消费者的欢迎。

（2）产品性能质量风险是指企业所生产销售的产品在性能质量方面存在缺陷，性能质量不足或过剩，不能真正满足消费者需求。

（3）产品入市时机选择风险是指产品进入市场时机或速度的失误，过早或过迟、过快或过慢投入市场而影响消费者购买该产品。

（4）产品定位风险是指产品的特色、优势与市场需求不相符合，或选择目标市场出现偏差而失去了更多的消费者。

（5）产品产量风险是指企业生产的产品数量过多或过少不能与市场需求量相匹配，造成企业储存成本增加或失去市场机会，给企业造成损失的可能性。

（6）产品品牌风险是指企业对品牌重视程度不够或疏于管理，使其遭遇侵权或维护不当，使品牌产品信誉受到损害的状况。具体表现为：一是被外部企业或个人侵权或品牌没有及时注册而被他人抢注，二是名牌形成后疏于对产品生产管理而使品牌信誉受损等。

（7）产品包装风险指企业的产品包装不能发挥保护产品、方便运输、提升产品价值和促进产品销售的作用，造成产品质量、产品形象受损而影响销售所带来的风险。

二、产品风险的主要原因

产品风险无疑会给企业带来巨大的损失。那么，产生产品风险的原因有哪些呢？根据研究，我们认为产生产品风险的因素可以归纳为以下几个方面：

（1）市场需求的变化。从市场营销的角度讲，企业的生产经营活动是根据市场需求的变化而不断调整的，而市场需求是一个不断变化的不可控因素。改革开放 30 多年，我国的市场由低层次向多层次、从对生活“数量”的需求向对生活“质量”的需求、由群体共同性向个体差异性转化，需求发生了多样化的转变。如果企业不充分认识市场需求的变化并积极开展市场调研、不断开发新的产品、主动调整市场营销组合，则不可避免地产生产品风险。

（2）科学技术的发展。科技因素是营销环境中发展最快、变化最强的因素，是影响人类命运和社会发展的最大力量，是促使企业技术改造和产品创新的主要动力。它在推动生产力发展的同时，也不断地促进社会分工的深化和新的社会需求的产生。科技的这种发展趋势，既给企业带来新的市场营销机会，同时又可能给某些企业带来威胁。由于科技的飞速发展，产品的更新换代速度越来越快，有许多产品在设计阶段就已经成了淘汰产品。

（3）产品定位的偏差。产品定位也叫市场定位、竞争定位，即企业产品具有一定的特色，适应目标市场一定的需求和爱好，塑造产品在目标顾客心目中的良好形象，以求在顾客心目中形成一种特殊的偏爱。许多企业在定位方面存在定位不足、过分定位、混淆性定位、无关性定位、疑惑性定位等偏差。例如，美国铱星公司作为卫星移动通信业的开拓者，其开发的新产品真正的需求者主要是那些经常穿梭于世界各地的跨国公司的高层管理人员，以及石油、采矿、航海等特殊行业的工作人员。然而公司定位的主要客户却是那些商业用户和公司经理，而这部分客户大多集中在大中城市，这项技术对他们来说，可以说毫无必要。其后果是铱星公司为其错误的产品定位付出了公司破产的代价。

（4）市场竞争的失误。只有真正经得起市场竞争考验的产品才是优质产品。没有哪一个企业能够满足消费者的所有需求，也没有哪一个企业能够完全满足消费者某一方面的需求。任何企业向目标市场提供某一产品时，必然会有千千万万个企业生产或提供同类产品满足其需求。这就是竞争，这就是竞争对手。企业在竞争的过程中采用了不当的竞争对策而导致产品质量下降从而遭遇消费者拒绝的案例比比皆是。

（5）国家政策的调整。①国家宏观政策的变化和调整，对企业产品可能带来风险。如国家为了保护资源、节约能源，促进资源综合性利用，杜绝资源浪费，实现代际公平的可持续发展，国家提高资源税税负，调整和扩大资源税的征收范围，使资源加工型企业的成本加大，如铅锌企业，每吨矿石增加 16 元的资源税相当于铅生产成本增加 3.5%，锌征税成本增加 1.7%。对于铜企业，每吨增加 5.4 元的资源税相当于铜征税成本增加 3.2%。这导致原来定价的波动从而使得产品可能滞销。②如果某一企业的产品质量出现问题，产品定价违反了市场规则规范，违反了国家法律法规，必然受到国家法律的制裁，最终导致企业败北，三鹿集团便是例证。③为了适应经济形势的变化，促进经济的发展，国家的经济政策也在不断发生调整。如我国政府在20 世纪90 年代初实行经济紧缩政策，到了 90 年代中后期，又改为经济扩张政策；面对全球性的金融风暴，2008 年 11 月，国务院常务会议明确了应对金融风暴、进行宏观调控的新思路，出台了扩大内需、促进经济增长的十项措施；十九大报告提出了深化供给侧结构性改革、加快建设创新型国家、实施乡村振兴战略、实施区域协调发展战略、加快完善社会主义市场经济体制、推动形成全面开放新格局的伟大举措。国家经济政策的变化必然导致经济形势及市场需求发生变化，进而也可能给企业的产品销售带来风险。

（6）经营道德的缺失。由于利益的驱动，某些企业不惜侵害消费者的健康与安全，生产含过量防腐剂和色素的食品，甚至采用过期原料、添加有毒成分等；商品价值远远低于消费者付出的代价，或者进行虚假的“特价”“减价”活动；过分夸张地发布广告，或者滥用质量标志、夸大量或质的包装；售后低质服务等，不仅给社会带来了许多消极影响，由于损害消费者利益遭到消费者拒绝而造成产品滞销。奶粉添加“三聚氰胺”造成的后果，据公开的一些数据，奶业巨头均出现亏损，总的经济损失达200亿元以上。“瘦肉精”事件2011年使双汇损失超过121亿元。

三、产品风险的规避对策

研究产品风险的目的就在于及时识别产品风险，提出规避产品风险对策。

1. 注重市场调查，提供适销产品

市场调查是企业生产经营活动的起点，贯穿于生产经营活动全过程。企业可以采用询问法、观察法、实验法等方式方法，系统地对新产品设计、开发和试销，对现有产品进行改良，对目标市场在产品款式、性能、质量、包装等方面的偏好以及对该企业产品的满意度等进行调查和预测，从而向目标顾客提供货真价实、物美价廉、适销对路的产品。

案　例

日本小型农用机械产品占领东南亚以上的市场份额。日本的小型农用机械达到东南亚90%的市场占有率经历了三个阶段共10年时间。前3年，它们派出专家和工作人员在东南亚地区进行实地勘察，那里的山有多高，山坡有多陡？然后根据实际掌握的数据设计新产品。拖拉机的动力指标是多少？插秧机的体积应该多大？全靠对当地的实际情况来确定。第4年开始，它们把自己设计出来的产品免费送给一些有代表性的客户使用，并进行随机调查，将需要改进的信息及时收集，终于在第6年把优质的农用机械打入东南亚市场。又经过3年多时间的改进，最后几乎全面占领了这块市场。

（资料来源：杨勇，贺有志．企业如何在扩大内需中发挥主导性作用［J］．运城高等专科学校学报，2002．）

日本小型农用机械之所以能够占领东南亚90%以上的市场份额，正是缘于它们对东南亚地区的实地考察，然后根据实际掌握的数据设计新产品。

2. 援用保险功能，转嫁产品风险

从企业角度来说，援用保险转嫁产品风险的基本原理，在于通过向保险人购买保险单，与之确立保险关系的形式，将其固有的可能是巨大的不固定的损失用小额的保险费支出固定下来。根据《中国人民保险公司产品责任险》条款的规定，“在本保险有效期内，由于被保险人所生产、出售的产品或商品在承保区域内发生事故，造成使用、消费或操作该产品或商品的人或其他任何人的人身伤害、疾病、死亡或财产损失，依法应由被保险人负责时，本公司根据本保险单的规定，在约定的赔偿限额内负责赔偿”。援用保险功能可以提升本企业的产品形象，使消费者买得放心，从而使产品风险降到最低。

3. 精心打造品牌，做好产品定位

品牌营销是企业推销某种经营品牌的一系列营销组合的总称。它包括品牌名称、品牌形象、品牌符号、品牌提供的相关服务等特定信息。对消费者而言，品牌是引起其心理活动的刺激信号。它的基本心理功能是帮助消费者识别和记忆商品。品牌设计的好坏给消费者的视觉刺激感受程度和心理上引起的联想差别很大，从而对产品的认知感也不同。一个好的品牌有助于建立和保持品牌在消费者心目中的形象，有助于本产品区别于同类产品，从而充分体现产品的属性所能给消费者带来的益处，进而通过视觉的刺激，使消费者产生品牌偏好，对产品产生需求。可以说营销的艺术就是建立品牌的艺术。

做好产品定位工作，主要是对产品在消费者心目中的地位进行确定。可以从最佳品质、最佳表现、最值得信赖、最耐用、最安全、最迅速、最物超所值、价格最低廉、最尊贵、设计最佳或最流行、使用最容易或最便利等方面进行定位，定位的方式有避强定位、对抗定位、重新定位等。

4. 积极创造市场，引导消费需求

营销是一门发掘、发展机会并从机会中获利的艺术。根据菲利普·科特勒的解释，寻找已存在的需求并满足它称为响应营销。一些企业了解到妇女想在烹饪与清洁工作上少花些时间，于是就有了洗衣机、烘干机、洗碗机和微波炉等产品的发明。走在顾客需求前面叫预知营销，如随着许多地方的水质日益恶化，使瓶装饮用水的市场逐渐成长。而创造营销是发现和解决顾客并没有提出要求、但他们会热情响应的产品。日本索尼公司是一个创造营销的范例，它成功地导入了顾客还没有询问或还没有想到的许多新产品如随身听、录像机、摄像机、光碟机等。盛田昭夫曾诠释其营销哲学：“我并不是服务市场，而是创造市场。”索尼走在市场前面引导顾客开展营销，堪称为驱动市场的典范。

5. 实施差异经营，开展集中营销

根据美国哈佛大学商学院著名教授、竞争战略之父迈克尔·波特博士的竞争战略理论，企业可以用三种基本竞争战略：成本领先战略、差别化战略和集中化战略。随着科学技术的发展，低成本已成为许多企业的共同战略，其竞争优势逐渐消失。而差别化战略则是提供与众不同的产品和服务，满足顾客特殊的需求，形成竞争优势的战略。企业可以从产品品质、性能或品种、规格、款式、包装、品牌等多个角度寻求与竞争对手的差别，其核心是取得某种独特性，且使竞争对手模仿起来难度很大或代价沉重。集中化战略是中小企业常采用的针对特定的细分市场的一种战略。企业一旦选择了目标市场（这是集中营销的关键），便可以通过差别化或成本领先的方法，取得差异化集中或低成本集中的竞争优势，从而更好地了解目标市场，提供更好的产品与服务，满足顾客需求。

本章小结

整体产品包括五个层次：核心产品、形式产品、期望产品、附加产品、潜在产品。

产品组合的相关概念包括：产品组合、产品线（产品大类）、产品项目、产品组合的宽度、产品组合的长度、产品组合的深度、产品组合的关联性。组合策略包括扩大产品组合、缩减产品组合、产品延伸等。

产品寿命周期各阶段的营销策略为投入期市场营销策略：快速掠取策略、缓慢掠取策略、快速渗透策略、缓慢渗透策略；成长期市场营销策略：在提高产品质量和服务上下功夫；成熟期市场营销策略：市场改良、产品改良、市场营销组合改良；衰退期市场营销组合策略：继续策略、收缩策略、放弃策略。

新产品包括五种基本类型：全新新产品、改进新产品、换代新产品、仿创新产品、组合新产品；新产品开发的基本要求是有市场、有特色、有能力、有效益。开发形式包括独立研制、技术引进、研制与引进相结合、协作研制；开发程序：构思形成、构思筛选、产品概念的形成与测试、市场营销战略的制订、商业分析、新产品研制、市场试销、正式上市；使用者包括创新采用者、早期采用者、早期大众、晚期大众、落后的购买者；新产品推广策略包括渐进策略、急进策略。

品牌有六个层次含义：①属性；②利益；③价值；④文化；⑤个性；⑥用户。品牌的作用可以从企业和消费者两个方面体现出来。品牌设计的主要要素有品牌名称、品牌标识、品牌专用色彩、品牌形象代表、品牌广告语等。品牌设计的要求：标志性、新颖性、通俗性、寓意性、适应性、严肃性、艺术性。品牌策略包括品牌有无策略、品牌归属策略、品牌名称策略、品牌扩展策略、多品牌策略、品牌重新定位策略、互联网域名商标策略。

包装包括三部分，首要包装、次要包装、运输包装；作用表现在保护产品、便于储运、促进销售、增加利润四个方面；设计应从商品质量、特点、消费者及风俗习惯、美感因素等方面考虑；有类似包装策略、配套包装策略、双重用途包装策略、附赠品包装策略、改变包装等策略。

产品风险包括产品设计风险、产品功能质量风险、产品入市时机选择风险和产品定位风险、产品品牌包装风险等几个方面；主要原因是市场需求变化、科学技术发展、产品定位偏差、市场竞争失误、国家政策调整、经营道德缺失；产品风险的规避对策有注重市场调查、提供适销产品、援用保险功能、转嫁产品风险，精心打造品牌、做好产品定位，积极创造市场、引导消费需求，实施差异经营、开展集中营销。

关键术语

整体产品　核心产品　形式产品　期望产品　附加产品　潜在产品　产品组合　产品寿命周期　新产品　品牌　包装　产品风险

思考与练习

1. 什么是产品的整体概念？树立这一观念有什么重要意义？
2. 试述产品组合的有关概念。
3. 什么叫产品市场生命周期？结合实际说明产品市场生命周期各阶段的特征；以及企业应采取的营销策略。
4. 什么是营销学中的新产品？简述新产品开发的形式和程序。
5. 什么是品牌？品牌有何作用？
6. 简述品牌策略的内容。
7. 包装有哪些重要作用？如何选用包装策略？
8. 产品营销存在哪些风险？主要原因是什么？有哪些规避对策？

技能训练

新产品新闻发布会

一、训练目标

1. 针对第八章产品策略的理论知识，开展简单易操作的训练活动，将理论知识转化为实际操作；

2. 让学生能够在新品发布会的实施过程中，体会到新品研发、产品生命周期、产品品牌与包装等知识的应用；

3. 培养学生团队协作能力，从新品的研发到新品发布会的布置及流程设计，都能够让学生体会到团队工作的乐趣和团队精神的重要性。

二、训练准备

1. 授课老师根据学生人数进行分组；

2. 各组根据市场需要研发新的产品；

3. 每组要准备新产品展示 PPT，不少于 10 页；

4. 每组在讲述 PPT 的同时，要进行实物展示。

三、训练流程（每个公司时间控制在 15 分钟以内）

各公司企业形象展示→各公司 PPT 新品解说（新品走秀）→产品生命周期预测→回答提问→学生打分，教师点评。

四、训练打分标准

<table>
<tr><th>评价内容</th><th colspan="2">评价标准</th><th>评价权重</th><th>小计（分）</th></tr>
<tr><td rowspan="4">新产品新闻发布会总结</td><td rowspan="3">内容</td><td>完整性</td><td>10</td><td rowspan="4">60</td></tr>
<tr><td>可行性</td><td>10</td></tr>
<tr><td>创新性</td><td>20</td></tr>
<tr><td>格式</td><td>规范性</td><td>20</td></tr>
<tr><td rowspan="5">PPT 展示环节</td><td rowspan="3">内容</td><td>条理性</td><td>10</td><td rowspan="5">40</td></tr>
<tr><td>准备性</td><td>10</td></tr>
<tr><td>创新性</td><td>10</td></tr>
<tr><td rowspan="2">现场表现</td><td>语言流利</td><td>5</td></tr>
<tr><td>表现自如</td><td>5</td></tr>
<tr><td colspan="3">合计</td><td colspan="2">100</td></tr>
</table>

| 第九章 |

定价策略

学习目标与要求

1. 了解影响定价的因素及定价程序。
2. 熟悉定价风险及规避对策。
3. 掌握定价方法及定价策略。

本章知识架构

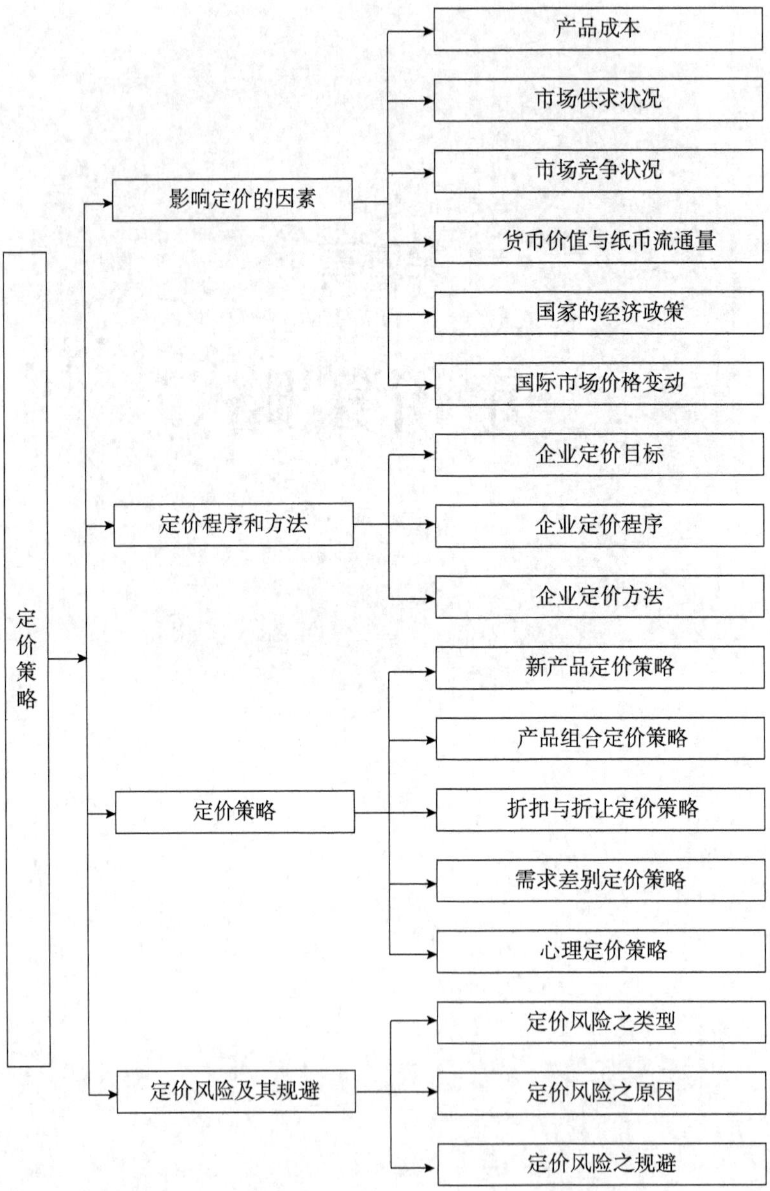

导入案例

格兰仕的价格策略背后

微波炉行业无疑是20世纪90年代中国成长最快的家电产品行业之一，其巨大的市场潜力吸引着国内外众多家电巨头，但稳坐老大宝座的格兰仕仍是无人可撼的巨无霸，从1995年开始，格兰仕微波炉成为中国“第一”，1998年之后，成为世界冠军。

格兰仕在刚性价格战略上一直是各类媒体关注的热点。毫无疑问，格兰仕的价格战打得比一般企业出色，其规模每上一个台阶，就大幅下调价格。

格兰仕降价的特点之一是消灭散兵游勇的目标十分明确。当自己的规模达到125万台时，就把出厂价定在规模为80万台的成本价以下。这时，格兰仕还有利润，而规模低于80万台的企业便无利可图，当规模达到300万台时，格兰仕又把出厂价调到200万台的成本价以下，使对手连年亏损，缺乏赶上其规模的机会，在家电业创造了市场占有率达到61.43%的业绩。

格兰仕降价的特点之二是狠，价格不低则已，要低就比别人低30%以上，菲利浦·科特勒在其营销宝典《营销管理》中谈到价格策略时，第一句话便是：“没有降价两分钱不能抵消的品牌忠诚。”中国市场上较格兰仕更优秀的微波炉品牌少之又少，消费者也没有别的品牌可忠诚的，格兰仕的绝对低价不仅令消费者趋之若鹜，同时又对竞争对手有足够的威慑力。竞争对手如果敢降价，他会比你降得更狠。用格兰仕董事长兼总裁梁庆德的话说：“做绝、做穿、做烂，在单一产品上形成不可超越的绝对优势。”副总裁俞尧昌则这样定义价格战：“就是要使这个产业没有投资价值。”

表面上看，格兰仕发动价格战于国于民都十分有利。于国，格兰仕把微波炉行业的利润率降低到很低点，提高了行业的进入门槛，使许多想进入该行业的资本失去了兴趣，不战而屈人之兵，避免了重复建设和大量社会资源的浪费；于民，格兰仕使微波炉平均价格从3000元降到600多元，最便宜的仅为380多元，连一个刚工作的年轻人都能轻轻松松地买一台微波炉来享受享受，使微波炉以较快的速度进入千家万户，让老百姓提早享受到这一现代文明的成果，大大提高了人们生活质量。然而最后，格兰仕也迎来了发展瓶颈，包括连年亏损、现金流出现困难等，最终还是选择了多元化道路。重新回到格兰仕的俞尧昌说：“格兰仕不会进行简单的价格战，而是向高附加值领域挺进。”

（资料来源：杨勇，等．市场营销学［M］．北京：中国财富出版社，2015．略有改动）

从上述格兰仕价格策略这个案例可以看出，价格对企业来说，是最难把握的一个问题。一般来讲，当企业要将其新产品投入市场，或将某些产品通过新的途径投入新市场时，或竞争投标时，都必须给其产品制定适当的价格。价格通常是影响商品销售的关键因素，它的直接性和平等性，使之成为企业竞争的最重要的手段和形式。企业定价策略是企业市场营销组合中运用最便捷、作用最直接、效用最快速、变化最活跃的因素。它十分敏感，而又难以控制。它直接关系到市场对产品的接受程度，影响着市场需求和企业利润目标的实现，涉及生产者、经营者、消费者等各方面的利益。因此，定价策略是企业市场营销组合策略中一个极其重要的组成部分。正如美国哈佛商学院雷曼德·考利教授所指出的，“定价是极其重要的——整个市场营销的聚焦点就在于定价决策”。杰克·韦尔奇说：“价格的年代，向着我们所有人而来，如果你不能以顾客认为的最低价格将产品售出，那么你就注定会被淘汰出局。”

第一节 影响定价的因素

市场营销学中的定价，既是一门科学，又是一门艺术，即企业为商品定价时，既要遵循客观经济规律，又要充分考虑影响商品定价的各种因素，使商品价格制定得科学合理。

一、营销价格与经济学价格的区别

关于价格的内涵，在经济学和市场营销学中是有区别的。从经济学观点看，价格是严肃的，是商品价值的货币表现形式，价格的运动与商品、成本、利润和货币紧密联系在一起，并遵循一定的客观规律；而从市场营销学观点看，价格是灵活的，价格对市场变化具有灵敏的反应，企业定价与企业供应市场商品的数量、质量、消费者是否愿意接受及市场竞争状况有着直接关系。企业应认真研究定价的技巧与策略，随时随地根据消费者的需要变动，根据竞争者的价格变动调整，以充分发挥市场价格的杠杆作用。

虽然市场营销学要求企业定价采取多变灵活的措施，但价格的决定也必须遵循客观经济规律的要求，在客观经济规律允许的范围内自由定价，即必须按照经济学的原理与原则，来进行定价决策和调节。

二、影响营销定价的因素

影响定价的因素是多方面的，如产品成本、市场供求状况、市场竞争状况、货币价值与纸币流通量、国家的经济政策及国际市场价格的变动等。

（一）产品成本

企业在实际定价中，首先考虑的是产品成本，其与价格关系密切，主要体现在以下三个方面：

（1）成本是构成产品价格的主体。从产品价格构成一般情况来看，工业品成本占价格构成的70%～80%，农产品成本品种差异较大，占价格构成的50%～90%。不管具体情况如何，成本在价格构成中都占很大比重。由此可见，成本是产品价格构成的最基本、最主要的因素。

（2）成本是定价的最低经济界限。企业定价必须以成本为最低经济界限，这是维持正常生产经营活动的必要条件。定价大于成本，企业就盈利；反之，企业就亏损，因此定价必须考虑补偿成本。

（3）成本变动与价格水平的变化密切相关。因为成本是构成产品价格的主体，所占比重最大，因此，一般情况下，成本与价格的变动成正比例关系，即成本上升，价格就上涨；成本下降，价格也就有下降的趋势；成本稳定，价格也相对稳定。

产品成本包括产品进货价、进货费用、储存费用和销售费用。

进货价是企业购进原料时的进货价格，是产品成本的重要组成部分；进货费用包括采购费用、运杂费、包装费；储存费用包括保管费、利息及商品损耗；销售费用指为销售商品而追加的一切物质费用和人工报酬的总和。

产品定价随着成本高低而升降，因此，降低成本，能使企业争取到最大利润及极大的市场回旋余地和主动权。

（二）市场供求状况

1. 市场商品供求状况

在商品经济条件下，价格受商品供求变化的影响而波动，同时，价格的高低也会引起供求的变化。价格与市场供求之间是一种互相影响、互相制约的关系。供求关系是市场的主要内容。商品供给是指能够提供给市场的商品，商品需求是指有支付能力的社会需要，供求关系是指市场提供的商品总量与市场有支付能力的社会需要之间的对比。具体地讲，当商品价格升高时，就会刺激生产者扩大生产，增加市场供应量；反之，就会减少市场供应量。同样，商品价格的高低，也会引起市场需求的变化。价格越低，需求量越多；反之，需求量就会减少。市场供求关系的变化，同样影响价格变动。供不应求时，商品价格就要上升，以抑制消费，增加生产；供过于求时，商品价格就要下降，以刺激消费，抑制生产。所以，在价格的形成中必须反映供求关系的变化。

2. 价格需求弹性

价格需求弹性是指商品需求量对价格变动作出的反应程度，通常用需求弹性系数来衡量。其计算公式为：

$$\text{需求弹性系数}=\frac{\dfrac{\text{需求增减量}}{\text{原需求量}}}{\dfrac{\text{价格增减量}}{\text{原价格}}}$$

用符号表示，即

$$E_d = \frac{\Delta Q_d / Q_d}{\Delta P / P}$$

因需求量的变动与价格的变动呈相反方向，需求弹性系数即为负数，我们一般以其绝对值加以研究。不同的商品，价格的需求弹性是不一样的，有以下五种类型：

（1）$E_d = 0$，即无论价格发生何种变化，需求量不会改变，称为需求完全无弹性。

（2）$0 < E_d < 1$，价格的变动率大于需求的变动率，称为需求缺乏弹性。

（3）$E_d = 1$，价格变动能导致需求同幅度变动，称为需求单一弹性。

（4）$E_d > 1$，价格变动能引起需求更大幅度的变动，称为需求富有弹性。

（5）$E_d = \infty$，任何微小的价格变动都能引起需求的极大变动，称为需求完全弹性。

在实际工作中，主要研究的是 $E_d < 1$、$E_d = 1$、$E_d > 1$ 三种情况。

影响价格需求弹性的因素很多，如人们对商品的必需程度、替代品的多少、商品价值的高低、商品使用寿命的长短、消费普及程度的高低、挑选性的强弱、需求的迫切程度等。无价格弹性的商品降价于促销无益。对需求弹性大的商品，价格一经调整即会引起市场需求的较大变动，所以降价较为有利。

（三）市场竞争状况

市场竞争是商品经济的基本特征，价格在市场竞争中处于重要的地位，也是竞争的主要形式。价格受市场竞争的影响而上下波动，价格与市场竞争之间存在着密切的关系，市场竞争是供求关系影响价格水平的一般条件。当供给增大，需求小于供给时，产品出现积压，生产者竞相出售，市场价格下降；反之，当需求大于供给时，消费者竞相购买，生产者就会提高价格。

工商企业为商品定价时，都应考虑竞争对手的价格情况，力求定出对竞争较为有利的价格。一般来说，如商品在竞争中处于优势，可以适当采取高价策略；反之，则应采取低价策略。

（四）货币价值与纸币流通量

商品价格作为商品价值的货币表现，从量的角度看，价格是商品价值与货币价值的比率，它们之间的关系可表现为：

$$价格 = \frac{商品价值}{货币价值}$$

由关系式可知，价格的变动，一方面取决于商品价值的大小，另一方面取决于货币价值的大小，如果商品价值及其他条件不变，商品价格与货币价值成反比例关系，即货币价值下跌，价格上涨；货币价值上升，价格下降。

在纸币流通的情况下，由于纸币本身没有价值，仅仅是国家强制流通的货币符号，代表流通中的金属货币执行流通职能，那么纸币的供应量就直接关系到纸币所代表的价值，进而影响到价格的水平。这就要求纸币供应量与流通中纸币必要量基本适应。如果纸币的发行量超过了其必要量，纸币将贬值，商品价格上涨。因此，要使商品价格乃至物价总水平保持相对稳定，政府必须实行恰当的货币政策，调节货币供应量，使之符合经济发展的需要，保持物价总水平基本稳定。

（五）国家的经济政策

在社会主义市场经济条件下，既要充分发挥市场在资源配置中的基础性作用，又要克服市场机制的局限性。因此，政府干预和调节则成为必然的选择。国家经济政策对价格形成的影响表现为两个方面：直接影响和间接影响。

国家政策对价格形成的直接影响主要是通过国家对商品价格的直接管理，即直接定价来实现的。一些关系国计民生、资源稀缺、自然垄断性和社会公益性以及其他不适宜竞争的重要商品和服务项目，属于政府定价或政府指导价。政府是价格形成主体的重要组成部分。

一般的商品和劳务价值都是由企业或个人通过市场竞争形成的，国家不直接干预企业商品价格的制定，而是通过实施间接影响企业定价的经济政策，如产业政策、投资政策、货币政策、财政税收政策等有意扶持或有意限制一些行业，从而达到干预这些行业价格的目的。在市场经济条件下，间接干预措施是政府管理经济最常用的手段之一。

（六）国际市场价格变动

随着我国改革开放的深化，我国对外经济交往日益发展，国际市场价格对国内企业价格形成的影响也日益增强。这主要表现在：

（1）国际市场价格水平影响国内企业价格形成。目前，我国许多商品价格与国际市场价格存在较大差距，随着我国加入世界贸易组织的步伐加快，国内企业的价格必然要逐步向国际市场价格靠拢。

（2）国际市场价格波动，会对企业价格带来重大影响。随着对外贸易的发展，各国对世界经济依赖程度增强，国内经济受世界经济影响波动的程度和范围也会加深和扩大。因此，国际市场的供求关系变动，世界经济周期性波动都会向国内传导，使企业价格受到影响。

企业定价，除了以上所讲的几个因素之外，还要受到消费者心理的影响，如消费者求廉求实惠心理、追求新潮时尚的心理、消费者炫耀性心理、从众心理等。因此，企业定价必须适应消费者心理，才能被消费者所接受。

第二节　定价程序和方法

著名经济学家马歇尔说：“一个企业将定价权委任给谁，即意味着将企业的命运维系于谁。”可见，价格制定得当与否，关系企业的生存和发展。企业产品的价格不是轻而易举就可以制定的，不是“想当然”的产物，而是首先在于定价目标的确定。然后，在这一目标指导下，经过一系列的程序，科学地选择定价方法和策略。

一、企业定价目标

所谓定价目标是指企业通过制定产品和服务的价格而要达到的目标和效果。在企业价格决策中，选择正确的、切合实际的目标是十分重要的。它既是价格决策的前提和首要内容，又在某种程度上决定价格决策的其他内容，对于定价方法和策略的选择关系极大。

企业定价目标不是单一的，而是一个多元的结合体。着眼于定价目标的内容，可将其概括为利润目标、市场目标、信誉目标三种。其中，利润目标是主要的，是根本的。追求一定的市场占有率，树立良好的企业形象，最终目的也是获取利润。这是企业作为经济实体的本质特征——逐利性所决定的。

企业定价的总目标是追求利润，但考虑到企业的营销环境、产品特征、市场及竞争状况等，可对定价目标做进一步划分。现实生活中，可供企业选择和运用的具体定价目标通常有以下几种：

（一）生存目标

如果企业生产能力过剩，或面临激烈竞争，则需要把维持生存作为主要目标。为了确保工厂继续开工和使存货出手，企业必须制定较低的价格，并希望市场是价格敏感型的，以此渡过难关。这时候企业通过大规模的价格折扣来保持企业活力。只要其价格能弥补可变成本和一些固定成本，企业的生存便可得以维持。但这种方法不适宜长期使用。

（二）预期收益目标

企业对所投入的资金均希望在一定的时期内收回并能获得一定收益。因此，在给产品定价时，一般应在总成本及费用的基础上再加上一定比例的预期收益。价格的高低便完全取决于企业所确定的预期收益率的高低。预期收益率可以是长期的，也可以是短期的，期限随企业和产品的不同而不同。如对于新产品，预期收益率的确定往往侧重于短期，力求尽快收回研制开发成本。此定价目标适用于在行业中具有较强的优势，规模大、竞争力强、拥有较高市场占有率的企业；或是其产品在性能、外观、材料等方面与同类产品相比，具有较大不同，采取此定价目标对企业日后发展无不利影响的企业。

（三）利润最大化目标

企业利润来自于全部收入扣除全部成本以后的余额。追求利润最大化并非意味着企业产品价格定得最高，它往往更多地取决于合理价格以及由此推动的市场需求量。为使企业能够获得长期的最大利润，短期的亏损也许在某种程度上是不可避免的。如新产品上市时，将产品价格定得很低，甚至低于成本，低价去开拓市场，逐步扩大市场占有率，为日后取得长期的最大利润打下基础。

获取最大利润，不仅是长期的最大利润，而且是总体上的最大利润。当企业经营多种产品时，对相关商品之间的价格确定要慎重，以求总体利润最大化。如可以对消费者熟悉的商品价格定得低一点，对消费者不太熟悉的商品价格定高一点。以熟悉的商品带动销售，以不太熟悉的商品获得利润，从而求得总体利润的最大化。

（四）扩大市场占有率目标

市场占有率是指一家企业销售量在市场销售总量中所占的比率。企业确信赢得最高的市场占有率之后，将享有最低的成本和最高的长期利润，所以企业制定尽可能低的价格来追求市场占有率领先地位。具备下述条件之一时，企业可考虑通过低价来实现市场占有率的提高。

（1）市场对价格高度敏感，低价能刺激需求的迅速增长。

（2）随着经验积累，生产与分销的单位成本下降。

（3）低价足以把竞争者拒之门外。

（五）应付或防止竞争对手

在买方市场条件下，企业对竞争者的价格十分敏感，有意识地通过给商品恰当定价去应付竞争或避免竞争的冲击，也就是用价格作为回答竞争的一种手段，以追求一定的定价目标。如竞相降价争夺市场，或价格适当高于对方，以求树立威望等。如果某企业在同行业中属于龙头企业，是市场领导者，则其定价的目标在于防止竞争者的介入，将价格定得相当低；而当企业是价格的追随者，则只能将应付竞争作为竞争的目标，使本企业产品价格与同行业中龙头企业产品价格保持一定的比例关系。采用这种定价目标的企业，必须经常广泛地收集资料，及时准确地把握竞争对手的定价情况，并将企业产品与竞争者类似的产品作审慎地比较后，定出本企业产品的价格。

（六）疏通营销渠道定价目标

由于激烈的市场竞争，导致供商关系发生了新的变化，供货商特别是品牌供货商对销售商的选择有了更大的余地，销售商需要供货商的合作与支持，合作越好，支持越大，竞争力就越强。因此商贸企业应主动与供货方协商定价，保证供销双方利益，稳定并扩大进货渠道，对企业的经营发展和长期利润目标是十分有利的。

除以上提到的几点外，企业定价目标还有稳定市场物价目标，树立企业形象目标，如有的企业专以生产或经销高档商品而著称，有的企业专以生产或经销物美价廉商品的而闻名。由于企业经营目标有差异性及阶段性，因此企业定价目标也有多种选择。定价目标确定后，还需要通过一定的程序和方法来确定基础价格。

二、企业定价程序

企业定价是一项很复杂的系统工程，涉及许多种因素，包括企业本身可以控制和无法控制的因素，相互交织形成错综复杂的定价约束条件。企业必须按系统的观点，按照定价程序科学定价。一般来说，制定商品价格时，是按以下几个步骤进行的：

（一）确定定价目标

企业定价目标是企业经营战略目标的组成部分，首先要从企业的经营目标出发，对商品市场供求状况、市场竞争状况以及市场营销的其他因素综合考虑加以确定。企业营销目标不同，定价目标也就不同。不同的企业可以有不同的定价目标。同一个企业在不同时期、不同条件下，也有不同的定价目标。因此企业在选择定价目标时，应权衡各种定价目标的因素和利弊，慎重地加以选择和确定。

（二）测定商品价格需求弹性

价格与需求之间存在着密切关系，不同的价格水平会产生不同的需求水平。企业价格的高低会影响企业商品的销售量，从而影响企业经营目标的实现。因此，企业在定价时必须测定需求的价格弹性。

一般来说，当测定的商品需求弹性充足时，由于需求对价格反应灵敏，企业在保证质量前提下，降低成本，采取低价策略吸引更多顾客，取得较大市场份额，增加利润，但要注意竞争者的反应。当测定的商品需求弹性不足时，企业可适当提高价格，以扩大利润总额。

（三）估算成本

企业定价必须以成本为基础，成本是价格的最低经济界限，价格最高限则取决于市场需求。价格并不是越高越好，高价会抑制需求，企业未必能获得高利，但价格应高于成本。因此，企业定价必须准确估算成本。

估算成本，首先要掌握商品成本的构成。依照企业成本与销售量的关系，商品成本可以分为变动成本和固定成本。变动成本指在一定范围内随商品销量变化而成正比例变化的成本，如商品进价、进货费用、储存费用、销售费用等。固定成本指在一定范围内不随商品销量变化而变化的成本，如固定资产、折旧费、管理费用等。全部变动成本和固定成本之和即是总成本。

估算成本还要研究成本如何随生产经营规模的变化而变化。平均成本是指总成本与总销量之比。我们研究平均成本的变化，以利于在实际工作中不断降低成本。

当企业达到经济规模时，平均成本最低。企业定价不能低于平均成本是企业获利的前提。

（四）分析竞争者的价格

现实或潜在的竞争，对企业定价有着重大的影响。一般来说，企业定价的上限是市场需求，下限是商品的单位成本费用，在这个价格变动幅度内，价格具体确定在哪一个水平上，主要取决于竞争的程度和竞争者的价格。为此，企业应了解和掌握竞争者的价格及其商品特色，特别是商品质量和性能相近、目标市场相同的竞争者。通过调查研究，与竞争者商品比质、比价之后，企业可制定出有针对性、有竞争力的价格。

（五）确定定价方法

在分析测定以上各种因素之后，就应选择定价方法。不同企业、不同时期、不同商品在定价时考虑的因素有所不同，因而采用的定价方法也各不相同。一般来说，企业定价要考虑成本、需求、竞争等主要因素。关于定价的具体方法，我们将在下一节中阐述。

（六）选择定价策略

企业定价时如何选择定价策略，将直接关系企业定价目标的实现。因此，企业在经营活动中，为了适应市场需求的变化，在市场竞争中取得最佳的经济效益，必须选择好定价策略。这个问题我们将在本章第三节中阐述。

（七）制定最后营销价格

在做好上述工作的基础上，企业价格决策者可以着手拟订价格的可行性方案，对这些方案进行科学性、合理性、合算性等方面的评价，最终选择出满意的方案。

企业选定最后营销价格时，首先要考虑制定的价格是否符合政府的有关政策法规的规定，特别是有关的价格法规的规定；其次还须考虑消费者的心理、竞争对手对所定价格的反应，以及企业内部人员、经销商、供应商对所定价格的意见等，以便使企业的定价既能为顾客接受，又能为企业带来利益，有利于企业营销战略目标的实现。

三、企业定价方法

企业选择定价方法时，不仅要考虑企业定价目标，同时要考虑成本、需求、竞争等因素，并视具体情况侧重于其中某一因素。以下分别按成本、需求、竞争这三种导向，每种导向类型又有许多具体的定价方法，来对企业常见的定价方法进行介绍。

（一）成本导向定价

成本导向定价是以成本为基础的定价方法。企业从本身角度考虑，商品出售价格应能收回全部成本，并获取合理利润。常见的成本导向定价法主要有下面几种：

1. 成本加成定价法

这是一种最普通的传统定价方法。即先确定单位变动成本，再加上平均分摊的固定成本，组成单位完全成本，在此基础上加上一定比例的利润，成为销售价格。售价与成本的差额占成本的比率即为加成率，其基本公式如下：

单位商品价格 = 单位商品成本 ×（1 + 成本加成率）

不同商品的加成率差别较大，对于季节性商品和周转慢、储存费用高、需求缺乏弹性的商品，加成率要高一些。

这种方法受到企业欢迎，是因为：第一，计算简单，简便易行。成本资料可直接得到，将本求利把握较大，大大简化了企业定价程序，而不必根据需求情况瞬息万变作调整。第二，只要行业中的企业都采用这种方法，则价格在成本加成相似的情况下也大致相似，价格竞争也会因此减至最低限度。第三，成本加成法对买方和卖方都比较公平，当买方需求强烈时，卖方不利用这一有利条件谋取额外利益而仍然获得公平的投资报酬。

这种方法适用于销售量与单位成本相对稳定，供求竞争不甚激烈的商品。其主要缺点是没有考虑到不同价格下需求量的变动情况，同时对市场竞争的适应能力差，定价方法不灵活。

2. 目标投资收益定价法

企业投资的目的是获取利润，企业希望确定的价格能带来目标投资收益，即企业根据总成本和计划的总销售量，加上按投资收益率确定的目标利润额作为定价基础的一种方法。其基本公式如下：

单位商品价格 =（固定成本总额 + 单位商品变动成本 × 商品销量 + 企业目标利润）/商品销量

或　　= （总成本 + 目标收益）/销售量

投资收益率是多少，由企业或投资者裁定，一般应不低于银行利率。

例 1. 某企业固定成本为 100 万元，单位变动成本为 5 元，计划销售量为 10 万件，年投资收益率定为 20%。求该商品销售价格应是多少？

解：单位商品目标利润 = 总利润/总销量 = ［（1000000 + 5 × 100000）× 20%］/100000 = 3（元）

根据公式计算

单位商品目标价格 =（1000000 + 5 × 100000 + 3 × 100000）/100000 = 18（元）

这种定价法强化了企业管理的计划性，可较好地实现投资回收计划，但这种定价法有一个重要缺陷，企业以估计的销售量求出应制定的价格，殊不知价格却又恰恰是影响销售量的重要因素。因此这种方法要求较高，企业必须要有较强的计划控制能力，必须测算好销售价格与期望销售量的关系，要避免确定了价格而销售量达不到预期目标的被动情况。

3. 盈亏临界定价法

这种定价法也叫作损益平衡定价法。即企业按照经营某种商品总成本和销售收入维持平衡的原则来制定商品保本价格的一种方法。这种方法在市场不景气情况下采用比较合适，因为保本经营总比停业的损失要小得多，而且企业有较灵活的回旋余地。

其基本公式如下：

保本价格 = 企业固定成本/总销量 + 单位商品变动成本

保本销量 = 企业固定成本/（单位商品价格 - 单位商品变动成本）

例 2. 某企业年固定成本为 20 万元，每件商品的单位变动成本为 40 元，如果定货量分别为 5000 件、8000 件、10000 件时，其保本价格应是多少？

解：根据保本价格计算公式即可算出：

价格 1 = 200000/5000 + 40 = 80（元）

价格 2 = 200000/8000 + 40 = 65（元）

价格 3 = 200000/10000 + 40 = 60（元）

同理，如果已知价格分别为 80 元、65 元、60 元，也可求其保本销量是多少，即：

销量 1 = 200000/（80 - 40）= 5000（件）

销量 2 = 200000/（65 - 40）= 8000（件）

销量 3 = 200000/（60 - 40）= 10000（件）

也就是说，如果把价格定在保本价格以上，或者把销量定在保本销量以上，企业就可获得利润，否则，企业就是亏损。所以，企业应力求在保本点以上定价或争取生意。这种方法较多地适用于工业企业定价，商品流通企业一般无须采用这种定价方法。

4. 边际贡献定价法

这种定价法也叫高于变动成本定价法。所谓边际贡献，即预计的销售收入减去变动成本后的余额，也就是价格中企业只计变动成本，而不计固定成本，而以预期的边际贡献来适当补偿固定成本的定价方法。如果这个边际贡献不能完全补偿固定成本，企业就会出现一定程度的亏损。其基本计算公式如下：

单位商品销售价格 =（总的变动成本 + 边际贡献）/总销量

例 3. 仍以上述企业为例，该企业的年固定成本为 20 万元，每件商品的单位变动成本为 40 元，如果计划的边际贡献为 10 万元（即年亏损 10 万元），当订货量分别为 5000 件、8000 件、10000 件时，其价格应分别是多少元？

价格 1 =（40 × 5000 + 100000）/5000 = 60（元）

价格 2 =（40 × 8000 + 100000）/8000 = 52.5（元）

价格 3 = （40 × 10000 + 100000） /10000 = 50（元）

当边际贡献等于固定成本时，企业即可实现保本；当边际贡献大于固定成本时，即可有盈利。

这种定价方法比较灵活，适用于商品供过于求，卖方竞争激烈的市场环境。在市场售价过高而滞销或丧失市场的情况下，还不如暂不计算固定成本，只计算变动成本，尽力维持生产，在改善经营的基础上，还可以争取边际贡献接近固定成本，缩小亏损，以谋求渡过难关，寻求长期发展。

（二）需求导向定价

需求导向定价就是要以消费者对商品的认识和需求的程度为导向定价，而不是根据成本来定价。具体有如下方法：

1. 理解价值定价法

所谓理解价值定价法，也称作认知价值定价法，就是企业根据购买者对产品的认知价值来制定价格的一种方法。认知价值定价与现代市场定位观念相一致，价值取决于个人的兴趣和爱好，价值来源于一种商品所能提供的经济的、功能的和心理的收益。一般来讲，消费者在购买商品时，对商品的质量、性能、用途、服务及价格都有一定的自我认识和基本价值的判断，当商品价格与消费者对其价值理解一致时，就会被消费者接受，否则就难以接受，甚至不接受。

理解价值定价方法的具体做法是：首先，通过对市场调查，决定所提供的价值及价格；之后，企业要估计在此价格下所能销售的数量；再根据这一销量决定所需要的产量、投资及单位成本；接着，管理人员还要计算在此价格和成本下能否获得满意的利润，如能获得满意的利润，则继续开发这一新产品；否则，就要放弃这一产品概念。

这是一种与传统的成本定价法相反的方法，又称反向或可销价格定价法。这一定价法的关键在于企业必须正确估计消费者的理解价值。估计过高，会定出偏高的价格；估计过低，则会出现偏低的价格。

2. 需求差异定价法

在实际生活中，不同消费者对同一商品的需求有差异，即使同一消费者在不同时期、不同地点，对同一商品的需求强度也有一定的差异。需求差异定价法是根据需求的差异，而不是根据成本的差异来决定商品在不同的销售条件下的价格差异的一种方法。需求差异定价法主要有以下四种：

（1）以需求对象为基础的差异定价。如不同年龄、不同性别、不同职业、不同收入的消费者，对价格水平接受程度和对商品的需求程度差别很大。这种方法可以区别不同顾客的需求。

（2）以商品外观、式样、花色等为基础的差异定价。同一质量规格的商品，成本相近，但由于式样花色不同，可制定不同的价格。

（3）以购买地区为基础的差异定价。典型的例子就是电影院、运动场、球场，因地点或位置的不同，票价也不同。同种产品卖给不同国家和地区，也可以确定不同的价格。

（4）以购买时间为基础的差异定价。在不同的季节、不同的时间里，人们对商品和服务的需求有明显的差异，因而价格也要有所差别。

需求导向定价法，反映了消费者的需求特点，其价格易被消费者接受，具有较强的竞争力。由于消费者对商品的主观评价受多种因素影响，在不同时期又有区别，加之竞争者的不同反应，这就给企业价格决策带来一定难度，定价中易形成偏高或偏低的问题，有时还会引起消费者的反感。因而，企业采用此法时，应不断积累资料，探索适应自身和市场特点的需求定价方法。

（三）竞争导向定价

竞争导向定价是以竞争者价格为中心，是参照市场上生产经营同类商品主要竞争者的价格为定价基础的一种定价方法。采用这种定价方法，企业价格可等于、可高于或略低于主要竞争者价格，一旦竞争者价格调整了，该企业也要随之调整，使企业缺乏定价主动权。但该方法简单易行，易于调整，风险性较小。竞争导向定价主要有下面几种具体的定价方法：

1. 随行就市定价法

该法是一种简单的定价方法，其特点是把企业的产品价格定得与市场上竞争者的同类产品价格相近。当企业的产品特色不明显，又不打算以低价与竞争对手相竞争，一般采用这种定价方法。企业可以根据自己产品与竞争者产品的差别来确定一个略高于、略低于或相似于竞争者的价格。

2. 密封投标定价法

该法通常采用公开招标的办法，即采购机构（买方）在报刊上登广告或发出函件，说明拟采购商品的品种、规格、数量等具体要求，邀请供应商（卖方）在规定的期限内投标。采购机构在规定的日期内开标，选择报价最低、最有利的供应商成交，签订采购合同。某供货企业如果想做这笔生意，就要在规定期限内填写标单。上面填明可供应商品的名称、品种、规格、数量、交货日期等，密封送给招标人（采购机构），这叫作投标。这种价格是供货企业根据对竞争方的报价的估计制定的，供货企业的目的在于赢得合同，所以，它的报价应低于对手（其他投标人）的报价。然而，企业不能将其报价定得低于成本，以免得不到合理的收益，甚至使经营状况恶化；但如果企业报价远远高于成本，虽然潜在利润增加了，但却减少了取得合同的机会。

3. 拍卖竞争定价法

拍卖定价，一般是商品所有者或其代理人采取公开叫卖方式，引导买方报价，从中选择最高价格成交。这种通过拍卖方式将商品（包括各类艺术品、古董、名人字画等）售给出价最高买主的定价方法，称为拍卖竞争定价法。此法，参加拍卖方只有一个，而买方众多，利用买方之间的激烈竞争，商品以最高价格出售。

第三节　定价策略

企业定价策略就是企业针对不同的内部条件和外部因素，为实现企业定价目标，确定出适合市场变化的营销价格而采取的策略和技巧。定价策略的重要意义在于使价格成为促销的有效手段，因此必须根据市场状况、产品特点、消费者心理和营销组合等因素，正确选择定价策略。企业的定价策略主要有以下几种：

一、新产品定价策略

新产品上市定价多少，将决定其能否在市场上站住脚，也将直接影响到企业的未来前景。新产品定价一般由以下几种策略可供选择：

（一）撇脂定价策略

撇脂定价策略又称为高价厚利定价策略，是一种对其效能高、质量优的新产品采取高价进入市场的策略。新产品进入市场时，需求弹性小，竞争对手少，企业有意识地将产品价格定得偏高，以获取最大利润，有如从鲜奶中撇取奶油。它有很多优点。首先，在产品导入期实行高价，可在短期内收回开发、研制和高额促销等费用，并能获得高额利润；其次，某种商品价格定得很高，并且产品质量、服务与价格相符，在消费者心目中确立这种商品是高档商品的印象，能树立起产品的名牌形象乃至企业形象，为产品和企业的发展奠定良好的基础；最后，采用撇脂定价能够为产品寿命周期以后各阶段应对市场竞争实行降价措施提供降价空间。但是采用撇脂策略也会产生消极后果，由于价高不利于市场的开发与扩大；如果高价与高质量、优质服务不相符合，会给企业造成不良的影响，损害企业形象；由于利厚会吸引竞争者加入，容易诱导盲目竞争。因此，撇脂定价策略适合于有专利保护的产品或是难以仿制的创新产品的定价。靠高价策略在市场上获得成功的实例很多。

案　例

绅宝公司的撇脂定价策略

第二次世界大战期间，绅宝公司以制造战斗机而闻名。战后绅宝公司利用自己的技术力量，按照制造飞机的高要求，生产一种小型、廉价、注重驾驶乐趣的汽车，每年在美国市场上售出1万辆左右。

20世纪70年代末期，汽车业竞争加剧，绅宝公司面临着两种选择：要么生产经济车，要么生产昂贵车。绅宝公司选择了生产昂贵车。因为，经济车每部车利润小，在与通用、福特等大公司的激烈竞争中，必须每年生产25万辆以上的汽车才有利可图；而生产昂贵车，每辆车的利润高，尽管销售总量少，但绅宝公司可以利用自己的技术优势，生产起来驾轻就熟。因此，进军昂贵车市场才是绅宝的出路。

绅宝公司当时预计，到20世纪80年代末，跑车市场将急剧扩大，购买这类跑车的顾客年龄在25~44岁。这一年龄群增长较快，而且大都是双职工，夫妻都有较好的工作，薪水较高，比较富有。他们需要质量高、性能好、驾驶舒适和服务良好的汽车，即使贵一点也买得起。从1979年起，绅宝公司推出了新的“SAA900”涡轮增压型车，价格是每辆2万美元。广告强调它是高性能、新款式、有独特形象、独一无二的高级车，而且提供消费者想要的各种高级设备。加上适当的促销和销售渠道策略，有钱人对绅宝汽车产生了强烈的购买欲望。

这种产品定位政策取得了巨大的成功。绅宝车1983年在美国的销售量超过2.5万辆，市场出现供不应求的局面。有些经销商甚至以拍卖方式将车出售给出价最高的人。这一年，绅宝汽车销售增长率为42%，成为美国汽车行业中销售增长率最高的公司。该公司的高级管理人员曾自豪地说：“通用汽车公司要卖几百个汉堡包，而我们只卖出极少的牛排便可与之竞争。”

（资料来源：宋海峰．哈佛市场营销策略［M］．呼和浩特：内蒙古人民出版社，2010.）

从市场营销的实践来看，并不是所有的新产品都可以实行撇脂定价策略，符合以下条件的企业可以采用撇脂定价：

（1）市场有足够的购买者，他们的需求缺乏弹性，即使把价格定得很高，市场需求也不会有大量减少。

（2）高价使需求减少一些，因而产量减少一些，单位成本增加一些，但这些不至于抵消高价所带来的利益。

（3）在高价情况下，仍然独家经营，无别的竞争者，如有专利保护的产品即是如此。

（4）新产品的可模仿性较低。其原因既可以是产品在技术和工艺上属于自行研制，已申请专利保护，也可以是所生产的产品需要大量投资，建设周期长，或者在资源环境、人员的需求方面有严格的限制等。

（5）某种产品的价格定得很高，使消费者产生这种产品是高档产品的印象，能够满足高收入消费者的心理需求。

（二）渗透定价策略

渗透定价策略又称低价定价策略，是指新产品上市后，企业以相对较低的价格出售，只求保本或微利，用低价刺激消费需求，提高市场占有率，挤掉竞争对手，取得市场上的主动权，迅速提高企业的知名度，以获取长期利润最大化。这种定价策略有利于迅速打开销路，占领市场，树立和提高企业信誉。同时，低价不会引起实际和潜在的竞争。但是，低价不利于垫付资本的及时回收。

案 例

岛村芳雄：成本价销售

日本东京的岛村大楼业主、岛村产业公司及丸芳特产公司董事长岛村芳雄，在创业初期就打定主意要做纸袋绳索生意。

岛村芳雄深知自己要在激烈竞争的绳索生意中站住脚很不容易，为了开辟市场，他在初期采取了“成本价销售”的策略。

他去冈山的麻绳索商场，以一条45厘米长的麻绳5角钱的价格进货，然后再以原价出售给东京的纸袋工厂，这种让利于纸袋工厂的生意做了一年后，“岛村的绳索确实便宜”的消息传开了，于是大量订货单自动找上门来了，这样岛村芳雄获利之时也来临了。

因有了大批客户和大量的订货单，岛村芳雄腰板硬了起来，他拿着进货收据找订货客户诉说：“到现在为止，我是1分钱也没有赚你们的。但是像这样让我继续为你们服务的话，我便只有破产了。”客户被岛村芳雄诚实经商的做法所感动，愿意把交货价格提到5角5分钱。

接着他又去找麻绳厂商洽谈：“您卖给我一条5角钱，我是一直照原价卖给别人的，因此才得到现在这么多的订货。如果这种无利的生意让我继续做下去的话，我只有关门倒闭了。”冈山的麻绳厂商看到他开给客户的收据存根也很感动，于是一口答应将每条麻绳的价格降至4角5分钱。

就这样，开业两年后他就成了远近闻名的企业家。

（资料来源：全琳琛.1分钟学营销——故事里的营销学［M］.北京：人民邮电出版社，2010.）

企业采取渗透定价策略需具备以下条件：

（1）商品的社会需求量大且商品需求弹性大，因此，低价会刺激市场需求迅速增长。

（2）企业的生产成本和经营费用会随着生产经营经验的增加而下降。

（3）企业必须有较丰富的原材料供应和较高的生产能力，随着产品需求的扩大，保证商品的充足供应。

(4) 低价不会引起实际和潜在的竞争。

企业采取渗透定价策略还要注意以下两个问题:

第一,企业采取渗透定价策略,并不意味着实行低质策略,企业同样要有质量保证和服务保证,真正使消费者感到安全,使产品成为“物美价廉”的大众化商品。

第二,企业采取渗透定价策略从长远看,必须要保证利润长期最大化。

(三) 满意定价策略

满意定价策略,又称温和定价策略,或称中间路线策略,它是指企业按照正常的成本和一般利润定出中等价格,使企业既能获得一般利润,又能使顾客满意,进而吸引购买,赢得顾客的忠诚。这种定价策略介于撇脂定价和渗透定价之间,避免了价格偏高、偏低的弊端,又称均衡定价策略。

案　例

沃尔玛:天天都是平价

“天天平价”是沃尔玛的口号,更是沃尔玛的价格策略。

沃尔玛总是想尽一切办法来降低成本,力求使沃尔玛商品比其他商店的商品更便宜。为此,一方面,沃尔玛的业务人员“苛刻地挑选供应商,顽强地讨价还价”,以尽可能低的价位从厂家采购商品;另一方面,他们实行高度节约化经营,处处精打细算,以降低成本和各项费用支出。

在沃尔玛,任何一位商店员工,如果发现其他任何地方卖的某样商品比沃尔玛更便宜,他就有权把沃尔玛的同类商品降价。

沃尔玛没有发明打折的规则,它只是比别人更好地遵循了这些规则,这样的做法使得沃尔玛成为本行业中的成本控制专家,最终将成本降至最低,真正做到了“天天平价”。

(资料来源:全琳琛.1 分钟学营销——故事里的营销学 [M]. 北京:人民邮电出版社,2010.)

满意定价策略具有风险小,能为各方所接受,具有简便易行的优点,有利于企业扩大市场,招徕顾客。不足之处是因其特点不突出,不易打开市场。因而多用于一些生产、生活必需品的定价,是一种普遍使用的定价策略。

企业采用满意定价策略有两个方面比较难以把握,需要引起企业的注意:

一是随着生产技术的不断成熟，生产规模不断扩大，在生产规模达到经济规模之前，单位产品成本随时间的推移不断降低，价格也在不断变化，价格的均衡水平不易确定；

二是新产品，特别是全新产品，市场上第一次出现，价格无参照产品可以比对，这就要求企业必须做好新产品定价的市场调查工作。

（四）反向定价策略

企业通过市场调查或征询分销渠道的意见，预测消费者对某种商品所期望的价格来确定新产品的上市价格，再按照上市价格预测出对产品成本、费用、利润的要求。这种定价策略首先考虑消费者的要求和购买力，因而有利于建立和提高企业的信誉。其缺点是带有一定的主观性，因为预测与实际总会存在某种差距。

二、产品组合定价策略

当企业生产或经营两种以上互为关联的商品时，将其相关联的商品采取组合的方式联系起来定价，称为组合定价。

（一）互补品定价策略

对互补关系的一组商品，有意识地将消费者购买次数少，但对价格比较敏感的商品的价格定低一些；而对与之互补使用的消费者购买次数多，而对价格不太敏感的商品的价格定高一些，以此取得长远和整体的利益。例如，某企业生产一种新型圆珠笔，同时又生产专用规格的圆珠笔芯，企业将圆珠笔价格定得低一些，使消费者感到价廉物美，踊跃购买，而将圆珠笔芯价格定得高一些，消费者并不在意。实行这种组合定价策略，企业可以从圆珠笔芯的大量销售中取得较多利润，以补偿圆珠笔低价的损失。

（二）成套品定价策略

对于成套关系的商品，为了鼓励消费者成套购买一组商品，扩大销售额，可以实行成套优惠价格策略。在定价时，可以采取单项商品标价与成套商品标价相结合的形式，但成套价格应低于单项价格之和。从而扩大销售额，节省销售费用，加速资金周转，提高企业经济效益。

（三）分级定价策略

企业将规格型号较多的某类商品划分为几个级别，为每级商品定一个价格，又称为分档定价或系列定价。因为对花色品种繁多、价格较贵的同类商品，消费者在购买时，往往只注重价格之间的较大差异，而忽视它们之间的较小差异。实行分级定价，既能满足不同层次消费者的需要，又简化了交易手续，避免顾客挑选商品的困难，从而可以提高工作效率。

（四）单一价格定价策略

企业经营品种较多而成本悬殊不大的商品时，为了方便顾客挑选和内部管理的需要，企业所销售的商品实行单一的价格。如 10 元自选商店，经营多种多样小商品，但价格统一定为 10 元。

三、折扣与折让定价策略

折扣与折让定价策略是指企业在基本价格的基础上，采用多种不同方式给予购买者一定比例的价格减让，以促进商品销售的一种策略。

（一）现金折扣

现金折扣又称付款期折扣。这是企业对用现金或提前付款方式购买商品的顾客，按原定价让其享受一定的折扣，鼓励顾客按期或提前偿付货款，以加速商品和资金的周转。例如，顾客应在 30 天内必须付清货款，如果 10 天内付清货款，则给予 2% 的折扣。

（二）数量折扣

数量折扣又称批量折扣。这是企业为鼓励买方大量购买或集中于某一家购买，根据买方的购买数量和金额，给予不同的价格折扣，购买的数量或金额越大，给予的折扣就越大。因为大量购买能使企业降低生产、销售、储运、记账等环节的成本费用，同时还利于建立稳固的销售渠道和拥有稳定的顾客群。数量折扣可分为累计折扣和非累计折扣。顾客在一定时期内，如一年、一季度、半年等，购买商品总量达到一定额度时，按其总量的多少给予折扣叫作累计折扣。顾客在一次购买中达到一定额度时，按其总量多少给予折扣叫作非累计折扣，又叫一次性折扣。

（三）功能折扣

功能折扣又称交易折扣。指制造商按各类中间商在市场营销中的不同功能给予不同的额外折扣，促使他们愿意执行某种市场营销功能（如推销、储存、服务）。如给予批发商的折扣大于给予零售商的折扣，以此鼓励批发商努力销售该企业商品。

（四）季节折扣

季节折扣又称季节差价。这是企业给那些购买过季商品或服务的顾客的一种减价，使企业的生产和销售在一年四季保持相对稳定。如滑雪橇制造商在春夏季给零售商以季节折扣，以鼓励零售商提前订货；旅馆、航空公司在旅游淡季给旅客以季节折扣，可以调节旅游的淡旺季客流量。

（五）促销折让

这一般是给予零售商的。企业对经营者为该企业经营的商品提供的各种促销活动（如刊登地方性广告、布置专门的橱窗、组织人员促销等）进行鼓励，给予津贴或减价作为报酬，这就叫促销折让，也叫推广折让。

（六）运费折让

对较远的顾客，通过减价来弥补其部分或全部运费的策略为运费折让策略。此策略可吸引远方顾客经销本企业的商品，从而扩大市场范围，开辟新的销路。

（七）价格折让

这是一种“以旧换新”的折扣定价策略。消费者在购买企业的产品时，若同时交回旧产品即给予降低价格的优惠。如一台液晶电视机，标价为5999元，顾客以交回旧电视机折价400元购买，只需付5599元即可。

四、需求差别定价策略

所谓需求差别定价策略，也叫价格歧视策略，就是企业按照两种或两种以上不反映成本费用差异的价格销售某种产品或劳务。常见的需求差别定价策略有以下四种：

（一）地区差价策略

同一个商品在不同地区销售，所定价格不同的策略叫作地区差价策略。地区差价具体有两种情况：一是根据商品销售地区距离远近、支付运费的大小相应加价，使销售地价格大于产地价格；二是从开拓外地市场着眼，使销售地价格低于产地价格，使商品在销地广泛渗透、站稳市场。

（二）分级差价策略

企业对同一类商品进行挑选整理，分成若干级别，各级之间保持一定的价格差额的策略叫作分级差价策略。此种策略便于满足不同层次的消费需求。

（三）用途差价策略

同一种商品供不同用途时采用不同价格的策略叫作用途差价策略。如当农民用电风扇来吹干谷物时，则可降价向农民出售电风扇。此种策略可鼓励消费者增加商品用途，开拓新的市场。

（四）品牌差价策略

同种商品由于品牌不同，定价有别的策略叫作品牌差价策略。如某一品牌的商品在市场上已获得较高的信誉，在消费者心中已建立了信任感，成为大家踊跃购买的名品，其价格可定得高于一般品牌的商品价格，借以鼓励企业创名牌。

五、心理定价策略

心理定价策略是根据不同顾客的不同心理，采取不同定价技巧以满足不同类型消费者需求的策略。常见的有如下几种：

（一）尾数定价策略

尾数定价策略又称奇数定价策略或非整数定价策略。这是企业给商品定一个接近整数，以零头尾数结尾的价格，使顾客产生心理错觉，从而促进购买的一种价格策略。如商品的价格为 9.95 元，接近 10 元，就是迎合顾客的求廉心理和要求定价准确的心理进行定价的，使人产生货真价实的感觉，还能使消费者产生企业定价认真的印象。

采用尾数定价一般要注意两点：一是这种策略一般适用于价值小、购买数量大、购买次数多的日用消费工业品；二是对于高档商品，尾数定价无法体现出其高贵的身份，因而不能采用这种定价策略。

（二）整数定价策略

整数定价策略，与尾数定价正好相反，主要依据消费者的按质论价心理、自尊心理和炫耀心理，将高档或名优产品价格有意识地定成整数、舍去尾数的定价方法。这种策略一般适合在大型商场和精品商店经营的优质高档商品或馈赠礼品。

（三）奇数定价策略

奇数定价策略是根据消费者感觉奇数（单数）小偶数（双数）大的错觉，确定商品价格的策略。采用奇数定价法要想获取最大限度的利润，就必须挑选最大的奇数“9”。所以在许多连锁超市、大型商场中，标价尾数为“9”的商品大量出现。

（四）如意定价策略

这是照顾顾客希望吉祥如意这一心理和要求来确定价格。如将价格尾数定为“8”，我国港澳台地区有相当数量的消费者认为“8”有吉祥之意，因“8”与“发”（财）谐音，消费者乐于接受。我国有不少地区的居民喜欢将价格数字定为偶数，这也是想从价格数字上获得美好的联想。

（五）声望定价策略

所谓声望定价，是指企业利用消费者仰慕名牌商品或名店所产生的某种心理来制定商品的价格，故意把价格定成整数或高价。质量不易鉴别商品的定价最适宜采用此法，因为消费者有崇尚名牌的心理，往往以价格判断质量，但也不能高得离谱，使消费者不能接受。在现代社会，消费高价位的商品是财富、身份和地位的象征。提到旅游鞋，人们会想到耐克、阿迪达斯；而提到服装，人们会想到皮尔·卡丹；提到领带，人们会想到金利来。这些名牌不仅以质优闻名于世，更以其价高引人注目。

（六）招徕定价策略

一般顾客都有以低于一般市价的价格买到同质商品的心理需求。零售企业利用这种求廉心理，特意将某几种商品的价格定得较低以吸引顾客。某些商店随机推出降价商品，每天每时都有一种至两种商品降价出售，吸引顾客经常来购买廉价商品，同时也选购了其他正常价格的商品。招徕定价通常利用消费者的求廉心理以低价吸引顾客，如果利用消费者的求奇心理也可以采用高价来吸引顾客，下面的案例正好说明了这一点。

案　例

森元二郎：高价引顾客

日本东京一家有一个叫森元二郎的人经营的咖啡店，可能是世界上消费最昂贵的咖啡店。因为这个咖啡店创造了一个世界之最，即店内的一杯咖啡卖到5000日元（相当于人民币400元）。

这个消息很快就传开了。很多人无法相信这是真的，都认为这是咖啡店明摆着欺骗敲诈顾客；但同样令人难以置信的是，尽管卖价如此昂贵，老板却赚不到钱，因为这杯咖啡的成本太高。

首先，盛咖啡的杯子是法国制造的，极其名贵，每个咖啡杯价值4000日元。而当顾客享用完咖啡后，这个咖啡杯将被包装好并赠送给顾客。

其次，每杯咖啡由名师现场精心调制而成，名师薪水很高，而咖啡用料独特、原料费也很高。

最后，这个店的服务极其周到，在装璜得如宫殿般豪华的咖啡店内，许多打扮成古代宫女模样的服务员侍候在旁，令顾客感觉到自己恍若万人之上的帝王，其意境不可言状。

出于对这杯价格昂贵咖啡的好奇，顾客竞蜂拥而至，而这些好奇的顾客来过一次后，往往很难忘却店内奢华的氛围，不仅自己下次还会光临，更会向亲友义务宣传，引来更多的顾客。不久该店就以独特的风格，豪华、高雅、令人沉醉的气氛而成为名流富商和中产阶级时常光顾的场所，他们认为物有所值而流连该店。

5000 日元一杯的咖啡只不过是一个吸引人的幌子，店内还有许多普通价格的咖啡和其他饮料，而这些才是该店真正的利润来源。

大多数顾客喝的都是普通的咖啡和饮料，如果他们都喝那杯世界最贵的咖啡，森元二郎会变成穷光蛋——因为那杯咖啡并不赚钱。

（资料来源：全琳琛．1 分钟学营销——故事里的营销学［M］．北京：人民邮电出版社，2010. 略有修改）

（七）习惯定价策略

有些产品市场销售已久，在长期购销活动中，消费者已经熟悉其价格，并形成一种习惯价格，如日用工业品、主副食品等，必须依照需求习惯定价，这样买卖双方都乐于接受，随意提价或降价，只会招致顾客的不满或怀疑。这种定价策略从价格上尊重了消费者的习惯，给消费者以价格稳定、合理的感受。其缺点是有时不能适应新的变化。

（八）多种标价策略

多种标价策略，主要依据消费者求廉心理变换标价，以避开消费者的价格敏感点，达到吸引顾客、促进销售的目的。具体做法有：①用小单位标价，如茶叶标价 10 元/50 克，比标价 200 元/千克有利；②由多配件组合而成的产品，对其主体标价，使价格显得很低，以吸引顾客；③原价与现价同时标出，对削价商品，这种标价法表现了削价幅度或优惠折扣的程度，以增强对比度、吸引顾客购买。

第四节　定价风险及其规避

一、定价风险之类型

定价风险是指企业为产品或服务所制定的价格不当所导致的市场竞争加剧、用户利益受损或企业利润受损的状态。定价风险主要有以下几种类型：

（一）低价风险

低价是指企业为了取得一部分市场并进一步达到长期控制该市场的目的而采用的较低进入市场的价格，即低价策略。一般而言，低价有利于销售，便于进入市场，容易吸引大量顾客，提高市场占有率。杰克·韦尔奇说："价格的年代，向着我们所有人而来。如果你不能以顾客认为的最低价格将产品售出，那么你就注定会被淘汰出局。"但定低价并不是在任何时候对任何产品都行得通。低价风险主要表现在：第一，产品定低价，本身就意味着企业利润率大大降低，不利于提高企业投资回收率；第二，低价使企业在价格竞争中价格降低的空间缩小，销售难度增加；第三，低价会使消费者怀疑产品的质量而拒绝购买；第四，产品定低价依赖于消费需求量大且较长时间内稳定不变，而实际上消费者需求每时每刻都在变动之中，因此这种价格的基础是非常脆弱的；第五，低价格是以低成本为基础的，而事实上长期维持最低成本的地位并非易事，这使得低价策略不太可靠。

（二）高价风险

高价是指企业将产品价格定得较高，单件产品盈利较大。高定价的优点表现在可以使企业在短期内收回投资，并能获得较高利润；高价可以使消费者产生这种商品是高档商品的印象，对树立产品的名牌形象乃至企业形象意义重大；在价格竞争中，高价有较大的降价空间，有利于企业在市场竞争中掌握主动权。当然，高价产品的风险同样存在，主要表现为：一是高价招致市场竞争程度趋向白炽化，从而导致高价目标失效；二是高价为产品营销制造了困难，因为低收入者会因商品价高望而却步；三是定高价也容易使顾客利益受损，尤其是降价对前期消费者的购买积极性伤害较大。

（三）调价风险

每个企业都有自己的价格竞争策略，可以分为以下两种情况：一是根据市场条件的变化主动进行调价，即主动变价策略；二是针对竞争对手的价格变动进行的调价，即应对变价策略。

1. 企业的主动变价策略

主要体现在企业营销活动过程中，因外部或自身条件的变化，在同行业其他企业尚未变动价格时，本企业出于自身经营考虑而主动降价或提高价格。价格变动主要有三种形式：其一是由高价往低价变动，即主动降价；其二是由低价往高价变动，即主动提价；其三是以高价高利为诱饵，设置陷阱，引诱竞争者进入圈套后，再以低价击退对手的一种独占市场的竞争定价法，即利润陷阱定价。

（1）主动降价。

无论何种原因，降价一般会吸引更多的购买者，促进产品销售。然而，降价也是有很大风险的。降价的风险主要有以下几个方面：

第一，从消费者角度来看，降价可能会使消费者误认为该产品有某种缺陷，卖不出去了；产品式样过时，将被新型产品所代替；还会再降价，等一等再说；产品降价，肯定是质量也下降了。如果有如下一种理解就更糟糕了：企业遇到了财务困难，恐怕难以维持下去了，售后服务会遇到麻烦。对已经购买该产品的消费者而言，降价使他们心理受到伤害，即使再忠诚的顾客也可能调整购买决策。

第二，先挑起降价竞争的公司会促使竞争者采取自卫措施，也降低价格以维护其市场份额，这将引起一场价格战。遭遇恶性价格战甚至是“割喉”大混战，除了成本最低的企业外，其他企业都将受严重损失。

第三，降低成本的努力会使企业的管理者们更加注重企业内部的经营管理。这意味着企业可能忽视市场上的变化趋势、消费者偏好变化和竞争行为等因素。

第四，可能导致企业陷入恶性循环。由于只注重内部问题，企业将落后于市场变化，其产品的竞争力减弱，又迫使企业再度削价，进而更加注重对内的降低成本的努力，更加落后于市场，春都就是很典型的例证。

（2）主动提价。

一个成功的提价决策可以使企业的利润大大增加。例如，假定企业的利润幅度是销售额的3%，倘若销售量未受影响，则提价1%，企业的利润将增加33%。如果我们假设一家企业的产品单价定为10元，销售了100个单位，成本是970元，利润是30元或占销售额的3%，假使销售量不变，提价1%（0.10元），就增加利润33.3%（见表9－1）。

表9－1　提价与利润的关系

	提价前	提价后
价格	10元	10.10元（提价1%）
销售单位	100个	100个
收入	1000元	1010元
成本	970元	970元
利润	30元	40元（利润增长33.3%）

提价的风险表现在：第一，会使消费者转买其竞争对手产品或替代品进而导致顾客流失；第二，提价可能导致中间商经营难度增大而使其改变或调整产品组合；第三，提价带来利润，招致大量竞争对手纷纷加入，从而导致市场竞争加剧，使提价所带来的利润变为竞争的成本。

（3）利润陷阱定价。

这是一种以高价高利为诱饵，设置陷阱，引诱竞争者进入圈套后，再以低价击退对手的一种独占市场的竞争定价法。采用这种方法的目标有两个：一是尽可能地多汲取市场的利润；二是设置陷阱使其他企业也投入该产品的竞争。具体做法是：企业首先为自己独家经营的商品指定一个较高价格以获取高额利润，当竞争对手看到有利可图，纷纷转向生产和销售该产品时，采取骤然降价的措施，使价格低到竞争对手不能维持生产，需赔本经营的地步，从而实现战胜对手、保住市场的目的。

企业采用该种定价方法也是有风险的。它要求企业有较雄厚的实力和独特的技术优势，否则，在激烈的市场竞争中就难以与竞争对手抗衡，难以维持价格垄断的地位。

2. 应对竞争调价风险

应对竞争对手的调价，一般表现在同质市场上。在同质市场上，如果竞争者降价，企业必须随之降价，否则，顾客就会购买竞争者的产品，而不购买该企业的产品，从而使本企业陷入困境。厦华在总结自身失误的时候，就提到某年的彩电峰会，厦华是很真诚地希望能起到价格自律的作用，但是没想到彩电峰会的成员，一方面在桌子上边谈，另一方面在桌子底下做小动作，再加上国家不支持，结果峰会的发起人，带头发动一轮激烈的降价大战。而厦华见大家都在会上信誓旦旦，都用企业家的人格担保，就信以为真了。峰会结束后，厦华真的派出了很多人到全国各地检查自己的产品销售价格，通知各分公司不许降价。结果就耽误了时间，厦华为此至少损失1亿元。

二、产生定价风险之原因

定价风险无疑给企业带来巨大的损失。那么，定价风险的原因是什么呢？根据研究，我们认为主要有以下原因：

（一）价格大战

在企业竞争中，大部分企业对如何开拓一个新市场缺乏战略规划，往往是一见有利可图就一哄而上，出现重复建设和恶性竞争。无论是实力雄厚的企业还是财力单薄的企业，无论是市场占有率高的企业还是新冒出的企业，为了抢占市场都奋不顾身地投入到“割喉”大混战。好像是只要不惜一切代价将竞争对手挤跨，自己就能独霸市场，从此“一本万利”，其结果会使自身损失惨重。世界第一家大规模连锁店“太平洋—大西洋”公司在自身缺乏优势的情况下，推出超级廉价商店，在美国零售界掀起了一场极为惨烈的削价战，结果导致曾经欣欣向荣的巨型连锁店亏损累累、迅速垮台而被其他公司收购。

（二）定价错位

由于企业不注意市场调查，企业没有及时地了解收集用户、中间商、竞争者等有关信息资料，不了解自己的产品销售给什么类型的消费者，或者即将面对什么类型的消费者，尤其是对消费者需求能力的估计错位；或者不顾及消费者对价格的认知，不了解自己将面临什么样的竞争对手，不顾及竞争对手对定价的反应。由此确定的价格，不管是高价或是低价都有可能遭到消费者的拒绝，遭到竞争对手的抵制、封杀和联合反击，最终导致企业营销失败。

（三）国家政策

（1）国家宏观政策的变化和调整，对企业定价可能带来风险。如国家为了保护资源、节约能源，促进资源综合性利用，杜绝资源浪费，实现代际公平的可持续发展，国家提高资源税税负，调整和扩大资源税的征收范围，使资源加工型企业的生产成本加大，如铅锌企业，每吨矿石增加 16 元的资源税相当于铅生产成本增加 3.5%，锌征税成本增加 1.7%。对于铜企业，每吨增加 5.4 元的资源税相当于铜征税成本增加 3.2%，从而导致原来定价的波动。

（2）如果某一企业的营销定价活动违反了市场规则规范，违反了国家法律法规，必然受到国家法律的制裁，最终导致企业败北。

（3）为了适应经济形势的变化，推动经济的发展，国家的经济政策也在发生变化。如我国政府在 20 世纪 90 年代初实行经济紧缩政策，到了 20 世纪 90 年代中后期，又改为实行经济扩张政策。国家经济政策的变化导致了经济形势及市场需求发生变化，进而也会给企业的市场营销活动尤其是定价活动带来风险。

三、定价风险之规避

企业识别所存在的定价风险，测评出这些风险发生的概率和损失程度，对这些风险进行有效的控制。即在定价风险发生之前，降低风险发生的概率；定价风险发生后，降低风险的损失程度。通过定价风险控制，企业将可能的损失限制在可承受的范围内，以利于营销目标的实现。具体的定价风险控制对策有以下几个方面：

（一）以创造适度利润作为产品定价的基础因素

不论采用的是什么定价策略，都应以创造适度利润为基础。如果定价太低，利润过少，对企业生存与发展非常不利；而定价太高，虽利厚但购买者少，相对也难以获得较高的利润。在此基础上，运用各种方法进一步了解市场、消费者、竞争对手的情况，然后作出正确的定价。考虑价格与销售数量的相互影响，寻求价格与销售量之间的最佳组合状态；考虑价格与资金周转率的相互关系，寻求二者的最佳结合点来达到企业的经营目标。美国的西尔斯公司踏踏实实在为顾客以最低的价格提供最好的商品方面不懈努力，力图使每一步发展都能盈利。西尔斯公司的宗旨就是公正、诚实、慷慨地对待每一位顾客，以求得到他们公正、诚实、慷慨的回报。同时还制订了经营管理的三大准则：第一，通过大宗、现款购买以保证低买低卖，但是要保证质量；第二，通过把商品的运费降至最低来减少销售成本，但是要保证质量；第三，通过薄利多销来增加总盈利，但是要保证质量。

（二）注重市场调查，针对顾客需求定价

企业应注重市场调查，立足于消费动机的分析，正确估计消费者的理解价值，站在消费者或客户的角度来确定价格。一般来说，消费者对于价值高低不同的产品价格的反应有所不同。对于那些经常购买的产品的价格反应较敏感，而对于那些不经常购

买的商品，消费者相对更关注该产品能够给自己带来什么样的价值。例如，某一家香水公司以名贵典雅著称，购买者大都是上流社会人士，这家香水公司为了切实了解消费者的购买动机，于是向购买此商品的消费者提出问题，请他们在下列各项中选一项，并且限定在五秒内作出决定：造型美观大方；香味神秘迷人；价格公道；是上流社会的人的享受。结果以选择第四项的人居多，而选择第三项者最少。由此可以推知，消费者选用这种香水主要是来炫耀自己身份高贵，满足自身的虚荣心。根据这项调查结果，香水公司以高价作为定价策略无疑是正确的，如果定低了，会损消费者的身份而遭遇消费者的拒绝。

（三）时刻关注竞争者的定价及价格变动

一般来说，企业定价的上限是市场需求，下限是商品的单位成本费用，在这个价格变动幅度内，价格具体确定在哪一个水平上，主要取决于竞争的程度和竞争者的价格。面对竞争者的定价及价格变动，企业必须从以下几个方面展开调查研究并做出迅速反应：

（1）为什么竞争者如此定价或变动价格？

（2）竞争者打算暂时变价还是永久变价？

（3）如果对竞争者变价置之不理，会对企业的市场占有率及利润产生何种影响？

（4）其他企业是否会做出反应，会做何反应？

（5）竞争者和其他企业对于本企业的每一个可能的反应又会有什么反应？

值得注意的是，面对竞争者的变价，企业不可能花很多时间来分析并采取对策。实现快速反应的唯一途径是：预料竞争者的可能价格变动，并预先准备适当的对策。

（四）建立定价风险防范与处理机制

企业应建立定价风险防范与处理机制，其工作应包括以下几个方面：一是在企业内部建立定价风险预防的规章制度，并督促制度的贯彻执行；二是调查研究相关信息资料，对客户、竞争对手的信息以及国家经济政策、法律等信息进行收集分析，并周期性地评估定价策略；三是在日常管理工作中进行定价风险处理演练，以提高对定价风险处理的应对能力，使全体员工也能主动地思考战略性定价问题，强化员工的定价风险防范意识；四是在企业出现定价风险后，由定价风险防范与处理机构统一处理定价风险事件。

（五）实施差异化营销战略

最好的竞争是没有竞争。实施差异化营销战略，就是在异质市场上，企业对竞争者的价格策略及价格变动有更多的选择余地。因为在这种市场上，顾客选择产品时，不仅考虑产品价格的因素，而且考虑产品的质量、服务、性能、外观、可靠性等多方面的因素。因而在这种市场上，顾客对于较小的价格差异并不在意。企业可以采取从产品质量、产品款式等方面实现差别的产品差异化战略、向目标市场提供与竞争者不同的优异服务的服务差别化战略、通过聘用和培训比竞争者更为优秀的人员以获取差别优势的人员差别化战略、塑造不同的产品形象以获取差别优势的形象差异化战略等，并将这些差别化营销战略转化为企业的差别化优势，进而转化为顾客可感知的价值，从而避开直接的价格竞争，使之转化为价值的竞争。

本章小结

企业制定商品价格时，既要遵循客观经济规律，又要充分考虑影响商品定价的各种因素，使商品价格制定得科学合理。

影响定价的因素是多方面的，如商品成本、市场供求状况、竞争状况、货币价值与纸币流通量、国家相关政策及国际市场价格变动等。

定价目标包括：生存目标、预期收益目标、利润最大化目标 、扩大市场占有率目标、应付或防止竞争目标、疏通营销渠道定价目标。

定价时，按以下几个步骤进行：确定定价目标、测定商品价格需求弹性、估算成本、分析竞争者的价格、确定定价方法、选择定价策略、制定最后营销价格。

定价方法按成本、需求、竞争三种导向分三种方法：成本导向定价包括成本加成定价法、目标投资收益定价法、盈亏临界定价法、边际贡献定价法等；需求导向定价包括理解价值定价法、需求差异定价法等；竞争导向定价包括随行就市定价法、密封投标定价法、拍卖竞争定价法。

定价策略主要包括：新产品定价策略、产品组合定价策略、折扣与折让定价策略、需求差别定价策略、心理定价策略。

定价风险主要有：低价风险、高价风险、调价风险。定价风险的原因包括：价格大战、定价错位、国家政策等；规避定价风险对策有：以创造适度利润作为产品定价的基础因素，注重市场调查、针对顾客需求定价，时刻关注竞争者的定价及价格变动，建立定价风险防范与处理机制，实施差异化营销战略等。

关键术语

定价目标　定价方法　成本导向定价　需求导向定价　竞争导向定价　定价策略　定价风险

思考与练习

1. 影响营销定价的因素是什么？
2. 什么是企业定价目标？常见的企业定价目标包括哪些？
3. 企业定价的程序包括哪些步骤？
4. 企业定价方法主要有哪些？试简述其内容。
5. 什么是企业定价策略？主要包括哪些策略？
6. 新产品定价策略有哪些？
7. 心理定价策略有哪些？
8. 企业在哪些情况下可能需要采取降价策略？
9. 定价有哪些风险？其原因是什么？该如何规避？

技能训练

慈善拍卖会

一、训练目标

1. 依据定价策略的理论知识，开展简单易操作的实训活动，将理论知识转化为实际操作能力；

2. 让学生能够在慈善拍卖会的实施过程中，体会到企业定价目标、产品定价方法、定价策略等知识的应用；

3. 锻炼学生团队协作能力和发掘学生的爱心，使其毕业以后创办企业时能够意识到社会责任。

二、训练准备

1. 授课老师根据学生人数进行分组；
2. 每个学生准备一件自己认为有价值的产品；
3. 每个组要准备本组的广告商品三样和宣传海报一张；
4. 每组要选出一名同学做好交易记录。

三、训练过程

（一）活动步骤

1. 各公司企业形象展示（口号、歌曲）（3 分钟）
2. 各公司拍卖规则讲解（2 分钟）
3. 各公司 PPT 拍卖产品介绍（不少于 10 件产品）（2 分钟）

4. 拍卖环节（边介绍边拍卖）（15 分钟）

5. 公司负责人致感谢词（3 分钟）

每个公司时间控制在 25 分钟以内。

（二）活动后续安排

此次拍卖会，拍卖所得善款，可做如下安排：

1. 放到每班班费里，用于班级活动；
2. 作为节日活动资金，举办节日狂欢会；
3. 公司负责人自行组织捐给福利院；
4. 直接捐给学院团委，由团委去捐赠给需要帮助的人；
5. 直接捐给班级里需要帮助的同学。

四、训练评价

评价内容	评价标准		评价权重	小计（分）
×××公司慈善拍卖会总结	内容	完整性	10	60
		可行性	10	
		创新性	20	
	格式	规范性	20	
PPT 展示环节	内容	条理性	10	40
		准备性	10	
		创新性	10	
	现场表现	语言流利	5	
		表现自如	5	
合计			100	

第十章

分销渠道策略

学习目标与要求

1. 了解分销渠道的概念、类型及作用。
2. 熟悉中间商及各种类型、物流相关知识。
3. 掌握渠道管理的基本方法。

本章知识架构

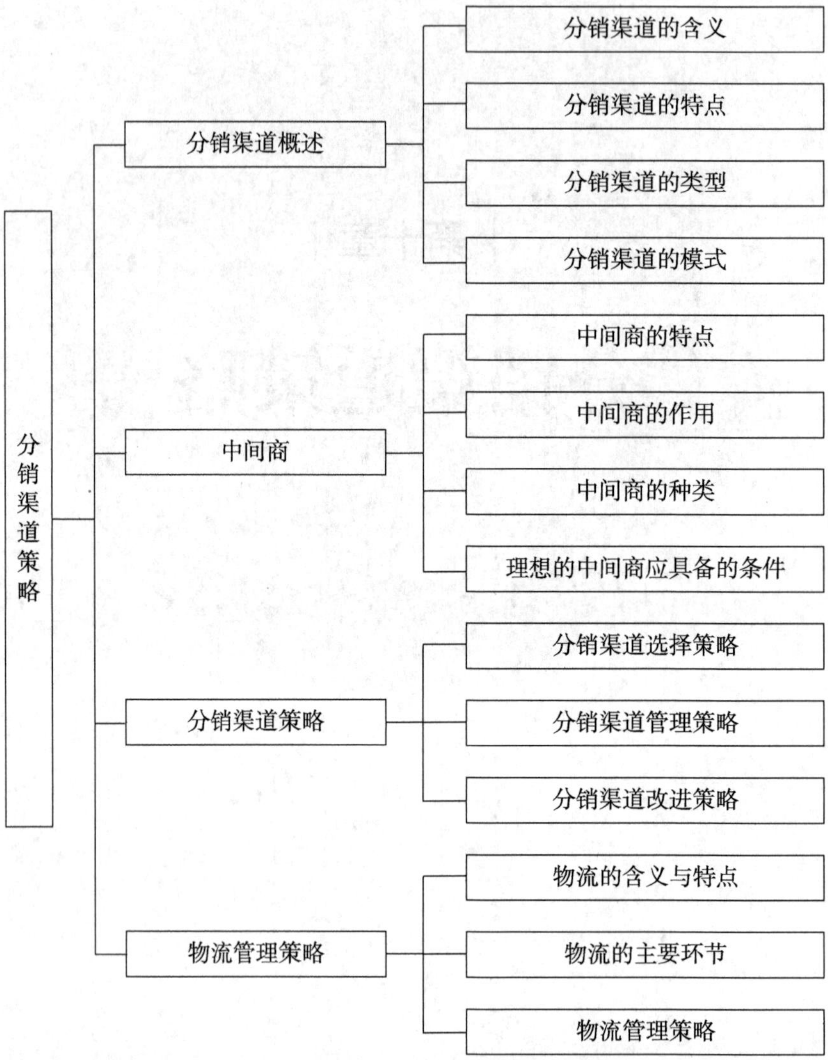

导入案例

娃哈哈的营销渠道建设

娃哈哈集团（简称娃哈哈）是中国最大的食品饮料生产企业，在全国建有60多家合资控股、参股公司，在各省市均设有销售机构，员工近2万名，总资产66亿元。娃哈哈主要从事食品饮料的开发、生产和销售，生产含乳饮料、瓶装水、碳酸饮料、茶饮料、果汁饮料、包装食品、医药保健品7大类50多个品种的产品。2003年，公司营业收入突破100亿元大关，成为全球第五大饮料生产企业，仅次于可口可乐、百事可乐、吉百利、柯特4家跨国公司。自1998年以来，在资产规模、产量、销售收入、利润、利税等指标上一直位居中国饮料行业首位。

娃哈哈的产品并没有很高的技术含量，其市场业绩的取得和它对渠道的有效管理密不可分。娃哈哈在全国各省、直辖市、自治区选择了1000多家经销商，组成了几乎覆盖中国每一个乡镇的联合销售体系，形成了强大的销售网络。娃哈哈非常注重对经销商的促销努力，公司会根据一定阶段内的市场变动、竞争对手的行为以及自身产品的配备而推出各种各样的促销政策。针对经销商的促销政策，既可以激发其积极性，又保证了各层销售商的利润，因而可以做到促进销售而不扰乱整个市场的价格体系。娃哈哈对经销商采取的是返利激励和间接激励相结合的全面激励制度，通过帮助经销商进行销售管理，提高销售效率来激发经销商的积极性。娃哈哈各区域分公司都有专业人员指导经销商，参与具体销售工作；各分公司派人帮助经销商管理铺货、理货以及广告促销等业务。

娃哈哈采取保证金的形式，对分布在全国各省、直辖市、自治区的经销商行为实行有效控制。它要求经销商预先交付一笔保证金，并对那些按时结清货款的经销商，及时偿还保证金并支付高于银行同期存款利率的利息。宗庆后认为："经销商先交预付款的意义是次要的，更重要的是维护一种厂商之间独特的信用关系。我们要经销商先付款再发货，但我给他们利息，让他们的利益不受损失，每年还返利给他们。这样，企业的流动资金十分充裕，没有坏账，双方都得了利，实现了双赢。娃哈哈的联销体以资金实力、经营能力为保证，以互信互助为前提，以共同受益为目标指向，具有持久的市场渗透力和控制力，并能大大激发经销商的积极性和责任感。"

为了从价格体系上控制窜货，娃哈哈实行级差价格体系管理制度。根据区域的不同情况，制定总经销价、一批价、二批价、三批价和零售价，使每一层次、每一环节的渠道成员都取得相应的利润，保证了有序的利益分配。同时，娃哈哈与经销商签订的合同中严格限定了销售区域，将经销商的销售活动限制在自己的市场区域范围之内。娃哈哈发往每个区域的产品都在包装上打上编号，编号和出厂日期印在一起，根本不能被撕掉或更改，借以准确监控产品去向。娃哈哈专门成立了一个反窜货机构，巡回全国严厉稽查，保护各地经销商的利益。娃哈哈的反窜货人员经常巡查各地市场，一旦发现问题马上会同企业相关部门及时解决。总裁宗庆后及各地的营销经理也时常到市场检查，一旦发现产品编号与地区不符，便严令彻底追查，按合同条款严肃处理。娃哈哈奖罚制度严明，一旦发现经销商跨区有销售行为，将扣除其保证金以支付违约损失，情节严重的将取消其经销资格。

娃哈哈全面激励和奖惩严明的渠道政策，有效地约束了上千家经销商的销售行为，为庞大渠道网络的正常运转提供了保证。凭借其"蛛网"般的渠道网络，娃哈哈将其含乳饮料、瓶装水、茶饮料等产品顺利销售到全国的各个角落。例如，2004 年 2 月公司新产品"激活"诞生，3 月初铺货上架，从大卖场、超市到娱乐场所、交通渠道、学校和其他的一些传统的批发零售渠道，"激活"很快出现在它能够出现的一切地方。娃哈哈将其渠道网络优势运用得淋漓尽致，确保了"激活"在迅速推出的同时尽快形成规模优势。

面对可口可乐、百事可乐和康师傅、统一的全面进攻，娃哈哈大胆创新，尝试大力开展销售终端的启动工作，从农村走入城市。宗庆后认为，现在饮料企业的渠道思路主要有 3 种：一是可口可乐、百事可乐的直营思路，主要做终端；二是健力宝的批发市场模式；三就是娃哈哈的联销体思路。娃哈哈在品牌、资金方面不占优势，关键就要扬长避短，尽可能地发挥自己的优势，抑制对方的长处。娃哈哈推出非常可乐，从上市之初就没有正面与可口可乐、百事可乐展开竞争，而是瞄准了中西部市场和广大农村市场，通过错位竞争，借助于强大的营销网络布局，把自己的可乐输送到中国的每一个乡村与角落地带，利用"农村包围城市"的战略在中国碳酸饮料市场占据了一席之地。

有学者将娃哈哈的成功模式归结为"三个一"，即"一点，一网，一力"。一点指的是它的广告促销点，一网指的是娃哈哈精心打造的销售网，一力指的则是经营经销商的能力。"三个一"的运作流程是：先通过强力广告推新产品，以广告轰炸把市场冲开，形成销售的预期；接着通过严格的价差体系做销售网，通过明确的价差使经销商获得第一层利润；最后常年推出各种各样的促销政策，将企业的一部分利润通过日常促销与年终返利让渡给经销商。但这种模式也存在着问题：当广告越来越强调促销的时候，产品就会变成"没有文化"的功能产品，而不是像可口可乐那样成为"文化产品"，结果会造成广告与产品之间的刚性循环：广告要越来越精确地找到"卖点"，产品要越来越多地突出功能，结果必然是广告的量要越来越大，或者是产品的功能要出新意，才能保证销量。

（资料来源：吴健安，等．市场营销学［M］．北京：清华大学出版社，2015. 略有改动）

从上述案例可以看出，娃哈哈公司的产品没有很高的技术含量，其市场业绩的取得和它对渠道的有效管理密不可分。娃哈哈在全国各省、直辖市、自治区选择了1000多家实力雄厚经销商，组成了几乎覆盖中国每一个乡镇的联合销售体系，形成了强大的销售网络，并随着竞争环境的变化不断调整着渠道网络系统。可以说，企业通过制订产品策略，完成了新产品的开发或形成了一定的产品组合形式；通过价格策略，给产品制定出最有利的价格，以实现企业的定价目标。但这些产品要打开市场，最终实现其价值，就必须经过分销渠道策略这个重要环节，来沟通生产与消费，克服生产者与消费者之间存在的时间、地点、数量、品种、信息、产品价格及产品所有权等方面的诸多矛盾，使产品适时、适地、经济、方便地提供给消费者和用户，从而达到销售产品、实现企业经济效益的营销目标。

第一节 分销渠道概述

一、分销渠道的含义

所谓分销渠道，是指某种商品或劳务从生产者向消费者转移的过程中，取得这种商品或劳务的所有权及帮助所有权转移的所有企业和个人。

这个概念包括下列几层含义：

（1）分销渠道实际上是某些特定的企业和个人组成的集合。

（2）组成分销渠道的企业和个人直接参与了商品交换活动，他们或者是在商品和劳务的流转中获得了所有权，或者是帮助转移所有权。

（3）获得和转移所有权均是在特定的过程，即商品和劳务的流转过程中发生的。

从外延上看，分销渠道包括：

（1）取得商品或劳务所有权的企业和个人，我们称为商人中间商，又称经销商。

（2）帮助转移所有权的企业和个人，我们称为代理中间商，简称代理商。

（3）还应包括处于分销渠道起点的生产者和处于分销渠道终点的消费者和用户。

但不包括：

（1）资源供应商，比如给生产者提供原料、燃料、设备和零部件的企业和个人。因为在供应商—生产商这个环节中，商品尚未形成，当然商品流转也无从发生，所以供应商被排除在商品的分销渠道之外。

（2）辅助商，比如银行、保险公司、货运企业等。上述部门并不直接参与商品交换，仅是为商品交换提供服务和便利。

需要注意的是，在市场营销理论中，分销渠道和市场营销渠道这两个术语有时会不加区分地使用，但这二者是有所区别的。市场营销渠道包括某种商品供、产、销过程中的所有企业和个人。在外延上，不仅包括生产者、中间商和最终消费者或用户，还包括资源供应者和辅助商，而分销渠道则不包括资源供应者和辅助商。

二、分销渠道的特点

（1）每一条分销渠道的起点均为生产者，终点均为消费者和用户。也就是说，分销渠道是从生产者到消费者之间完整的商品流通全程，而非某一阶段。

（2）商品流通中各种类型的中间商是分销渠道最重要的组成部分。

（3）分销渠道并非生产商和中间商之间简单随意的联结。对于生产商而言，选择适当的分销渠道，是企业营销工作中最重要的决策之一。

三、分销渠道的类型

（一）分销渠道的基本类型

分销渠道有两种基本形式，即直接渠道和间接渠道。

（1）直接渠道。直接渠道是指生产者不通过任何中间环节，而将产品直接销售给消费者和用户。

常见的直接渠道有邮寄销售、推销员上门直销、生产商开设自销门市部等。该渠道是最短的分销渠道，主要用于生产资料的销售，但某些消费品有时也通过直接渠道分销。

（2）间接渠道。间接渠道指生产商通过若干中间环节，把商品销售给消费者和用户。

它是消费品分销途径的主要类型。但目前由于许多生产商缺乏进行直接营销的人力和财力资源，其所生产的工业品也采用间接渠道营销。与直接渠道相比，它是较长的渠道。

（二）长渠道和短渠道

按照分销渠道的“长度”，可将分销渠道分为“长渠道”和“短渠道”。分销渠道的“长度”取决于商品在流通过程中经过的分销渠道的层次。在产品流转过程中，任何一个对产品拥有所有权或负有推销责任的机构，就叫作一个渠道层次。尽管生产者和消费者被列入每一渠道中，但市场营销学却以中间机构层次的数目确定渠道的长度。

一般而言，产品从生产者转移到消费者的过程中，如经过两个或两个以上的中间环节，这种渠道我们就称为长渠道；如果只经过一个中间环节或未经中间商（即直接渠道），我们称为短渠道。

（三）宽渠道和窄渠道

按照分销渠道的“宽度”，可将其划分为宽渠道和窄渠道。

分销渠道的宽度指渠道的每个层次使用同种类型中间商数目的多少。某种商品

（如消费品中的日用品）的生产者通过多个批发商和零售商推销其产品，这种产品分销渠道就宽，如图 10－1 所示；反之，某种产品（如消费品中的选购品和特殊品）的生产商在某一地区仅精心挑选少数几个中间商，甚至只选择一个中间商推销其产品，这种产品的分销渠道就窄，如图 10－2 所示。

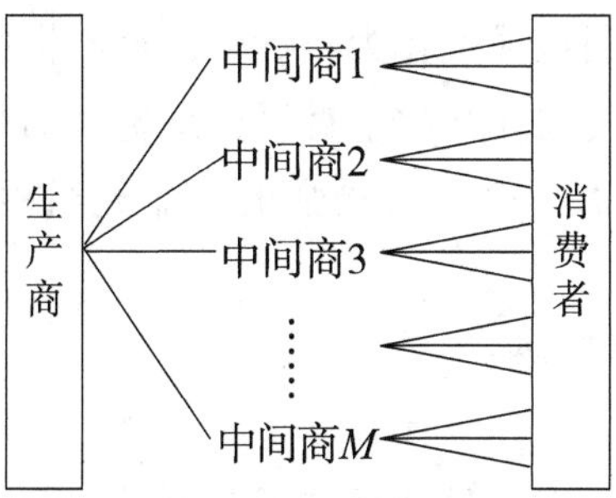

图 10－1 宽渠道示意

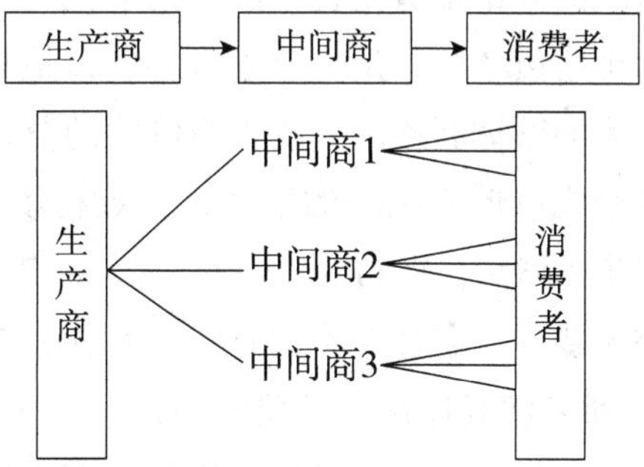

图 10－2 窄渠道示意

四、分销渠道的模式

（一）传统的分销渠道模式

由于生产资料市场和消费资料市场具有不同特点，所以二者的分销渠道模式也有所不同。

生产资料分销渠道模式有五种，如图 10－3 所示。

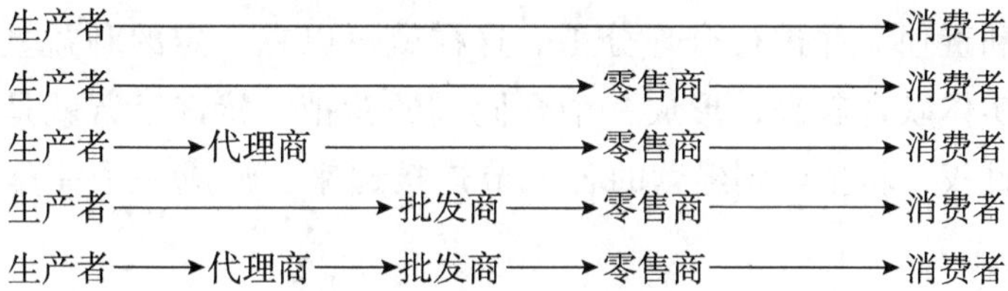

图 10－3 生产资料分销渠道

消费资料分销渠道模式有五种，如图 10－4 所示。

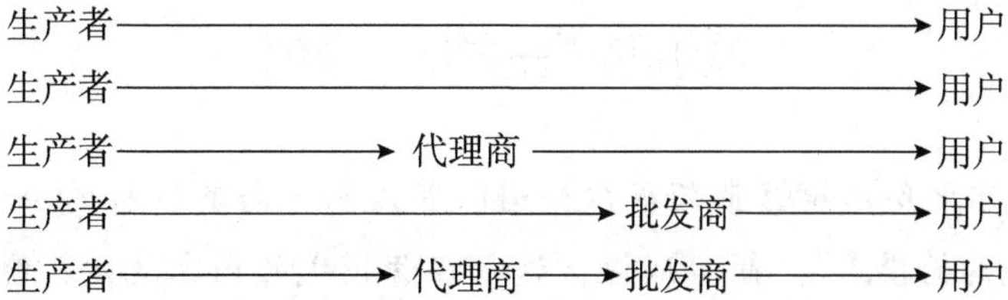

图 10－4 消费资料分销渠道

比较生产资料和消费资料的分销渠道模式，可以看出，生产资料的分销渠道一般不设零售机构，而消费资料的分销渠道除直接渠道外，都需经过零售商。

（二）联合系统式的分销渠道模式

传统的分销渠道比较松散，是一些所有权和经营权相互独立的企业的结合。渠道中的每个成员各行其是，缺乏领导，以追求个体利益最大化为目标，甚至不惜牺牲渠道和厂家的整体利益。而联合系统式的分销渠道模式（又称垂直渠道系统）则是渠道中的各个成员形成统一的整体，一致行动，往往有一个实力最强的企业充当领导者，控制渠道中各成员的行为。

在实践中，联合系统式的分销渠道主要有以下三种：

1. 所有权式体系（公司体系）

生产商以入股的方式控制销售，与中间商企业建立母公司与子公司的关系，或者由生产商投资设立自己的全资子公司来负责销售。这种方式整合水平最高，厂商联系最为巩固。在这一体系中，渠道成员的独立性部分或全部丧失，整个渠道的活动将全部受制于生产者的目标。

2. 管理式体系

一些生产者为实现其战略计划，往往在商品的促销、仓储、运输、定价、陈列等问题上，给中间商予以帮助和指导。其实质就是由力量最强或规模最大的一方来管理和协调生产与分销各环节，但管理者对各方并不拥有所有权。

3. 合同式体系

在生产商与中间商之间，中间商与中间商之间，以一定的合约为约束，各方明确权利、义务和责任，并进行合理分工。这样就可以在一定的利益基础上，把渠道中各个独立的实体联合起来，形成一个合同式的营销。特许经营就是典型的合同式体系，通过特许权，将生产到经营的各环节连接起来，形成一个完整的直达终端的经营体系。

案　例

戴尔的“差异化”直销

迈克尔·戴尔之所以能够带领戴尔公司收获成功，与其独特的经营模式是密切相关的，即“直线购销模式”。简单地说，这种经营模式的内容就是：绕过中间批发商，根据消费者需求定制产品，并直接向消费者销售。

传统的个人电脑销售有两种方式：一是通过中间商，包括经销商和代理商间接销售；二是通过厂商自己的销售队伍直接销售，即平常人们所说的“直销”。严格地讲，戴尔的经营方式与两种传统方式都不相同，属于“差异化”直销。

可以粗略地把戴尔公司的消费者分为两大类：一类是大客户市场，主要是大企业、政府机构；另一类是中小企业和家庭个人。戴尔公司下面有一支直销队伍。对于大型客户，一般由戴尔公司的直销员直接上门面对面地介绍公司产品，当客户了解并且认可戴尔公司及其主要产品之后，便可根据自己的实际情况向戴尔公司提出订货，由客户决定所购的计算机的内部件及所需软件。对于小型客户，戴尔公司主要通过广告的方式宣传自己，而且重点面向已经用过计算机者，由这些目标消费者自己确定需要的计算机配置，然后通过电话或电脑网络向戴尔公司订货。无论对于哪种消费者，戴尔公司都是根据消费者的要求向工厂下订单，生产出来产品后直接送货给消费者。这种销售方法不同于一般的直销，因为过去的直销是先制作出产品，面向消费者销售；戴尔公司则按照消费者要求生产产品，从生产到销售都要面向消费者，满足消费者多样化、个性化需求。

由于戴尔公司是从消费者手里直接拿到订单，大大减少了各种分销渠道的费用，而公司又把这种节约下来的费用以低价的形式返还给消费者，这就为公司的低价竞争奠定了基础。在同样配置下，戴尔公司的产品要比竞争对手低10% ~15% 。

绕开中间商直接与客户进行沟通，使戴尔公司的经营信息非常准确地相互传递，从而大大提高了各项业务交易速度。一般来说，戴尔公司产品生产时间只要4 小时，电脑通常3 ~5 天就可以送到消费者手里。消费者也可以及时买到技术上最先进、最流行的时尚产品。在直销过程中，公司十分注意收集和保存消费者的资料。直销方式为公司提供了广泛而密切接触消费者，进而与其进行双向沟通的机会，使公司能迅速掌握消费者的需要，了解消费者对公司产品及服务的意见。同时，通过这种沟通渠道又及时把产品信息传达给消费者。“戴尔设备目录”向消费者提供多种外围硬件设备和软件产品，该目录每季度都会分发给数以百万计的戴尔电脑用户。它们甚至把消费者吸收进来与公司一道改进自己的产品，满足消费者多样化、个性化需求。

（资料来源：杨勇，王惠杰．现代市场营销学［M］．北京：中国财富出版社，2015. 略有改动）

第二节　中间商

中间商是指在商品从生产者流向最终消费者或用户的过程中，担负商品交换媒介的组织和个人，也就是把生产者的商品销售给消费者和其他企业的批发商、零售商及代理商。

批发商和零售商称为商人中间商，代理商则称为代理中间商。

一、中间商的特点

中间商具有下列几个特点：

（1）在整个分销渠道中，中间商处于渠道起点的生产商和渠道终点的消费者之间，是联系生产与消费的中间环节。

（2）中间商的作用是充当商品交换的媒介，促进生产者与消费者交易的成功。尽管某些中间商（商人中间商）在分销过程中，也会获得商品所有权，但它们获取所有权的行为不是为了自己消费，也不是为了永久持有，而是为了再次转移所有权，实现终端交换，获取利润。

二、中间商的作用

中间商的产生与发展是社会化大生产和社会分工的必然结果，也是经济合理地组织商品流通的必要条件。中间商的作用表现在如下几个方面：

（1）中间商介入商品交换，可以大大简化流通过程，在整体上降低流通费用，提高流通效率。这一点可从图 10－5 和图 10－6 中清楚地看出。

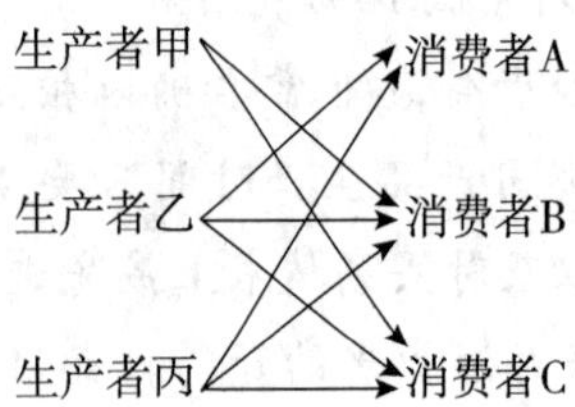

图 10－5　无中间商介入示意

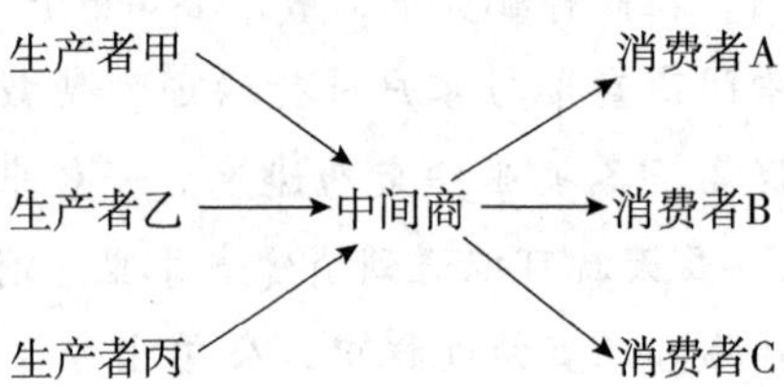

图 10－6　中间商介入示意

从图 10－5 中可以看出，在没有中间商介入时，生产者甲、乙、丙要将其产品销售给消费者 A、B、C，会发生 9 次交易；而图 10－6 显示，有了中间商的介入，只发生 6 次交易。可见，如果没有中间商，每一个生产者都必须与每个消费者发生交易，其复杂程度是难以想象的。

（2）从社会角度看，中间商具有集中商品、平衡供求、扩散商品等功能。

（3）从生产者角度看，中间商作为销售产品的专业机构，承担了生产企业的销售职能，使生产企业通过专业化生产降低成本。

（4）从消费者角度看，中间商为消费者的购买带来方便，消费者可轻松地在各种商店购买到各种商品。

三、中间商的种类

中间商按其是否拥有产品所有权可以分为两种类型，即经销商和代理商。

（一）经销商

经销商是指从事商品交易业务，在商品买卖过程中拥有产品所有权，承担经营风险的中间商，又称为商人中间商。

经销商又可分为批发商和零售商。

1. 批发商

批发是指一切将物品或服务销售给为了转卖或商业用途而进行购买的企业和个人的活动。批发商就是指主要从事批发业务的企业和个人。

批发商一般具有以下特点：

（1）批发商出售的商品一般是供给零售商转卖或再生产用。

（2）批发交易结束后，商品仍停留在流通领域。

（3）批发商销售的产品数量一般比较大，销售的频率相对较低。

（4）批发商设点较少。

批发商按不同的标准，又可分为以下几种类型：

（1）依照经营业务内容划分，批发商可分为专业批发商和综合批发商。专业批发商即专门经营某一类或某一种商品的批发商；综合批发商即经营多种商品的批发商。

（2）依照经营的业务性质划分，批发商可分为自营性批发商和代营性批发商。自营性批发商是指从事商品收购、运输、储存、销售等经营活动，取得产品所有权后再批发出售的批发商；代营性批发商是指提供代理业务，为客户服务的居间性、中介性批发商，比如从事代购、代销、代运、代存等经营活动的企业。

（3）依照经营商品种类划分，批发商可划分为农副产品批发商和工业品批发商。

2. 零售商

零售商是指把商品直接销售给最终消费者，处于商品流通的最终阶段，以供消费者个人或家庭消费的中间商。

零售商具有如下特点：

（1）零售商处在商品流通的最终环节，其交易对象是最终消费者。

（2）交易结束后，商品脱离流通领域，进入消费领域。

（3）零售商销售产品的数量较小，但销售频率高。

（4）零售商数量多，类型复杂，分布广。

零售商的类型繁多、形式千变万化，新的组织形式层出不穷。零售商的分类依据多样，分类标准也不统一。按有无店铺划分可分为店铺零售商、无店铺零售商、团体零售商等几种类型。

（1）店铺零售商。

国家商务部在 1998 年 7 月将零售业商店分为如下 8 类：

①百货店。这是一种大型零售商店，分门别类地销售品种繁多的商品。其特点是：

经营范围广，商品类别多，花色品种齐全，能满足消费者多方面的购买需求。1852 年第一家百货商店诞生于法国。

②超级市场。指规模巨大、成本低廉、薄利多销、自我服务的经营机构，也叫自选商场。1930 年 8 月，美国的迈克尔·库伦创办了世界上第一个超级市场，主要经营各种食品、洗涤剂和家庭日常用品等。其特点是由顾客自取自选、自我服务、定量包装、预先标价、顾客出门时一次付清款项。因而可节约售货时间，节约商店人力和费用，避免或减少顾客与售货员的矛盾。

③大型综合超市。它比传统的超级市场更大，主要销售各种食品和非仪器日用品。通常还提供干洗、支票付现、代付账单和廉价午餐等项服务。

④便利店。是设在居民区附近的小型商店，营业时间长，销售品种范围有限、周转率高的方便产品。消费者主要利用它们做“填充式”采购，因此其营业价格要高一些。

⑤仓储式商场。是一种以大批量、低成本、低售价和薄利多销的方式经营的连锁式零售企业。一般具有价格低廉、精选正牌畅销产品、经营成本低、具有先进的计算机管理系统等特点。它的服务对象主要是工薪阶层和机关团体，一般采取会员制。

⑥专业店。这是专门经营某一类商品或专门经营具有连带性的几类商品，或专门为特别消费对象经营特殊需要商品的商店。如钟表店、眼镜店、妇女用品商店、体育用品商店、文化用品商店等。

⑦专卖店。即专门销售某一品牌商品的商店。在该店中，不得销售其他品牌的产品。

⑧购物中心。这是一种由多家商店组合而成的大型商品服务中心。一般设在公共建筑物内，以一家或数家百货商店、超级市场为骨干，由各类专业商店、专卖店、书店、餐馆、旅馆、银行、影院等组合而成，融购物、服务、休闲和娱乐为一体。

（2）无店铺零售商。

这类零售商没有固定的营业场所或场地，其产品或服务不经过店铺销售的零售方式。无店铺零售商的主要形式有以下几种：

①直销。指生产者自己或通过推销人员向消费者销售商品，包括集市摆卖、上门推销、举办家庭销售会等。上门推销又叫流动商店，在美国有 700 多家公司专门进行上门推销，主要推销服装、化妆品、图书杂志等，满足消费者要求购买方便的需要。

②直复营销。指销售商利用直接反应的广告媒体与消费者进行沟通，以引起消费者的购买欲望和购买行为的销售方式，主要包括售货目录营销、直接邮购营销、电话营销、电视营销、网络营销、微信营销等。

③自动售货。即通过自动售货机向消费者出售商品的一种形式，主要用于一些具有高度方便价值的冲动购买商品，如食品、报刊、香烟、糖果等。其最大优点是方便，可以提供 24 小时服务，缺点是对售货机有损害，存货补货有可能不及时。美国有约

800多万架自动售货机。它被西方称为第三次零售革命。而从亚马逊 Amazon Go 无人超市到阿里实验室的“无人零售计划”淘咖啡，这种线上零售业和线下零售业相结合的模式具有很大的发展潜力。

④购买服务社。指以会员制方式为某些特定顾客（如学校、医院、政府机关等大型组织的雇员）提供服务的不设店铺的零售方式。这些会员可以通过购买服务社的授权，从一批经过挑选、愿意向这些会员以折扣价售货的零售商那里购货，每购买一次，零售商向购买服务社支付一小笔费用。

（3）团体零售商。

零售商一般拥有独立的所有权。随着市场竞争的日趋激烈、品牌价值越来越受重视，越来越多的零售商正在采用团体零售、抱团零售的形式。其零售形式主要有以下几种：

①公司连锁店。公司连锁店由多个同类零售单位组成，实行统一化、标准化的经营模式，实行集中采购、统一销售活动，店面装潢风格统一。公司连锁店具有如下优点：由于连锁店规模大、数量多，大量进货可以享受数量折扣和运输费用低的优势；连锁店具有品牌效应，吸引优秀人才加盟，提升管理水平；连锁店促销宣传，各零售店受益大，费用分摊少。

②特许经营店。这是由拥有特许经营权的特许者（生产商、批发商或服务机构等）与被特许者（购买某种特许权而营业的独立商人）之间的契约式联合。一些独特的产品、服务、专利、品牌或管理模式，多采用特许经营组织方式经营。双方以合同的方式规定各方的权利和义务，被特许者在一定的条件下可以使用特许者的名字、品牌、特定产品和经营风格等，特许者通过收取首期使用费、定期特许执照费、按总销售额计算的特许权使用费、对其提供的设备装置核收的租金、利润分成等获得相应的报酬。快餐、电脑软件、保健中心、汽车租赁等服务业，主要使用这一方式。

③消费合作社。这是由消费者出资并拥有的自助零售商店。社区居民对当地零售服务、价格、质量等不满意，他们自愿组织形成消费合作社；大型团体机构为其成员购物方便、实惠，也可以组成消费团体，出资开设商店。消费合作社最初产生于英国，目的是避免商业经营环节的加价。出资者采用投票方式推选出一些人对合作社进行管理。他们实行低价销售，也可以以正常价格销售，根据每位社员的购货情况给予惠顾红利。

④销售联合公司。这是一种自愿联合形式的公司。它把不同类型的商品、商店和不同的功能联为一体，实行统一的分销和管理。它与连锁店相似，但其经营的商品属于不同类型，所属商店有各自的风格，形成多样化的零售业。

（二）代理商

代理商是指接受生产者委托从事销售业务，但不拥有商品所有权的中间商。代理商一般不承担经营风险，其收益主要是从委托方获得佣金或按销售收人的一定比例提成。

代理商按其和生产者业务联系的特点，又可分为企业代理商、销售代理商、寄售商和经纪商。

（1）企业代理商。指接受生产者委托，签订销货协议，在一定区域内负责代销生产企业制造的产品，并按销售额比例获得佣金报酬的中间商。

企业代理商和生产商的关系是委托代销关系，企业代理商实际上类似生产企业的推销人员。生产者可同时委托若干企业代理商，分别在不同地区推销商品，生产者本身也可参与推销活动。

（2）销售代理商。销售代理商是一种独立的中间商，受托负责代销生产者全部产品，不受地区限制且有一定的售价决定权。

生产者在同一时期只能委托一家销售代理商，企业本身也不能再进行直接推销活动。所以，从本质上看，销售代理商实际上是企业的全权独家代理商。正因如此，销售代理商要对生产企业承担较多的义务，而生产企业也要多方考察后，精心选择销售代理商，并且协调好双方关系。

（3）寄售商。这是经营现货代销业务的中间商。生产企业根据协议向寄售商交付产品，销售后所得货款扣除佣金及有关销售费用后，再支付给生产企业。

寄售商要自设仓库或铺面，以便储存、陈列商品，使顾客能及时购得现货。

（4）经纪商。指既不拥有产品所有权，又无现货和销售条件，只为买卖双方提供交易信息，在交易洽谈中起媒介作用的中间商。

经纪商与买卖双方均无固定关系，其主要任务是安排买卖双方的接触与谈判，成交与否，仍取决于买卖双方。成交后，经纪商可从交易额中提取佣金。

四、理想的中间商应具备的条件

生产者确定了其产品分销策略后，就应根据营销的需要选择理想的中间商作为渠道成员。中间商的选择关系到能否实现企业的营销目标和效率，因而应十分慎重。一般而言，较理想的中间商应具备以下条件：

（1）与生产企业的目标顾客有较密切的关系。所谓较密切关系，是指中间商所联系的顾客，是企业所希望的销售对象。

（2）经营场所的地理位置较理想。生产者选择批发商，往往要考虑其所处的位置是否能发挥运输、存储功能，并考虑是否能节省费用、降低成本。而对零售商的选择，则往往考察其所处位置的顾客流量，及是否有利于同竞争者产品进行比较。

（3）拥有尽可能完整的产品线。理想的中间商应拥有与生产者所提供商品相关联的尽可能完整的产品线。如木材生产商愿将其产品交给拥有多种产品线的建材商出售。因为产品线齐全，就会吸引各种不同购买目的的众多土木工和消费者，而他们往往在选择其他建材的同时，在该店购买木材。

另外，如果中间商还同时经销其他竞争者的产品，就必须考虑该企业产品的质量与价格能否在竞争中取胜。

（4）中间商拥有线上渠道和网络营销经验；规模和效益俱佳，具有提供服务和运输存储的能力。

（5）财务状况和商誉良好。所有的生产商都期望中间商能及时结清货款，有些生产商甚至希望预收货款。所以调查、了解中间商的财务状况和商誉是必不可少的。

（6）企业管理规范，拥有具有专业知识的管理阶层和营销人员。

第三节　分销渠道策略

生产者在制造产品并定价后，就面临着分销渠道的选择问题，即在不同类别的渠道中，选择一个理想可行的渠道。这个过程我们可称之为渠道选择策略。另外，生产者还必须对分销渠道进行有效的协调和管理，解决生产者与中间商、中间商与中间商的利益冲突。这个过程可称之为渠道管理策略。此外，为了适应市场的变化，整个渠道系统或部分渠道系统必须随时加以修正和改进。这称之为渠道改进策略。因此，分销渠道策略从广义上讲，包括分销渠道选择策略、分销渠道管理策略和分销渠道改进策略，其中，分销渠道选择策略尤为重要。

一、分销渠道选择策略

（一）影响分销渠道选择的因素

影响分销渠道选择的因素很多，生产者在决定选择何种分销渠道前，应将产品、市场及企业本身各种因素进行综合分析，以便做出正确选择。

1. 产品因素

（1）产品单价的高低。一般而言，单价愈高的产品，分销路线愈短；单价较低，分销路线就较长。

（2）产品的体积与重量。考虑到产品的运输存储条件和费用，体大量重的商品应尽量选择短的分销渠道。

（3）产品的物理、化学性质。对于易腐、易毁、易烂、易爆、易损的产品，如牛奶、水果、啤酒、蔬菜等，应尽量缩短分销途径，以最快速度出售给消费者。

（4）产品的款式。式样多变、时尚性强的产品，如时装，应尽量缩短分销路线。

（5）产品的类型和品种规格。产品是多种多样的，对渠道的要求也有很大的不同。日用品需求面广，一般须经批发商分销；特殊品则可由生产者直接交少数零售商销售。品种规格少而销量大的产品，可交中间商销售；而品种规格复杂，技术性较强的产品，则一般由生产商直接供应用户。

（6）定制品和标准化产品。定制品（如顾客定制的机器），通常由生产商直接销售；而标准化产品，可通过中间商按样品或产品目录出售。

2. 顾客因素

（1）顾客的人数。顾客人数越多，生产者越倾向于利用每一层次都有许多中间商的长渠道。

（2）顾客的地理分布。如果潜在顾客分散在广大地区，就需通过各类中间商，采用较长的分销渠道；如果潜在顾客集中在少数地区，生产商可采用最短的分销渠道，直接销售。

（3）顾客的购买方式。顾客对日用品的购买，量少而频繁并希望购买方便，生产企业就应多采用中间商，扩大销售网点；而对特殊品，生产企业一般只通过少数几个甚至一个零售商销售。

3. 企业因素

（1）企业的财务能力和知名度。企业资金雄厚，知名度大，选择中间商时就有很大的自由度，甚至还可自建销售网点，实现产销合一；资金薄弱，无知名度的生产企业，则必须利用中间商分销。

（2）企业自身的销售能力和经验。如果企业自身有足够的销售力量和丰富经验，就可少用或不用中间商。否则，只有将销售工作全部或部分交给中间商。

（3）企业的产品组合。企业产品组合的宽度越大，则与顾客直接交易的能力越大；产品组合的深度越大，则使用独家专售或选择性代理商就越有利；产品组合的关联性越强，则越应使用性质相同或相似的市场营销渠道。

（4）企业的营销政策。企业现行的营销政策也会影响渠道的选择。例如，企业要求严控产品价格，或者要对终端购买者提供快速交货服务，或者要为消费者和用户提供售后服务等，就采取短的分销渠道。

4. 竞争因素

一般而言，生产企业应尽量避免和竞争者使用相同的分销渠道。有时，同类产品则采用与竞争者相同的分销渠道，以便让顾客进行质量、价格方面的比较。

5. 经济效益因素

一般来说，缩短渠道能减少环节、降低流通费用、提高经济效益。但对某些产品，则需增加渠道环节、才能拓展市场、扩大销售、提高市场占有率，从而提高经济效益。是缩减渠道环节，还是增加渠道环节，企业必须视其综合效益的大小而进行决策。

6. 环境因素

渠道选择要考虑到环境因素的制约问题。例如，当经济萧条时，生产者会采用短的渠道并免除不必要的服务，使终端顾客能以低廉价格购买其产品，这是经济环境对渠道选择的影响。

（二）分销渠道的选择策略

选择分销渠道的基本策略有以下几种：

1. 直接渠道与间接渠道的选择

这个问题实质上就是是否采用中间商的决策。中间商的介入能给生产商带来很大好处，但也会给生产企业带来一些问题。如流通费用增加会导致价格较高，中间商有时会为了自身利益而损害生产商利益等。所以企业在直接渠道和间接渠道的选择上，必须对产品、市场、控制渠道的能力、营销能力及财务状况等方面进行综合分析。

一般情况是：大多数生产资料产品技术复杂，价格高，需要安装和维修服务，宜采用直接渠道；大宗原材料用户购买量大，购买次数少，用户数量有限，宜采用直接渠道；生活用品中的一些易变质产品、时尚产品及价格昂贵的高档消费品，也可采用直接渠道。除此之外，大多数生活资料以及一部分应用面广、购买量小的生产资料则宜采用间接渠道。

2. 分销渠道长度的选择

越短的分销渠道，生产企业承担的销售任务就越多，信息传递就越快，销售就越及时，就越能有效地控制渠道。越长的分销渠道，中间商就承担越多的销售职能，信息传递就越慢，流通时间就越长，生产企业对渠道的控制就越弱。因此在长渠道和短渠道的选择问题上，应综合分析企业、产品、中间商及竞争者的特点。选择长渠道和短渠道应具备一定条件。

选择长渠道的条件：

（1）生产与消费的时空距离较大。

（2）消费者较分散。

（3）消费者每次购买量小，单价也较低的“便利品”。

（4）商品具有耐久性。

（5）标准化程度高的商品。

（6）售后、售中不需技术指导和服务的商品。

选择短渠道的条件：

（1）生产者与消费者距离很近。

（2）生产者自身资金雄厚并大量生产。

（3）消费者比较集中或购买者是大量购买。

（4）生产与需要有连续性、持久性、变化不大。

（5）消费者购买量小，单价高的商品。

（6）不易保存，易腐易毁商品。

（7）标准化程度低的商品。

（8）产品品种繁多，需求变化大的商品。

（9）新上市产品。

（10）售中与售后需要技术指导与服务的商品。

3. 分销渠道宽度的选择

在分销渠道宽度的决策上，一般有三种策略可供选择：

（1）密集分销策略。指生产商在同一地区，在同一渠道环节上通过尽可能多的中间商推销其产品。消费品中的日用品和工业品中的经常耗用品，通常采用该策略，使广大消费者和用户能随时随地购买这些产品。

（2）选择分销策略。指生产商在同一地区仅通过少数几个精心挑选的，最合适的中间商推销其产品。消费品中的选购品、特殊品和工业品中的零配件，尤宜采用此种策略。

（3）独家分销策略。指生产商在同一地区仅选择一家中间商推销其产品。通常双方签订独家经销合同，规定经销商不得经营竞争者的产品，以便控制经销商的业务范围。价格昂贵的商品和名牌商品有时会采用此种策略。

综上所述，生产企业在进行分销渠道选择时，首先考虑是否通过中间商，这是对直接渠道和间接渠道的选择；如果需要通过中间商，就要考虑选择哪些类型的中间商，这是对渠道长度的选择；中间商的类型确定后，最后还要考虑，对于这些不同类型的中间商各选择多少个，这是对渠道宽度的选择。通过上述三步，基本上就完成了分销渠道的设计确定工作。

二、分销渠道管理策略

生产企业的管理人员在进行渠道设计后，还必须对中间商进行选择、激励与定期评估。

（一）选择具体的渠道成员

生产者要在众多的中间商中选择自己的渠道成员，一般来讲，要评估中间商经营时间的长短及其成长记录、清偿能力、合作态度和声望等。当中间商是销售代理商时，还必须评估其经营的其他产品大类的数量与性质、推销人员的素质与数量。当中间商打算授予某百货公司独家分销时，还必须评估商店的位置、未来发展潜力及经常光顾的顾客类型。

（二）激励渠道成员

生产者不仅要选择中间商，而且还要与中间商建立良好的关系，激励中间商使之尽职。一般而言，对中间商的激励应以交易关系融洽为基础。如果对中间商仍激励不足，生产者可考虑下列 3 条措施：

（1）提高生产者可得的毛利率，放宽信用条件或改变交易关系组合，使之更有利于中间商。

（2）采取人为方法激励中间商，使之付出更大努力。例如可挑剔中间商或举办中间商销售竞赛等。

案 例

送经销商去上 MBA

美的认为，经销商要与美的一同进步，就必须跟上美的的步伐。

所以美的要送经销商去上 MBA，送经销商去强化培训，让他们真正学到东西，实实在在地提高。这也是厂家给经销商提供的一份长远利益。

目前，一些企业进行销售渠道的改造正是根据营销环境的变化而作出的调整。先知先为者无疑将在日后的激烈竞争中握有更重的制胜筹码。

厂家对经销商的激励措施已不再仅仅是给经销商送“红包”，而是让经销商掌握赚钱的方法，对经销商进行相关知识的培训。

（资料来源：全琳琛．1 分钟学营销——故事里的营销学［M］．北京：人民邮电出版社，2010.）

（3）建立战略合作伙伴关系。为了更好地培养中间商对企业的深厚感情与和谐的商业气氛，要有计划地和经营长久、思维新潮的中间商建立战略伙伴关系，通过定期举办联谊会、新品发布会、政策阐释会，会间通过新品测试、信息收集、联欢、礼品派送等形式增进双方友谊，使中间商心理上形成了主人翁的感性意识，从而增强品牌忠诚度。

（三）评估渠道成员

生产者除了选择和激励渠道成员外，还必须定期评估他们的绩效。

（1）生产者与中间商应签订有关绩效标准与奖惩条件的契约；

（2）生产者还须定期发布销售配额，以确定目前的预期绩效；

（3）生产者可在一定时期内列出各中间商的销售额，并排出先后名次。

三、分销渠道改进策略

生产者在设计了一个良好的渠道系统后，不能放任其自由运行而不采取任何纠正措施。事实上，为适应市场变化，整个渠道系统或部分渠道系统必须随时加以修正和改进。

（一）增加或减少某些市场营销渠道

如果生产者所使用的市场营销渠道不能有效地将产品送达某一地区或某类顾客，

或者从经济效益角度出发，生产者可增加或减少某些市场营销渠道。

（二）增加或减少某些渠道成员

在考虑渠道改进时，通常会涉及增加或减少某些中间商的问题。这时就必须考虑，增加或减少某些渠道成员后企业的利润会如何变化。

（三）改进整个市场营销系统

对生产者而言，最困难的渠道变化决策是改进和修正整个市场营销系统。例如，汽车制造商打算用企业代理商取代销售代理商。这些决策不仅会改变渠道系统，还会改变生产者的市场营销组合。因此，通常由企业最高管理层决策。

案　例

通口浚夫：运用三角经营法

日本一家医药公司在初创时期分别在京阪铁路沿线的京桥、千林、林云三地开设了三家小药店，但经营一直很不景气，甚至有破产之忧。

有一天，公司经理通口浚夫看到几个小学生把手伸进三角尺的圆洞里，不停地旋转着玩。他心里一亮，不由得站起身来，两眼紧盯着三角尺，联想到了数学上的三角形的稳定性和军事上三足鼎立的说法，顿时豁然开朗。

他迅速回家，打开了这个地区的地图，发现自己开的这三家药店正好分布在一条直线上。他想："这三家药店经营不景气的原因就在于这种分布只能使过路行人买药。如果把这三家药店的分布位置改成三角形的话，就可以将这一块地方包围起来，不仅过路的行人，在三角形内居住的人都会来买我的药，而不会再去其他的地方了。"

通口浚夫想好之后，说干就干。他首先关掉了原来位于三家店中间的那家林云药店，然后又在德庵开了一家药店。这样，分店还是三家，只不过稍稍调整了地理位置，将以前的直线分布改为三角阵式。经此一改，经营状况大有改观。

"三角经营法"也由此成为了通口浚夫的经营"专利"。

（资料来源：全琳琛.1分钟学营销——故事里的营销学［M］.北京：人民邮电出版社，2010.）

第四节　物流管理策略

物流是社会经济的动脉，是保障生产过程连续进行的前提，是保证商流顺畅进行，最终实现消费的物质基础。为了保证产品适时、适地、适量地从生产者到达消费者或用户，满足其需求和欲望，必须进行商品的仓储和运输等，即进行物流管理。企业制订正确的物流管理策略，对于企业降低成本费用、增强竞争实力、提供优质服务、促进和便于顾客购买、提高经济效益等都具有重要的意义。

案 例

沃尔玛的成功之道

沃尔玛的成功与其说是基于优秀的商业模式或者先进的信息技术应用，不如说是沃尔玛对自身的“商业零售企业”身份的超越。在2005年沃尔玛一举成为全球最大的零售企业，从而终结了通用公司独霸销售宝座多年的格局。同时，沃尔玛使其从一家普通零售企业发展成为今天连锁店遍布全球的成功模式，也引发了经济学者和企业界的极大关注，并称之为“沃尔玛现象”。通过对沃尔玛的研究可以发现，沃尔玛给人们留下最深刻的印象，是它的一整套先进、高效的物流和供应链管理系统。沃尔玛在全球各地的配送中心、连锁店、仓储库房和货物运输车辆以及合作伙伴（如供应商等），都被这一系统集中、有效地管理和优化，形成了一个灵活、高效的产品生产、配送和销售网络。

（资料来源：柳和玲．物流动作案例剖析［M］．北京：中国物资出版社，2006.）

一、物流的含义与特点

（一）物流的含义

物流一词源于英语的Logistics，原意是军事后勤保障。“二战”后，物流的概念被广泛运用于经济领域，成为一个跨学科、跨行业、涉及面广、多环节的综合性概念。根据美国物流管理协会的定义：物流是为满足消费者需求而进行的对原材料、中间库存、最终产品及相关信息从起始地到消费地的有效流动与存储的计划、实施与控制的过程。

传统的物流一般是指商品在空间与时间上的位移，以解决商品生产与消费的地点差异与时间差异。进入20世纪90年代，传统的物流向现代物流转变。现代物流包括运输的合理化、仓储自动化、包装标准化、装卸机械化、加工配送一体化、信息管理网络化等。现代物流被广泛认为是企业除降低物资消耗、提高劳动生产率以外的重要利润源泉。

现代的物流观念可以从四个方面进行理解。

（1）物流只是实现物品物质实体的转移，而不发生物品所有权的转移。

（2）物流是一种满足社会需要的经济活动，反之则不属于物流范畴。

（3）物流包括空间位移、时间变动和形状、性质变动，从而创造物品时间和形态效用。

（4）有物品就有物流，因而物流具有普遍性特征。

（二）现代物流的特点

现代物流与传统的物流相比，具有如下几个特点：

（1）现代物流是多种运输方式的集成，把传统运输方式下相互独立的海、陆、空的各个运输手段按照科学、合理的流程组织起来，从而使客户获得最佳的运输路线、最短的运输时间、最高的运输效率、最安全的运输保障和最低的运输成本，形成一种有效利用资源、保护环境的“绿色”服务体系。

（2）现代物流打破了运输环节独立于生产环节之外的分业界限，通过供应链的概念建立起对企业供产销全过程的计划和控制，从整体上完成最优化的生产体系设计和运营，在利用现代信息技术的基础上，实现了货物流、资金流和信息流的有机统一，降低了社会生产总成本，使供应商、厂商、销售商、物流服务商及最终消费者达到皆赢的战略目的。

（3）现代物流突破了运输服务的中心是运力的观点，强调了运输服务的宗旨是客户第一，客户的需求决定运输服务的内容和方式，在生产趋向小批量、多样化和消费者需求趋向多元化、个性化的情况下，物流服务需要发展专业化、个性化的服务项目。

（4）现代物流着眼于运输流程的管理和高科技信息情报的使用，使传统运输的“黑箱”作业变为公开和透明的，有利于适应生产的节奏和产品销售的计划。

（5）现代物流与电子商务日益紧密地结合在一起。随着 Internet 的普及，电子商务的应用呈现迅猛扩大之势。电子商务的推广，加快了世界经济的一体化，使国际物流在整个商务活动中占有举足轻重的地位。电子商务带来对物流的巨大需求，推动了物流的进一步发展，而物流也在促进电子商务的发展，因此可以说二者互相依存、共同发展。

（6）现代物流业正在全球范围内加速集中，并通过国际兼并与联盟，形成越来越多的物流巨无霸。当今世界正处于新一轮的产业升级和结构调整的大潮之中，国际物流业也在加速集中。这些兼并活动不仅拓宽了这些企业的物流服务领域，而且增强了市场竞争力。

二、物流的主要环节

现代物流主要包括以下环节：运输、储存、装卸搬运、包装、流通加工、配送、物流信息等。

1. 运输（Transportation）

运输是指用专用运输设备将物品从一地点向另一地点运送，其中包括集货、分配、搬运、中转、装入、卸下、分散等一系列操作。其任务是使物资进行较长距离的空间移动。物流部门通过运输解决物资在生产地点和需要地点之间的空间距离问题，从而创造商品的空间效益，实现其使用价值，以满足社会需要。运输是物流最重要的一个功能。运输方式有：铁路运输、公路运输、水路运输、航空运输、管道运输。

2. 储存（Storing）

储存物是在社会总生产过程中暂处于停滞状态的那部分物资。储存就是对物资的保管保养，克服产品的生产与消费在时间上的差异，创造物资的时间效用，以保证流通和生产的顺利进行。商品流通是一个由分散到集中，再由集中到分散的流通过程。为了保持不间断地销售商品，必须有一定量的周转储存。有些商品需要在流通领域内进行整理、组装和再加工，形成销售前的准备储存。正是由于某些商品在产销时间上的背离，还必须有一定的季节储存。仓储作为一种物流形态，为物流提供场所和时间，在储存期间可对储存商品进行检验、整理、分类、保管、保养和加工，然后进行集散、转换运输方式等各种作业。因此说，仓库在物流中具有重要作用，成为物流的一个主要环节。

3. 装卸搬运（Loading and Unloading）

装卸搬运是在同一地域范围内，以改变物资的存放状态和空间位置为主要内容的作业活动。任何商品，不管它处于什么状态，当要对它进行运输、储存、配送、包装或流通加工时，都需要进行装卸搬运作业。因此，装卸搬运是物流各环节的结合部，是连接储运的纽带，它贯穿于物流的全过程。装卸搬运作业的构成有：堆放拆垛作业、分拣配货作业、搬适作业、移送作业等。

案　例

日本企业装卸搬运的精心设计

1970 年，日本一家企业为巴西亚马逊河盆地的新建工厂制造成套的纸浆加工设备，该日本企业的做法是，在日本造船厂专门设计和修造了两艘大型驳船，然后将纸浆加工设备和配套的动力设备，按总重量均衡分别安装在两艘驳船上，用拖轮拖动到巴西嘉利河的新厂。在该厂址筑坝引水。蓄水前，设备安装所在地打进埋入数排木桩作为基础，当驳船驶入坝区停靠在木桩附近以后，将坝筑高并将坝区完全封闭，然后抽水灌注，使驳船随着坝内水位升高浮起并停留在木桩的顶部。随即放去坝内蓄水，使两艘驳船稳定地安置在相应的木桩上端。去掉驳船两边的门窗等隔板，其底座就已成为新工厂灌注混凝土基础的底板。据估计，这样要比将设备解体装船运到巴西，再新建厂、重安装，要节省建设费用20%，时间缩短2年。

（资料来源：吴健．现代物流学［M］．北京：北京大学出版社，2010.）

4. 包装（Packing）

包装是在流通过程中保护产品、方便储运、促进销售，按一定技术方法而采用的容器、材料及辅助物等手段的总体名称，以及为达到上述目的而采用的容器、材料和辅助物的过程中施加一定技术方法等的操作活动。它是包装物和包装活动、包装手段、包装作业的总称。现代包装已不仅有保护产品的作用，而且在物流中发挥着重要的作用。包装一般分为销售包装和运输包装。

5. 流通加工（Circulation Processing）

流通加工是指商品在从生产地到使用地的过程中，根据用户的要求，改变或部分改变商品的形态或包装形式的一种生产性辅助加工活动。其目的是克服生产加工和用户对商品要求之间的差异，更有效地满足用户需要，从而促进销售、维护产品质量、提高生产和流通的经济效益。

6. 配送（Distribution）

配送是指在经济合理区域范围内，根据客户要求，对物品进行拣选、加工、包装、分割、组配等作业，并按时送达指定地点的物流活动。"配"包括货物的集中、分拣和组配，"送"是以各种不同的方式将货物送达到指定的地点或用户手中。配送的意义在于：完善了输送及整个物流系统；提高了末端物流的经济效益；可使企业实现低库存或零库存；可简化手续、方便用户；提高了供应保证程度。

案　例

日本某企业的配送中心

设立在日本东京都立川市的菱食立川物流中心，拥有冷冻仓库、恒温仓库、常温仓库约11000平方米，其中冷库约7000平方米，主要配送食品、酒类、冰激凌等。配送商品种类为冷冻食品1500种、酒类1000种、冰激凌200种，食品材料650种。一般储存商品、酒类和食品材料25000箱，冷藏商品70000箱。每天配送数量：冷冻食品18000箱、冰激凌5000箱、酒类1000箱。主要配送到关东地区的12个配送分中心，然后由12个配送分中心再配送到各零售店铺。这12个配送分中心分为两种类型，一种是通过中心（如川口、桐生、市川、生梨等），另一种是在库型通过中心（如湘南、桶川、静、极木、茨城等）。通过中心是指收到商品，经分拣后再配送到中心超市，不保持库存；在库型通过中心是指对A级商品有一定的库存量，其他商品分拣后直接配送出去。

系统内的店铺和系统外的食品店或超市，通过嵌入式操作系统（EOS）系统向菱食情报中心订货，由立川中心承担物流配送。

（资料来源：吴健．现代物流学［M］．北京：北京大学出版社，2010.）

7. 物流信息（Logistics Information）

物流信息是反映各种物流活动中有关知识、资料、图像、数据、文件等必要信息的总称。物流信息在物流活动中起着神经系统的作用，对物流活动进行有效的组织、控制、协调和管理。在物流活动中，按照作用不同，将物流信息分为：订货信息、库存信息、生产（采购）指示信息、发货信息、物流管理信息等。

三、物流管理策略

按照美国物流管理学会的定义，物流管理是为满足顾客要求，有效率和有效益地对原材料、在制品和制成品从产地到消费地的流动与保管进行计划、执行和控制。物流管理过程，就是对物料的包装、装卸搬运、运输、储存、流通加工、物流信息等环节，根据它们之间客观存在的有机联系，进行综合、系统的管理，以取得全面的经济效益的过程。

（一）物流的顾客服务标准

物流的顾客服务是指为支持企业的核心产品（或服务）而提供的服务。制造企业和商业企业的物流服务，就是用来支持其产品营销行动而向顾客提供的一种服务，是顾客对商品利用可能性的物流保障。

物流顾客服务最基本的三个方面如下：

1. 可得性

可得性是指当顾客需要存货时所拥有的库存能力。可得性可以通过各种方式实现，最普通的做法就是按预期的顾客订货进行存货储备。于是，仓库的数目、地点、储存政策等便成了物流管理的基本问题之一。存货储备计划通常是建立在需求预测基础上的，而对特定产品的储备还要结合其是否畅销、该产品对整个产品线的重要性、投资收益率以及商品本身的价值等因素考虑。

可得性应以三个物流绩效指标进行衡量：缺货频率（缺货将会发生的概率）、供应比率（衡量缺货的程度或影响大小）、订货完成率（衡量企业完成一个顾客所预订的全部存货时间的指标）。这三个衡量指标可能决定了一个企业满足特定顾客对存货需求的能力。

2. 作业完成

作业完成可以通过速度、一致性、灵活性、故障与恢复等方面来具体说明所期望的完成周期。

3. 可靠性

可靠性是指在物流活动中如何实现已计划的存货可得性和作业完成能力。可靠性体现在以下三个方面：①保有顾客所要求商品的足够存货量；②在顾客所要求的时间内传递商品的输送保障；③符合顾客所要求的商品质量保障。

（二）物流成本控制

物流成本是物流活动中所消耗的物化劳动和活劳动的货币表现，即产品在实物运动过程中，如包装、运输、储存、流通加工、物流信息等各个环节所支出人力、物力和财力的总和。这是完成各种物流活动所需的全部费用。

物流管理的目标之一就是降低物流成本。物流成本控制是对从原材料供应开始直到商品送达消费者的各环节发生的费用进行计划和管理，压缩不必要的成本，以达到预期目的。

降低物流成本的方法主要有：降低物流直接成本；完善物流途径；扩大运输量；合理库存。

（三）第三方物流

物流企业是为各类客户从事各种后勤保障活动的经营者。当他们既不是物料、物品的所有者、销售者，也不是消费者、用户企业时，均可划归于第三方物流企业（经营者）。我国的《物流术语》国家标准中，对于第三方物流的表述是：第三方物流是独立于供需双方为客户提供专项或全面的物流系统设计或系统运营的物流服务模式。

1. 第三方物流的特点

从第三方物流的概念可以看出，第三方物流有以下特点：

（1）关系合同化。第三方物流为客户提供的服务是以合同形式确定的，包括业务类别、业务量、时间、地点范围、价格、运输方式等内容都要在合同中体现。

（2）服务个性化。不同的物流消费者对第三方物流的服务有不同的要求，即使同一个物流消费者在不同情况下也会有不同的要求。第三方物流企业根据物流消费者的不同要求提供针对性强和个性化服务。

（3）功能专业化。第三方物流企业的核心功能就是专业化的物流服务。对于专门从事物流服务的企业，它的物流设计、物流操作过程、物流管理都是专业化的，物流设备与设施也都是标准化的。

（4）信息网络化。信息技术是第三方物流生存和发展的基础和保障，在物流服务过程中，信息技术发展实现了信息实时共享，促进了物流管理的科学化，大大提高了物流服务的效率。

2. 第三方物流的作用

凭借着信息优势、专业优势、规模优势、服务优势等，第三方物流企业能够创造出比供方和需方采用自我物流服务系统运作更快捷、更安全、更高服务水准，且成本相当或更低廉的物流服务。其作用表现在以下方面：

（1）提高运输服务水准。

（2）提高运输技术水平。

（3）实现物流全过程总费用的节约。

（4）实现物流过程的系统管理。

（5）可以促进运输经营观念和组织方式的变革。

（四）物流系统价值工程

价值工程（Value Engineering，VE），又称为价值分析（Value Analysis ，VA），指的是通过集体智慧和有组织的活动对产品或服务进行功能分析，使目标以最低的总成本（寿命周期成本），可靠地实现产品或服务的必要功能，从而提高产品或服务的价值。

在物流系统进行价值工程活动的主要特点有以下几方面：

（1）价值工程的目的是提高研究对象的价值。努力在研究对象的功能与成本之间寻找最佳组合，提高其价值。

（2）价值工程的核心是功能分析。以用户的功能需求为出发点对物流系统规划、设计、建设和运行等阶段进行分析。

（3）价值工程用的成本是寿命周期成本。包括设计、生产、销售成本，以及使用成本，所以价值工程的应用要从顾客的需求方面建立自己的成本观念，而不能只考虑物流经营者的成本，在提供物流服务过程中还要考虑用户的购买和使用成本。

（4）价值工程是一种致力于提高系统价值的创造性活动，从用户的功能需求出发，并考虑到相应的成本，就可以打破传统的思维定式，促进新产品、新服务、新结构、新工艺、新技术、新材料、新方法的产生。所以，价值工程可以起到其他方法所不能起到的创新效果和作用。

（五）第四方物流战略

第四方物流概念是由美国著名的管理咨询公司埃森哲公司首先提出的。它是指依靠业内最优秀的第三方物流供应商、技术供应商、管理咨询顾问和其他增值服务商，为客户提供独特的和广泛的供应链解决方案，这是任何一家公司所不能单独提供的。

第四方物流供应商是一个供应链的集成商，它通过提供包括再造、变革、实施和执行的供应链解决方案，利用其对整个供应链产生影响的能力，借助现代化的信息技术、供应链管理技术，对公司内部和具有互补性的服务供应商所拥有的不同资源、能力和技术进行整合和管理，提供一整套供应链解决方案，满足不同的公司所面临的广泛而复杂的需求。

在提供具体服务的过程中，第四方物流有三种模式可供选择。

（1）协助提高——指第四方物流为第三方物流企业服务，协助第三方物流企业提高物流运作能力，一般是提供第三方物流企业缺乏的技术和战略技能等。

（2）方案集成——指第四方物流为所有的物流需求方服务。

（3）行业革新——指第四方物流为某一行业的企业提供服务。

本章小结

分销渠道的基本类型可分为直接渠道和间接渠道、长渠道和短渠道、宽渠道和窄渠道。理想的中间商应具备以下条件：与生产企业的目标顾客有较密切的关系、经营场所的地理位置较理想、拥有尽可能完整的产品线、财务状况和商誉良好、企业管理规范、具有提供服务和运输存储能力。

影响分销渠道选择的因素包括产品因素、顾客因素、企业因素、竞争因素、经济效益因素、环境因素。选择分销渠道的基本策略有以下几种：直接渠道与间接渠道的选择、分销渠道长度的选择、分销渠道宽度的选择。分销渠道管理策略包括选择具体的渠道成员、激励渠道成员、评估渠道成员。分销渠道改进策略包括增加或减少某些市场营销渠道、增加或减少某些渠道成员、改进整个市场营销系统。

物流是为满足消费者需求而进行的对原材料、中间库存、最终产品及相关信息从起始地到消费地的有效流动与存储的计划、实施与控制的过程。现代物流主要包括以下环节：运输、储存、装卸搬运、包装、流通加工、配送、物流信息等。

第三方物流是独立于供需双方为客户提供专项或全面的物流系统设计或系统运营的物流服务模式。第三方物流有以下特点：关系合同化、服务个性化、功能专业化、信息网络化。其作用主要表现在提高运输服务水准、提高运输技术水平、实现物流全过程总费用的节约、实现物流过程的系统管理、可以促进运输经营观念和组织方式的变革等方面。

价值工程又称为价值分析，指的是通过集体智慧和有组织的活动对产品或服务进行功能分析，使目标以最低的总成本（寿命周期成本），可靠地实现产品或服务的必要功能，从而提高产品或服务的价值。

第四方物流供应商是通过提供包括再造、变革、实施和执行的供应链解决方案，利用其对整个供应链产生影响的能力，借助现代化的信息技术、供应链管理技术，对公司内部和具有互补性的服务供应商所拥有的不同资源、能力和技术进行整合和管理，提供一整套供应链解决方案，满足不同的公司所面临的广泛而复杂的需求。其有三种服务模式可供选择：协助提高、方案集成、行业革新。

关键术语

分销渠道　中间商　经销商　批发商　零售商　代理商　物流　第三方物流　价值工程　第四方物流

思考与练习

1. 什么是分销渠道？简述分销渠道的类型。
2. 什么是中间商？简述中间商的种类。
3. 理想的中间商应具备哪些条件？
4. 影响分销渠道选择的因素有哪些？
5. 企业在分销渠道的选择上有哪些策略？
6. 什么叫物流、物流管理？
7. 物流管理策略有哪几种？

技能训练

分销渠道建设训练

一、训练目标

1. 认识分销渠道的类型和模式；
2. 熟悉分销渠道策略；
3. 掌握企业渠道建设设计的方法。

二、训练内容

1. 在本地城市选择并观察某一条街道，将街道商业店铺进行分类；
2. 在每类店铺中选择一两家进行访谈调查，了解其经营项目、上下游服务对象和业务开展情况、互联网使用情况等；
3. 汇总讨论分析：各店铺渠道建设现状、互联网对企业分销渠道建设的影响；
4. 完成一份对某店铺的渠道建设构建方案。

三、训练步骤

1. 由教师说明实践目的、任务、进度和要求；
2. 将同学分组，选出小组长；
3. 各小组分别进行准备，制订计划，分工调研，完成一手资料的收集整理；

4. 组织讨论，结合训练内容完成小组报告；

5. 分小组课堂展示报告。

四、训练评价

1. 小组报告的完善、合理性；

2. 某店铺渠道建设的可行性；

3. 团队合作的默契性。

|第十一章|

促销策略

学习目标与要求

1. 了解促销的含义、作用及促销组合策略。
2. 熟悉人员推销、宣传报道的基本内容。
3. 掌握广告策略、营销推广策略的方式方法。

本章知识架构

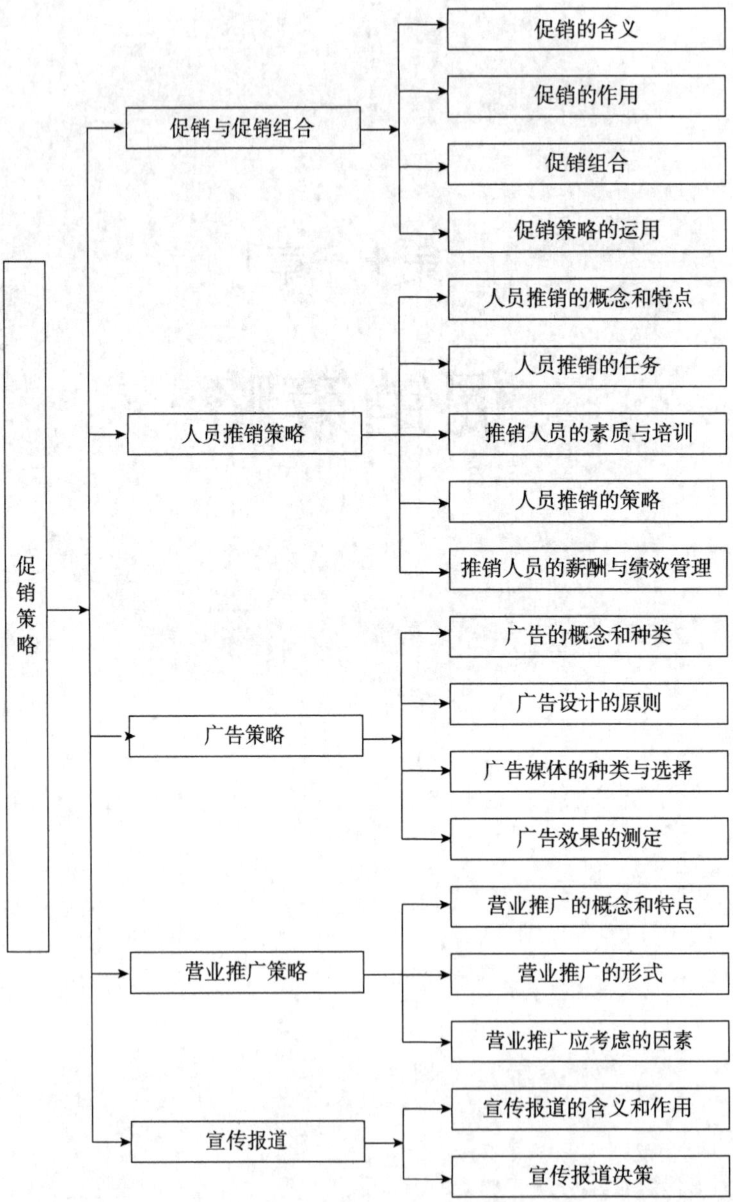

导入案例

姚明代言保健品成被告

消费者：服用其代言鱼油无效　法院：不涉及虚假宣传

自称冲着姚明代言并看了产品宣传册才购买汤臣倍健鱼油软胶囊，而服用后无效，冯某以虚假宣传为由，起诉药房以及姚明，要求药房退还货款88.2元，并赔偿500元。同时，冯某还要求姚明承担连带责任，赔偿精神损失费1分钱，并赔偿取证费1万元。昨天上午，市二中院对此案进行终审判决，药房须退还冯某货款88.2元，驳回冯某其他诉讼请求。

起因：告药房和姚明虚假宣传

2014年2月20日，冯某在百姓阳光大药房花88.2元购买了一瓶汤臣倍健牌鱼油软胶囊。冯某购买时通过药房销售人员拿到了一份该产品的宣传册，里面介绍该胶囊的建议使用人群为血脂高、心脑血管健康有问题的中老年人；记忆力衰退、视力衰退及有老花眼趋势者等。

冯某自称记忆力不好，眼睛也花，该产品适合自己，而且是姚明代言，所以就购买了。但食用后反而记忆力、视力更不好，因此产品宣传册名不副实，存在虚假宣传、欺骗消费者的情形。为此，冯某起诉要求百姓阳光大药房退还货款88.2元、赔偿500元；姚明承担连带责任并赔偿精神损失费1分钱和取证费1万元。

一审中，冯某提交了他在广州、长春、哈尔滨等地购买涉案产品的发票和“宣传册”等，证明全国各地都在卖同样产品，发放了同样的“宣传册”。

庭审：姚明称原告缺乏事实依据

百姓阳光大药房称，“宣传册”中有“仅供员工内部培训使用”的字样，应统称为“图册”，其并未印制和发布过，“图册”中也并未出现公司名称，不能说明与公司有关。而“图册”上写明是内部资料，也不能说明是用于向消费者进行宣传使用。

姚明表示，其确系汤臣倍健公司的形象代言人，但汤臣倍健公司并没有向其出示或告知有类似的宣传手册，且姚明也并未参与印制，因此称他参与百姓阳光大药房的虚假宣传，缺乏事实依据。

因百姓阳光大药房同意以负责任的态度，向冯某退还购货款88.2元，一审判决百姓阳光大药房退还冯某货款88.2元，驳回冯某的其他诉讼请求，后冯某上诉至二中院。

审理：法院认定不属虚假宣传

针对百姓阳光大药房是否存在虚假宣传行为，二中院在判决书中指出，涉案保健品包装瓶上的产品功能介绍与《国产保健品批准证书》中批准的内容一致，亦未违反《食品安全法》的相关规定。

同时，冯某并未举证证明“宣传册”系从百姓阳光大药房取得，即大药房利用虚假宣传方式向其提供商品。此外，冯某作为完全民事行为能力人，在购买保健品时，理应详细阅读相关产品说明。冯某表示，其购买时没有看过包装瓶上记载的内容，仅由于相信姚明而购买，亦与常理相悖。依据现有证据，无法认定百姓阳光大药房存在虚假宣传的行为。

冯某自述食用后没有效果，并不能说明该保健品对其身体健康造成了何种伤害。而在百姓阳光大药房同意退还货款的情况下，冯某并未遭受金钱损失，对其所称遭受的其他损失，其亦不能提供充足证据，故要求百姓阳光大药房赔偿500元的上诉请求二中院不予支持。

延伸：何种情况代言人需担责

庭审中，冯某曾表示，他非常喜欢姚明，如果没有姚明的推荐，他根本不可能购买。姚明应否对冯某主张的损失承担连带责任?

二中院认为，根据法律规定，广告代言人承担连带责任的前提是广告或宣传构成虚假广告或者其他虚假宣传且造成消费者损害。就本案而言，百姓阳光大药房将涉案保健品销售冯某时不存在虚假宣传的行为。冯某购买、食用涉案保健品并未遭致实际损害。此外，依据姚明一方的陈述，汤臣倍健公司并没有向其出示或告知存在冯某提交的类似宣传册，姚明更未参与印制，冯某提交的所谓宣传册中对姚明形象的使用并未获得姚明授权。因此，冯某要求姚明承担连带责任并赔偿的上诉请求法院不予支持。据此，二中院驳回上诉，维持原判。

判决书还指出，明星背负公众信任，在用自己的形象和公信力为产品代言时应谨言慎行，遵守法律法规和社会公德。而明星出镜代言是一种“信任消费”，消费者的维权举动体现了公民的理性认知和维权意识，应予肯定和鼓励。当然，诉讼的目的应系维护自身权益、打击弄虚作假，而非为了赚取眼球让明星“陪绑”。

（资料来源：颜斐．姚明代言保健品成被告［EB/OL］．http：//www. morningpost. com. cn. 略有改动）

从上述案例可以看出，成功的市场营销活动，不仅要开发适销对路的产品，制定有吸引力的价格，选择合适的分销渠道，而且还要通过有效信息的传递和沟通，让顾客了解产品，激起顾客消费的欲望和兴趣，促使其形成购买行为。但在促销宣传过程中，广告主与广告代言人一定要遵守法律法规和社会公德，否则促销宣传效果会适得其反，甚至可能承受法律的惩处。

促销策略是市场营销的四大策略之一。

第一节　促销与促销组合

一、促销的含义

促销即促进产品销售的简称。从市场营销的角度看，促销是企业通过人员和非人员的方式，沟通企业与消费者之间的信息，引发、刺激消费者的消费欲望和兴趣，使其产生购买行为的全部活动的总称。由此概念不难看出，促销的含义可以从以下几个方面来理解：

（一）促销的实质

促销的实质是一种沟通、激励活动。企业与消费者之间达成交易的基本条件是信息沟通。一方面，企业作为产品的供应者，只有将其提供的有关产品或劳务的存在及其性能特征等信息传递给消费者，并采取有效的措施，帮助顾客认识商品或服务所能带给他们的利益，激发其产生购买欲望，才能为顾客最终做出购买决定提供依据。另一方面，作为买方的消费者也需要把对产品、服务的认识和需求动向反馈给企业，促使企业根据消费需求进行生产，使企业能够作出正确的营销决策。

（二）促销的目的

促销的目的是引发、刺激消费者产生购买行为。在消费者可支配收入既定的条件下，消费者是否产生购买行为主要取决于消费者的购买欲望，而消费者的购买欲望又与外界刺激诱导密不可分。促销针对这一特点，通过各种传播方式把产品或劳务等有关信息传递给消费者，以激发其购买欲望，使其产生购买行为。

（三）促销的方式

促销的方式有人员推销和非人员推销两类。人员推销亦称直接推销，是企业运用推销人员向消费者推销商品或劳务的一种促销活动。它主要适合于在消费者数量少、比较集中的情况下进行促销。非人员推销，又称间接推销，是企业通过一定的媒体传递产品或劳务的有关信息，以促使其产生购买欲望、发生购买行为的一系列促销活动，包括：广告、宣传和营业推广。它适合于消费者数量多、比较分散的情况下进行促销。通常企业在促销活动中将人员和非人员推销结合运用。

二、促销的作用

在现代市场营销观念中，促销并非仅指促进商品所有权转移的行为。它之所以在企业营销中占有重要地位，是其有以下几个方面的作用和功能：

（一）传递信息，提供情报

销售产品是市场营销活动的中心任务，信息传递是产品顺利销售的保证。信息传递有单向和双向之分。单向信息传递是指卖方发出信息买方接收，它是间接促销的主要功能。双向信息传递是买卖双方互通信息，双方都是信息的发出者，直接促销有此功效。在促销过程中，一方面，卖方（企业或中间商）向买方（中间商或消费者）介绍有关企业现状、产品特点、价格及服务方式和内容等信息，以此来诱导消费者对产品或劳务产生需求欲望，并采取购买行为；另一方面，买方向卖方反馈产品价格、质量和服务的内容、方式是否满意等有关信息，促使生产者、经营者及时更新改进产品，更好地满足消费者需求。

（二）突出特点，诱导需求

在市场竞争剧烈的情况下，同类商品很多，并且有些商品差别小，消费者往往不易分辨。企业通过促销活动，宣传说明该企业产品有别于其他同类竞争产品之处，便于消费者了解该企业商品在哪些方面优于同类产品，使消费者乐于认购该企业产品，并能通过突出产品特点的信息，变潜在需求为现实需求。

（三）引导消费，增加需求

需求是有弹性的。有效的促销活动不仅能诱导和刺激需求，而且在一定条件下可创造需求。当企业营销的某种商品处于低需求时，促销可以招徕更多的消费者，扩大需求；当需求处于潜伏状态时，促销可以起催化作用，实现需求；当需求波动时，促销可以起到导向作用，平衡需求；当需求衰退，销售量下降时，促销可以使需求得到一定程度的恢复。

（四）形成偏爱，稳定销售

在激烈的市场竞争中，企业产品的市场地位常不稳定，致使企业产品销售此起彼伏、波动较大。企业运用适当的促销方式开展促销活动，可使较多消费者对企业的产品产生偏爱，进而稳定已经占领的市场，从而达到稳定销售的目的。

三、促销组合

如前所述，促销方式有直接促销和间接促销两种。具体又可分为人员推销、广告宣传、宣传报道和营业推广四种，如图 11－1 所示。由于各种促销方式各有其优点和缺点，在促销过程中企业常将多种促销方式同时并用。所谓促销组合，就是企业根据产品的特点和营销目标综合各种影响因素，对各种促销方式进行选择、编配和运用。促销组合是促销策略的前提。

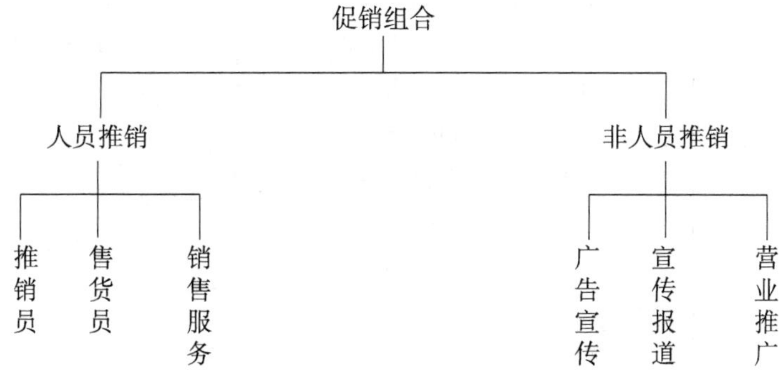

图 11－1 促销组合结构模式

（一）组合步骤

（1）明确不同促销方式的优点和观点。列表分析如表 11－1 所示。

表 11－1　　促销方式比较

促销方式	优　点	缺　点
人员推销	推销方法灵活，利于深谈，容易激发兴趣，促成当时成交，反馈及时	费用高，接触面窄，人才难觅
广告宣传	触及面广，形象生动，多次运用	说服力较小，难以立即促成交易
宣传报道	影响面广，能增进公众信任和了解，树立企业良好形象	涉及面广，有些活动企业无自主权
营业推广	吸引力较大，能改变顾客购买习惯，促使当即购买	接触面窄，有时会因降价而引起消费者疑虑

（2）确定组合中每种促销方式的地位。

（3）安排组合中促销方式的顺序，以便合理分配促销费用，力求取得最大的经济效益。

（二）促销方式的组合

根据商品和市场的不同特点，决定采用哪些促销方式时应考虑以下几个影响因素：

（1）商品性质。不同性质的商品有不同的用途，购买者的购买要求和目的就不相同。例如：工业品和消费品在采用促销方式时就有不同的组合，如图 11－2 所示，一般来说，在工业品市场，因购买者购买批量大，市场相对集中，多以人员推销为主要形式；而消费品市场，因市场范围广，更多以广告为主要形式。

在工业品营销时，广告的促销作用虽不如人员推销的作用大，但也是一种不可忽视的促销方式。广告的信息传播范围广，可以扩大产品知名度，增强用户信心。同样，

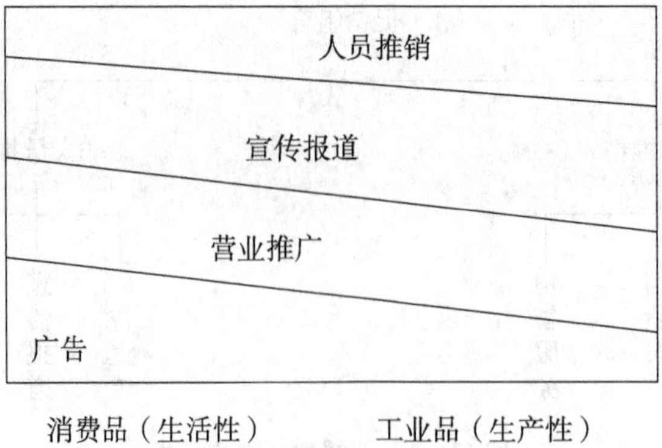

图 11－2　工业品和消费品的促销方式

人员推销在消费品推销过程中也起到很大作用，特别是与经销商和代理商打交道时，更需良好的人员推销技巧。

（2）产品所处市场寿命周期：促销目标处于产品寿命周期的不同阶段，应相应地选择、编配不同的促销组合，如表 11－2 所示。

表 11－2　　促销组合比较

产品寿命周期	促销目标、重点	促销组合
投入期	建立产品知名度	各种介绍性广告，人员推销，导入 CIS（企业形象识别系统）策略
成长期	提高产品知名度	改变广告形式（如：形象广告），辅以宣传报道
成熟期	建立产品美誉度	改变广告形式（如：形象广告），辅以营业推广
衰退期	维持信任，偏爱	营业推广为主，提醒性广告，降价
整个周期阶段	消除顾客不满意感	不断改变广告内容，利用公共关系

（3）市场性质。从市场地理范围看，若促销对象是小规模的本地市场，则多以人员推销为主；若对全国甚至国际市场进行促销，则多采用广告形式。从市场类型看，消费者市场因消费者多而分散，多数用广告等非人员推销方式，而对用户较少、批量购买、成交额较大的生产者市场，则主要采用人员推销方式。此外，在有竞争者的市场条件下，制订促销组合还应考虑竞争者的促销形式，要有针对性地不断变换自已的促销组合。

（4）促销费用。企业开展促销，必然要支付一定的费用。企业能够用于促销活动的费用总是有限的，要做到效果好而费用省，企业确定的促销预算额应该是企业有能力负担的，并且是能够适应竞争需要的。

应该指出，任何一种促销方式都有其固有的优点和缺点。因此，企业在考虑商品促销时，应注意使各种促销方式扬长避短、优化组合，对其综合利用，以期达到最佳促销效果。

四、促销策略的运用

促销策略，又称促销活动的总策略或基本策略，就是促销组合的运用策略，可分为推式策略和拉式策略。

（1）推式策略是企业运用人员推销和营业推广的方式，把产品推向目标市场，即：从生产企业推向中间商，再由中间商推向消费者。推式策略一般适合于单位价值较高的产品，以及性能复杂、需要做示范的产品。

（2）拉式策略是企业运用非人员推销方式把顾客拉过来，使其对该企业产品发生兴趣，产生购买行为。拉式策略一般适合于单位价值较低的日常用品。

两种促销策略如图 11－3 所示。

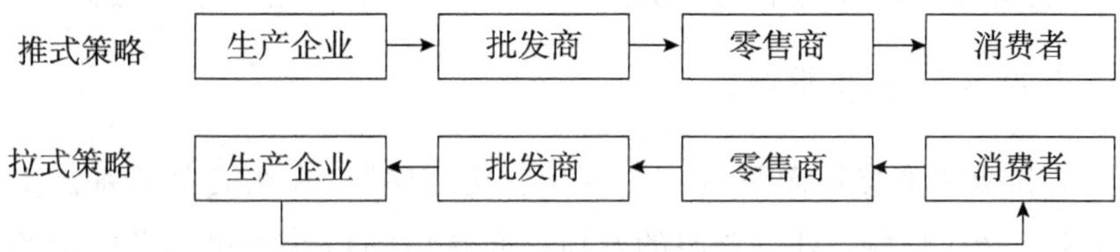

图 11－3　促销策略示意图

显然，若采用推式策略，人员推销作用最大；若采用拉式策略，广告作用更大一些。企业在促销过程中，究竟是实行推式策略还是拉式策略，要根据具体情况而定，一般来说，应当二者兼顾，各有侧重。

第二节　人员推销策略

一、人员推销的概念和特点

人员推销是企业运用推销人员直接向顾客推销商品和劳务的一种促销活动。这是一种最古老、最传统、最富有技巧性的促销方式。它在现代企业市场营销中占有相当重要的地位，特别是在争取顾客偏爱、建立购买信心方面效果比较显著。这是因为与其他促销方式相比人员推销有四个显著特点。

（一）信息传递双向性

一方面，推销人员通过向顾客介绍推销品的有关信息，如产品质量、功能、使用、安装、维修、技术服务、价格及同类产品竞争者的有关情况，以此来达到招徕顾客、促进销售的目的；另一方面，推销人员通过与顾客接触能及时了解顾客对企业产品或推销员的评价，通过观察和有意识地调查研究，收集、反馈信息，为企业制订有效的营销策略提供依据。

（二）推销目的双重性

一方面，推销人员要施展各种推销技巧，目的是推销商品，完成良好的业绩；另一方面，向顾客提供的服务和产品是为帮助顾客解决问题，满足顾客需求。因此，推销人员只有做好顾客的参谋，才能有利于诱发顾客的购买欲望，促成交易，使商品推销效果达到最大化。

（三）推销过程灵活性

推销人员与顾客直接见面，可以通过交谈与观察了解顾客，进而根据不同顾客的特点和反应，有针对性地调整自己的工作方法，以适应顾客，诱导顾客购买，而且还可以及时发现、答复和解决顾客提出的问题，消除顾客的疑虑和不满意感。

（四）友谊及协作长期性

推销人员和顾客直接见面可以“一回生，两回熟”，在买卖关系基础上，交流情感，增进了解，产生信赖，建立深厚的友谊。而感情的培养和建立必然会使顾客产生惠顾动机，从而确立稳定的购销关系，促进商品销售。

人员推销在工业品和使用技术较为复杂的耐用消费品推销中尤为适用。但也有其不足之处，如促销费用高，并且人才难觅，企业自己培训理想的胜任其职的专职推销人员也较困难，而且耗费也大。

二、人员推销的任务

推销人员的任务不仅是千山万水、千家万户、千言万语地推销企业的现有商品和接受用户的订货要求，而且包括更多、更复杂的任务。具体如下：

（一）寻找顾客

人员推销不仅要提供商品满足消费者重复购买的要求，更重要的是在市场中寻找机会，挖掘和发现潜在需求，创造新需求，寻找新顾客，开拓新市场。

（二）传递信息

推销人员只有及时将企业提供的商品和服务信息传递给顾客，为顾客提供资料，才能诱导其产生购买欲望，作出购买决策。

（三）推销商品

推销人员要精于推销技巧，善于接近顾客，介绍商品，熟练解答各种疑问，有效分析顾客需求及其所期望的最大利益，从物质和精神上满足对方需求，诱导其实现购买行为。

（四）提供服务

推销人员应积极主动地为顾客提供售前、售中、售后服务，及时解决顾客在购买和使用商品过程中出现的问题。

（五）收集情报

推销人员应及时收集消费者的意见、要求，以及竞争对手的情况、市场上的各种新动向，主动反馈给企业，为改进产品及营销措施提供依据。这是推销人员义不容辞的职责。

（六）协调平衡

推销人员要利用接触面广的有利条件，为产需双方穿针引线、调剂余缺，协商分配紧缺，积极为积压产品寻找销路。

三、推销人员的素质与培训

（一）推销人员素质

推销人员素质的高低，对实现推销目标、扩大销售、开拓市场具有举足轻重的作用。推销人员应具备以下素质：

1. 态度热忱，勇于进取

推销人员是企业的代表，有为企业推销产品的职责，同时，也有为顾客当好参谋的义务。因此，推销人员要具有高度的责任心和使命感，热爱本职工作，不辞辛苦，任劳任怨，敢于探索，积极进取，耐心服务。

案　例

白手起家的孙广信

1989年5月2日，伴随着一挂不到一分钟的鞭炮声，乌鲁木齐广汇工贸实业有限公司诞生了。当时，董事长孙广信的手里只有区区3000元。现在“广汇”已发展成为拥有固定资产7463亿元，职工23万人的大型企业集团。2001年，年仅39岁的孙广信以个人资产36亿元位列《福布斯》中国富豪榜第九位，被誉为中国的“西北富豪”。孙广信是如何起步的呢？

公司成立后不久，孙广信从电视里看到柳州挖掘装载机厂的广告，随即找到该厂驻新疆办事处的王主任，递上名片，开门见山地提出："我为你们联系买主，卖出一台，你们付给我1%的劳务费，不成交的分文不取。"双方一拍即合。之后，孙广信又以同样的方式与青海推土机厂驻新疆办事处签订了合同。

一切准备就绪后，孙广信开始向大漠进发：南疆、北疆、东疆，只要有需要推土机、挖掘机的地方他都跑遍了，10个月，行程十几万公里！

20世纪80年代末，新疆的长途汽车普遍比较低档。夏天，车子四面通风，一开动，灰尘像浓烟般卷进车内；冬天，外面摄氏零下二三十度，坐在里面的人只能捂着头躲避寒流，脚还得"啪啪"地跺个不停。那十几万公里，孙广信就乘着这种车跑来跑去，跑到县城，再从县城到乡下和团场，再转搭过路的卡车、马车、驴车，甚至还在沙漠中步行。

孙广信出门时身上必定带三样东西：手电筒、军用水壶和打火机。碰到野狼，他就迅速打着打火机，挥动着手电筒，且战且退。推销一趟要一个多月。孙广信推销完回家时，他妻子愣了，几乎不敢与他相认——他怎么活脱脱地变成"非洲人"了？

10个月后，他的业绩出来了：一共推销了103台机器，比两家办事处三年推销的总和还多4台！两家厂领导得到这个消息非常高兴，都派出副厂长到新疆并指定约见孙广信。他们一再表示，是孙广信救了他们的厂子。

两位副厂长完全被面前这位年轻人折服了，很快决定聘他为企业的新疆总代理，还破例补给他0.7%的劳务费，而且许诺货款可缓结。这相当于给予孙广信无息贷款。

孙广信在大漠中挖到了"第一桶金"。

（资料来源：杨勇，王惠杰．现代市场营销学［M］．北京：中国财富出版社，2015.）

2. 求知欲强，知识广博

广博的知识是推销工作的前提条件，高素质的推销员必须有较强的上进心和求知欲，乐于学习各种必备的知识：①企业知识。要熟悉企业的历史及现状，包括企业的规模及在同行中的地位，企业的经营特点等，还要了解企业发展方向；②产品知识。要熟悉产品的质量性能、用途、价格、使用知识、保养方法及该企业产品与竞争产品相比较的优缺点；③市场情况。买方的购买动机和购买行为特点、顾客心理、竞争者的策略及目标市场所处的市场环境等；④法律常识；⑤推销技巧。推销程序和规则，推销人员推销产品的同时也是在推销自己，这就要求推销人员要注意推销礼仪；⑥技术知识。有关产品的生产技术和设计知识，推销人员不是要成为企业产品的"专家"，但要成为企业产品的"行家"。

3. 为顾客着想，具有合作精神

推销人员要善于从顾客的角度考虑问题，能准确地了解顾客的有关情况，能为顾客着想，尽可能地解答顾客的疑难问题，并能恰当地选定推销对象，善于说服顾客，善于选择适当的洽谈时机，掌握良好的成交机会，善于把握被他人忽视或不易发现的推销机会，以宽宏的度量、宽容的精神赢得与顾客的通力合作。

案 例

信念—行为—结果

北京大学心理系博士卢致新认为，人的行为是受信念支配的，而人们所创造的结果是由行为产生的。所以，有什么样的信念，就会有什么样的结果。所谓“信”就是“人言”——人说的话。所谓“念”就是今天的心。“信念”二字合起来，就是“今天我心里对自己说的话”。当一个人老是对自己说“我不行”的时候，很难想象他会在人生中创造出什么正向的结果；相反，当一个人在内心深处总是对自己说“我行”的时候，他在人生中创造正向结果的机会就会很大。

有一位美国青年叫亨利，他30岁时仍然一事无成，整天坐在公园里唉声叹气。这天他的好朋友约翰在公园找到他，兴高采烈地对他说：“亨利，亨利，我告诉你一个好消息！”“我哪儿会有什么好消息?”亨利不相信。“真的是好消息。”约翰迫不及待地说：“我看到一本杂志，里面有一篇文章，讲的是拿破仑的一个私生子流落到美国，这个私生子又生了一个儿子，他的全部特点跟你一样：个子很矮，讲的是一口带有法国口音的英语……”“真的是这样吗?”亨利半信半疑。但是，他愿意相信这是事实。当他拿起那本杂志琢磨半天后，终于相信他就是拿破仑的孙子！这时候，他完全改变了自己内心的对话，以前，他觉得自己个子矮小，很是自卑，如今，他欣赏自己的正是这一点：“矮个子多好！我爷爷就是靠这个形象指挥千军万马的。”以前他觉得自己的英语讲得不好，像乡巴佬一样，而今他以讲带有法国口音的英语而自豪！当他遇到任何困难的时候，他都跟自己说：“在拿破仑的字典里没有‘难’字的。”就这样，凭着“他是拿破仑孙子”的信念，他克服了一个又一个的困难，3年后，他成为一家大公司的董事长。后来，他请人调查他的身世，得到的结论是“亨利，你不是拿破仑的孙子”。但他说：“现在我是不是拿破仑的孙子已经不重要了，重要的是我懂得了一个成功的秘诀：当我相信时，它就会发生。”

这就是信念！我们之所以在生命中创造了正向的结果，归根结底在于很多时候我们是用正向的信念看世界——这是一双新的眼睛。

（资料来源：中国青年报，2000-7-12.）

（二）推销人员的培训

人员推销的效果如何，关键在于推销人员的素质状况。精良的推销队伍来自教育培训。企业不仅要对未从事推销的人员进行精选、培训，使其中品德端正、作风正派、工作责任心强的人员进入推销人员行列，而且对在岗的推销人员也要定期培训，以适应市场形势发展的需要。

案　例

把锤子交给顾客

有一个销售玻璃的公司，年底公司颁奖的时候，有个业务员得了第一名，公司内的很多人都纷纷为他喝彩，并向他请教销售经验。

他说："我向顾客介绍说我们的玻璃很好，砸都砸不破，顾客不相信，我就拿铁锤砸给他们看，果然真的砸不破，这样一来顾客自然就信服地买下了。"

第二年颁奖大会，又是这个业务员得第一名，大家就觉得很奇怪：我们都学习了他的经验，可为什么还是他的业绩最好？这个业务员又向大家介绍说："以前都是我亲自砸玻璃来演示给顾客看，今年到那边去，我就把锤子交给顾客，让他们自己砸。"

（资料来源：全琳琛．1分钟学营销——故事里的营销学［M］．北京：人民邮电出版社，2010.）

培训要制订完整的计划。计划的制订要具有针对性，即根据继续培训、主管人员培训、新进人员培训等不同类型，确定不同的培训内容和培训方法。

完整的培训计划应包括以下内容：

1. 培训目标

培训目标包括挖掘推销人员的潜能；增加推销人员对企业的信任；训练推销人员的工作方法和技巧；改善推销人员的工作态度；提高推销人员的工作激情等。

2. 培训时间

培训时间可长可短，根据企业的实际需要确定。

3. 培训地点

培训地点可选择公司会议室、销售现场、酒店等。

4. 培训方式方法

培训方式有岗前培训、在职培训、个别培训、小组培训、定期设班培训、自我训练等。培训方法很多，有集体培训和个别培训两种。集体培训方法有：专题讲座、模拟演示、分组讨论、岗位练兵、角色扮演等。个别培训方法有：在职函授、业余进修、请有经验的推销人员"传、帮、带"、采用工作手册或其他书面资料等。

5. 培训师资

培训师资的选择应根据培训内容确定。最好是由既有推销理论又有销售经验的专家学者担任。

6. 培训内容

培训内容通常包括企业知识、产品知识、心理学知识、市场知识、法律知识、生产技术等内容。

四、人员推销的策略

（一）人员推销的三种基本策略

1. 试探性策略

也称“刺激—反应”策略。这是推销人员在不了解顾客的情况下，运用刺激性较强的方法引发顾客产生购买行为的策略，推销人员事先设计好几套能引起顾客兴趣、刺激顾客购买欲望的推销语言，投石问路，看顾客的反应；然后根据其反应，选用得体的语言，再对顾客进行刺激，进一步观察顾客的反应，以了解顾客的真实需要，诱发其购买动机，引导其产生购买行为。

2. 针对性策略

也称“配方—成交”策略，是推销人员在基本了解顾客某些情况的前提下，有针对性地对顾客进行启发性宣传介绍，以引起顾客兴趣和好感。运用此策略要使顾客感到推销员的确是自己的参谋，是真心为自己服务的，从而愉快地成交。

3. 诱导性策略

也称“诱发—满足”策略，是指推销人员运用能激起顾客某种需求的说服方法，诱导顾客采取购买行为的一种推销策略。这种策略要求推销员先设计出鼓动性、诱惑性强的购货建议，设身处地为顾客着想，在恰如其分地介绍商品的诱导中唤起顾客的潜在需求。

案 例

一次成功的推销

某大百货商店的老板曾多次拒绝接见一位服饰推销员，原因是该店多年来经营另一家公司的服饰品。老板认为没有理由改变这固有的关系。后来这位服饰推销员在一次推销访问时，首先递给老板一张便笺，上面写着：“你能否给我十分钟就一个经营问题提一点建议？”这张便条引起了老板的好奇心，推销员被请进门来。推销员拿出一款新式领带给老板看，并要求老板为这种产品报一个公道的价格。老板仔细地检查了每一件商品，然后做出了认真的答复。推销员也进行了一番讲解。眼看十分钟时间快到了，推销员拎起皮包要走。然而老板要求再看看那些领带，并且按照推销员自己所报价格订购了一大批货，这个价格略低于老板所报价格。

（资料来源：陈企华．最成功的推销实例［M］．北京：中国纺织出版社，2003.）

（二）人员推销的组织结构

创建何种推销组织，才能使推销人员产生最高的工作效率，这是人员推销策略中一个需探讨和解决的问题，一般来说可供选择的组织形式有以下几种：

1. 区域结构式

这是一种最简单的组织机构，即每一个推销员分管一个地区，负责企业所有产品在该地区的推销，这种结构适用于产品和市场较单纯、较类似的企业。它的优点是：责任明确；便于考核；节约销售费用；区域稳定；利于与当地各界大众建立固定联系，提高推销效率。

2. 产品结构式

这是指每一个推销员负责某种或某类商品的推销业务，适用于经营商品技术性强、生产工艺复杂、经营品种多而买主又不大相同的企业。因此，推销人员必须熟悉他所推销的产品。如果同一个推销员同时推销他所不熟悉的多种产品，必然会影响他的推销效果。

3. 顾客结构式

不少企业还按顾客类别来组织推销队伍，按不同行业、不同规模、不同分销渠道分别配备推销人员。优点是推销人员能更加熟悉和了解自己的顾客，更能掌握其需求特点及购买过程。这适用于顾客较集中、用户较大、分销策略比较稳定的企业。

4. 复合结构式

即区域与产品、产品与顾客、顾客与区域三种组织形式的混合运用。这适宜于顾客类别复杂而分散的企业。

总之，推销工作不仅是一门技术，而且是一门艺术，推销人员应根据不同顾客的情况和不同商品的特点，不断改进具体的推销方法。

案　例

一束鲜花　一笔订单

某日，海尔商用空调推销员董加朋接到家住青岛市赵先生的咨询电话，小董一边回答他的提问，一边仔细地做了记录。当小董问道“您什么时候有时间，我们为您上门设计、安装”时赵先生却迟疑了：“要不，等我出院再说吧。”从赵先生的这句话中，小董迅速捕捉到了一个信息：这位先生很可能在住院。小董的心里就有了心事。第二天清晨，阳光斜射在海慈医院5楼9号病房的床上，躺在病床上的赵先生闻到了一阵鲜花的清香，原来是海尔商用空调的小董拿着一束鲜花来到了他的床前！当赵先生得知小董是多方打听才得知他是住在海慈医院的时候，赵先生感动地说："海尔人能这么细致，工作能做到这份儿上，海尔的产品品质也肯定错不了，我一定要选用海尔商用空调，谁也不能拦我！"

（资料来源：杨勇，王惠杰．现代市场营销学［M］．北京：中国财富出版社，2015.）

五、推销人员的薪酬与绩效管理

（一）推销人员的薪酬设计

建立合理的薪酬制度，有利于调动推销人员的积极性、主动性、创造性，激励推销人员努力拼搏，保证企业销售目标的顺利实现，也有利于建立一支高素质的销售团队。

奖励推销人员的方式主要有以下几种：

1. 单纯薪金制

单纯薪金制亦称固定薪金制，是指在一定时间内，无论推销人员的销售业绩是多少，推销人员获得固定数额报酬的形式。具体说来就是：职务工资+岗位工资+工龄工资。

单纯薪金制的优点主要有：

（1）易于操作，计算简单，易于管理。

（2）推销人员的收入有保障，有安全感。

（3）在调整销售区域或客户时，遇到的阻力较小。

单纯薪金制的缺点也显而易见，主要表现在：

（1）对销售效率和销售利润最大化缺乏直接的激励作用。

（2）由于不按业绩获得报酬，故容易厚待业绩差的推销人员而薄待业绩优秀者。

（3）薪金属固定费用，在企业困难时难以进行调整。

2. 单纯佣金制

单纯佣金制是指与一定时间的销售业绩直接相关的报酬形式，即按销售基准的一定比率获得佣金。单纯佣金制的具体形式又有单一佣金制和多重佣金制（累退制和累进制）、直接佣金制和预提佣金制之分。

单纯佣金制的优点主要表现在：

（1）推销人员报酬是其销售行为的直接结果，富有激励作用。

（2）业绩越大报酬越大，推销人员的努力可获得较高的报酬。

（3）推销人员清楚了解自己薪酬（佣金）的计算方式，容易使行为与收入挂钩。

（4）佣金属变动成本，公司易于控制销售成本。

(5) 奖勤罚懒的效果非常直接，业绩差的推销员通常会自动离职。

单纯佣金制的缺点主要有：

(1) 推销人员收入不稳定，精神压力大，甚至容易焦虑。

(2) 对企业的忠诚度较差，可能为了分散风险多处兼职。

(3) 推销人员采用高压式推销，不关心客户的服务需求。

(4) 推销人员不愿意调整自己的销售领域，造成管理困难。

(5) 在企业业务低潮时，优秀销售人员的离职率高。

3. 混合奖励制

混合奖励制兼顾激励性和安全性的特点。当然，混合奖励制有效的关键在于薪金、佣金和分红的比率合理。一般来说，混合奖励中的薪金部分应大到足以吸引有潜力的推销人员，同时，佣金和分红竞争性之大足以刺激他们努力工作。

混合奖酬的常用形式有：薪金 + 佣金；薪金 + 分红奖励；佣金 + 分红奖励；薪金 + 佣金 + 分红奖励；薪金 + 佣金 + 分红奖励 + 期权。

除了由上述三种奖励形式以外，还有特别奖励，就是在正常奖励之外所给予的额外奖励。包括经济奖励和非经济奖励。非经济奖励包括给予荣誉、表扬记功、颁发奖章等。特别奖励的具体形式有业绩特别奖、销售竞赛奖等。

(二) 推销人员的绩效管理

为了加强对推销人员的管理，企业必须对推销人员的工作业绩进行科学而合理的考核与评估。推销人员业绩考评结果，既可以作为分配报酬的依据，又可以作为企业人事决策的重要参考指标。

1. 考评资料的收集

收集推销人员的资料是考评推销人员的基础性工作。全面、准确地收集考评所需资料是做好考评工作的客观要求。获得考评资料主要有四个来源。

(1) 推销人员销售工作报告。销售工作报告一般包括销售活动计划报告和销售绩效报告两部分。销售活动计划报告用于指导推销人员合理安排推销活动日程。它可展示推销人员的地区年度推销计划和日常工作计划的科学性、合理性。销售绩效报告反映了推销人员的工作实绩，可以据此了解销售情况、费用开支情况、业务流失情况、新业务拓展情况等许多推销绩效。

(2) 企业销售记录。企业的销售记录，因其包括顾客记录、区域销售记录、销售费用支出的时间和数额等信息而使其成为考评推销人员业绩的宝贵基础性资料。通过对这些资料进行加工、计算和分析，可以得出适宜的评价指标，如某一推销人员一定时期所接订单的毛利等。

(3) 顾客及社会公众的评价。推销人员面向顾客和社会公众提供各种服务，这就决定了顾客和社会公众是鉴别推销人员服务质量最好的见证人。因此，评估推销人员理应听取顾客及社会公众的意见。通过对顾客投诉和定期顾客调查结果的分析，可以透视出不同的推销人员在完成推销商品这一工作任务的同时，其言行对企业整体形象的影响。

（4）企业内部员工的意见。企业内部员工的意见主要是指销售经理、营销经理或其他非销售部门有关人员的意见。此外，销售人员之间的意见也作为考评时的参考。依据这些意见可以了解有关推销人员的合作态度和领导才干等方面的信息。

2. 考评标准的建立

评估销售人员的绩效，科学而合理的标准是不可缺少的。绩效考评标准的确定，既要遵循基本标准的一致性，又要保持推销人员在工作环境、区域市场拓展潜力等方面的差异性，不能一概而论。当然，绩效考核的总标准应与销售增长、利润增加和企业发展目标相一致。

公平而富有激励作用的绩效标准，客观上需要企业管理人员根据过去的经验，结合推销人员的个人行为来综合制订，并需在实践中不断加以修订与完善。常用的推销人员绩效考核指标主要有两类：

（1）基于成果的考核。基于成果的考核是定量考核，主要考核以下一些指标：①销售量。最常用的指标，用于衡量销售增长状况。②毛利。用于衡量利润的潜量。③访问率（每天的访问次数）。衡量推销人员的努力程度。④访问成功率。衡量推销人员工作效率。⑤平均订单数目。多与每日平均订单数目一起用来衡量、说明订单的规模与推销的效率。⑥销售费用及费用率。用于衡量每次访问的成本及直接销售费用占销售额的比重。⑦新客户数目。是衡量推销人员的特别贡献的主要指标。

（2）基于行为的考核。基于行为的考核是定性考核，主要考核销售技巧（包括倾听技巧、获得参与、克服异议等）、销售计划的管理（有无记录、时间利用等）、收集信息、客户服务、团队精神、企业规章制度的执行情况、外表举止、自我管理等。

第三节 广告策略

一、广告的概念和种类

广告（Advertise）源于拉丁语，有“注意”“诱导”“大喊大叫”和“广而告之”之意。随着商品经济的高度发展，广告成为传播经济信息和促进商品销售的重要手段；尤其是在信息化程度越来越高的现代化社会中，广告日益成为一种最有效、最常见的促销手段。它在传递信息、沟通产销、激发需求、指导消费、扩大销售、增加效益、美化生活、促进文明等方面，都起着其他促销方式无法比拟的作用。美国市场营销协会（AMA）定义委员会对广告的定义是：“广告是由明确的发起者以公开付费的形式、以非人员的任何形式，对产品、服务或某项行动的意见和想法等的介绍和推广。”

根据不同的划分标准，广告有不同的种类。

（一）根据广告的内容和目的可划分为：

（1）商品广告，是针对商品销售开展的大众传播活动。商品广告按其目的不同可分为三种类型：一是通知广告。通知广告又可分为多种。例如，向市场介绍一种新问世的产品，向顾客说明某产品的用途，告诉顾客某种产品价格已发生变化，解释产品的使用方法，纠正顾客对产品的误解，减少顾客疑虑以及树立企业形象等。通知广告主要适用于产品寿命周期的投入期，为了促使其初步需求的产生。二是劝说性广告。主要用于产品的成长期，这时期需求的特点是选择性需求，即顾客对某一种产品有需求，但还没有形成一种品牌偏好，可在不同品牌中进行选择。此时企业广告主要劝导顾客购买自己的产品，突出产品特色，介绍该产品优越于其他产品之处，促使顾客形成品牌偏好。三是提示性广告。主要用于产品成熟期或衰退期，广告的目的是提示顾客购买，提醒消费者别忘了产品，别忘了购买产品的地点，提示消费者近期将会需要这种产品，在淡季提醒消费者不要忘了这种产品，使其产生惯性需求。

（2）企业广告，又称商誉广告。这类广告着重宣传、介绍企业名称、企业精神、企业概况（厂史、生产能力、服务项目等）有关企业信息，提高企业形象。

（3）公益广告，是用来宣传公益事业或公益道德的广告。它能实现企业自身与社会目标的融洽，有利于树立并强化企业形象。公益广告有广阔的发展前景。

（二）根据广告传播的区域可划分为：

（1）全国性广告。是指采用信息传播能覆盖全国的媒体所做的广告。此类广告费用较高，只适合生产规模较大、服务范围较广的大企业，如中央电视台、人民日报等。

（2）地方性广告。是指采用信息传播只能覆盖一定区域的媒体所做的广告。此类广告传播范围小，多适合于生产规模小、产品通用性差的企业和产品，路牌、霓虹灯广告也属于此类。

此外，还有一些分类，如按广告形式分，可分为文字广告和图画广告；按广告媒体不同，可分为报纸广告、杂志广告、广播广告、电视广告、互联网广告等。

二、广告设计的原则

要科学地运用广告宣传，强化广告的促销功能，不仅决定于广告媒体的选择，还取决于广告设计的质量。工商企业的广告设计必须遵守以下原则：

（一）真实性

广告的生命在于真实。虚假、欺骗性的广告必然会丧失企业的信誉。广告的真实性体现在两方面。一方面，广告的内容要真实，包括：广告的语言文字要真实，不宜使用含糊、模棱两可的言辞；画面也要真实，并且和语言文字统一起来；艺术手法修饰要得当，以免使广告内容与实际情况不相符合。另一方面，广告主与广告商品也必须是真实的。如果广告主根本不生产或经营广告中宣传的商品，甚至广告主也是虚构的单位，那么，广告肯定是虚构的、不真实的。企业必须依据真实性原则设计广告，这也是一种商业道德和社会责任。

（二）社会性

广告是一种信息传递方式。在传播经济信息的同时，也传播了一定的思想意识，必然会潜移默化地影响社会文化、社会风气。从一定意义上说，广告不仅是一种促销形式，而且是一种具有鲜明思想性的社会意识形态。广告的社会性体现在：广告必须符合社会文化、思想道德的客观要求。具体来说，广告要遵循党和国家的有关方针、政策，不违背国家的法律、法令和制度，有利于倡导社会主义精神文明，有利于培养人民的高尚情操，严禁出现带有中国国旗、国徽、国歌标志及国歌音响的广告内容和形式，杜绝损害我国民族尊严的，甚至有反动、淫秽、迷信、荒诞内容的广告等。

（三）针对性

广告的内容和形式要富有针对性，即对不同的商品、不同的目标市场要有不同的内容，采取不同的表现手法。由于各个消费者群体都有自己的喜好、厌恶和风俗习惯，为适应不同消费者群的不同特点和要求，广告要根据不同的广告对象来确定广告的内容，采用与之相适应的形式。

（四）感召力

广告是否具有感召力，最关键的因素是诉求主题。广告的重要原则之一，就是广告的诉求点必须与产品的优势点、目标顾客购买产品的关注点一致。不难想象，产品有很多属性，有的是实体方面的（如性能、形状、成分、构造等），也有的是精神感受方面的（如豪华、朴素、时髦、典雅等），但目标顾客对产品各种属性的重视程度却是不尽一致的。这就要求企业在从事广告宣传时，应突出宣传目标顾客最重视的产品属性或购买该种产品的主要关注点，否则，就难以激发顾客的购买欲望。

（五）简明性

广告的受众对象是广大消费者及社会公众，而消费者及社会公众的时间是非常宝贵的，在较短的时间内接受的信息是十分有限的。广告不应给消费者带来太大的视觉与听觉上的辨识压力。简短、清晰明了地强调品牌个性是品牌广告设计的客观要求。例如，宝洁公司的海飞丝宣传的是“头屑去无踪，秀发更出众”，飘柔是“头发更飘、更柔”，潘婷的则是“拥有健康，当然亮泽”。显然，注重了简明性的广告，使广告接受者能够在较短的时间里理解广告主的传播意图，了解品牌个性，有利于提高广告的传播效果。

案　例

广告语摘录

“车到山前必有路，有路必有丰田车。”（丰田汽车）

“假如没有联想，世界将会怎样？”（联想集团）

“没胃口照样吃得香。”（兰氏调味酱）

“滴滴香浓，意犹未尽。”（麦氏咖啡）

“农夫山泉有点儿甜。”（农夫山泉）

“投入轻松，醇和新境界。”（健牌）

“GE（通用电气公司）带来美好生活。”（通用电气）

“药材好，药才好。”（宛西制药）

“多C多漂亮！”（统一鲜橙多）

“小即是好。”（德国大众）

“想做就做！”（耐克）

（六）艺术性

广告把真实性、思想性、针对性寓于艺术性之中。利用科学技术，吸收文学、戏剧、音乐、美术等各艺术门类的特点，把真实的，富有思想性、针对性的广告内容通过完善的艺术形式表现出来。只有这样，才能使广告像优美的诗歌，像美丽的图画，成为精美的艺术作品，给人以很高的艺术享受，使人受到感染，增强广告的效果。这就要求广告设计要构思新颖，语言生动、有趣、诙谐；图案美观大方，色彩鲜艳和谐；广告形式要不断创新。

案　例

胶液广告

1. “超级三号胶”

美国一家企业为把生产的“超级三号胶”打入法国市场，广告策划人员找来一个马戏团的杂技人员，在他的鞋底点上4滴“超级三号胶”后把这个人倒黏在天花板上保持一分钟，并让公证人公证。（广告片播出6个月，该胶液销出50万支，最高年销售量达600万支。）

2. 阿拉迪特胶液

英国生产胶液的阿拉迪特公司的创意则为将一辆小轿车的 4 个轮子涂上胶液，黏在一个广告牌上“示众”。

3. 尤赫牌胶液

南非的帕代克斯公司为了推销生产的尤赫牌胶液，把一个替身演员黏在一架双翼飞机的机翼上，并在空中飞行40 分钟。

4. 劳特牌胶水

我国香港的“劳特”牌胶水生产厂家为了展示其产品高效的性能，竟将一枚金币黏在墙上，并声称“谁能用手把劳特牌胶水黏在墙上的金币拿下来，这枚金币就归谁”。

（资料来源：杨勇，王惠杰．现代市场营销学［M］．北京：中国财富出版社，2015.）

三、广告媒体的种类与选择

（一）广告媒体的种类

广告媒体的种类很多，主要包括报纸、电视、广播、杂志、户外广告、互联网、橱窗、车船样品、霓虹灯等，其中常用的报纸、杂志、广播和电视，被称为“四大广告媒体”。为了实现广告的接触度、频率和效果等目标，必须选择最适当的媒体种类，而不同类型的媒体又有不同的特性，各主要媒体的特点如表 11 －3 所示。

表 11 －3　　媒体特点比较

广告媒体	优越性	局限性
报纸	宣传面广，读者较多 传播迅速 简便灵活，制作方便 便于剪贴存查 费用低廉 可借助报纸本身的威信	广告时效短，重复性差 登载内容庞杂，易分散对广告的注意力 单调呆板，不够精美
杂志	专业性强，针对性强 发行量大，宣传面广 可反复阅读、反复查看 读者一般文化层次高，利于接受开拓性广告 印刷精美，引人注意	发行周期长，广告时效性差 篇幅小，广告受限制 专业性强的杂志读者较少，传播不广泛
电视	形象生动逼真，感染力强 收视率高，深入千家万户 表现手法灵活多样，艺术性强 可重复播放	时间性强，不易存查 制作复杂，费用较大 播放节目繁多，易分散对广告的注意力

续 表

广告媒体	优越性	局限性
广播	制作简便，传播快，费用低 覆盖面广 通俗易懂 灵活多样，生动活泼	有声无形，印象不深 转瞬即逝，难以记忆保存 时间短促，注意力不够集中

广告媒体并非一成不变，随着科学技术的发展和进步，新的媒体越来越多。

网络广告是近年来一种新兴的广告媒体，是通过网络将广告信息传递到互联网用户的一种高科技广告运作方式。企业可以通过多种方式来做网络广告：一是建立企业自己的网络地址，建立网页广告；二是像常规的广告一样，向某个网上的服务商购买一个广告空间；三是借助于新的网络媒体进行传播，如星巴克的高科技促销方式。网络广告的优点：①网络可以根据更精细的个人差别将顾客进行分类，分别传递不同的广告信息；②网络广告是互动的；③利用最先进的虚拟现实界面设计，使顾客有身临其境的感觉。缺点：①顾客是有限的；②产品是有选择性的，只有高新技术产品的广告效果较好；③由于网民的主动性，如何吸引网民眼球是网络广告必须考虑的。

案 例

星巴克的高科技促销方式

星巴克是全球最大的连锁咖啡公司，1971 年成立，总部坐落在美国华盛顿州西雅图市。除咖啡外，星巴克还有茶、馅皮饼及蛋糕等商品。星巴克在全球范围内已有近12000 间分店，遍布北美洲、南美洲、欧洲、中东及太平洋地区。

2012 年 8 月，星巴克顺应了微信营销的大潮，开通了微信公众号，用户通过搜索或扫描二维码就能把它加为好友。其实这并不是什么新鲜事，但有趣的是接下来的互动，用户只需选择一个表情符号发给星巴克，就会即刻收到星巴克的回馈惊喜——收听到代表不同心情的音乐。星巴克利用音乐这一世界共通的语言，成功地接近了用户，缩短了品牌与用户之间的距离感，使其产品大卖。

之后，星巴克又推出了一款别具匠心的 App——early bird，用户的闹钟在设定的起床时间响起后，用户只需按提示点击起床按钮，就可以得到一颗星，如果能够在一小时内走进任一家星巴克店，就能买到一杯打折咖啡，迟到作废。early bird 不露痕迹地扮演了品牌推广与产品促销的双重角色，清晨的一杯咖啡，让用户从睁开眼睛的那刻起便与星巴克进行了沟通。

（资料来源：吴健安，钟育赣．市场营销学［M］．北京：清华大学出版社，2015.略有改动）

（二）广告媒体的选择

在选择广告媒体种类时，除应了解各类媒体的主要优缺点外，还应考虑以下几方面因素：

（1）企业及产品的特性。服务对象和市场范围不同的企业对所选择的媒体应当有区别；经营不同性质的产品，对媒体要求亦应有异。对于一般生活用品，例如：需要展示有色泽或式样要求的商品，应选择电视、印刷品作媒体，以增加美感和吸引力；对工业品，如技术性较强的商品，宜选择报纸和专业性杂志，必要时亦可直接用样品展示。

（2）消费者接触媒体的习惯。一般认为，能使广告信息传到目标市场而不造成浪费的媒体是最有效的媒体，企业必须研究目标市场的消费者经常接触什么样的广告媒体。如儿童用品，宜选电视作媒体；妇女用品宜登在妇女杂志或电视上，也可在妇女商店布置橱窗或展销。

（3）媒体的传播范围和影响力。选择时应考虑其传播信息的广度，又要考虑其影响的深度。

（4）媒体的成本。既要使广告达到理想的效果，又要考虑企业的经济承受能力，一般要对媒体的相对价值进行估算。如若使用电视作广告需支付200万元，预计目标市场收视者200万人，则每个人支付广告费是1元；若选用报纸作媒体，费用100万元，预计目标市场收阅者50万人，则每个人广告费为2元。相比较，应选用电视作为广告媒体。

总之，以上各因素在具体运用时可权衡利弊综合考虑，尽可能选择使用效果好、费用低的广告媒体。

四、广告效果的测定

广告效果，系指广告接受者的反应情况。由于广告接受者的反应是多方面的，于是就形成了不同类别的广告效果。我们从促销效果和广告本身效果两个方面测定广告效果。

（一）广告促销效果的测定

广告促销效果，也称广告的直接经济效果，它反映广告费用与商品销售量（额）之间的比例关系。广告促销效果的测定，是以商品销售量（额）增减幅度作为衡量标准的。测定方法很多，主要有以下几种：

（1）广告费用占销率法。这种方法可以测定计划期内广告费用对产品销售量（额）的影响。广告费用占销率越小，表明广告促销效果越好；反之则越差。其公式为：

$$广告费用占销率=广告费/销售量（额）\times 100\%$$

（2）广告费用增销法。这种方法可以测定计划期内广告费用增减对广告商品销售量（额）的影响。广告费用增销率越大，表明广告促销效果越好；反之则越差。其公式为：

广告费用增销率 = 销售量（额）增长率/广告费用增长率 ×100%

（3）单位广告费用促销法。此种方法可以测定单位广告费用促销商品的数量或金额。单位广告费用促销量（额）越大，表明广告效果越好；反之则越差。其公式为：

单位广告费用促销量（额）= 销售量（额）/广告费用

（4）单位广告费用增销法。此种方法可以测定单位广告费用对商品销售的增益程度。单位广告费用增销量（额）越大，表明广告效果越好；反之则越差。其公式为：

单位广告费用增销量（额）=［报告期销售量（额）－基期销售量（额）］/广告费用

（5）弹性系数测定法。即通过销售量（额）变动率与广告费用投入量变动率之比值来测定广告促销效果。其公式为：

$$E = (\Delta S/S) / (\Delta A/A)$$

式中，S 表示销售量（额）；ΔS 表示增加广告费用后的销售增加量（额）；A 表示广告费用原有支出额；ΔA 表示增加的广告费用支出额；E 表示弹性系数，即广告效果。E 值越大，表明广告的促销效果越好。

影响产品销售的因素很多，广告只是其中因素之一，单纯以销售量（额）的增减来衡量广告效果是不够全面的。也就是说，上述测定方法只能作为衡量广告在计划期内的经济效果。当广告促销效果不理想时，也不应轻易否定广告，而应从其他各方面来考虑分析。

（二）广告本身效果的测定

广告本身效果不是以销售数量的大小为衡量标准，而主要是以广告对目标市场消费者所引起心理效应的大小为标准，包括对商品信息的注意、兴趣、情绪、记忆、理解、动机等心理反应。因此，对广告本身效果的测定，应主要测定知名度、注意度、理解度、记忆度、视听度、购买动机等项目。常用的测定方法有以下几种：

（1）价值序列法。它是一种事前测定法。其具体做法是，邀请若干专家、消费者对事先拟订的几则关于同一商品的广告进行评价，然后排序，依次排出第一位、第二位、第三位……排在首位的，表明其效果最佳，应选其作为可传播的广告。

（2）配对法。它也是一种事前测定法。其做法是，将针对同一商品设计的两则不同的商品广告配对，请专家、消费者进行评定，选出其中一例。评定内容包括广告作品的标题、正文、插图、标语、布局等。

（3）评分法。此法既适合事前测定，又适合事后测定。其做法是，将广告各要素列成表，请专家、消费者逐项评分，得分越高的，表明广告自身效果越好。

（4）访查法。这是一种主要适合于事后测定广告效果的方法。其主要做法是通过电话、直接走访等方式征集广告接受者对广告的评价意见，借以评价广告优劣。

第四节 营业推广策略

一、营业推广的概念和特点

（一）营业推广的概念

营业推广又称销售促进。它是指企业为了促使目标市场的顾客尽快、大量、重复购买其经营的产品而采取的一系列鼓励性促销措施，它适用于一定时期、一定条件下的短期特殊推销。营业推广是构成促销组合的一个重要组成部分，也是一种行之有效的辅助性促销方法。

（二）营业推广的特点

营业推广的目的是在短期内迅速刺激消费者的需求，使销售取得立竿见影效果，它具有如下特点：

（1）刺激需求效果显著。为了实现一时一事的成功推销，营业推广攻势强烈，似乎以“机不可失，时不再来”的较强吸引力，给顾客提供了一个特殊的购买机会，打消了顾客购买某一种商品的惰性，因此能花费较小的费用，在局部市场取得较大收益。

（2）营业推广是一种辅助性促销方式。营业推广虽能在短期内取得明显效果，但由于多数营业推广方式是非正规性和非经常性的，一般不能单独使用，常常是配合广告、人员推销、宣传等常规性促销方式使用的。

（3）营业推广有贬低产品之意。由于企业运用营业推广力图短期内实现销售目的，所以许多的营业推广方式一方面表现出迫使顾客产生“过了这个村，就没有这个店”的紧迫感，另一方面也表现出卖者有急于抛售商品的意图。若频繁使用或使用不当，往往会引起顾客对产品质量、价格等产生怀疑，有损企业或商品的形象，导致不良的促销结果。因此，推广只适用于一定时期、一定商品，而且推广手法需审慎选择，注意选择适当的方式方法。

二、营业推广的形式

营业推广的方式可归纳为三类：第一类是直接鼓励消费者和用户购买和重复购买；第二类是鼓励中间商大量进货代销，加速贷款回笼；第三类是鼓励推销人员努力开拓市场扩大销售。企业可以根据营销目标、实力及目标市场环境来确定适当的营业推广方式。主要有以下方式，如图 11－4 所示。

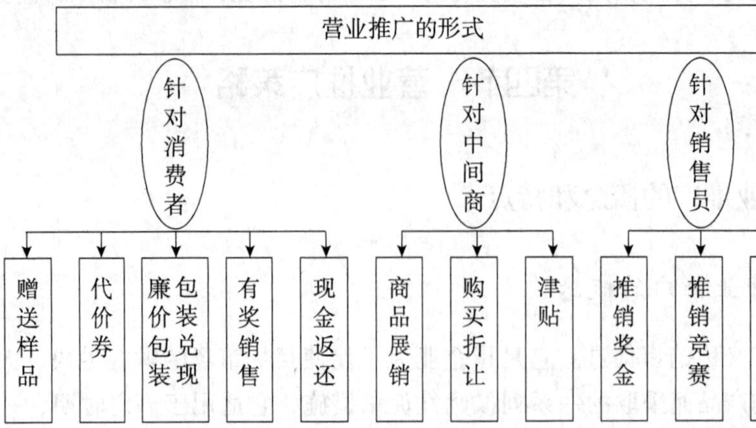

图 11-4　营业推广形式示意图

(1) 赠送样品。它是通过让顾客免费试用、试看、试听产品，以使消费者了解产品、产生兴趣，从而引起购买欲望、发生认购，另外为获取消费者对产品的反应，可以有选择地赠送，也可在商店或闹市区或附在其他商品中赠送。

(2) 代价券。它是送给消费者的一种购货券，顾客可按优惠价格购买某种商品。代价券可以邮寄，也可附在商品和广告中赠送，还可向购买商品达到一定数量或金额的顾客赠送。

(3) 廉价包装和包装兑现。廉价包装主要是吸引“经济型”顾客，可以将小包装换为大包装，还可用多用途包装、系列包装。包装兑现是采用商品包装来兑现现金或实物，如收集若干某种饮料的瓶盖可兑换一定数量的现金或实物，借以鼓励消费者重复购买，也体现绿色营销观念。

(4) 有奖销售。它是采用发给奖券或号码中奖的方法，使顾客在购买时不仅得到商品，而且有额外的收获，主要是利用顾客的侥幸心理。是工商企业，特别是零售企业常用的一种营业推广方式。

(5) 现金返还。只要消费者购买了规定的产品，可立即在购买处获得现金返还。现金返还的形式有：定额返还、比率返还、差额返还、与抽奖结合的现金返还等。促销活动的组织者应该根据各等级的返还比例来预算返还金额数。现金准备要充分，以免失信于消费者，引起不必要的纠纷。

(6) 商品展销。商品展销会、交易会、订货会是不定时或定时、不定点或定点举行的应用广泛的营业推广形式，参展能显示企业自身的经济实力和贸易水平，因此是难得的营业推广机会和有效的促销方式。

(7) 购买折让。为刺激鼓励中间商大批量购买本企业产品，对中间商第一次购买和购买数量较多的给予一定折扣。

(8) 津贴。企业向中间商免费或低价提供陈列商品，支付一定比例的广告费用和一定比例的运费等补贴或津贴，以巩固和促进与中间商的长期合作。

（9）推销奖金。它对经销本企业产品有突出成绩的中间商给予的奖励。奖励可以是现金，也可以是免费赠送附有企业名字的特别广告赠品，如钢笔、日历、文化衫、领带等。

（10）推销竞赛。为刺激和鼓励中间商或本企业的推销人员努力推销，确定一些推销奖励办法对业绩优良者进行鼓励，奖励方式可以是现金也可是物品，还可以提供旅游机会等。

（11）红利提成。为鼓励推销人员积极推销，可按业绩提成，也可按利润提成。另外，还可以奖励其股份，以增强其工作积极主动性。

三、营业推广应考虑的因素

营业推广是一种促销效果比较显著的方式，但使用不当，不仅达不到目的，反而会影响产品销售，甚至损害企业形象。因此，企业在运用营业推广的促销方式时应主要考虑以下因素：

（1）选择目标对象。由于消费者、中间商、企事业单位有各自不同的购买特点，因此在选择营业推广的方式时，应根据目标市场和整体策略来确定推广目标和对象，在企业能力所及的情况下，确定促销规模和程度，如在教师节时，选择教师及学生作为营业推广的对象。

（2）确定合理期限。营业推广时间，既不能过长，也不宜过短。因为时间过长，消费者会认为这只是一种长期降价，会习以为常，失去兴趣；时间过短，不少有希望的潜在买主也许恰好此阶段没采购，没有达到最佳促销效果。因此，一般应给消费者“欲购从速”的吸引力，又要避免“草率从事”。

（3）切忌弄虚作假。营业推广这种促销方式本身就有贬低产品质量之意，企业再弄虚作假，无疑是自毁商誉。在市场竞争日益激烈的条件下，企业商业信誉是十分重要的竞争优势，企业没有理由自毁商誉。然而在实践中这样的案例还是很多的，应引起企业足够的注意，弄虚作假是营业推广中的最大禁忌。

案 例

乐天超市假促销被罚50万元

北京市发改委网站挂出一则“罚单”，乐天超市由于假促销被罚50万元。在这条“罚单”里，该超市被查出8个假促销问题。有多件商品促销期间原价虚标到离谱，甚至超过实际价格的8倍，一瓶原价59.90元的五粮液，促销期间原价标到了498元。

根据市发改委的价格检查，某一乐天超市多款商品都存在假促销现象，该超市中多数商品所谓的“促销价格”，实际就是原来的价格，而商家标示的所谓“原价”都是虚构的。如“福临门水晶米5kg/袋”标示“原价52.90 现价29.90 元/袋，降价期间01/20 ~02/02”，经查，该商品此次促销活动的原价实际就是29.90 元；“五粮液52 度豪华五星级500mL/瓶”标示“原价598.00 现价139.00 元/瓶”，经查实，该商品的原价实为139.00 元；“五粮液52 度名家风范绵柔500mL/瓶”标示“原价498.00 现价59.90 元/瓶，降价期间01/20 ~02/07”，经查，该商品此次促销活动的原价为59.90元；“52 度西凤年份封藏酒”，标示“原价268.00 现价49.80 元/盒”，但经查实，该商品的原价实为55.00 元。

还有未明确标示促销期限的商品，也存在着“假促销”的情况。该乐天超市有一款“天福号烤鸭1000g”的商品，标示“原价75.00 现价68.00 元/只”，但未标明降价期限。经市发改委核查，该商品近几个月售价就一直是68.00 元，而此前最近一笔交易成交价为59.00 元……类似这样“利用虚假的价格手段，诱骗消费者进行交易”的假促销行为，都被一一查出。

罚单显示，由于该乐天超市此前就因价格违法接受过行政处罚并被责令改正，且市发改委也提醒告诫过，但其仍继续价格违法，因此，此次对于乐天超市的假促销将进行从重处罚。按照《价格法》《价格违法行为行政处罚规定》等相关法律规定，市发改委对乐天超市开出50 万元的罚单，并作出警告。按照行政处罚决定，要求乐天超市在收到“罚单”之日起15 日内缴纳罚款，若逾期不缴纳罚款，每天还将按罚款数额的3%加处罚款。

（资料来源：林艳．乐天超市假促销被罚50 万元［N］．北京青年报，2017 -03 -06. 略有修改）

（4）禁忌恶俗促销。恶俗促销即与现行社会及他人的风俗习惯、道德观念相背而行，突破道德底线、诱惑人们行为违背自身意愿，冲击社会公序良俗的促销方式。如西安某商场搞服装促销提出：现场哪位女性敢当众脱光衣服，就可以跑到三楼免费穿走一件任意价格、任意款式的羽绒服。结果，有16 名女子脱衣后，仅穿着贴身内衣跑进商场，得到了“免费”的羽绒服。

（5）注重推广中后期宣传。开展营业推广活动的企业比较注重推广前期的宣传，这非常必要。在此还需提及的是不应忽视推广中后期宣传。在营业推广活动的中后期，面临的十分重要的宣传内容是营业推广中的企业兑现行为。这是消费者验证企业推广行为是否具有可信性的重要信息源。所以，令消费者感到可信的企业兑现行为，一方面有利于唤起消费者的购买欲望，另一方面可以换来社会公众对企业良好的口碑效应，强化企业的良好形象。

此外，还应注意确定合理的推广预算，科学测算营业推广活动的投入产出比。

第五节 宣传报道

宣传报道作为促销组合因素之一，在刺激消费、增加销售、改善形象、提高知名度等方面都有十分重要的意义。

一、宣传报道的含义和作用

（一）宣传报道的含义

宣传报道是指企业以非付费方式，通过各种大众传播媒体来宣传企业及其产品，以达到促进销售的目的。

我们可以这样理解宣传报道：

（1）企业无须为占用报刊版面、播映时间而付费。

（2）企业只须围绕一个可销售的实体（品牌、产品人物、场所、思想、主意、活动、组织等）制造事件和新闻，撰写有价值的新闻报道，由第三方如记者，介绍给广大公众，企业无须出资就能达到宣传产品的目的。

（二）宣传报道的作用

宣传报道作为一种重要促销手段，有以下几个重要作用：

（1）卖主可利用宣传报道来宣传介绍新产品、新品牌，从而打开市场销路。

（2）当某种产品市场销售下降时，卖主可利用宣传报道来恢复消费者对这种新产品的兴趣，以刺激消费需求，增加销售量。

（3）知名度较低的企业可利用宣传报道来引起人们注意，提高知名度、美誉度。

（4）公众形象欠佳的企业和被公众误解的企业可利用宣传报道来改善企业形象。

（5）国家也可利用宣传报道来反映国家形象，吸引更多的外资和外国旅游者或争取国际支持和援助，如 2008 年北京申奥就利用宣传报道来争取国际奥委会的支持，2010 年上海世博会围绕“城市，让生活更美好”的主题，通过大量的宣传报道吸引了七千多万国内外参观者。

（三）宣传报道的特性

宣传报道与广告及其他促销手段相比，具有许多优势，这是由宣传报道的特性决定的。

（1）高度真实性。由于新闻报道出自第三方记者，所以，消费者认为其有较强的客观性和真实性，而广告则有企业自吹自擂之意。

（2）没有防御性。对企业广告或推销人员心存戒备的顾客一般不会对宣传报道反感，因为这是一种新闻活动，消费者在心理上不必担心上当受骗。

（3）富有趣味性。宣传是把企业及其产品呈现在顾客面前，使其产生潜在作用，远比广告人员推销的影响效果更好。

然而，值得一提的是实践中多数企业并没有完全意识到宣传报道的这些特性。因此，对宣传报道还不像对广告那样重视。其实，一个企业或一种产品由于具有新闻价值而被宣传报道，其效果往往比花钱做广告收到的效果更好。我们呼吁企业在投资收益原则下，应千方百计同媒介公众、新闻界人士搞好关系，有时还要设法制造新闻，设法多参加各种有新闻价值的活动。

二、宣传报道决策

（一）确定宣传报道的目标

宣传报道目标可以有许多，如改善企业形象、提高产品知名度、扩大销售、增加市场份额等。企业应针对某一时期的具体情况确定宣传报道的不同目标。

（二）选择宣传报道的内容和方法

宣传报道的目标被确定后，可供选择的宣传方式有以下几种：

（1）提供实证或间接证明。如抗洪救灾后从水中捞出的电视稍加晾干即恢复正常功能的实例被报道后，这一产品的品牌会名声大噪。

（2）对产品性能、成分进行科学论证。如聘请著名专家或权威机构对产品进行鉴定或推荐等。宝洁公司洗发水常用此种宣传方式。

（3）宣传产品特色或经营特色，介绍有关历史典故、民间传说等。

（4）举行报告会、纪念会、发布会、赞助或主办比赛、开展义卖等。如荣事达主持人大赛。

（三）评价宣传报道的效果

评价宣传报道的效果最大的难题是宣传报道往往都同其他促销方式配合使用，很难分辨清楚宣传究竟起了多大作用，但如果在使用其他促销手段前开展宣传，则评价其效果就容易多了，一般企业可以根据宣传报道展露次数、顾客知晓—理解—态度的改变以及销售变化来测定宣传的效果。

本章小结

促销是企业通过人员和非人员的方式，沟通企业与消费者之间的信息，引发、刺激消费者的消费欲望和兴趣，使其产生购买行为的全部活动的总称。促销的作用和功能：传递信息，提供情报；突出特点，诱导需求；引导消费，增加需求；形成偏爱，稳定销售。促销的因素：商品性质、产品所处市场生命周期、市场性质、促销费用。

人员推销是企业运用推销人员直接向顾客推销商品和劳务的一种促销活动。其特点表现为信息传递双向性、推销目的双重性、推销过程的灵活性、协作长期性。推销人员的工作任务有寻找顾客、传递信息、推销商品、提供服务、收集情报、协调平衡。推销人员应具备以下素质：态度热忱，勇于进取；求知欲强，知识广博；为顾客着想，具有合作精神。推销人员培训内容通常包括企业知识、产品知识、心理学知识、市场知识、法律知识、生产技术等。人员推销的三种基本策略：试探性策略、针对性策略、诱导性策略。人员推销的组织结构形式有以下几种：区域结构式、产品结构式、顾客结构式、复合结构式。奖励推销人员的方式主要有：单纯薪金制、单纯佣金制、混合奖励制。推销人员的绩效管理包括两方面的工作：考评资料的收集、考评标准的建立。

广告是由明确的发起者以公开付费的形式、以非人员的任何形式，对产品、服务或某项行动的意见和想法等的介绍和推广。广告的设计原则是真实性、社会性、针对性、感召力、简明性、艺术性。广告媒体包括报刊、电视、广播、杂志、户外广告、互联网、橱窗、车船样品、霓虹灯等类型。选择广告媒体应考虑以下因素：企业及产品的特性、消费者接触媒体的习惯、媒体的传播范围和影响力、媒体的成本。广告效果测定包括广告促销效果和广告本身效果的测定。

营业推广又称销售促进，指企业为了促使目标市场的顾客尽快、大量、重复购买其经营的产品而采取的一系列鼓励性促销措施。营业推广的形式主要有：赠送样品、代价券、廉价包装和包装兑现、有奖销售、商品展销、购买折让、津贴、推销奖金、推销竞赛、红利提成。营业推广应注意以下因素：选择目标对象、确定合理期限、切忌弄虚作假、禁忌恶俗促销、注重推广中后期宣传等。

宣传报道是指企业以非付费方式，通过各种大众传播媒体来宣传企业及其产品，以达到促进销售的目的。宣传报道具有高度真实性、没有防御性、富有趣味性。宣传报道决策包括：确定宣传报道的目标、选择宣传报道的内容和方法、评价宣传报道的效果。

关键术语

促销　人员推销　广告　营业推广　宣传报道

思考与练习

1. 为什么说促销的实质是信息传递?
2. 何谓促销组合?影响促销组合的因素有哪些?
3. 人员推销有什么特点?
4. 试述主要广告媒体的特点?
5. 什么叫营业推广?营业推广的方式有哪些?
6. 什么叫宣传报道?宣传报道有哪些特性?

技能训练

空调促销策划

一、训练目标

1. 了解促销的基本概念及构成、促销组合的特点及作用、促销的常用方法。

2. 通过概念讲解和案例分析掌握促销的基本概念和常用方法。

二、训练内容

1. 促销的概念。

2. 常见促销组合的构成。

3. 常见促销的方法。

4. 请参阅近来各大媒体关于空调促销大战的报道,考虑若你作为空调企业的营销人员在激烈的市场竞争中,应如何进行促销?

5. 某公司促销方式的选取和调整。

某公司推出一种空调新产品,拟订半年内获取在某地市场20%的市场占有率。其第一次购买率达50%,再购率达29%。该公司决定增加更多的购买者以提高购买率,企业面临的产品及市场状况如下:

(1)新产品知名度不高;

(2)同类竞争产品为主;

(3)企业以服务产品为主;

(4)另增加投资预算可能性小;

(5)销售力量有限。

请你策划如何采取促销工具及促销组合并说明理由。

三、训练评价

<table>
<tr><th>评价内容</th><th colspan="2">评价标准</th><th>评价权重</th><th>小计（分）</th></tr>
<tr><td rowspan="4">空调促销策划总结</td><td rowspan="3">内容</td><td>完整性</td><td>10</td><td rowspan="4">60</td></tr>
<tr><td>可行性</td><td>10</td></tr>
<tr><td>创新性</td><td>20</td></tr>
<tr><td>格式</td><td>规范性</td><td>20</td></tr>
<tr><td rowspan="5">PPT 展示环节</td><td rowspan="3">内容</td><td>条理性</td><td>10</td><td rowspan="5">40</td></tr>
<tr><td>准备性</td><td>10</td></tr>
<tr><td>创新性</td><td>10</td></tr>
<tr><td rowspan="2">现场表现</td><td>语言流利</td><td>5</td></tr>
<tr><td>表现自如</td><td>5</td></tr>
<tr><td colspan="3">合计</td><td colspan="2">100</td></tr>
</table>

第十二章

政治权力与企业公关

学习目标与要求

1. 了解政治权力与企业公关的含义。
2. 熟悉政治权力与企业公关原理。
3. 掌握政治权力与企业公关的方法。

本章知识架构

- 政治权力与企业公关
  - 政治权力
    - 政治权力对企业营销的影响
    - 开展权力营销的对策
  - 企业公关
    - 企业公关的概念与特点
    - 企业公关的重要作用
    - 企业公关原则
    - 企业公关要素
    - 企业公关谋略
    - 企业公关步骤

导入案例

百事可乐的政治权力营销

可口可乐与百事可乐是一对竞争对手。百事可乐不仅在美国国内市场上向可口可乐发起了最有力的挑战，还在世界各国市场上向可口可乐挑战。

与国内市场完全一样，国外市场上百事可乐因为可口可乐的先入优势已经没有多少空间。百事可乐的战略就是进入可口可乐公司尚未进入或进入失败的“真空地带”。当时公司的董事长唐纳德·肯特经过深入考察调研，发现苏联、中国以及亚洲、非洲还有大片空白地区可以有所作为。

肯特的至交，美国前总统尼克松帮了大忙。1959 年，美国展览会在莫斯科召开，肯特利用他与当时的美国副总统尼克松之间的特殊关系，要求尼克松“想办法让苏联领导人喝一杯百事可乐”。尼克松显然同赫鲁晓夫通过气，于是在各国记者的镜头前，赫鲁晓夫手举百事可乐，露出一脸心满意足的表情。这是最特殊的广告，百事可乐从此在苏联站稳了脚跟。这对百事可乐打入苏联国家和地区起了很大的推动作用。但是，百事可乐虽然进入了苏联市场，却未能实现在苏联建立工厂、垄断可乐在苏联销售的计划。于是，1975 年，百事可乐公司以帮助苏联销售伏特加酒为条件，取得了在苏联建立生产工厂并垄断其销售的权利，成为美国闯进苏联市场的第一家民间企业。这一事件立即在美国引起轰动，各家主要报刊均以头条报道了这条消息。

在与可口可乐角逐国际市场时，百事可乐很善于依靠政界，抓住特殊机会，利用独特的手段从可口可乐手中抢夺市场。

可口可乐公司一直在印度软饮料市场上占优势，直到 1978 年因为抗议印度政府的政策，可口可乐公司突然撤出了印度市场。后来，可口可乐和七喜公司虽都曾试图重新进入印度市场，但百事可乐却通过有效利用政治营销活动而获得成功。

百事可乐与一个印度的公司组成一家合资企业，并使其合营条件能够规避印度国内软饮料公司的反对和反跨国公司立法成员的反对，从而获得了政府的批准。百事公司提出，它将帮助印度出口农产品，并使其出口额大于制造软饮料浓缩液的成本。此外百事公司保证，它不仅要在主要城市销售，而且要尽最大努力把可乐销往乡村地区。百事公司还提出把食品加工、包装和掺水处理等新技术提供给印度。显然，由于百事可乐给印度提供了一系列利益，使百事公司能够赢得印度各利益集团的支持。

（资料来源：栗子．可口与百事的营销策划博弈战［Z］．天下商机［2009－03－19］．www. txooo. com. 略有改动）

从上述案例可以看出，百事可乐公司善于借助政治权力的力量，进入可口可乐公司尚未进入或已经退出的市场，取得了营销活动的巨大成功，成为世界第二大饮料企业。20 世纪 80 年代以来，世界上贸易保护主义盛行，政府干预加强，特别是西方发达国家日益增长的贸易保护主义和政府干预的威胁和影响，使企业面临着高额的关税和形形色色的非关税壁垒。而在未来很长的时间里贸易保护仍然是各国贸易政策的支撑点，不仅发展中国家，一些发达国家之间由于竞争的激烈也不断实施贸易保护；保护的手段时而透明、极端化（关税、政治、军事等手段），时而隐蔽化（各种非关税壁垒）；新的保护手段不断应势而生（各种技术和绿色壁垒）；整体保护增强（更多贸易组织会不断出现）。

如果企业仅仅采用“4P”（产品、价格、渠道、促销 4 大营销组织策略）理论，消极适应企业的外部环境，显然已不能奏效。1984 年，美国著名的市场营销学家菲利普·科特勒首次提出了大市场营销理论。大市场营销理论认为：要打入被国际上新贸易保护主义以及国内的地方保护主义封闭或保护的市场，首先应该应用“政治权力”策略，必须得到有影响力的政府部门和立法机构的支持，采取政治上的技能和策略打入市场；其次，利用“公共关系”策略，即利用各种传播媒介与目标市场的广大公众搞好关系，以树立该企业及该企业产品的良好形象。

菲利普·科特勒的大市场营销理论突破了市场营销环境是不可控制因素的传统看法，认为企业不应只是消极被动地去适应、服从外部环境，而应该积极主动地去改变环境，通过“政治权力”和“公共关系”扫清流通道路上的障碍，变封闭性市场为开放性市场。

第一节　政治权力

政治权力是指在特定的力量对比关系中，政治权力主体依靠一定的政治强制力，为了实现和维护自身的利益或原则，在政治运行过程中体现出的对一定政治客体的制约能力和支配能力。

借助政治权力开展营销，主要基于以下原因：包括政府在内的各种权力组织对营销活动的影响长期存在；在国际市场中，政治权力对营销活动的影响作用更为显著，因为企业要开拓国际市场首先面临着国际上的各种权力屏障；各国政府都对企业有着巨大影响，而实践中企业也一直在寻求政府权力的支持。

政治权力是一种控制力和影响力，也是一种强制力或者说制约力。政治权力是经济社会客观存在的、企业不可控制的因素。

一、政治权力对企业营销的影响

政治权力对企业营销的影响可以从以下三个方面进行分析和理解：

（一）政府间接干预企业营销活动

政府通过立法、市场活动限制、参与买卖活动，安排产品配额制，确定关税及各种非关税壁垒等，对市场营销进行干预。如在我国市场，电信产品受政府政策的影响比较明显，我国电信业对电信市场实行准入制，电信终端设备未经许可不得进行销售。政府政策包括政治、财政、环保、经济调控以及法律活动，这些都会间接影响企业在特定市场从事的行为。如我国政府为了控制通货膨胀而紧缩银根，使许多企业尤其是房地产企业出现资金严重缺乏，影响投资；我国政府注重环保，制订汽车废气排放标准，于2008年实行“国三标准”即“国家第三阶段机动车排放标准”，对我国的汽车生产、销售等产生了极大的影响。

2015年5月24日实施的《食品安全国家标准包装饮用水》（以下简称“新国标”）对于原料要求、添加剂使用、包装饮用水的名称、微生物指标、标签标识等都作出了明确规定。这对规范饮用水市场、保证水安全等具有重要意义。2017年7月，国务院办公厅印发《关于禁止洋垃圾入境推进固体废物进口管理制度改革实施方案》，要求全面禁止洋垃圾入境。怎样处理这些被中国拒绝的垃圾，成为许多垃圾出口国头疼的问题。

案　例

王健林亏2亿元卖掉西班牙大厦

历时三年多的时间，王健林终于卖掉了那座令他棘手的西班牙大厦。

2017年6月2日，万达酒店发展（00169. HK）发布公告称，公司已经向Baraka Global Invest（天地玄黄全球投资）出售了西班牙大厦的全部股权。同时，公司已就该贷款安排注销此前向中国的一家金融机构进行的股份抵押，并承诺如果在6月21日前未能完成销售，将重新抵押拟销售股份。

此前，万达酒店发展发布公告称，出售西班牙大厦的代价为2.72亿欧元，比万达当初2.65亿欧元买下的价格略高一点。

但是，两年来汇率却发生了变化。

如果以人民币为单位来计算，2014年万达买下西班牙大厦时花费了约22亿元。以目前的汇率来换算，此次以2.72亿欧元出售西班牙大厦，换算成人民币的话约为20.75亿元。若该部分资产以人民币来估算，那就意味着王健林亏损了约2亿元。

万达在2014年2月以2.65亿欧元收购了马德里的地标建筑——西班牙大厦。该项目共有25层，高117米，总占地面积4655平方米，计划重新发展为有200间客房的豪华酒店、高级零售空间及有大约300个住宅式公寓的综合物业，预期建筑面积约为83228平方米。

然而，该项目却遭到了马德里政府的阻碍。此后，万达与马德里政府开始了两年多的“拉锯战”。

万达表示出于安全考虑，要完全拆毁大厦，一砖一瓦重建。但该提议在马德里新上任的市长那里得到了否决。在这之后，万达方面与马德里政府进行了多次商谈，而马德里市长卡梅纳和马德里城市可持续发展部门主席也曾先后强调万达不会离开西班牙。

尽管马德里市政府曾对万达作出了让步，同意接受之前万达提出的拆除西班牙大厦，并以原先的材料、形状和尺寸重建的要求。但最终，万达对马德里市政府失去了兴趣，拒绝了当地政府提出的一份复杂的修复西班牙大厦的计划。

2016年7月22日，万达酒店发展发布公告称，万达欧洲地产投资有限公司与西班牙Baraka公司签订了一份不具有法律约束力的谅解备忘录，内容有可能涉及向Baraka出售西班牙大厦。根据谅解备忘录，Baraka已经向万达支付了100万欧元作为保证金。

彼时公告称，由于可能出售的事项仍处于讨论及磋商中，还须等待双方最终协定。

这一次，王健林彻底与西班牙大厦告别了。

（资料来源：李晓青．王健林亏2亿卖掉西班牙大厦　其他项目也决定不投了[Z]．凤凰财经，2017－06－02.）

（二）各权力阶层影响企业营销活动

处于某种权力位置的团体或个人，出于其自身利益和相关集团利益的考虑，或者由于认识上的偏差，会利用其自身的地位和权力实行消费倾向诱导，造成对某些产品的偏爱，而对某些产品歧视。这里可应用或借助的直接权力包括：法定权力、专家权力、信仰权力、参照权力、奖惩权力、形象权力等。

（三）政府与企业之间密切互动，影响和控制营销活动

西方企业与政府之间的互动影响营销活动是非常清楚的事实。一方面，西方企业通过捐款、资助政党及候选人的选举，寻找政界“代言人”，并积极游说以影响政府制订有利于企业或本行业的政策，争取政府，甚至凭着与政府高级官员的特殊关系或特别政治背景来为企业争取更多利益、为企业产品行销提供“特别通行证”等，以此提高竞争优势。另一方面，各级政府机构为提高执政期的“亲善力”和“号召力”，都分别聘请企业界人士资政，甚至国家首脑出访，亦往往伴随着大批企业家以及大量订单等。

权力营销，就是探讨政治权力对营销活动影响的规律，求得有影响力的政府部门和立法机构的支持，采取政治上的技能和策略开展营销活动。

权力营销是大营销中的新“P”之一，在一定条件下，其威力尤为强大。现代企业进行权力营销时，一方面要直接利用权力开展营销活动，另一方面要利用政治环境，变不可控因素为可控因素来开展营销活动。

案　例

“诚信经营”的亨利·霍金士

有一次，美国亨利食品加工工业公司总经理亨利·霍金士突然从化验室的报告单上发现：他们生产食品的配方中，起保鲜作用的添加剂有毒。这种毒的毒性并不大，但长期食用会对身体有害。但如果食品中不用添加剂，则又会影响食品的鲜度，对公司来说是一大损失。

亨利·霍金士面临着一次选择——是诚实还是欺骗。综合考虑之后，他认为应以诚对待顾客，尽管自己有可能面对各种难以预料的后果，但他毅然决定把这一有损销量的事情告诉顾客。于是他向社会宣布，防腐剂有毒，长期食用会对身体有害。

消息一公布就激起了千层浪，霍金士面临着相当大的压力，不仅自己的食品销路锐减，而且所有从事食品加工的老板都联合起来，用一切手段向他施加压力，同时指责他的行为是别有用心，是为一己之私利，于是他们联合各家企业一起抵制亨利公司的产品。在这种自己食品销量锐减，又面临外界抵制的困境下，亨利公司一下子跌到了濒临破产的边缘。

在苦苦挣扎了四年之后，亨利·霍金士的公司已经危在旦夕了，但他的名声却家喻户晓。这时候，他的命运迎来转机了，政府站出来支持霍金士。在政府的支持下，加之他诚实对待顾客的良好声誉，亨利公司在很短时间里便恢复了元气，而且规模扩大了两倍。从此，亨利·霍金士一举登上了美国食品加工业第一的位置。

（资料来源：王凡编．思维+创意=成功［M］．北京：西苑出版社，2009. 略有改动）

在这里必须加以说明的是，权力营销作为一种经营手段，与滥用职权、贪污腐败是两码事；而且仅靠权力这么一种策略，也未必就能够让企业进入一个市场并巩固其在市场中的地位，即还必须结合产品、价格、分销和促销组合策略才可能成功。

二、开展权力营销的对策

政策、法律是政府权力运用的结果，也是企业营销环境的一个不可控因素。传统观念认为，企业只能在政策、法律允许的范围内开展营销活动，被动地服从政策、法律的要求。但现代观念认为，企业在一定程度上不仅能够主动地服从政策、法律的要求，也能对政策、法律环境予以主动的利用和影响。

现代企业主动运用政治权力营销的对策主要有以下几个方面：

（1）企业领导者要走出对政治权力营销理解的误区，扭转发挥权力在营销活动中的作用是“以权谋私”的偏见；探讨目标市场中的权力结构，寻找可借助权力的机会，开展营销活动。

案　例

“飞鸽”飞向美国

在中国这样一个自行车王国里，天津的“飞鸽”自行车是有着40多年历史的名优品牌。它曾名扬海内外，“飞”及世界70多个国家和地区，但在20世纪90年代之前，它一直未能进入美国这个年进口上千万辆自行车的大市场。那么如何才能使“飞鸽”打进美国市场呢？1992年美国总统布什来华访问使得天津自行车厂如愿以偿。

听说美国总统将来中国访问，国内各传播媒体都介绍了布什的有关情况，其中一条消息引起了飞鸽自行车厂家的极大兴趣。消息说：1974年，布什曾任美国驻北京联络处主任。在京任职期间，布什夫妇十分喜欢骑着自行车游览北京各处的景观，被人称为“自行车大使”。看了这条消息，飞鸽厂的人立即想到，如果能让布什骑上飞鸽自行车出现在美国人面前，那么其广告效应将一定会是很轰动的。于是，他们便开始积极策划实现这一创意的途径。首先，他们把这一创意思路向国务院的有关部门进行请示，得到上级的同意。接着，他们便开始精心制作赠品。不久他们便将QF83型白绿过渡色男车和QF84型红白过渡色女车制作完成，并派专人送往北京，将其作为国礼送给布什夫妇。

1992年2月，布什来华访问。在北京钓鱼台国宾馆，这两辆自行车被送给了布什夫妇。布什夫妇十分高兴，并马上骑上它们在周围转了几圈，让记者为他们拍了几张照片。自行车被带回美国，其随行记者也把这些消息陆续发回美国，在美国的各类媒体上得到广泛传播。美国的许多公民看到自己的总统骑的是中国自行车，感到既新鲜又好奇。他们认为这种自行车一定不错，一定会流行起来。于是美国商家也都纷纷来中国要求订货。这样，中国天津的“飞鸽”借布什访华之风“飞”向了美国。而且由于它物美价廉而受到美国公民的青睐，“飞鸽”终于在美国自行车市场上占有了一席之地。

（资料来源：总裁网个人网络学院：销售经理（十四）权力营销与公共关系. http://school. chinaceot. com.）

（2）研究权力自身的规律，探讨正确有效发挥各种权力在营销作用中的方式。分析目标市场环境中的权力结构，判断结构中的关键人物，制订相应的策略；适当补偿反对者，通过补偿反对者所遭受的损失，使它们保持中立；积极争取中立者，把中立者转变为同盟者；紧紧联盟支持者，使分散的个别力量变为集合在一起的力量。

（3）针对当地社会发展中的最关键问题，提供必要的资金或支持，往往可以产生强烈的正面冲击力，使企业处于主动地位。

（4）通盘考虑目标市场国各权力团体的利益，避免出现新的对立面。

（5）充分开展公关活动，利用当地各种大众媒介，在目标市场环境中树立良好的社会形象。

（6）与关键权力人物和潜在的权力人物建立长期友好的个人关系，不仅包括政府官员，还应包括当地社团领袖、工会领导人、民意代表等。

（7）企业家热心参与政治，影响政府的政策制定和立法工作。

总之，当今世界经济形势、政治形势越来越复杂，政治因素对于企业进入市场尤其是国际市场起着一定的作用，政治干预越来越多，企业在进行市场营销尤其是国际营销时，应当合理地借用各种政治人物的影响力。

案 例

美国“波音”成功的政治权力公关

波音公司是美国最大的出口商之一。几十年来，波音公司作为美国工业化的象征，一直使美国人引以自豪。但进入20世纪90年代以来，其产量猛跌，其市场领导者的地位开始动摇。得到欧洲各国政府支持的欧洲空中客车已经在客机市场抢占了30%的地盘，麦道公司也在奋起直追。1993年，波音公司只接到两架波音747的订货合同，两条747生产线中的一条不得不停止运转。在短短的12个月中，公司解雇了1.6万名员工。为走出困境，他们在实施市场渗透战略的同时，开展了空前的政治公关行动，使“波音”又昂首飞往世界。

首先，他们利用波音公司在美国的特殊地位，对前总统克林顿开展公关活动。波音总裁富兰克·雪朗兹多次指出：“假如我们有了一定的订货，就可稳定生产，并向社会提供更多的就业机会。”而就业问题一直是政府关心、公众注目的热点问题。再则波音是现代美国工业化的象征，也是美国人的骄傲，它已构成美国文化的重要组成部分，波音的处境引起全美国的关注。克林顿总统亲自出马帮助波音公司扩大订单量。最为明显的例子是经过克林顿总统的政治努力，波音得以与沙特阿拉伯签订了一笔价值60亿美元的订单，把它的主要对手欧洲空中客车挤出了沙特。

为了扩大中国市场中波音所占的份额，在1993年11月亚太经合组织首脑会议在波音总部所在地西雅图举行期间，公司邀请中国前国家主席江泽民到此参观、访问，表明这个现代化的飞机公司和中国合作的强烈愿望。波音成功地向人们展示了它与中国政界的良好关系，并由此扩大了中国市场。1994年4月，中国订购了波音公司21架飞机，价值8亿美元。2005年11月美国前总统布什访华时中国订购了70架波音737客机。2006年4月胡锦涛访问美国前夕，波音与中国民航公司签署了一份80架波音737客机的订购协议。2015年订购波音飞机300架。波音飞机在中国的市场份额达到60%。

（资料来源：杨勇等．市场营销学［M］．北京：中国财富出版社，2015．略有改动）

第二节 企业公关

一、企业公关的概念与特点

“公共关系”一词源于美国，其英文缩写为PR（Public Relations），简称公关。

企业公关是指企业为了协调与公众之间的利益关系、树立自己良好形象、营造优良的营销环境与舆论氛围而采取的一系列有计划、有目标的持续活动。

企业公关既是一种社会关系活动，实现企业与各方面公众之间的相互理解，企业形象是企业公关的核心；也是一种促销活动，能够引起关注、激发兴趣、建立信任，最终目的是促进商品销售，提高企业市场竞争力。在日趋激烈的市场竞争中，一旦企业建立了良好的形象，就拥有良好的企业信誉，从而使企业在竞争中占据有利地位。

从企业公关的概念可以看出，企业公关具有以下几个特点：

1. 企业公关是一项持续性活动

企业通过持久而有计划的努力，运用传播手段与公众进行交流沟通，树立良好的企业社会形象和声誉，从而获得公众的理解、信任、支持，提高企业与公众之间的利益协调程度。良好的企业社会形象和声誉，也能为企业的生产经营带来长期的促进效应。

2. 企业公关对象多样

人员推销、广告、营销推广等各种促销形式，对象主要针对消费者、中间商、供应商、竞争者等外部公众，而企业公关的对象既包括外部公众，也包括企业内部公众，既包括现实公众，也包括网络公众，从而建立内外和谐的营销氛围。

3. 企业公关是一种间接促销措施

企业公关与其他促销形式相比，不是直接进行产品销售，而是运用各种公关工具如新闻媒介、公开发行物、活动赞助、制造事件及相关视觉形象等注重提升企业形象，让消费者对企业产生信任和满意，从而对其产品也予以信任，间接达到产品销售的目的。

4. 企业公关追求共赢

企业与各种社会组织之所以能够建立一种长期的互助合作关系，就是各方都遵循“真诚合作、平等互利、共同发展”的基本原则，在合作过程中，能够满足各方的不同需求，实现互利共赢。

5. 企业公关具有戏剧性

经过特别策划的企业公关事件，容易成为公众关注的焦点，可使企业和产品戏剧化，引人入胜。

二、企业公关的重要作用

公共关系是一门“内求团结，外求发展”的经营管理艺术，是围绕着“塑造形象，优化环境”的总体目标而展开的传播沟通活动，是一项与企业生存和发展休戚相关的职能。其重要作用主要表现在以下几个方面：

（一）建立与顾客的良好关系

企业与市场的关系，最主要、最根本地表现在企业与顾客的关系相处得如何，建立与顾客的良好关系是促进企业产品销售的重要条件。企业可以通过举办或赞助各种活动，如新闻发布会、社会公益活动、文化娱乐活动等，以形成企业与顾客之间和谐的气氛。企业也可以通过举行各种服务与教育活动，提供各种咨询服务，进行有关产品使用与维护知识的普及教育等，以减少顾客对企业的抱怨，不断地改进企业的营销工作，更好地满足顾客的需求。通过这些公关活动的开展，将会为扩大企业产品的销量起到重要的促进作用。

（二）激发顾客对企业与企业产品的兴趣

企业要通过各种有效的传播手段和服务项目向顾客宣传，引起顾客对企业的兴趣，争取顾客的支持和信任。顾客一旦对一种产品的兴趣降低，该种产品销售量必然要下降。企业的营销部门通过随时了解顾客对同类产品消费兴趣的变化情况，同时针对顾客的消费兴趣变化开展公关活动，以树立该企业及产品能够随时满足顾客消费需求的形象。

（三）协助对企业或产品的重新定位

每个企业以及它的产品在消费者心目中都有一定的形象，这种形象一旦形成，要想通过其他的促销方式改变比较困难，但公关在这方面可以发挥较大的作用。

（四）创造有利于企业产品销售的外部环境

外部环境对企业来说虽然是不可控制的、多变的，但企业可以通过公关活动的开展，树立良好形象，减缓外部环境条件向着不利于企业产品销售方向的变化。强调长远利益而不只是追求近期经济效益，以对营销起到积极的推动作用。通过同行业的联合，对政府的外贸政策施加影响，以保护国内市场；对政府的有关法规制定施加影响，以使这些法规对企业的不利影响减小。通过与有关的社会团体或机构建立良好的关系，及时对该企业的各种活动进行新闻宣传，对该企业的产品进行推广。通过与竞争者的关系协调，避免竞争者采取对抗措施进行生死拼杀等。

（五）有利于企业被看作是“社会的事业”

总结现代企业成功的经验，其中重要的一条，就是企业使命社会化。即一个企业的事业如果被社会看作是企业自己的事，这个企业就很难被社会关心，企业经营很难取得较大成功。相反，如果企业的事业被看作是“社会的事业”，社会就会主动关心和帮助这个企业。而企业是不是被社会所认可和接受，除了在于企业对社会的贡献外，就要看企业被社会理解的程度，就要看企业理解社会公众的程度。通过公关活动，可以使企业与社会相互理解成为自觉的行为，企业也就有可能取得成功。

三、企业公关原则

企业公关过程中应遵循以下原则：

1. 真实可信原则

企业要在社会公众心目中树立良好的形象，必须遵循真实可信原则，企业开展各种公关活动如新闻发布会、记者招待会、展览会、周年庆、联谊活动、网络推广等必须实事求是，以事实为依据，从而形成有力的社会舆论，创造良好的营销环境，获得社会公众信任的回报。

2. 互利互惠原则

企业公关不仅要考虑到企业的利益，又要考虑到社会公众利益，产品的质量是企业的生命，也是树立企业良好形象的关键。在坚持社会公众利益与企业利益相统一的同时，要始终把社会公众利益放在首位，这最终有利于企业利益。

3. 调查研究原则

企业公关必须重视调查研究，了解内部与外部信息，根据调查结果和丰富的实战经验，确定企业现在的形象与定位、市场需求、市场竞争、外部机会与威胁、内部优势与劣势等情况，精心策划，制订出科学合理的企业公关策略，并规范实施和严格评估。

4. 全员参与原则

企业公关不仅是公关部员工的工作，企业的全体员工都要有公关意识，都要能按照企业公关的要求，把日常工作与企业良好形象的树立密切联系。全员参与是企业开展公关工作取得成功的保证。

5. 承担社会责任原则

企业公关活动必须以承担社会责任为前提，注重社会整体效益，向社会开放自我，具有清醒的社会责任感，这样社会就会主动关心和帮助这个企业。

四、企业公关要素

（一）公关主体

公关主体指各类社会组织，即执行一定社会职能、实现特定的社会目标、构成一个独立单位的社会群体。在市场营销过程中的公关主体就是企业。企业的直接目标就是盈利，首先要与其所有者、管理者以及对其经营成败存在决定性意义的顾客建立良好关系。

（二）公关对象

公关的对象即一个企业所面临的公共的、社会的关系。任何一个企业要生存和发展，就必须科学地分析和处理各种社会关系，为企业的发展创造最佳的社会关系环境。公关对象的重要作用体现在四个方面：①公关对象是企业公关活动的重要组成部分；②公关对象是确立公关目标的依据；③公关对象是有效组织公关活动的前提；④公关对象是提高企业公关效果的保证。企业的公关对象主要有以下几方面：

1. 顾客

在市场经济条件下，满足顾客的需求是企业一切活动的出发点。因此，企业首先应使顾客（包括外部顾客、内部顾客和网络顾客）对该企业产生良好的印象，以良好的企业形象和声誉吸引顾客。为了建立与顾客间的良好关系，企业应始终坚持为顾客提供满意的服务的观念，与顾客进行有效的沟通，特别是要注意处理与顾客的纠纷，因为顾客的满意就是最好的广告。

2. 中间商

企业产品的销售通常是通过中间商进行的，因此，与中间商关系的好坏，是决定企业产品销售的重要环节。企业应迅速、准时地给中间商提供品质优良、价格合理、设计新颖、适销对路的产品，为中间商提供各种销售便利和服务。

3. 供应商

为了保证企业产品的正常生产，需要有充分的原材料、零部件、工具、能源等供应，也就是说，必须与供应商建立和维持良好的关系。

4. 社区

社区是企业的所在地，企业要与所在地的其他企业、机关、学校、医院、公益事业单位、居民等发生各种各样的联系。社区关系的好坏，影响着企业的生产与经营活动。企业应与社区包括虚拟社区携手，共同繁荣社区的地方经济，与社区共建精神文明，以获取社区的理解与支持。

5. 政府

政府也是企业的一种公众。企业要生存和发展，离不开政府的支持和帮助。政府的各个职能部门所制定的政策、法规会直接或间接地影响企业。因此，企业必须经常与政府有关部门进行沟通，及时了解有关的政策、法规及计划，并使之能尽量有利于该企业的发展。

6. 媒介

媒介是企业最特殊的一种公众，企业的公关活动通常要借助媒介工具来进行，通过媒介向外发布，以扩大活动的影响。因此，企业的公关部门要与媒介保持密切的关系，最好能与媒介工作人员建立良好的私人关系。企业特别要慎对媒介的批评报道，既不应盲目接受，也不能拒不接受，而是要采取冷静的态度进行设想和分析，以求重新树立企业的形象和信誉。

此外，企业也不能忽略与竞争对手的关系协调。

（三）公关传播

公关传播是指企业与公关对象之间交换、传递新闻、事实、意见、感情的信息过程。

当企业明确了公关目标，确定了目标公众，有了公关活动的设想后，便要考虑如何运用媒介尤其是网络媒介把目标和设想付诸实施。媒介即传播，它是连接企业和公众的桥梁，是完成沟通的工具，也是实现公关目标的手段。

公关传播可以分为自觉传播和自发传播两种。企业公关传播以自觉传播为主。由于是企业主动、有意识、有计划地开展各种信息传播活动，因此这种自觉传播活动比自发传播活动要高效得多。为了做好自觉传播，企业必须对媒介进行有效的运用，以提高传播效果。

五、企业公关谋略

（1）通过一定的公关活动，保持企业领导与员工的沟通和交流，增强员工的向心力、凝聚力和归属感，充分调动员工的积极性、主动性和创造性。

（2）通过公关活动，提高投资者对企业的信心和兴趣，以便吸引更多的投资者和支持者推动企业发展壮大。

（3）赞助社会公益事业，通过赞助和参与文体娱乐活动，如赞助运动会、捐助希望工程、扶贫、救灾等，充分表达企业对社会的一份责任和一片爱心，让公众了解本企业关心社会、造福社会的行动和贡献，以赢得社会公众对企业的好感与支持，获得商业上的优势。

（4）加强与新闻界的沟通，改善与媒介包括网络媒介的关系。良好的媒介关系能够增加媒体的报道和进行友好的正面的公共宣传，向社会各界传播企业的相关信息，宣传、推介企业对社会的贡献，从而形成有利于提高企业形象的社会舆论导向。新闻媒介传播是一种免费广告，具有客观性和真实性，其所产生的影响远远高于单纯的商业广告。同时良好的媒介关系还可能阻止负面的报道。

（5）企业面临困难或该企业的意图受到误解或受到公众批评时，通过各种公关活动，以联络感情来争取公众的同情与支持，以便创造有利的环境和氛围，帮助企业渡过难关，并增强企业抗风险的能力。设法同企业所在的社会公众沟通，让他们了解该企业的性质和存在的意义，尽快消除误解，恢复公众对企业的信任。

（6）利用企业扩展、纪念庆贺、领导层人事变动、新技术开发等时机，通过招待会、宴会、电话、信函、微信等形式的公关活动，让更多的公众（包括经销商、消费者）了解本企业的信誉、产品和服务，巩固企业形象，提高知名度和美誉度。

（7）通过消费咨询、免费维修等形式，使社会公众获得服务性的实惠，增加社会各界对企业信誉的深刻体验，从而提升企业形象。

（8）当该企业出现严重事故或产品造成不良后果时，立即向新闻界、有关家属、政府有关部门解释事故原因和处理方法，让他们了解到本企业所做出的努力和承担责任的诚意，让坏事变好事，重树企业良好形象。

（9）以适当的方式让政府有关部门和有关人士，甚至国家领导人了解企业的性质、存在的意义、发展的前景，协调同政府部门之间的关系，获得其有力的支持。

（10）通过各种征询热线、问卷调查、民意测验等形式，吸引社会各界参与企业发展的讨论。这样既可以了解社会各界对企业形象的认识程度，以利于进一步改善企业形象，又可以在征询过程中达到与社会各界密切联系、沟通信息的目的。

（11）企业通过公关活动，在社会公众中普及与本企业产品有关的正确的消费方式、生活方式等，既为本企业产品的推销创造一个良好的环境，也为全社会形成健康的消费习惯作出贡献。

（12）企业通过网络媒介进行公关，包括利用企业网页，树立企业形象；利用网络新闻公告，拓展企业公关业务；通过网络舆论，创造良好的社会舆论氛围；借助网络，为舆论的传播提供便利的途径，使得公众各方面的意见与企业及时、广泛、深入地进行交换。

（13）企业开展电子商务，使企业公关职能与销售管理职能紧密结合，寻求与ERP（企业资源规划）、CRM（客户关系管理）的相互联结，力求取得最佳的公关效果。

案　例

可口可乐馆“快乐工坊”

顾名思义，“工坊”就是生产的地方。上海世博园的可口可乐“快乐工坊”，又是如何生产快乐的呢？

一看，感受来自企业文化的快乐。还未入馆，两个可爱的吉祥物就蹦蹦跳跳地出来迎接。以吉祥物为主人公的4D影片，把一瓶可口可乐历尽千辛万苦生产的过程，描述得生动活泼。影片不仅吸引小朋友，许多成年人同样被吸引。影院里不时地发出阵阵开怀的笑声。

二尝，感受来自企业产品的快乐。每位来到“快乐工坊”的游客，都能得到一小瓶可口可乐，品尝可口可乐产品中的快乐因子，体会公司“健康快乐、冰爽活力”的产品理念。

三体验，感受来自企业创新的快乐。亲手制作“可乐冰昔”的环节，是“快乐工坊”的亮点。一拧、一关、一摇，一瓶普通的可乐就变成了冰冻的“可乐冰昔”，很多游客大呼有趣、神奇。“环保轻量瓶”的“魔力”，是比普通塑料瓶轻30%。空瓶一拧再放进垃圾桶，减少所占空间。

可口可乐大中华区副总裁李小筠告诉记者，可口可乐公司作为上海世博会唯一饮料赞助商，倾注全力和热情打造可口可乐“快乐工坊”，就是为了展示企业文化和社会责任感，向所有参观世博的游客传递“快乐生活、健康低碳”的理念和企业不断开拓创新的品质。

（资料来源：李瑶．世博游可口可乐馆“快乐工坊”：生产快乐的她方［EB/OL］. http：//www. China. com. cn/travel/txt/2010 －08/18/content_ 20735 930. htm.）

六、企业公关步骤

企业公关活动是围绕企业形象进行信息收集、传播沟通、咨询建议和协调引导的综合性、连续性的活动，作为一个完整的工作过程，企业公关活动一般分以下几个步骤进行：

（一）做好企业公关调研

企业公关调研是企业公关活动的起点，是做好公关活动的基础。企业进行公关调研的目的在于了解社会公众的意见，及时把握舆论导向，并将这些意见反映给领导层，使企业的公关决策科学化，有利于企业准确地进行形象定位，塑造良好的企业形象。企业公关要做到有的放矢，必须做好以下三项工作：审核已收集的公关资料，分析企业公关现状；明确企业公关存在的主要问题及原因；了解企业形象的选择与规划。

（二）确定企业公关活动的目标

作为企业的一项重要活动，一旦确定需要开展企业公关活动，在公关调研的基础上，要根据企业营销的总目标和社会公众对企业的了解和意见，建立本次公关活动目标，使活动的各个方面都能围绕公关目标而高效、有序地进行。企业在确定目标时，一般应以企业的总体目标为基础，从建立企业或产品的知名度、树立企业形象、迅速扩大市场、刺激产品销售等方面考虑。

一般来说，企业公关目标主要有以下几类：

（1）新产品、新技术研发过程，要让公众有足够的了解。

（2）开辟新市场之前，应对新市场所在地的公众宣传企业的形象和声誉。

（3）调整产业结构，要树立企业新形象，使之与新产业、新产品相适应。

（4）企业的产品或服务在社会上造成不良影响时，要及时进行公关活动以挽回影响。

（5）创造一个良好的消费环境，在公众中普及同本企业有关的产品或服务消费方式等。

（三）选择公关对象

根据企业公关调研结果及据此确定的公关目标选择适当的公关对象，是保证实现企业的公关目标的重要条件。不同的公关目标决定了公关传播对象的侧重点的不同。对于公关对象的选择要注意两点：一是侧重点是相对的。企业在针对某类公关对象进行公关活动时不能忽视了与其他公众的有效沟通；二是在某些时候（如企业出现某些危机时），企业必须加强与各类公关对象的沟通，以赢得社会各方面的理解和支持。

（四）制订公关方案

制订公关方案主要要解决以下五个问题：①做什么？明确公关活动项目；②怎么做？明确公关活动策略；③谁来做？明确公关活动主体；④什么时候做？明确公关活动时机；⑤通过什么方式做？可供企业选择的公关方式包括战略性公关（如建设性公关、维系性公关、进攻性公关、防御性公关、矫正性公关等）和战术性公关（如宣传性公关、交际性公关、服务性公关、社会性公关、征询性公关等）两大类；⑥费用是多少？明确公关活动的基本费用，包括人工费、办公经费、器材费等；活动费用，包括招待费、庆典活动、广告、交际应酬等。

（五）实施公关方案

企业公关活动能否达到预期的效果，不仅要根据目标、公关对象制订出好的行动方案，还需要有好的实施来保障。为了保证公关方案实行的有效性，企业要结合自身特点慎重选择公关工具、公关策略等。企业可以利用一些特殊事件或突发事件来实行公关方案，或者创造某些条件使平淡无奇的事情变得富有新闻性，以此增加公关活动的效果。

实行公关方案，需要做好以下工作：

（1）做好实施公关前的准备。包括公关实施人员的培训、公关实施的资源配备等。

（2）削除公关障碍，提高公关效率。公关活动中存在许多障碍，如语言、风俗习惯、观念和信仰的差异及公关传播时机不当等都是对公关活动形成障碍的影响因素，消除这些不良因素，是提高公关效果的重要条件。

（3）加强公关实施的控制。公关实施中的控制主要是对人力、物力、财力、时机、进程、质量、阶段性目标以及突发事件等方面的控制。公关实施中的控制一般由制订控制标准、衡量实际绩效、将实际绩效与既定标准进行比较和采取纠偏措施四个环节组成。

（六）评价公关效果

由于公关活动的间接促销性特征，其效果不是立竿见影的，所以评价公关效果的难度较大。公关效果评价的内容包括：公关程序、专项公关活动、公关状态的评价等。

比较常用的评价方法有：看公关活动在新闻媒介上的展露次数；顾客对公关信息的印象调查；在公关活动后，消费者对企业或品牌的知名度、理解度及态度偏好方面的变化情况，以及观察实际的销售额与利润额的变化等。有些公关活动的成效，可以进行数量统计，如理解程度、抱怨者数量、传媒宣传次数、赞助规模与次数等。通过对这些进行分析判断，可以对企业的公关关系活动及效果作出较客观、准确的衡量与评价，并就未来的公关活动提出建议。

本章小结

现代企业主动运用权力营销的对策主要有以下几个方面：扭转发挥权力在营销活动中作用是“以权谋私”的偏见；探讨正确有效发挥各种权力在营销作用中的方式；使企业处于主动的地位；通盘考虑目标市场国各权力团体的利益，避免出现新的对立面；利用当地各种大众媒介，在目标市场环境中树立良好的社会形象；与关键权力人物和潜在的权力人物建立长期友好的个人关系；企业家热心参与政治，影响政府的政策制定和立法工作。

企业公关是指企业为了协调与公众之间的利益关系、树立自己良好形象、营造优良的营销环境与舆论氛围而采取的一系列有计划、有目标的持续活动。

企业公关的特点包括：企业公关是一项持续性活动、企业公关对象多样、企业公关是一种间接促销措施、企业公关追求共赢、企业公关具有戏剧性。

企业公关的重要作用包括建立与顾客的良好关系、激发顾客对企业与企业产品的兴趣、协助对企业或产品的重新定位、创造有利于企业产品销售的外部环境、有利于企业被看作是“社会的事业”。

企业公关过程中应遵循以下原则：真实可信原则、互利互惠原则、调查研究原则、全员参与原则、承担社会责任原则。

企业公关要素包括公关主体、公关对象、公关传播。

企业公关谋略包括：保持企业领导同员工的沟通和交流，充分调动员工的积极性、主动性和创造性；充分表达企业对社会的一份责任和一片爱心；加强同新闻界的沟通，改善同媒介的关系；增强企业抗风险的能力；巩固企业形象，提高知名度和美誉度；增加社会各界对企业信誉的深刻体验，从而提升企业形象；协调同政府部门之间的关系；吸引社会各界参与企业发展的讨论；为全社会形成健康的消费习惯作出贡献。

企业公关调研是做好公关活动的基础。根据企业的公关目标选择适当的公关对象，是保证实现企业的公关目标的重要条件。制订公关方案主要解决以下六个问题：①做什么？②怎么做？③谁来做？④什么时候做？⑤通过什么方式做？⑥费用是多少？实行公关方案需要做好以下工作：做好实施公关前的准备；削除公关障碍，提高公关效率；加强公关实施的控制。公关效果评价的内容包括：公关程序、专项公关活动、公关状态的评价等。

关键术语

政治权力　企业公关　公关主体　公关对象　公关传播　企业公关谋略　企业公关调研

思考与练习

1. 政治权力如何影响企业的市场营销？
2. 企业权力营销的对策有哪些？
3. 企业公关的重要意义有哪些？
4. 企业如何开展公关营销？

技能训练

企业公关人员能力训练

一、训练目标

1. 培养公关人员的公关能力；
2. 学会应对突发事件的能力；
3. 学会制订公关方案。

二、训练内容

1. 收集当地企业公关危机事件；
2. 分析企业危机原因；
3. 提出处理企业危机的公关对策；
4. 写出企业应对危机的公关方案。

三、训练准备

1. 授课老师根据学生人数进行分组；
2. 各组收集当地企业危机事件案例；
3. 根据某突发事件制订公关方案；
4. 每组要准备危机公关方案展示 PPT，不少于 10 页。

四、训练流程

分组→开展讨论→展现 PPT→教师点评。

五、训练操作要点

1. 知识点：企业公关的相关知识；
2. 能力点：公关策划能力、活动组织能力、语言表达能力；
3. 控制点：时间及课堂氛围；
4. 考核点：选择企业的可靠性；公关方案的可行性；学生讨论的参与性。

第十三章

服务营销

学习目标与要求

1. 了解服务营销的含义、特点和分类。
2. 熟悉服务营销质量管理的基本内容。
3. 掌握服务的有形展示方法。

本章知识架构

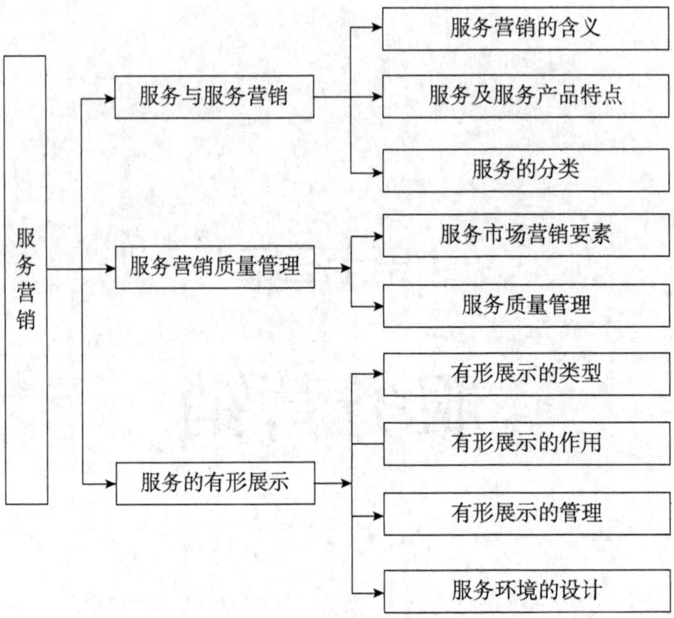

导入案例

海底捞：卖出不一样的味儿

四川省海底捞餐饮股份有限公司（以下简称“海底捞”）是一家以经营川味火锅为主的大型跨省直营餐饮品牌火锅店。它成立于1994年，如今已经成为在北京、上海、天津、西安、郑州、南京、沈阳等全国多个城市拥有50多家直营店、四个大型现代化物流配送基地和一个原料生产基地，年营业额近10亿元，拥有员工1万多人的国内餐饮业的后起之秀。

海底捞到底靠什么攫取了在餐饮行业的竞争优势呢？答案就是众所周知的海底捞式“变态服务”，而这也吸引了全国众多知名企业的目光，在海底捞有意识地利用服务取胜的过程中，有几个主要方面是值得引起注意和深思的。

首先是服务重于产品，正当大家对于海底捞的“横空出世”感到不解和吃惊时，很多人却不知道，海底捞在“服务至上”的理念之下，已经默默地走过了10多年。创立之初，海底捞生意并不好。冷冷清清几天过后，终于迎来了第一拨客人。让创始人张勇没想到的是，结账时客人竟然一致评价：味道不错。等客人一走，他品尝了一下自己做的火锅，发觉底料中放入了过多的中药而味道发苦，简直难以下咽。这样的火锅也能得到客人的好评？张勇反复思考后恍然大悟：原来是优质的服务，弥补了味道上的不足。今天在海底捞的任何一个门店都可以看到其独创的招牌接待动作：右手抚心，腰微弯，面带微笑，左手前伸作请状。其背后是海底捞内注于员工心中的服务意识。

其次是员工重于顾客，光顾海底捞的顾客很少不为海底捞服务人员的热情所震撼，而员工们这种热情的初始动力来自张勇一个最朴素的思想：员工才是企业的核心竞争力，员工重于利润，甚至重于顾客！海底捞，每天两班倒的员工，白班的一直会被安排白班，晚班的一直会上晚班。这样员工不需要被迫改变作息时间来适应。类似细心的安排还包括：员工宿舍离工作地点不会超过20分钟路程，全部为正式住宅小区，且都会配备空调；有专人负责保洁以及洗衣服；公寓甚至配备了能上网的电脑；如果员工是夫妻，则考虑给单间……光是员工的住宿费用，一个门店一年就要花掉50万元。

最后是“特色重于一切”的经营理念。在海底捞的经营理念中，其核心业务不是餐饮而是服务。海底捞所主张的并非传统火锅行业中的基本制式服务，而是将员工的主观能动性发挥到极致，开创各式各样的“海底捞特色”服务。如果是在饭点，几乎每家海底捞分店中都是一样的情形：等位区里人声鼎沸，等待的人数甚至要多于正在就餐的人数。海底捞却把这原本令人烦闷的等待变成了一种愉悦：手持号码等待就餐的顾客一边观望屏幕上打出的座位信息，一边接过免费的水果、饮料、零食；如果是一大帮朋友在等待，服务员还会主动送上扑克牌、跳棋之类的桌面游戏供大家打发时间；或者趁等位的时间到餐厅上网区浏览网页；还可以顺便享受免费的美甲、擦皮鞋等服务。待客人坐定点餐的时候，围裙、热毛巾已经一一奉送到眼前。服务员还会细心地为长发的女士递上皮筋和发夹，以免头发垂落到食物里；戴眼镜的客人则会得到擦镜布，以免热气模糊镜片；服务员看到你把手机放在台面上，会不声不响地拿来小塑料袋装好，以防油腻……这就是海底捞的粉丝们所享受的“花便宜的钱买到星级服务”的全过程。

毫无疑问，海底捞已经形成一整套的服务体系，通过合理的服务设计、服务沟通以及服务传递满足了客户在就餐过程中的各方面需求，真正做到从顾客需求出发。其服务所创造的价值，已经远远超过其实体产品所能带来的价值上限。

（资料来源：纪宝成．市场营销学教程［M］．5版．北京：中国人民大学出版社，2013. 略有改动）

从上述案例可以看出，海底捞通过合理的服务设计、服务沟通以及服务传递满足了客户在就餐过程中的各方面需求，真正做到从顾客需求出发。通过实行一整套的服务体系，其服务所创造的价值，已经远远超过其实体产品所能带来的价值上限。随着科学技术的不断发展，生产力水平的不断提高，人民生活质量的不断改善，服务行业随之迅速发展，从而构成了生命力很强的“第三产业”，服务经济的比重迅速增加，形成了需求极强的服务市场；与此同时，越来越多的制造企业开始提供服务，通过提供增值或超值的服务以提升产品整体的竞争力。而许多传统的大型制造企业甚至转型成为服务型企业。服务的特性决定了企业在提供服务产品时必须考虑如何稳定服务的质量，如何更迅速地传递服务，如何同顾客保持更为积极主动的沟通交流。伴随着服务经济社会的到来，做好服务成为企业克敌制胜的有力武器，市场营销学科的一个新分支——服务营销应运而生。

第一节　服务与服务营销

一、服务营销的含义

服务营销是服务企业通过一定的人员、设施、环境和产品资料以及一系列整合的营销策略，向顾客提供特定的、有价值的服务活动，满足顾客的需要，从而实现企业的总体经营目标的过程。

理解服务营销这一概念，必须关注以下三点：

（1）服务营销的核心是满足顾客对服务产品的需求。

（2）服务营销的手段是一系列整合的营销策略。

（3）服务营销的目的是达成市场交易，实现企业总体经营目标。

二、服务及服务产品特点

（一）服务的含义

1960年，美国市场营销协会（American Marketing Assocration，AMA）最先给服务下定义为“用于出售或者同产品连在一起进行出售的活动利益或满足感”。菲利普·科特勒曾经说过：“任何业务都可以看成是服务。假如你是一家化学产品公司，你从事的就是化学产品的服务业务。”服务作为一种复杂的活动，其含义从产品附加服务一直扩展到完全无形的信息服务，要准确地界定服务的概念并非易事。

综合国内外对服务和营销的不同解释，我们从营销的角度将服务作如下定义：服务是指一方能够向另一方提供的可以满足某种需求而不导致任何所有权产生的劳务活动。

从上述定义可以看出，服务包含以下三方面的含义：

（1）服务必须是一方向另一方提供的劳务行为。

（2）这种劳务行为必须能够满足对方的某种需求。

（3）这种劳务行为不导致任何所有权的产生。

服务是一种无形产品。它在实质上是为顾客提供某种活动的享用、心理的满足和特定的利益。正如菲利普·科特勒所言："服务是一方能够向另一方提供的基本上是无形的任何活动或利益，并且不导致任何所有权的产生。它的生产可能与某种有形产品联系在一起，也可能无关联。"

（二）服务产品的特点

服务产品在生产、销售过程中有别于有形产品，有着自身的特点和特殊的运行规律。只有认识并掌握这些特点和规律，依此开发或选择相应的服务营销组合，才能最大限度地调动起企业的有效资源和服务员工的积极性、主动性和创造性，从而为顾客提供高质量和高效率的服务产品。

服务产品具有如下几个特点：

（1）无形性，也称不可触知性。这是服务产品最明显的特征。服务是一个无形的产品，顾客在购买服务之前，一般不能看到、听到、嗅到、尝到或感受到，往往不能确定他将得到什么样的服务；服务过程中的许多元素是无形无质的，没有一个客观公正的质量评价标准，其质量完全取决于顾客自我的心理感觉和主观评价；购买结束后服务产品也是顾客带不走的。即使消费者以前消费过某种服务，当他们再次购买这种服务时，他们也无法知道能否得到同样的服务。

服务产品的无形性增加了企业营销沟通的难度，企业很难向顾客完整有效地展示服务。因此，服务产品的广告宣传不宜过多介绍服务的本体，而应集中介绍服务所能提供的利益，让无形的服务在消费者眼中变得有形。当然，无形的服务通常需要借助于一定的有形产品、实体媒介甚至是人员来展示服务产品；在服务过程中，设立标准、细分档次，把服务落实到感官上，使服务有感化；以价格树立形象，以设备技术赢得信任、赢得竞争。

（2）同步性，又称为不可分离性或相连性。有形的产品从生产、流通到最终消费的过程中往往要经过一系列中间环节，生产与消费过程具有一定的时间和空间间隔，而服务则具有直接性。服务的供应者往往是以其劳动直接为购买者提供使用价值，生产过程与消费过程紧密地连接在一起，生产过程也是消费过程，两者在时间上和空间上处于不可分割的状态中。在很多情况下，消费者必须直接参与生产过程，如照相、理发等。服务的提供者和购买者都要参与服务过程，两者相互作用、相互影响，共同决定着服务的最终质量。

这一特征表明：①顾客只有而且必须加入到服务的生产过程中，才能享受到服务；

购买结束的同时，服务产品的概念已留在消费者的记忆中，而消费者的知识、经验、情趣等影响服务商品的营销效率；②服务产品的具体提供者将直接影响服务水平，他们的服务态度和技术水平决定着服务质量和服务企业的声誉；③提供服务产品的地点很重要，由于生产与消费同时进行，要求服务必须尽可能地接近顾客、方便顾客。

（3）异质性，又称差异性或易变性。主要指服务的构成成分及其质量水平经常变化，往往缺乏稳定性，很难统一界定。其服务质量由三大因素决定。一是服务人员方面。服务是以人为中心的产业，人的因素在服务营销中具有很大的影响和作用。即使服务企业制订了统一的服务质量标准，企业对服务人员进行了严格培训，由于具体服务人员的气质、修养、个性、文化与技术水平存在差异，他们的服务质量也难以达到整齐划一的水平；同一服务，由多人操作，品质难以完全相同而存在差异；同一人做同样的服务，因时间、地点、环境与情绪变化的不同，作业成果也难以完全一致。二是顾客方面。同一服务对于不同顾客而言，其质量和效果也是不一样的；顾客的知识、经验、动机、个性以及参与程度的不同，都直接影响着其对服务的感知，影响服务的质量。三是环境方面。在服务产品的提供过程中，服务环境如现场的设备、灯光、色彩、气味甚至周围人员等都影响着服务的质量评价。

因此，服务的产品设计须特别注意保持应有的品质，力求始终如一，维持高水准，建立顾客信心，树立优质服务形象。

（4）易逝性，即不可储存性。服务的生产、交换与消费同时进行的特性，决定了服务产品不能像实体产品一样在生产后储存来调节供需，消费者也无法购后储存。很多服务的使用价值，如不及时加以利用，就会“过期作废”造成损失（如车船飞机的空位、旅馆酒店的空床、网络资源的闲置等），而不可能转换为下一阶段的供给。即便如此，服务企业为了给消费者提供及时的服务，必须把提供服务的各种设备、材料提前准备好。

（5）缺乏所有权。缺乏所有权是指在服务的生产、交换和消费过程中不涉及任何物品的所有权转移，这是由服务的性质所决定的。服务在交易完成后便消失了，消费者可以说是享受了服务，但不能取得服务这种服务产品的所有权。

（6）需求不稳定性。消费者对服务的需求，一方面受工作时间是否紧张的影响和收入水平的制约；另一方面还受情绪、态度和兴趣的影响，受社会风尚的影响，甚至受天气的影响，加上服务产品的相互替代性，包括服务产品同实体产品之间的相互替代和各类服务产品之间的相互替代，所以，对某项服务的需求，既能在短期内形成高潮，也易在不可预料中突然减少。这种对服务需求忽多忽少极不稳定的现象，也造成了服务市场营销的不稳定性，要求服务市场的营销工作者适时调整营销策略组合，要求企业必须能够对未来服务消费量有基本把握，这样才能真正解决好服务产品供求平衡的问题，从而取得较好的经营效益。

从上述服务产品的六大特征可以看出，服务产品的无形性是最基本的特性，其他特性都是由此派生出来的。由于服务产品与实体产品的差异决定了服务营销必须有自己特殊的策略和方法。

三、服务的分类

服务业是一个庞大的社会经济系统，服务的含义很广，各种服务之间也存在很大的差异。对服务进行分类，有助于服务企业管理人员更好地了解消费者的服务需求，有利于企业制订有效的服务营销策略。服务业的范围十分广泛，种类复杂，可以从不同角度进行分类。

（一）按服务产业结构划分

按服务产业结构划分，服务业可分为：①商业：货物的批发、零售服务；②进出口贸易服务；③餐馆及旅游服务；④产品的再生和维修服务；⑤交通、运输、仓储、邮电通信服务；⑥金融、保险、房地产服务；⑦律师、会计、咨询、计算工具及租赁服务；⑧文化、娱乐、教育、体育、医疗保健服务；⑨公用事业、公务服务；⑩杂项服务：生活、家庭、个人服务等。

（二）按服务产品的整体性划分

按服务产品的整体性划分，服务业可分为：核心性服务和外围性服务。核心性服务，指所提供的一整套有关联的服务中占主导地位的服务；外围性服务，指所提供的一整套有关联的服务中处于辅助性地位的服务。

（三）按服务传递过程划分

按服务传递过程划分，服务业可分为：工作作坊型服务，如卫生保健服务、产品修理服务等；流水线型服务，如自助餐服务、汽车自动化清洁服务等；项目型或间歇型服务，如律师咨询、会计咨询、医生就诊、信息咨询等；连续型服务，如通信服务、供水供电服务、饭店前台服务和社会安全服务以及汽车出租服务等。

（四）按顾客参与服务的程度划分

按顾客参与服务的程度划分，服务业可分为：无顾客参与服务，如自动化售货机服务等；部分顾客参与服务，如律师和会计事务所的服务、咨询服务等；自助式顾客参与服务，如自助餐厅、自选商场等；完全的顾客参与服务，如自烧自吃的餐馆等。还可分为高接触性服务、中接触性服务和低接触性服务。

（五）按提供服务的工具划分

按提供服务的工具划分，服务业可分为：以机器设备为主和以人员为主。以机器设备为主的服务，比如自动售货机提供的服务、网上交费服务等；以人员为主的服务则需要人的服务在服务过程中起主导作用。以人员为主的服务又可分为三种：低技术含量服务，如看护小孩、修剪草坪等；高技术含量服务，如维修电器等；专业性服务，如法律咨询、心理咨询等。

此外，还可以按服务劳动要素组合、服务营销综合因素、服务营销管理、服务对象、商品销售服务等划分不同的类型。

第二节　服务营销质量管理

一、服务市场营销要素

服务市场营销与实体产品营销一样，它必须具备以下要素方能满足顾客的需要：

（一）产品

服务产品必须考虑的要素是提供服务的范围、服务水准、服务质量、服务品牌、服务保证以及售后服务等。服务产品包括核心服务，它体现了企业为顾客提供的最基本效用，如航空公司的运输服务、医院的诊疗服务等；便利服务，指为配合、推广核心服务而提供的便利，如订票、医疗专家的巡回义诊等；辅助服务，即用以增加服务的价值或区别于竞争者的服务，有助于实施差异化营销战略。

（二）定价

和实体产品一样，在服务营销组合中，价格是使服务产品转化为收入和利润的唯一途径。制定合理的价格，对消费者来说有性价比认可，对于服务企业而言又有利可图。价格包括价格水平、定价折扣、佣金、付款方式和信用等要素。由于服务质量水平难以统一界定，质量检验也难以采用统一标准，加上季节、时间因素的重要性，服务定价必须有较大的灵活性。而在区别一项服务与另一项服务时，价格是一种重要的识别标志，顾客往往根据价格高低感受服务价值的高低。

（三）分销

服务者的所在地以及其服务地域的可达性是服务营销效益的重要因素。随着服务领域的扩展，服务销售除直销外，经由中介机构销售者日渐增多。中介机构主要有代理、代销、经纪、批发、零售等形式。在分销因素中，选择服务地点至关重要，它必须尽可能接近顾客，同时考虑同业的集中情况和交通的便利情况等。商店、电影院、餐厅、医院等服务机构，如能位于人口密集、人均收入高、交通方便的地段，服务流通的范围较广泛，营业收入和利润也就越高。近年来，随着互联网技术的飞速发展，越来越多的服务企业开始利用网络提供随时随地的服务，以克服地域上的限制，很好地满足了提供异地服务的需求。

（四）促销

服务促销包括广告、人员推销、营业推广、宣传、公共关系等营销沟通方式。为增进消费者对无形服务的印象，企业在促销宣传活动中，①进行形象化、有形化宣传。要尽量使服务产品有形化，如设定服务质量标准、建立服务等级、改善服务场所环境（包括建筑、装潢、场所设计等）、重视服务品牌（包括企业名称、吉祥物、徽标等）、展示员工形象、出示服务样品和介绍服务效果；②注重服务企业形象的树立和服务提供者的宣传。企业形象越好、声誉越高，则顾客越认同其服务水平，对其管理水平越有信心；③着重宣传服务带给顾客的利益。

（五）人员

服务业的操作人员，在顾客心目中实际上是产品的一个组成部分。一方面，服务人员作为服务的提供者，其一言一行都代表着服务产品的水平和质量。服务企业的特色往往体现在操作者的服务表现和服务销售上，企业必须重视激发员工的创造性，开展特色服务，加强服务人员的角色训练、制订服务规范、建立服务保证等；另一方面，对服务人员与顾客之间、顾客与顾客之间的关系必须重视，在许多服务营销过程中离不开顾客的积极配合，如排队购物、认真填写邮政编码等，而一位顾客对服务质量的认可，很可能是受到服务人员的热情、友好、丰富的专业技术经验的影响，或者是受到其他顾客“口碑”的影响。

（六）有形展示

服务的无形性可以通过有形展示来体现。有形展示是指将服务产品和质量通过一定的手段表现出来，使顾客能够有切身感受的过程。有形展示包括实体环境（如服务场所的装潢、色彩、声音、陈列、温度、气味、整洁度等）、提供服务所需要的装备实物（如餐馆的餐具、汽车租赁服务使用的汽车等）、其他实体性标识（如航空公司所使用的标识）、信息沟通、价格表等。有形展示是消费者评价服务企业服务质量的重要依据。

（七）过程

过程，即服务的递送过程。过程是服务企业通过前述六大要素体现其服务质量的重要机会，它是服务人员的服务过程。服务人员在服务过程中如果能够表现出热情、愉悦、专注和关爱，就能在很大程度上满足顾客的需求，而顾客的正向反应又会进一步激发服务人员的积极性。服务企业必须重视服务人员与顾客之间的良性互动，重视企业整个服务体系的运作政策和程序方法的采用、服务供应中的机械化程度、员工裁断权的适用范围、顾客参与服务过程的程度、咨询与服务的流动、订约与待候制度等，从而提升服务过程顾客满意度。

二、服务质量管理

（一）服务质量的评价标准

服务产品的质量由四个因素构成，即：①服务设施，是指服务的场所、装备、环境等；②服务材料，指服务产品中的物质成分，如面包、鱼类、饮料等；③外显服务，指顾客能看得见的服务质量，如旅馆的清洁、服务态度、饭店的美味等；④隐含的服务，指服务产品使顾客获得心理上的感受，如运用该服务后受到他人重视的程度、社会地位感的满足程度等。

服务质量同顾客的感受关系很大，可以说是一个主观范畴，它取决于顾客对服务的预期质量同其实际感受的服务水平或体验质量的对比。一般认为，评价服务质量的标准，主要有以下五个方面：

（1）感知性。指提供服务的有形部分，如各种设施、设备、服务人员的仪表等。顾客正是借助这些有形的、可见的部分来把握服务的实质。有形部分提供了有关服务质量本身的线索，同时也直接影响到顾客对服务质量的感知。

（2）可靠性。指服务供应者准确无误地完成所承诺的服务。可靠性要求避免服务过程中的失误，顾客认可的可靠性是最重要的质量指标，它同核心服务密切相关。许多以优质服务著称的服务企业，正是通过强化可靠性来建立自己的声誉的。

（3）适应性。主要指反应能力，即随时准备为顾客提供快捷、有效的服务，包括矫正失误和改正对顾客不便之处的能力。对顾客的各项要求，能否予以及时满足，表明企业的服务导向，即是否把顾客利益放在第一位。

（4）保证性。主要指服务人员的友好态度与胜任能力。服务人员较高的知识技能和良好的服务态度，能增强顾客对服务质量的可信度和安全感。在服务产品不断推陈出新的今天，顾客同知识渊博而又友好和善的服务人员打交道，无疑会产生信任感。

（5）移情性。指企业和服务人员能设身处地为顾客着想，努力满足顾客的要求。这便要求服务人员有一种投入的精神，想顾客之所想，急顾客之所急，了解顾客的实际需要以至特殊需要，千方百计予以满足；给予顾客充分的关心和相应的体贴，使服务过程充满人情味，这便是移情性的体现。

按照上述标准，可通过问卷调查或其他方式对服务质量进行测量。调查应包括顾客的预期质量和体验质量两个方面，以便进行分析研究。

（二）提高服务质量策略

服务的无形性使得服务企业的质量控制过程十分复杂。稳定、高质量的服务是企业成功的关键因素。服务产品的质量高低是顾客的主观判断，他们把自己实际感受到的服务（即体验质量）与事先对服务的期望质量进行比较，然后得出评价。如果实际感受超过了他们的预期，则认为这是优质的服务，否则会产生不满、失望的情绪。所以企业服务质量管理的目的就是使服务达到或超过顾客的预期。为实现这一目标，服务企业要研究目标顾客的需求，制订出符合顾客需求、达到顾客满意度的服务质量的策略。

1. 制定标准及标准跟进

服务企业为了克服由于人员差异带来的质量差别，便于对质量进行监督，减少顾客不满，企业根据自身的服务内容和服务对象，尽可能详细制定出规范化的工作内容、工作程序、语言、态度、衣着、动作等一系列标准性条例，来确保服务高质量；同时，也便于顾客和管理者的监督、检查。

标准跟进是指企业将自己的产品、服务和市场营销过程同竞争对手尤其是最具优势的竞争对手进行对比，在比较、检验和学习的过程中逐步提高自身的服务标准和服务质量。

服务企业采用这一方法时可从策略、经营和业务管理方面着手。

（1）在策略方面。企业将自身的市场策略同竞争者的成功策略进行比较，寻找它们的相关因素。通过一系列的比较和分析，企业将会发现以往被忽视的可以促使成功的策略因素，从而制订出新的符合市场和自身资源条件的策略。

（2）在经营方面。主要集中于从降低营销成本和提高竞争差异化的角度了解竞争对手的做法，并制订自己的经营策略。

（3）在业务管理方面。根据竞争对手的做法，重新评估某些职能部门对企业的作用。比如，在一些服务企业中，与顾客相脱离的后勤部门，缺乏适度的灵活性而无法同前台的质量管理相适应。学习竞争对手的经验后，使二者步调一致，协同作战，无疑会有利于提高服务质量。

2. 蓝图技巧

蓝图技巧又称服务过程分析。指通过分解组织系统和架构，鉴别顾客同服务人员的接触点，从这些接触点出发来提高服务质量。服务企业欲求提高服务质量和顾客满意度，必须理解影响顾客认知服务产品的各种因素，蓝图技巧则为有效地分析和理解这些因素提供了便利。

蓝图技巧借助流程图分析服务传递过程的各个方面，包括从前台到后勤服务的全过程。主要步骤如下：

（1）将服务的各项内容绘入服务作业流程图，使服务过程一目了然地客观地展现出来。

（2）找出容易导致服务失误的接触点。

（3）建立体现企业服务质量水平的执行标准与规范。

（4）找出顾客能看得见的作为企业与顾客的服务接触点的服务展示。

在每一个接触点，服务人员都要向顾客提供不同的职能质量和技术质量，而顾客对服务质量感知的好坏将影响企业形象。

由于服务的不可感知性、不可分离性等属性，顾客常因担心服务质量难以符合期望水平而在购买服务产品时有许多顾虑。企业为化解顾客对质量风险的顾虑，可从以下几方面改进工作：

（1）突出质量第一。高层管理人员真正投入质量管理活动，包括履行承诺保证，在资源配置上支持质量管理活动；建立以质量为核心的企业文化，全体员工树立质量第一的服务观念，自觉地为提高服务质量贡献力量。顾客了解到企业内部的质量观及措施，会逐渐消除质量风险忧虑。

（2）重视人的因素。以人为中心的服务，质量决定于提供服务员工的操作技巧和态度，必须重视员工的选拔和培训，使员工正确理解服务标准的含义，让员工掌握新的服务技巧，改善服务态度。同时，管理者要创造一种能够得到员工支持的对优良业绩给予奖励的环境，争取在员工满意的基础上让所有的顾客满意。加强与顾客的沟通使服务企业及时取得反馈意见，有助于提高服务质量；及时处理顾客投诉，缓解顾客的不满情绪，有助于增强其对服务企业的信任感。

（3）强调广告质量。针对顾客对质量的担心，在设计广告宣传时要形象地突出有关服务的质量特征与水平。例如：请现有顾客“现身说法”，介绍自己购买服务后的心理感受。

（4）利用销售技巧。针对顾客担心产品质量不佳给顾客造成金钱的损失，可以通过让顾客免费试用服务产品、降价招徕等方式降低顾客的担心和顾虑。

（5）善用顾客口碑。利用顾客口碑有时能收到比广告更好的效果。

第三节　服务的有形展示

服务的非物质特性对顾客做出购买决定和形成深刻印象，以及服务市场营销人员完成市场营销任务都带来了极大的困难。为此，无形服务的有形化展示显得尤为重要。通过有形展示，刺激顾客感官，让消费者感受到服务给自己带来的益处，引导消费者对服务产生合理的期望，促使消费者对服务质量产生“优质”的感受，帮助消费者识别服务企业及其产品的形象。

一、有形展示的类型

服务产品本身无法直接展示出来，但是，顾客可以看到服务工具、设备、员工、信息资料、电视广告招牌、其他顾客、价目表账单等，这些有形物都是了解无形服务的很好线索。由此，在服务营销管理中，一切可以传递服务特色与优点的有形组成部分，均可称作服务的有形展示。

（一）实体环境

实体环境，又称物质环境，它包括三大因素：周围因素、设计因素和社会因素。

（1）周围因素。周围因素是指空气的质量、湿度、通风情况、噪声、气氛、整洁度等因素。这类要素通常被顾客视为构成服务产品内涵的必要组成部分，其存在虽不致使顾客格外地激动，但如缺少这些或是达不到顾客的期望，就会削弱顾客的信心。周围因素通常被认为是理所当然的，所以它们的影响是中性的或消极的。也就是说，顾客注意到周围因素，更多的是引发否定行为而不会因之有意接近。例如，餐厅理应保持清洁卫生，而如果环境污浊，会使顾客望而却步。

（2）设计因素。设计因素是指建筑、尺度、材料、结构、形状、颜色、造型、风格等美学因素和陈设、标识等功能因素。这类要素是顾客最容易察觉的刺激，被用以改善服务产品的包装，显示产品的功能，建立有形的、赏心悦目的产品形象。设计性因素的主动刺激比周围环境更易引起顾客的积极情绪，鼓励其采取接近行为，有较强的竞争潜力。

（3）社会因素。社会因素是指在服务场所内一切参与及影响服务产品生产的人，包括服务员工和其他出现于服务场所的人士。他们的人数、仪表、言谈举止等，都有可能影响顾客对服务质量的期望与认知、判断与评价。

（二）信息沟通

沟通的信息来自服务企业本身及其他引人注目之处，通过多种媒介传播与展示服务。从赞扬性的讨论到广告，从顾客口头传播到公司标志，不同形式的信息沟通都传送了有关服务的线索。

信息沟通所使用的方法有：

（1）服务有形化。在信息交流中强调与服务相联系的有形物，让服务显得实实在在。如麦当劳公司针对儿童的快餐设计的盒面有游戏、迷宫等图案，把目标顾客的娱乐和饮食联系起来，效果很好。这证明有形因素能使服务容易被感知，而不那么抽象。

（2）信息有形化。通过鼓励积极的、对企业有利的口头传播、服务保证和广告中应用容易被感知的展示，使信息更加有形化。很多顾客都特别容易接受其他顾客提供的口头信息，据此作出购买决定。如顾客选择医生、律师或选修课教师等，先征询他人的看法。服务保证主要是强调承诺的真实性，这种形式长期被采用。

（三）价格

服务价格被经营者重视，是因为价格是营销组合因素中决定收入的直接因素，它也能传递适当的信息，可以培养消费者对产品的信任；而顾客之所以关注价格，是因为价格可以提高或降低人们的期望。由于服务是无形的，价格是对服务水平和质量的可见性展示，价格所发挥的作用有时候会大大超过其他因素。价格能展示一般的服务，也能展示特殊的服务；它能表达对顾客的关心，也能给顾客以急功近利的感觉。制定正确的价格能传送适当的信息，是一种对服务有效的有形展示。

二、有形展示的作用

有形展示的作用主要有以下几个方面：

（1）帮助顾客感受到服务所能带来的利益。服务展示的一个潜在作用，就是能给营销策略带来乐趣优势。有形展示可在顾客的消费经历中，注入新颖的、激动人心的、戏剧性的因素，消除顾客的厌倦情绪。采用有形展示的实质，是通过有形物体对顾客感官的刺激，让顾客感受到无形服务所能带给自己的好处和利益，进而影响其对服务的需求。

（2）引导顾客对服务产生合理的期望。服务的无形化及不可感知性，使顾客在使用前难以对该项服务作出正确的理解或描述。运用有形展示，可以让顾客在使用服务前能具体地把握服务的特征和功能，从而对服务产生较合理的期望，避免因期望过高难以满足而造成负面影响。

（3）影响顾客对服务产品的第一印象。有形展示作为部分服务内涵的载体，是顾客取得第一印象的物质因素。对于新顾客而言，在购买和享用某项服务之前，往往会根据第一印象对服务产品作出判断，有形展示的成败，最终会影响顾客的购买决策。

（4）促使顾客对优质服务作出客观评价。服务质量高低由多种因素决定，可感知性是其中的一个重要特质，而有形展示正是可感知的服务组成部分。有形展示也可使顾客对服务产生优质的感觉。

（5）引导顾客识别与改变服务形象。有形展示能有形地、具体地传达最具挑战性的企业形象。服务企业或服务产品形象的无形性，增强了改善形象的难度。形象的改变不仅是在原来形象上加上新内容，而且要打破传统观念，利用有形产品作为新设计的形象的中心载体，使形象变成可见的信息，迅速传送给顾客。

（6）协助服务企业培训服务员工。在利用有形展示突出服务产品的特征及优点时，也可利用有形展示作为培训员工的手段。员工作为“内部顾客”，通过有形展示，深刻、具体地理解了企业所提供的服务，会有助于保证员工提供的服务符合企业所规定的标准。

三、有形展示的管理

服务的不可知性，主要是指其不可触及，难以从心理上进行把握。为克服因此产生的营销难题，必须使服务的内涵尽可能地附着于某种实物上，如信用卡代表银行为顾客提供多种服务。服务企业对有形展示的管理一般从三个方面着手：

（一）使服务有形化

服务有形化是针对服务的无形性特点而提出的。服务有形化即尽可能使服务产品的内涵附着在某个或某些实物上，如饭店的菜单、服务手册等。服务有形化还必须考虑使服务更易为顾客所把握。因此，有形展示应选择被顾客视为重要的有形实物，最好是他们在该项服务中所寻求的一部分；同时，必须保证此有形实物所暗示的承诺，在提供的服务中能圆满兑现，即服务质量要与承诺的内容一致。

（二）使服务在心理上容易被消费者把握

服务产品的无形性，决定了消费者难以从心理上准确把握服务产品的特性和价值。为了使服务在心理上容易被消费者把握，必须使用易于被消费者接受的有形展示，必须寻找消费者很重视的有形展示物。

（三）重视发展和维护服务企业与消费者之间的关系

服务企业必须重视建立与消费者的长久关系，第一是通过企业员工与消费者建立关系从而建立起消费者与整个企业之间的联系。服务人员直接同顾客打交道，不仅其衣着打扮、言谈举止影响着顾客对服务质量的认知和评价，而且服务人员同顾客之间的关系直接决定顾客与企业关系的融洽程度。第二是服务企业向消费者赠送与其相关的具有纪念意义的礼物，以增进友谊，保持联系。第三也是最重要的一点是切实了解消费者的需求，以有别于竞争对手的独特方式确定能代表自己服务的有形物以及自己的推销重点。

四、服务环境的设计

服务环境指企业向顾客提供服务的场所，包括影响服务过程的各种设施，以及许多无形的要素。顾客在接受服务之前，最先感受的是来自服务环境的影响。对于一些先入为主的顾客来说，环境因素的影响尤为重要。

（一）服务环境的特点

服务环境设计关系着各个局部和整体所表达出的整体印象。

从环境设计的角度看，环境主要有以下特点：

（1）环境是与服务营销有潜在关系的所有外在力量和实体体系，个人只能是环境的参与者。

（2）环境往往是多重模式的，环境对于各种感觉形成的影响并非只有一种方式，核心信息和边缘信息总是同时展现，都是环境的一部分。

（3）环境所能透露的信息，总是比实际过程反映的更多，其中有若干信息可能互相冲突。

（4）环境隐含有各种不同的目的、含义和许多动机性信息，隐含有各种美学的、社会性的和系统性的特征。

（二）理想服务环境的设计

有形展示并不限于理想服务环境的设计，更不限于室内设计。它包括了环境、气氛因素和设计因素，还有社交因素。社交因素涉及服务员工的外观、行为、态度、谈吐及处理顾客要求的反应等，这些对服务质量、企业形象以至整个市场营销过程的影响不容忽视。调查表明，社交因素对顾客评估服务质量的影响比之其他因素更为显著。通过对社交因素的观察，顾客可直接判断服务的热忱和能力如何，从而影响顾客购买的决策与信心。

理想服务环境的设计，除了要投入大量的资金外，还有一些不可控制的因素如对于理想环境的判定有很强的主观性给理想服务环境的设计带来了很大的困难。设计者一定要对消费者的需求进行研究，根据目标顾客的实际需要进行环境设计，无疑能够吸引更多的消费者。

本章小结

服务营销是服务企业通过一定的人员、设施、环境和产品资料以及一系列整合的营销策略，向顾客提供特定的、有价值的服务活动，满足顾客的需要，以实现企业预定目标的过程。

服务产品具有无形性、同步性、异质性、易逝性、缺乏所有权、不稳定性等特点。

服务市场营销要素包括产品、定价、分销、促销、人员、有形展示、过程。其质量由四个因素构成：服务设施、服务材料、外显服务、隐含的服务。评价标准主要有五个方面：感知性、可靠性、适应性、保证性、移情性。提高服务质量的策略是标准跟进和蓝图技巧。

化解质量风险可从五方面改进：突出质量第一、重视人的因素、强调广告质量、利用销售技巧、善用顾客口碑。

实体环境又称物质环境，包括三大因素：周围因素、设计因素和社会因素。

信息沟通使用的方法有：服务有形化、信息有形化、价格。

关键术语

服务营销　服务产品　标准跟进　蓝图技巧　实体环境　有形展示　服务有形化　服务环境

思考与练习

1. 何为服务营销？服务有哪些特点？
2. 服务营销要素有哪些？服务质量通过哪些方面进行评价？
3. 无形服务有形展示的作用有哪些？理想的服务环境应从哪些方面去创造？

技能训练

服务企业的营销理念分析

一、训练目标

1. 了解服务这种无形产品与实体产品的联系和区别；
2. 掌握服务企业营销理念。

二、训练内容

针对沃尔玛集团的经营服务理念来扩展学习整个服务企业的营销理念。

三、训练过程

1. 同学们在课下收集相关服务企业的经营理念，重点收集沃尔玛集团的；
2. 同学们在课堂展示收集的成果；
3. 对于收集到的内容进行整理讨论；
4. 讨论对比无形产品与有形产品的联系区别。

四、训练总结

1. 指导老师进行总结、答疑解惑；
2. 同学们课下进行系统整理总结。

第十四章

国际市场营销

学习目标与要求

1. 了解国际市场营销的基本知识。
2. 熟悉国际市场营销环境。
3. 掌握国际市场营销策略。

本章知识架构

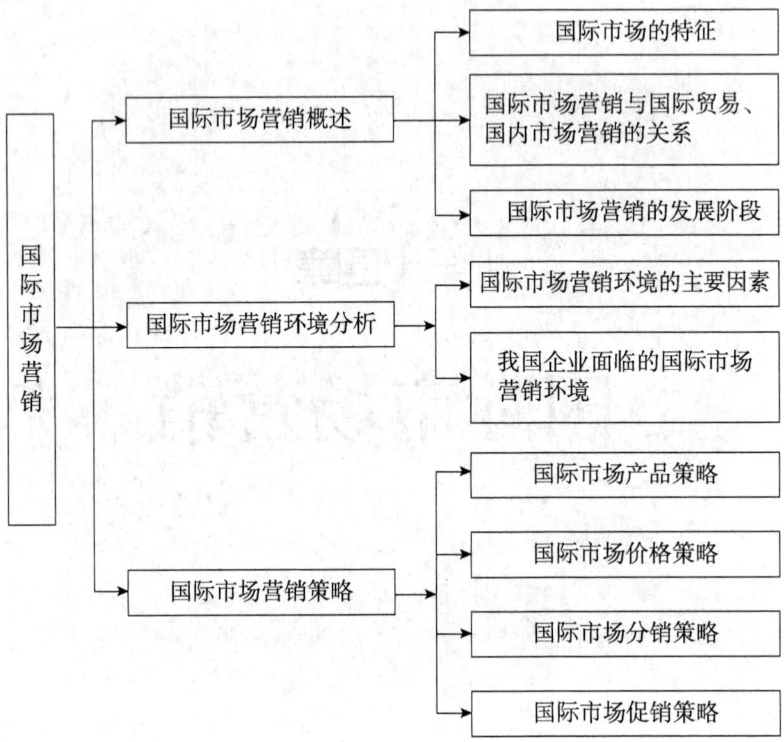

导入案例

中兴通讯与美国政府达成和解

2017年3月7日，中兴通讯宣布，公司与美国政府就美国政府出口管制调查案件达成和解。中兴通讯与美国财政部海外资产控制办公室的协议签署即生效，与美国司法部的协议在美国德州北区法院批准后生效。法院批准其与美国司法部的协议是美国商务部工业与安全局（简称BIS）签发其与中兴通讯和解命令的先决条件。

作为和解协议的一部分，中兴通讯同意支付892360064美元的刑事和民事罚金。此外，还有给美国商务部工业与安全局300000000美元罚金被暂缓。是否支付，取决于未来七年公司对协议的遵守并继续接受独立的合规监管和审计。

中兴通讯董事长兼CEO（首席执行官）赵先明博士表示："中兴通讯承认违反美国出口管制相关法律法规，愿意承担相应的责任。公司将继续积极致力于变革，并已制定了新的合规流程及进行了重大人事调整。我们从这次经历中吸取了很多经验与教训，将努力成为出口管制合规治理的典范，致力于打造一个合规、健康、值得信赖的新中兴通讯。"

赵先明博士于2016年4月被委任为中兴通讯董事长兼CEO。他决心打造拥有一流出口管制合规体系的新中兴通讯。

赵先明博士表示："与美国政府达成和解，能够使中兴通讯获得未来发展更为坚实的基础。我们感谢所有的客户、合作伙伴、员工和利益相关方，他们在最困难的时候依然支持我们。随着和解协议的签署和完善的合规体系的建立，我们有信心与包括客户、供应商在内的所有合作伙伴继续合作，实现业务增长，持续提供创新的技术解决方案，执行我们的发展战略，打造全新的中兴通讯。"

美国律师Matt Bell先生于2016年11月起被任命为中兴通讯首席出口管制合规官，他表示："中兴通讯在建立世界级合规体系方面已经取得了巨大进步，我期待与公司管理层一起努力，进一步建立和完善我们的业务运营和流程。我们正在创建一个全球性团队，团队成员均为经验丰富的合规专业人士。同时，我们在公司各个层面加强了合规培训。我们不断审查和完善制度和流程，以适应不断变化的合规发展趋势，并努力利用强大的合规体系来强化我们在市场上的战略优势。我们在全球的法律和合规专业人士将持续识别公司的风险，并不断提高合规体系的效率。"

在赵先明博士的领导下，中兴通讯注重加强其流程管控措施，并继续在整个组织内建立强有力的合规文化。近几个月来，公司进行了大幅度的变革以创建领先的出口合规体系，并已采取了以下措施：

新CEO和公司管理层团队。中兴通讯任命赵先明博士为董事长兼CEO，并对高层管理团队进行了重大调整，管理层的所有成员均肩负着打造拥有一流出口管制合规体系的新中兴通讯的使命。

新的合规管理委员会。中兴通讯成立了由CEO领导的新的合规管理委员会，对公司的制度和流程进行重大变革，加强对合规管理的重视和支持。

重组法律及合规管理部。中兴通讯将合规职能从法律部门分离，建立独立的合规管理部门，增加合规专业人士，保证合规部门的独立性。

任命美国律师为首席出口合规官。任命美国律师Matt Bell先生为公司首席出口管制合规官，负责监督与推进全球出口管制合规体系的持续发展和改进。Matt Bell先生曾为大型跨国公司创建和完善合规体系，具有丰富的从业经验。

完善《出口管制合规手册》。中兴通讯发布了经过BIS审查的新的《出口管制合规手册》，为员工提供更详细的合规指引。目前，中兴通讯要求所有员工每年签署《合规承诺书》。

新的自动化工具和流程。中兴通讯采用了新的自动化管控工具，用于扫描中兴通讯及某些子公司的产品发货，以符合出口管制要求。该系统可自动识别出受《美国出口管制条例》（EAR）管辖的物品以及受管制的交易相对方，拦截需要详细编码分析的发货，申请许可或许可例外。中兴通讯将继续在自动化合规管控方面加大投入，并将其推广至全球各地的子公司。

全球出口管制培训。2016 年中兴通讯已经对全球 45000 多名员工进行了与出口管制和制裁相关的法律法规及公司相关政策的培训。2017 年中兴通讯将继续对全员进行通用意识类培训，并对关键部门如销售、采购、研发和供应链等开展针对性培训。

法院批准司法部的协议及美国商务部工业与安全局签发和解命令后，工业与安全局将建议把中兴通讯从实体清单中移除。

赵先明博士强调："中兴通讯已与众多美国供应商建立了良好的合作伙伴关系，提供了近 13 万个高科技就业岗位。随着我们在运营上不断提升效率及强化 5G（第 5 代通信技术）上的创新领导力，中兴通讯有望取得良好的整体表现。在全球合作伙伴的支持下，公司期望在未来几年继续保持业务增长和扩张。"

（资料来源：中兴通讯与美国政府达成和解［EB/OL］．［2017－04－01］．http://www.ceccen.com. 略有改动）

从上述案例可以看出，国内市场与国际市场互相联系，国际市场即是国内市场，国内市场可变为国际市场，但是，如果不能深入地了解国际市场环境，结果只能像中兴通讯一样，应承担违犯他国法律法规的责任，给企业造成巨大损失。国内市场与国际市场是市场营销的两个重要的领域，把国内营销与超越国界的国际营销结合起来，才能构成完整的市场营销学，才能把市场的世界性真正体现出来。

第一节　国际市场营销概述

一、国际市场的特征

国际市场又称为世界市场，是指本国以外的各个国家和地区市场纵横交错地交织在一起形成的市场整体。

国际市场与国内市场相比有不同的特征，主要表现在以下四个方面：

（一）市场营销的范围更大

国内市场营销的区域在国内，国际市场是国内市场的延续和扩展，二者在营销方面有相似之处，但国际市场的范围要比国内市场大得多，国际营销环境更复杂，营销手段多样化，营销风险更大。这就要求企业从事国际市场营销时，必须进行深入广泛的市场调查，及时了解和掌握国际市场的环境变化特点，制定相应的国际营销对策。

（二）购买者众多，需求差异大

国际市场的消费者比国内市场多得多，购买者多为企业带来更多的发展机遇。然而，国际市场需求差异大，它不仅表现为国际市场与国内市场的差异，更表现为不同国家、不同地域之间的差异，这就要求企业的决策者要慎之又慎、防止市场中出现的各种营销陷阱。

（三）国际市场结算方式多元化

与国内市场相比，国际市场结算方式复杂且呈现多元化，尤其是在买方市场的环境下，汇款方式、托收方式、信用证结算方式、国际保理结算方式、包买票据及银行保函业务、备用信用证等方式为企业从事国际市场营销结算提供了便利，同时也要求企业顺应世界经济潮流，对各种方式必须熟悉掌握，减少结算风险。

（四）国际市场结算货币不同

国际市场结算货币是指世界上认可度较高的货币，比如美元、欧元、日元、英镑等。2009 年 7 月 6 日，中国银行和交通银行首笔跨境贸易人民币结算业务同时启动，这标志着人民币在国际市场结算中的地位已经从计价货币升至结算货币。由于结算货币的多样性，同时存在着汇率风险，要求企业的营销人员必须掌握必要的国际货币知识。

总之，国际市场比国内市场复杂得多，企业要从事国际市场营销活动，必须加大对国际贸易、国际结算及外语、计算机等人才的培养，这是我国企业应对国际市场复杂环境的关键所在。

二、国际市场营销与国际贸易、国内市场营销的关系

（一）国际市场营销与国际贸易

国际市场营销，是指企业在两个以上国家与地区的消费者市场，以全球资源优化配置为手段所开展的经营活动过程。国际市场营销是通过国际贸易进行的。所谓国际贸易，指在国际范围内不同国家或地区的商品和劳务交换活动。应该说，国际市场营销是伴随着国际贸易的产生而产生，因之发展而发展起来的，两者都借助着国际市场的大舞台，相得益彰，共同促进世界经济的发展。但两者又是有区别的，具体表现在：

1. 两者的理论产生时间不同，所依据的理论立足点也不同

应该说，古典政治经济学家，英国的亚当·斯密首创的“绝对优势说”以及英国另一位古典政治经济学家大卫·李嘉图所创立的“比较成本论”共同奠定了现代国际贸易的理论基础，这些理论都诞生在200余年以前。与此不同的是，市场营销理论的问世，仅仅是20世纪初的事，而把国际市场营销学作为一门专门的学科，从市场营销学中分离出来专门讨论，只是近一二十年的事。国际贸易所立足的理论是比较利益，只要存在着比较利益，就可将货物从一国运到另一国，从一地运到另一地。但国际市场营销则是站在企业的角度，所考虑的问题是如何使企业利润最大化。当然比较利润与利润最大化之间也存在着内在的联系，但并不存在着绝对的、必然的联系。

2. 两者的主体不同

国际贸易是国与国之间的商品与劳务的交换，是各国生产的拓展和生产在流通领域的对外延伸，它的交换主体是国家。国际市场营销作为跨越国界的营销活动，执行这个职能的主体是企业，是站在企业这个角度，研究如何生产适合国外目标市场需求的产品，制定合适的价格，选择对企业最为有利的分销渠道与促销手段。

3. 两者活动的范围不同

就国际贸易而言，产品和劳务必须是跨国界的交换，即参加交换的产品和劳务必须从一国转到另一国；而国际营销是指活动的跨国界，不见得一定要有产品和劳务从一国跨向另一国，有些营销活动如许可证贸易、海外设厂生产等都没有产品和劳务从一国到一国的转移。

（二）国际市场营销与国内市场营销

一般来说，国际市场营销与国内市场营销只是处于两个不同的营销区域。“市场营销到处都一样”，因为“营销的基本原则是放诸四海而皆准的”。的确，二者都要分析环境，选择目标市场；都要作出营销决策，完成商品和劳务的交换，实现货物从生产者到消费者的转移；营销目的都是取得利润或经济利益。但是，由于国际市场营销与国内市场营销相比，有超越边界、异国性、多国性的特点，国际市场营销的复杂性、决策的风险性、手段的繁复性和策略的多样性都大大地增加了。特别是在贸易保护主义又有所抬头的今天，排除花样繁多的贸易障碍已成为各国政府和营销企业必不可少的工作。尤其对我国来说，一旦超越国界，市场的性质和情况与国内相比就要发生本质的变化。了解这些，对于国际贸易的参与者是大有裨益的。国际市场营销与国内市场营销的具体区别如下：

1. 国际市场营销的困难大于国内营销

主要表现在语言不通，法律、风俗习惯不同，有的差别很大，由于地理位置差异，贸易障碍多，市场调查不易，了解贸易对手资信情况困难，交易技术困难多，交易接洽不便，货物运输不便。

2. 国际市场营销比国内营销复杂

由于国际市场分布在不同的国家和地区，这些国家和地区的地理位置、自然环境、经济发展水平、经济结构、人口状况、文化教育、风俗习惯、宗教信仰、消费水平、消费结构、社会制度、经济政策等的不同，尤其是货币与度量各国不同，商业习惯复杂，海关制度及其他贸易法规不同，国际汇兑、运输困难，保险及索赔技术不易把握，使得国际市场营销复杂化。

3. 国际市场营销的风险大

在国际市场上，可能产生的风险很多，比较显著的有信用风险、汇兑风险、运输风险、价格风险、政治风险、商业风险等。

4. 国际市场营销的手段及参与者多于国内

在国际市场上，市场营销的手段除一般营销因素之外，还有政治力量、公共关系以及其他超经济手段等。营销的参与者也与国内营销有明显不同，除常规参与者外，立法人员、政府代理人、政党有关团体以及一般公众，也被卷入营销活动之中，这样，国际市场营销的行动规则与关系的微妙都是国内市场所无法相比的。

三、国际市场营销的发展阶段

国际市场营销的形成与发展，大体上经历了以下阶段：

（一）出口营销阶段

一般指20世纪50年代以前。第二次世界大战前，国际市场只是作为国内市场的补充，企业经营的市场导向是以国内消费者为对象的，在国际市场上主要是销售在国内市场上同类的产品。

（二）跨国国际营销阶段

在出口营销阶段，出口营销企业会不断地发现世界各地市场的差异，并对企业的营销组合和商业模式进行适当的调整。这个阶段发展到出口营销企业认为国外市场机会更具有吸引力的时候，企业就从出口导向很自然地过渡到跨国营销阶段。

跨国国际营销在20世纪70年代得到了快速的发展，这是由世界经济环境的变化所决定的。1968年，日本的国民生产总值跃居资本主义世界的第二位，出口额有了大幅度增长，其产品渗透到世界各主要国家。丰田、佳能、精工、尼康等品牌在世界范围内得到公认，与此同时，欧洲经济共同体的成长对这一局面的形成也起了加速作用。西欧各国市场是美国传统的出口市场，欧洲经济共同体内关税同盟的形成，严重地影响了美国的出口利润。相比之下，在欧洲经济共同体区域内的直接投资及在当地生产的利润率相对较高。在这种特定的世界经济环境下，美国、日本的企业加速了向跨国经营发展的步伐。1973—1977年，5年间对外直接投资达108.82亿美元。1978—1983

年，6年间又增长到383.76亿美元。1971年美国跨国公司在国外的子公司生产和销售总额达1720亿美元。这个数字是美国当年出口额433亿美元的4倍。1978年世界主要资本主义国家跨国公司生产总值约占资本主义世界生产总值1/3，国外子公司的销售额（不包括公司内部的销售额）达8500亿美元。70年代被称为跨国公司时代，跨国公司不仅在数量上有了前所未有的增长，而且在经营上发生了质的变化，主要体现在跨国公司的经营观念发生了根本性的变化，由出口导向向国际市场导向转化。

奉行跨国营销导向的国际企业，把国内和国外市场都作为相当重要的市场来看待，它们把国内市场视同为国际市场的一部分。企业在进行各种决策时，以世界市场为出发点。也就是说，围绕着产品在世界市场的某一部分销售这一中心，决定在世界某些地方进行研究开发以及生产产品。跨国公司还更加重视世界市场机会的开发，对直接投资、当地生产、当地销售、返销本国市场、开发第三国市场等都非常重视。

（三）全球营销阶段

全球营销是20世纪90年代国际营销的最新发展，它是指导国际企业在全球市场进行营销活动的一种崭新的营销管理导向。

我们知道，奉行跨国营销导向的企业认为外国市场机会与本国市场机会同等重要。在此管理导向下，公司总部将相当大的权力下放给外国子公司，各外国子公司之间联系甚少，它们基本上各自为政。因此，国际营销活动是分散的。全球营销则突破了国界的概念，它要求企业的生产、疏通等全部营销活动都要从世界角度去考察，而不是由一个企业独立地生产和分配一件完整的产品。全球营销管理强调营销效益的国际比较，即按照最优化的原则，把不同国家中的不同企业组织起来，以最低的成本、最优化的营销方案去满足世界市场需要。

奉行全球营销导向的国际企业，对本国市场机会和国外市场机会不作任何区别，选择市场机会与分配营销资源的基础是公司的长期目标和长期利益。国际企业在评估这种市场机会时特别注重全球行业竞争及本企业在全球行业中的地位。

全球营销导向的形式与迅速发展是由全球营销环境的变化决定的。20世纪90年代以来，在新技术革命浪潮的冲击下，传统的规模效益、比较优势的竞争逐渐地向科学技术、人才、经营能力的全球竞争过渡。科技的发展使世界的时空距离大大缩小，科学技术转化为生产力的周期加快，产品的更新换代速度越来越快。世界各国对国外的直接投资急剧增加，并开始从低劳动力成本国家向先进国家转移。

全球营销迅速发展的另一个重要背景是随着通信、网络技术、情报、旅游业、购买力等在世界范围内的迅速扩展，各国消费者的需求与欲望也在向同质化方向发展。美国的迈克尔·E. 波特教授曾对耐用消费品、医疗器械、办公室用品等47大类产品进行了一个世界标准化倾向的调查，结果表明，在47大类产品中有74%的产品正随着市场的全球化向世界标准化产品发展。

全球营销发展的一个重要趋势是不同国家的企业之间组成战略联盟。20 世纪 90 年代，通用公司和马自达公司、通用电器公司和三菱公司、德国的戴姆勒 - 奔驰汽车公司与美国的克莱斯勒汽车公司等之间国际战略联盟不断涌现，那些最有实力的世界型企业，它们的效率已不是建立在单纯竞争的基础上，而是通过建立国际战略联盟的竞合新方式，优势互补，寻求更大的市场空间，增强竞争力，实现企业的长期稳健发展。

案 例

华为力拓国际市场

华为于 1987 年创立，注册资本仅有 2.1 万元人民币，只是作为一家生产用户交换机（PBX）的香港公司的销售代理而成立的，这样一个势弱的民营企业如今已成长为一家年销售规模达 3900 亿元人民币的世界 500 强公司，它的电信网络设备、IT 设备和解决方案以及智能终端已应用于全球 170 多个国家和地区，其国际化的速度以及效果令人惊叹。

华为最初的国际化是于 1996 年进入香港市场开始的，此后再从俄罗斯，再到非洲、南美、中东等第三世界国家和地区不断深入的一个方式，从其发展顺序可以看出华为的国际化优先考虑了通信设备发展较落后的地区，遵循了一个由浅入深的过程，通常称为“农村包围城市”的战略选择给华为的国际化奠定了良好的开端，以此为基础将浅析华为海外营销发展过程及策略。在 2007 年华为已经完成了 1400 多个站点和基站控制器的建设，在 2010 年华为实现销售收入 1852 亿元人民币，同比增长 24.2%；2011 年财富世界 500 强发布，华为排名 351；2015 年收入 3900 亿元，较前年增加 35%。

华为的国际化成功经验可以包括以下几个方面：①打造国际化的技术团队，华为广纳人才，海外员工就达到两万多人，其中不乏顶尖的一流科学家；②华为的经营管理与国际接轨，主要是文化跨国管理，文化是最基本的障碍也是最难的，克服了文化交流的障碍，就能够运营规则国际化，管理体系更加完整；③华为在国际化的道路上的成功还有它的价格优势，它利用国内比较廉价的劳动力降低生产成本，和外国产品打价格战，但是华为坚持给竞争对手一个生存的空间，价格定得太低，就会把竞争对手挤得无路可走，有可能达到相反的效果，华为坚持用产品说话，加上比较中立的价格，在国际上发展比较顺畅；④华为在走向国际化过程中通过两种途径树立国际化品牌，一是通过独立的净销售在海外打折销售中国产品，赢得客户，二是通过并购获得一个国际品牌的使用权利。

（资料来源：根据华为网站及网络资料整理）

第二节 国际市场营销环境分析

一、国际市场营销环境的主要因素

为了决定是否进入国际市场和进入哪国市场，企业必须熟悉和了解各国不同的营销环境，对此进行调查研究，以便制订和调整自己的营销战略和策略。国际营销企业面临各种不同于本国的环境，其中最主要的是经济环境、社会文化环境和政治法律环境。

（一）经济环境

研究国际市场，首先必须对国际经济状况有所了解。因为一个国家经济状况的好坏，会影响该国人民对产品和劳务的需求量。因此，国际市场营销人员应对各国的经济发展水平、市场容量、经济特性等进行认真的研究。

1. 经济发展水平

世界各国的经济发展水平有很大差别，各国的国民经济情况按其发展水平大致分为原始农业型、原料输出型、工业发展中型和工业发达型四大类。这四类国家各自的出口项目与货物不相同，对进口货物的需求也各不相同。所以，要决定以什么样的商品进入哪一个国家的市场，就需要了解它们的国民经济发展情况。例如，工业发达型国家一般均凭借其技术经济优势，着重于开发高技术产品（比如精密机械、数控、导航设备、电脑等）进入国际市场，而工业发展中型的国家则可依据其劳动力优势，开发劳动密集型产品进入国际市场。因此，一般来说，高技术产品进入发达国家与劳动密集型产品进入发展中国家均须谨慎。

2. 市场容量

企业进入某国市场之前，首先需要了解该国的市场容量。如果市场规模太小，潜量不大，就不值得去开发；如果市场规模较大，值得开发，再进一步研究该市场的其他特性。

决定市场规模的两个主要因素是人口和收入。人口是构成市场的最基本因素，许多产品的消费量是与人口数量有关的。在其他条件相同的情况下，人口越多，市场总需求量就越大。同时，人口增长率、人口的地区分布、人口的年龄结构、性别构成及家庭数量等因素，对市场需求也有不同程度的影响。

收入是构成市场的另一主要因素。国民收入水平是衡量一个国家或地区总体经济实力和购买力的重要指标。人们在分析一国收入水平时，通常用人均收入、国民生产总值（GNP）和收入分配三个指标，但分析这些指标时必须注意各国数据的可比性。因此，联合国国际比较项目开发出以购买力平价为国际可比尺度测算 GNP 的方法。购买力平价是指在该国市场上购买相当于在美国市场上价值一美元的商品或服务所需的本国货币单位的数量。收入分配的分布与市场规模、市场细分和目标市场的确定有很大关系。目前最为流行的衡量收入分配不均等的指标是基尼指数。基尼指数的最小值是0，表示完全均等；最大值是1，表示绝对不平均。例如，巴西（1989年）的基尼指数高达0.634，按五等分法，该国最穷的20%人口的收入只占国民收入的2.1%，而最富的20%人口却获得国民收入的67.5%，穷富两极分化使该国呈现了二元的经济状态根据国家统计局发布的数据，我国从2012年到2016年，居民收入的基尼系数分别为0.474、0.473、0.469、0.462、0.465，基尼系数总体处于下降趋势。人均收入难以反映消费者真实的收入水平，因而必须对处于两极消费者的购买力和需求特性作具体分析，并制订相应的营销策略和战略。

应该主要使用哪个指标来分析某国的市场规模，还取决于产品的特性。例如，在衡量高档消费品的市场规模时，人均收入指标可能更有用，对这些产品用国民生产总值衡量两国的市场规模更合适。

3. 经济特性

在研究一个国家的经济环境时，除市场容量外，还要研究它的经济特性。经济特性是指满足经济活动的基础条件，这包括以下几个方面：自然条件，即自然资源、地理位置、地形、资源分布和气候条件；基础设施，即一个国家或地区的交通运输、能源供应、通信设施和各种商业基础设施（金融机构、市场调研等咨询组织、广告公司、分销渠道等）的可获性及效率、城市化程度；人力技术资源，以及市场供求、币值稳定性、通货膨胀等经济运行状况等；科技水平，了解国际上的科技进步状况，正确认识和分析东道国的科技发展水平，有利于在不同的国家开展市场营销活动的针对性和适应性。所有这些经济特性对于市场进入决策关系重大。

4. 经济全球化

经济全球化是指世界各国经济在生产、交换、分配及消费等各个环节上的全球一体化，是资源与生产要求在全球范围内进行优化配置的过程。在经济全球化过程中，生产要素在全球范围内自由流动和优化配置。经济全球化显示出强大的生命力，对世界各国经济、政治、军事、社会、文化等所有方面，产生巨大的冲击。各个国家必须根据自己的实际情况，采取有力措施，扬长避短，迎接挑战，变不利为有利，变负面影响为正面影响，在参与经济全球化的过程中求得该国利益最大化。

（二）社会文化环境

文化是人类历史所累积的包括思想、道德、文学、语言、艺术、宗教等一切成就的概括。各个国家、各个民族之间的文化都存在着差异；同时，不同的文化在相互磨擦和撞击中逐渐变化。文化的差异和变化导致各国的购买者具有不同的需求特点和消费行为。社会文化渗透到所有的市场营销活动中，包括市场调查、产品包装款式、定价、促销、谈判等各个方面，在国际营销中，社会文化因素是决定营销成败的关键因素之一。有专家认为，决定国际营销成败的主要原因是社会文化因素。从事国际营销的企业只有悉心分析和掌握所要进入国家的社会文化环境，进而了解并满足该国市场的不同需求，才能取得营销的成功。

社会文化环境的构成要素主要有以下六个：

1. 物质文化

一个社会中的物质文化是指人们在生产过程中所使用的工具、知识、技术、方法以及生产出来的产品和产品分配、消费方式。各国的物质文化水平差别很大，对生活方式和消费方式具有强烈的影响。从而使各国的需求和商业习俗表现出不同的特点，企业因据此采取不同的营销策略。

例如，20 世纪 70 年代末至 80 年代初，日本各种家电产品如电视机在进入中国市场前，在线路、电压等方面迅速调整和适应了中国的物质环境，率先占领了中国市场，而许多欧美厂商却坐失良机。

2. 社会结构

社会结构是一个社会中人与人发生关系的方式，它确定了人们在社会上所扮演的角色以及人们的权责模式，是人类行为的基础之一。不同文化传统的社会组织也存在着很大差别。例如，大多数西方文化传统中的家庭是“核心家庭”，即由夫妻二人和一两个未成年的子女组成的小家庭，而大多数东方文化传统中的家庭规模较大，往往包括祖父母、父母、叔姑、堂兄妹等更多的成员，即所谓的“扩展的家庭”，很多产品（如炊具、电视机、洗衣机等）都是以家庭为单位购买的，在家庭的含义和规模不同的国家中，这些产品的市场需求特点有所不同。但是，随着经济的发展，当代亚洲国家的家庭规模已经逐渐缩小，社会结构也有许多变化。这些变化应该引起国际营销企业足够的重视。

3. 教育水平

一个国家的社会教育水平与其经济密切相关，社会的教育水平决定人们的文化程度。由于各国的经济水平不同，各国的教育水平不一样，因此各国人民的文化水平也就存在着不同的差异。而文化水平与消费结构、购买行为联系在一起，又对推销宣传、接受新产品、新技术有很大的影响。所以，在教育水平低的国家，复杂程度高、技术性能强的产品，往往没有市场；在识字率低的国家，文字广告难以成功，而现场示范和电影会更有效。

4. 宗教

一般来说，世界上许多国家和民族都有自己的宗教信仰，影响较大的有伊斯兰教、佛教、基督教或天主教等。其中伊斯兰教主要分布于亚非 50 多个国家或地区，信徒有 15 亿以上人口；佛教是三大宗教中产生最早的宗教，主张平等慈悲和一切众生皆有佛性、皆可以修行成佛的宗教，信徒数量不详；基督教是世界上信仰人口最多的宗教，有20亿以上的人信仰基督教，基督教在历史进程中分化为许多派别，2013年全世界范围中有超过1万个基督教派别。在日常生活中，教徒们都严格地遵守着信仰的教规、教义，如对吃、穿、用和婚丧嫁娶以及宗教活动、宗教节日等方面，在各自的经典中都有明确的规定。

案 例

香奈尔的宗教冒犯

法国香奈尔公司（Chanel）是一家综合型经营的跨国集团公司。集团投资项目广泛，深入服装业、珠宝饰品配件、女士箱包、香水、保健等。香奈尔时装公司将《古兰经》中的诗文绣在夏季时装展览会展出的裙子上，设计师说该设计取材自一本关于印度泰姬陵的书，他觉得很美，但并不晓得它的含义。这一行为让伊斯兰宗教组织觉得亵渎了《古兰经》。为了平息他们的怒火，香奈尔时装公司只好销毁所有带有这些图案的裙子以及相关的照片底片。毫无疑问，香奈尔公司并不想冒犯伊斯兰宗教，因为它的一些大客户本身就是伊斯兰教信徒。

（资料来源：戴万稳．国际市场营销学［M］．北京：北京大学出版社，2015. 略有改动）

5. 审美观和价值观

审美观是指人们对自然、艺术和社会生活等的审美标准。它与信仰体系密切相关。对于全球化企业来说，要设计出适销产品的款式、色彩、包装及广告等，就必须理解并把握目标市场消费者的审美观，否则就可能起不到营销应有的作用，甚至可能引起消费者反感。例如，亚洲一些国家把白色看作丧事的象征；而在西方文化中，白色代表纯洁、坦率，是新娘结婚礼服的颜色；在摩洛哥，白色又被认为是贫困的象征。又例如，在美国，鹿能引起美好的联想，与打猎和户外活动相关，具有阳刚之气的含义；然而在巴西，鹿则是“同性恋”的俗称。

价值观是指人们对某一事物所具有的信念、看法和道德判断。它包括人们对时间、财富和创新的态度，而这些态度又直接影响人们的消费行为和方式。例如，在经济越发达的国家，人们对时间越重视。因此能节省时间的产品就很受消费者欢迎，如快餐、速溶饮料等。再例如，西方国家许多人讲求现实消费，注重感官享受，花钱痛快；而东方人则讲求节俭，更多地为未来考虑。这些都说明，全球市场营销人员必须了解各国消费人群价值观念的差异，以使自己的营销活动取得更好的效果。

6. 语言

语言是思想、文化、感情和信息的交流工具。语言的沟通作用对营销人员有特别重要的意义。在全球营销过程中，营销人员要与目标国政府、进出口商、批发商、零售商、金融机构以及最终顾客等进行广泛的接触，这就要求市场人员必须具有娴熟的语言表达能力，如果沟通出现障碍，无法进行营销宣传，营销活动就难以展开，营销目标就难以实现。在企业的全球营销活动中，经常会遇到语言的翻译问题，如品牌、广告、产品目录和产品说明书、合同、谈判等，语言翻译实际上是两种文化的交流，稍有不慎就可能犯错误，例如，美国 CoCa - Cola 在 20 世纪 20 年代被首次引入中国市场时，根据英语发音，译成“可口可蜡”。这样很多人把它理解为：“口渴时喝一口蜡”，因而无法引起购买兴趣。后来把它改为“可口可乐”，当然就受到消费者的欢迎了。我国企业在外销翻译中也出现过不少问题，例如某企业生产的“金鸡”牌闹钟，在我国“金鸡”是消费者乐于接受的，但直译为英文“Golde Cook”销往英美国家，问题就产生了，“Cook”一词在当地英语俚语里是下流话，是众所周知的禁忌词，用它作产品商标，市场销路就可想而知了。

（三）政治法律环境

政治法律环境对于进口和商业投资的影响程度，在各国差异甚大。因此，国际市场营销人员在研究是否进入某国市场时，必须对以下情况有所了解：

1. 政治的稳定性

政局的稳定与政策的连续性是增强投资者信心与信任感的重要因素。我们时常可以看到某一国的财产被另一国冻结或没收的情况；有时甚至不能正常履行合同，使贸易双方蒙受损失。而且形成某种黑市，造成大量货币外流和投机机会。这一切都和政权的变更、政府的易手、社会动荡与战争有着直接的关系。所以，国际营销者不仅要考虑国家间或贸易国目前的政治气候，还必须要考虑其将来的稳定性。

2. 民族主义

据专家预测，影响国际营销最关键的政治因素将是强烈的经济民族主义，也就是说无论哪一个民族国家，都不会容忍外国企业对其市场和经济无限渗透，特别是当东道国认为外商的经营决策没有顾及甚至威胁该国的社会或经济利益时，其情形更加如此。例如，蚂蚁金服对美国速汇金公司的收购失败表明上看是美国人担心此举可能对美国国家安全构成威胁，包括美国公民信息可能因此泄露，其实质是美国一部分人担心威胁到其经济利益。民族主义对国际营销的影响，无论是在发达国家还是在发展中国家都是一样的，只是程度不同而已。

3. 政治干预

这是指各国政府采取各种措施对外商营销活动的干预，具体形式主要有：没收、征用和国有化、外汇管制、市场管制、进口限制、税收管制、价格管制以及对劳动力的管制等。国际营销企业应密切关注和预测东道国政府的政局和政策变化，及时调整策略，避免或减少干预，降低政治风险。

4. 法律法规

国际营销企业在决定进入某国市场时，必须全面了解该国有关市场的各项法规，如有关专利、商标、广告、包装、竞争、合同、票据以及保护消费者权益和保护生态环境、保护民族工业、反倾销等方面的法规。这些对企业的营销活动都有直接关系，稍有不慎，就会受到法律制裁，造成不必要的损失。例如，出口美国的服装如果标签上不写明所用材料的成分，在美国就不准上市。

5. 国与国关系

国际营销企业在东道国经营过程中，必然会与其他国家发生业务往来，特别是与企业所在国有着千丝万缕的联系。因此，东道国与企业所在国之间、东道国与其他国家之间的国际关系状况，也必然会影响企业的国际市场营销活动。

此外，还要密切关注各种国际条约和国际惯例。国际条约是指两国或多国之间缔结的关于确定、变更或终止它们权利与义务的协议，如《保护工业产权巴黎公约》《世界贸易组织协定》等国际条约。国际惯例是指在长期国际经贸实践中形成的一些通用的不成文的习惯做法与先例。国际条约和国际惯例都具有一定的法律约束力。国际营销人员应对所有相关法规、条约和国际惯例进行详细了解，严格遵守，并用其保护自己在国际营销中的合法权益。

二、我国企业面临的国际市场营销环境

中国曾长期徘徊在世界贸易组织的大门外，这对中国经济与世界经济的接轨是一道不可逾越的障碍。中国加入世界贸易组织已是迫在眉睫的问题，在经过十几年漫长的艰苦谈判之后，中国终于在 2001 年 12 月 11 日加入世界贸易组织。

世界贸易组织在全球经济中占据着举足轻重的地位，在推动国际贸易发展和促进世界经济增长等方面有“经济联合国”之称。世界贸易组织的宗旨为，“提高生活水平，保证充分就业，大幅度和稳定地增加真实收入和有效需求量，扩大货物和服务的生产与贸易，按照持续发展的目的，最优运用世界资源，寻求保护和维持环境的办法，但要符合其需要，考虑到不同的经济发展水平”。“需要积极努力确保发展中国家，尤其是最不发达国家在国际贸易增长中的份额，与其经济发展需要相称”。世界贸易组织协议条文烦琐，但其基本原则是清楚的，包括：①最惠国待遇原则；②国民待遇原则；③减少贸易壁垒原则；④市场考虑与约束性原则；⑤透明度原则；⑥促进公平竞争原则等。

加入世贸组织对中国的对外开放和经济发展影响深远，对我国企业开展国际市场营销既带来了机遇，更有威胁存在。对此，我国企业在开展国际市场营销活动时应当注意以下问题：

（一）国内市场与国际市场对接

企业必须在国际市场大环境下组织市场营销活动。树立以国际市场需求为起点，以售后服务为终点，以国际竞争为导向，协调企业与社会利益的整体市场营销观念，增强保护我国民族品牌及不断创造国际名牌的意识，采取品牌营销、服务营销、关系营销、绿色营销、整合营销、知识营销、网上营销等崭新的营销方式，变单个企业的分散竞争为企业联合或多个企业进行协同营销的实力竞争，去迎接跨国竞争的挑战。

（二）大幅度减让关税带来国际市场的激烈竞争

2016 年 9 月 3 日，全国人大审议批准了《中华人民共和国加入世界贸易组织关税减让表修正案》。开始对从世界贸易组织成员进口的 201 项信息技术产品逐步降低并最终取消关税。这些产品包括信息通信产品、半导体及其生产设备、视听产品、医疗器械、仪器仪表等，其中大多数产品的进口关税将通过 3 年或 5 年降为零，少量产品的进口关税将通过 7 年降为零。此次是医疗器械产品史上较大规模的减税。对于国内的医疗器械企业来说机遇与威胁并存，一方面，能为我国中高端医疗设备的出口创造更为有利条件；另一方面，由于我国目前高端医疗设备的核心元器件还是依赖于进口，取消关税将降低国内企业的进口成本，对国产器械提出挑战。对国内医疗器械企业来说，需要积极应对，真正通过研发投入、创新技术等途径寻求突破，增强自身竞争力，缩小与外资医疗器械企业的差距，从而占据更多的国际市场份额。

（三）根据对需求变化和不同产业在结构升级中作用的分析，我国调整产业结构重点有三个层次

（1）在近期可以从高档家电等耐用消费品、数控机床等基础机械化专用机电设备的进口替代做起。

（2）借鉴国际经验，可根据我国的技术优势选择一批市场需求量大、产业关联度高的非成熟技术产品，重点给予扶植，加紧进行独立研制工作。

（3）微电子、机电一体化产业一定要作为重点中的重点来发展。在进行产业政策调整时，要把过去的地区倾斜政策变为产业倾斜政策，实行差别化的产业政策，即产业政策通过列出国家重点支持产业、国家鼓励发展产业以及国家限制产业的清单，明确指明哪些产业具有发展前途、哪些产业需要调整、哪些产业面临衰退等，从而为企业作出决策提供重要依据。

（四）加快组建中国的跨国公司

组建跨国公司有利于发挥我国传统产业优势，并能带动高新技术产业优势的发展；能够充分利用别国资源（人、财、物、信息、技术等），生产出符合国际市场需要的产

品；还能推动我国外贸出口，从而增加出口贸易的竞争力。中国要想发展对外贸易就要同跨国公司打交道，中国要想向世界市场进军，也必须依仗自己的跨国公司。

（五）按国际市场通行规则从事商品生产和交换

包括推行国际品质认证，采用国际性品质标准系列（即 ISO 9000、ISO 9002），这是企业产品进入国际市场的通行证，它可以弱化非关税壁垒手段。执行国际通行的商标原则，增强商标意识，完善国内商标法与《国际商标注册马德里协定》的衔接。规范知识产权保护，执行《伯尔尼公约》规定的责任和权利。商品条形码是商品进入国际市场的"世界语"，应当迅速推广。

链　接

欧盟对中国皮鞋反倾销画上"句号"

2011 年 3 月 31 日，欧盟正式取消了对中国皮鞋征收 16.5% 的高额反倾销税，这是中国鞋企不懈努力的结果，这一维持了 5 年之久的不合理贸易保护措施终于被"打落"。

2006 年 10 月，欧盟继此前持续对中国皮鞋实行配额限制后，首次对中国皮鞋实行反倾销政策，从 2007 年 1 月始征收为期两年的 16.5% 的高额反倾销税，当反倾销征税期满后，欧盟再次决定将反倾销措施延长 15 个月，直到 2011 年 3 月 31 日。

这 4 年多来，中国奥康等 5 家企业 3 次奋起应诉、抗辩。其间，2010 年 4 月 8 日，中国政府还上诉至 WTO（世界贸易组织），但至今无果。

可喜的是，中国政府和奥康等 5 家企业锲而不舍地努力，终于迎来曙光。中国皮革协会副理事长、奥康鞋业董事长王振滔告诫鞋业同行，反倾销税的取消对中国出口企业是一种"减负"，但不应该盲目乐观，要着眼于中国鞋业的未来。反倾销税的取消利大于弊，广大鞋企要以此为戒，要自立自强，提高产品研发和品牌附加值，开辟多元化市场，优化出口产品结构，着重自主知识产权建设和保护。最终在国际市场上靠产品品质取胜，而不是靠低价走量，只有这样，中国鞋业在国际舞台上才能占据主动权、赢得话语权。

中国皮革协会有关人士警示广大鞋企，虽然反倾销措施已经终止，但中国鞋企一定要认真研究欧盟关于皮鞋出口的法律法规，规范企业自身经营行为，遵守行业规则，为中国鞋企出口打造好的筋骨。同时加强与欧盟鞋业的合作和沟通，加强双方的了解，在国际市场上实现共赢发展。

（资料来源：张和平．欧盟对中国皮鞋反倾销画上"句号"［N］．中华工商时报，2011－04－02.）

（六）培养中国特色的高素质营销人才

中国的市场营销与发达国家相比差距很大，除了技术、资金、观念、体制、产品素质等因素外，人才缺乏是另一重要因素。中国的营销人才喜欢模仿而缺乏创新，国际化意识、竞争意识都不强，中国的市场营销要面向国际，关键的问题是培养一批具有全球化意识的创新素质较强的营销人才。其标准是：

（1）熟悉市场营销的国际规范、规则，具有强烈的国际化意识和竞争意识。

（2）能熟练掌握目前通用的国际语言——英语。

（3）熟练掌握计算机的基本知识，对营销网络的计算机操作和运用要相当熟悉，并能进行基本的数据处理和编程设计。

（4）具备市场营销所必备的国内、国际基本法律知识。

（5）了解市场营销中的商业规律和具备基本的商业和商品知识。

为了培养高素质的营销人才，应从以下几个方面入手：

（1）修改和完善高校市场人才培养的目标定位和规划。

（2）调整高校课程体系和结构，淘汰落后过时的知识，增加新的知识内容，适应国际化发展的要求。

（3）全面更新市场学教材，尽量与国际接轨并逐步采纳发达国家市场学的原版教材。

（4）重点培养高校人才的创新能力和素质，加强英语、计算机知识的能力培养。

第三节　国际市场营销策略

国际市场营销与国内市场营销一样，也必须制订适应特定市场环境的产品策略、渠道策略、定价策略和促销策略以及新的组合。由于国际市场营销的复杂性、国与国之间的差异性和经营中必要的灵活性，就必须认识国际市场营销策略的特征，制订正确的国际市场营销策略。

一、国际市场产品策略

企业进行国际市场营销，通常要面临着比国内市场更为激烈的市场竞争。为了适应国际目标市场的需求，企业在制订国际市场产品策略时，必须考虑究竟以什么样的产品形式、包装、品牌进入国际市场。国际市场产品策略包括销售与国内市场完全相同的产品，部分改造现有产品以适应国际市场的需要，制造一种全新的产品推向国际市场。

（一）产品和信息直接延伸策略

如果产品的效用和使用方式在国内外市场完全相同，可以对现有产品在功能、外形的设计、包装广告等方面不加任何改进和变动，直接延伸至国际市场。在国际市场上采用相同的产品信息传递策略，建立相同的产品形象。这一策略比较适用于照相机、家用电器、机床、饮料、快餐、服饰等产品。例如，可口可乐和百事可乐饮料、麦当劳快餐、肯德基和李维斯牛仔裤（Levi's）等名牌产品就采用这一国际市场营销产品策略，并获得了巨大的成功。

产品和信息直接延伸策略的优点是：节约产品开发成本，获得规模经济效益；壮大企业声势，树立产品的国际市场统一形象，产品的市场信誉较高。缺点是对国际市场的适应性较差，许多产品在不同国家或地区的需求或多或少总会有所不同。

（二）产品和信息改造策略

根据国际市场的区域性偏好或条件改造产品和产品传递信息，以适应区域消费需求。例如，埃克森石油公司生产不同的汽油适应世界各地不同的气候条件，雀巢公司生产不同口味的咖啡来迎合各地消费者的偏好。产品和信息改造主要采用以下几种组合策略：

1. 产品直接延伸，信息传递改变

如果产品效用相同而用途发生差异时，产品可保持不变，信息传递策略则须修改。例如，自行车在发达国家主要是作为运动器材或儿童用具，在发展中国家则是大多数人的交通工具，而其提供的效用则是相同的。因此，自行车在进入不同国家市场时，必须采用不同的产品信息传递方式。

2. 产品修改，信息传递直接延伸策略

当产品的用途一致而使用条件不同时，为了适应当地的条件，将产品作适当改变，而广告信息则可直接延伸到国外市场。例如，似乎一成不变的麦当劳快餐，在广告信息相同的情况下为墨西哥市场略改汉堡包的配方，将佐味的番茄酱改为辣椒酱。企业还可为一个产品设计多个地区的不同版本，如西欧版本、北美版本、东南亚版本等。例如，麦当劳所提供的产品在各国市场上有所不同，在德国供应啤酒，在印度有蔬菜汉堡，在中国提供水果奶昔，在澳大利亚则供应羊肉馅饼。企业可专为一国或一地区供应某种产品，如有些跨国公司经常为发展中国家生产一些用以满足当地基本需要的产品。名牌服装李维斯牛仔裤、贝纳通毛衣在各国销售的产品款式略有不同，但它们的广告却是统一的。这些广告一般不宣传产品本身，而只是暗示一种生活方式，以求建立品牌形象。

3. 产品和信息传递双调整策略

即对产品本身及广告宣传方式均作必要的调整，以适应国外市场的特殊要求。这种策略的生产成本和市场营销成本都是最高的，但在某些情况下，为了开拓市场必须采用这一策略。

产品和信息调整策略的优点是增加产品对国际市场的适应性，有利于扩大销售，提高企业效益；缺点是增加改造费用，增加产品成本。

（三）全新产品策略

企业为了更好地开拓国际市场，有时必须专为国外市场开发设计全新产品，采用全新的广告宣传策略，有针对性地适应特定国际目标市场的要求。采用这一策略，风险大，但一旦成功，获利也大。如埃姆科尔国际公司就曾专门为发展中国家设计出一种“柏油路速修材料”的新产品，取得很大成功。使用这种新材料时，只要将其倒在路面的坑洼处，用铁锹铺开，即可通车。一般花三分钟即可修好一块路面。由于许多发展中国家的路面不平，维修路面技术落后，因此这种材料正好适合了发展中国家的需要。再例如发展中国家需要低成本、高蛋白含量、低价位的食品，因此，向这些国家出口食品的企业应针对他们所需的营养结构，重新配置新产品。

全新产品策略的优点是全新产品对国际市场的适应性强，能够大大提高对消费者的吸引力，减少销售风险，迅速有效地进入国际市场；缺点是必须做好前期的市场调查工作，研制开发费用高、难度较大。

二、国际市场价格策略

国际市场营销活动中，价格竞争与非价格竞争犬牙交错，其复杂性和多变性使国际市场营销的产品价格制定变得十分困难。这里主要讨论国际市场营销中制定商品价格的特殊性。

（一）国际市场价格的构成

国际市场价格构成，也就是国际市场商品价格的组成部分。

商品的价格通常由成本、利润、税金和流通费用四个部分组成。在国际市场营销中，商品价格构成各部分包含的具体内容更为复杂、广泛。由于商品经过的流转环节多、时间长，流通费用所占比重要高一些，有的甚至高于成本，税金相对要多些，商业利润比重大一些。

因此，与国内市场价格相比，后三个因素在价格构成中所占比重往往大一些，这是国际市场价格的一个特点。

现对国际市场价格构成的四个部分简单分析如下：

1. 成本

国际市场商品的成本是产品价值货币表现的主要部分，是企业定价的最低经济线。成本主要包括：为生产产品而耗用的原料和辅助材料费、燃料和动力费、职工的工资和福利费、产品装潢和包装费、固定资产折旧和待摊费、企业管理费等。

2. 利润

利润是国际市场价格构成的基本因素，它是商品销售价格减去成本、税金和流通费用后的余额。

利润 = 销售价格 - （成本 + 流通费用 + 税金）

如果这个余额为正，则表示盈利，反之则表示亏损。

3. 税金

在国际市场营销过程中，税金主要是包括关税和其他税收。

各国为了保护自身的利益，往往会限制一些商品进口，同时为了获得财政收入而向进口商品征税。除征收关税外，各国可能还征收交易税、增值税和零售税等。这些税收在很大程度上提高了商品在国际市场上的最终价格。

4. 流通费用

在国际市场营销中，由于商品所经路途较远，环节多，手续复杂，因此，流通费用在国际市场价格构成中所占比重较高，有时可能比成本还要高。

具体地说，流通费用不仅包括商品运输费、装卸费、仓储费、银行手续费，还包括因承办这些辅助性、服务性活动的责任、风险所付的代价和中间商的佣金和手续费等。

（二）国际市场的定价策略

1. 统一定价策略

统一定价策略是指企业的同一产品在国际市场上采用相同的价格出售。这一策略的优点是简便易行，有利于企业对国际市场的价格控制。缺点是难以适应国际市场需求差异性和竞争的变化，也可能造成在发展中国家价格偏高，而在发达国家价格偏低的现象。

2. 多元定价策略

多元定价策略是指从事国际市场营销的企业就同一产品针对不同国家或地区采取不同价格的策略。这一策略的优点是企业的国外子公司有最大的定价自主权，有利于根据不同国家或地区的市场情况灵活机动地制定价格，有利于参与市场竞争；缺点是易于引起同一产品的不同价格混乱，管理难度大，影响企业的整体形象。

3. 国际转移定价

国际转移定价，是指跨国公司的母公司与各国的子公司之间，或各国的子公司之间转移产品和劳务时采用的国际定价方法。国际贸易中有很大一部分是跨国公司的内部交易。跨国公司为了加强各子公司的经济核算和效益评估，制定了这一内部交易价格——国际转移价格。

但是，许多跨国企业都把国际转移价格作为国际市场营销的重要定价策略，实际上都把国际转移价格定得偏离正常的国际市场价格，以实现其利润的最大化。常用方法如下：

（1）当产品需从 A 国向 B 国转移时，如果 B 国采用从价税且关税较高，则采用较低的国际转移价格，以减少应纳的关税。

（2）高进低出的转移价格。当某国的所得税较高时，转移产品到该国则把转移价格定高，而将产品转移出去则把转移价格定得较低，降低跨国企业在该国的利润，在该国少纳所得税。

（3）当某国出现较高的通货膨胀时，如向该国子公司转移产品，也可采用高进低出的转移价格，避免资金在该国大量沉淀。

（4）在实行外汇管制的国家，跨国公司转移产品进去时采用高定价，而在转移产品出来时则采用低定价，降低在该国的利润，既可避免利润汇出的麻烦，又可少纳所得税。

跨国公司人为地操纵转移价格，有利于公司的整体利益，却损害了有关国家的民族利益，因此，许多国家的政府作出严格规定，要求跨国公司在制定转移价格时遵守公平交易的原则，使转移价格符合市场价格。跨国公司必须遵守这些法律规定。

（三）倾销与反倾销

按照国际上通行的定义，倾销是指一个国家或地区的出口经营者以低于国内市场正常价格或平均价格，甚至低于成本的价格向另一国市场销售其产品的行为，目的在于击败竞争对手、夺取市场，并因此给进口国生产类似产品的企业及相关产业带来实质性的损害或实质性的威胁。

反倾销，则是指一国（进口国）针对他国对该国的倾销行为所采取的对抗措施。贸易的全球化趋势越强，各国对该国产业的保护倾向也随之越强，反倾销就成为大多数国家主要采取的贸易保障制度。如2011年3月16日欧盟作出的对从中国进口的瓷砖征收最高可达73%的临时反倾销税一案，欧盟的一些法律专家就表示，欧盟的反倾销措施无疑是一种贸易保护主义做法。

三、国际市场分销策略

在世界市场上，生产者和最终消费者很少能面对面地进行交易，产品的流通、所有权的转移，要经过许多中间商，不仅要经过本国的分销渠道，而且还要经过进口国的分销渠道，才能最后到达消费者手中。出口企业为使产品能够顺利而及时地到达消费者手中，不但要使自己的产品适销对路，而且要选择适当的分销渠道。所以，国际分销渠道策略是企业国际营销决策的重要内容之一。

（一）国际市场产品销售方式

国际市场产品销售方式按产品外销是否利用出口中间商以及生产地点是否在出口国两个依据分为国内生产，间接出口、国内生产，直接出口和国外生产，国外销售三种。

1. 国内生产，间接出口

所谓间接出口，是指企业利用独立中间商进行产品出口。

间接出口是企业开始走向国际市场最常用的方法。它不需要大量投资，也不必发展自己的国外市场营销人员，所以承担的成本风险较小。由经验丰富的中间商负责市场营销活动，企业可避免犯大的错误。间接出口包括国内出口商、国内出口代理商和合作组织三种形式。

2. 国内生产，直接出口

所谓直接出口，指企业建立自己的国外分支机构，负责国外市场的营销活动。

如果企业的产品由外国买主前来洽谈，则常常采取直接出口方式，不再经过他人（即不经过中间商），从而节约高昂的佣金或劳务费。如果企业的外销数额已达到相当高的水平，或外销市场信息正在快速增长中，就可以考虑直接出口，企业自己进行各种市场营销活动。在这种情况下，大量投资所冒风险也较大，但是可能赚得的利润也较高。直接出口包括建立外销部门、建立海外市场营销分公司、派遣巡回推销人员、建立海外经销商或代理商机构。

3. 国外生产，国外销售

国外生产的形式很多，这里简单介绍几种比较主要的形式：

（1）组装业务（Assembly Opevation）。在国内生产出某种产品的全部或大部分零部件，运到国外就地组装成成品，将成品就地销售或再行出口。这种做法的优点是：运费低、工资低，并且能够为当地增加就业机会，易为当地政府接受。例如，丰田公司在美国组装小汽车；上海广电集团在南非组装电视机。

（2）合同制造（Contract Manufacturing）。与国外的生产企业签订合同，规定由对方按照本企业的要求生产某种产品，然后由本企业负责产品的销售。如果本企业的优势在于工艺和营销而不在于制造，那么采用这种形式进入国外市场比较适合。它的好处是投资少、风险少，产品销售和市场的控制权还是在自己手中。但其局限性是在国外不易找到合适的生产企业，产品质量难以控制，企业只能从销售中取得利润，而生产利润则经常归当地厂家所有，一旦合同期满，对方可能成为本企业的竞争对手。

（3）许可证贸易（Licensing）。许可方通过许可协议向被许可方授权，允许后者使用本企业的专利、商标及专有技术等从事生产和销售活动的贸易方式。补偿办法是前者向后者收取许可费等费用。这种方式的好处是：可避开关税、配额、高运费、竞争等不利因素，比较容易占有市场；不需要生产和营销方面的大量投资，风险小；提供先进技术，容易得到当地政府的批准。但主要缺点是：许可证协议终止后，对方可能成为竞争对手。当前，采用许可证贸易的企业越来越多，例如，国际著名的服装公司针对我国很多企业搞特许定牌生产。

特许专营也是许可证贸易的一种形式，即特许方将其经营体系像其他无形资产一样许可给独立的被特许方（或许可证持有人）使用。例如，麦当劳（快餐店）、佐丹奴（服装店）、希尔顿（宾馆）、艾维斯（出租车）等公司在世界各地经常使用这种经营方式。许可方准许被许可方使用其商号开展经营活动，并向被特许方收取许可费等费用。这种经营方式目前在世界各地很流行。

（4）国外建厂。利用本企业资金在国外建立工厂，产品就地销售或就地出口。其优点是：有对方政府吸收投资的政策、廉价的劳动力和原材料，节约运费，降低产品的实际成本；可与该国政府、顾客、当地供应商、中间商等保持密切联系，有助于产品更好地适应当地市场环境；企业可完全控制投资的使用。缺点是：投资额大，资金冻结、货币乏值、市场恶化、强制征用等的风险大。

（5）合资经营。国际间合资经营是指两个以上国家合资兴办企业，共同投资，共同经营，共负盈亏，共担风险，但合资双方的目的不同。通常，一方多为较发达国家，他们提供技术和设备，企业通过合资来输出过剩资本并避开关税壁垒，以扩大市场、获取利润。合资的另一方多为发展中国家，主要是为了有效利用外资，引进先进技术，发展本国工业并扩大商品出口。

这种合资经营对发达国家（即投资者）而言就是国外生产，就是出口方。这种出口方式相比国外建厂的优点是：投资额相对小一些，通常只是出部分股本，风险当然也小一些，且有可能享受生产地所在国的某些优惠条件，由于有当地企业的配合，产品的销售也较顺利；缺点在于出口方对合资企业的控制权不如自己在国外建厂大。很多国家规定外资企业在合资企业中的股权不得大于50%，以此限制外资对合资企业的控制能力。

（二）国际分销渠道的选择

国际市场分销渠道的选择，实际上就是围绕是否选用中间商、选用哪种中间商以及选用多少中间商进行的。由于我国对外开放时间不长，大多数出口企业无国际营销经验，对国际市场较为陌生，故而目前都要利用国内国外各种中间商出口产品。因此，中间商的选择就更为重要。

1. 摸清可供选择的中间商的种类

产品进入国际市场的分销渠道很多，形形色色的中间商数不胜数，但落实到某一种具体产品时，可供利用的中间商却不多。如工艺品，也许只有专业店或经销商愿意经销，因此需求量有限。出口企业要选择合适的中间商，不仅要了解中间商的总数，更要明确落实到某一具体国家或地区的某一具体产品可供选择的中间商，为进一步确定不同种类的中间商打好基础。

2. 确定使用中间商的数目

在确定了采用的中间商的种类，即分销渠道的长度之后，就要确定选择的中间商数量。这主要取决于产品本身的特点、市场容量的大小和需求面的宽窄。通常有三种形式。

（1）广泛性分销。在同一渠道环节层次上，尽可能多地使用中间商销售本企业产品。对每个中间商的地位、经营能力的要求无须严格，关键是可使更多的消费者能有机会方便地买到该项产品。通常情况下，日用消费品、工业生产中经常耗费的产品，适用于广泛性分销。因为这些商品的需求面广，消费者需要时，希望能立即买到，不太计较是不是名牌货。

采用广泛性分销，对出口企业来说，可使企业的产品进入更大的市场，达到扩大销售的目的。但是，中间商不愿分担任何促销费用，企业必须自己负担全部的促销费用。

（2）选择性分销。在一定地区内，精选少数符合企业要求的中间商经营自己的产品。对消费品中的选购品、特殊品及工业品中的零配件，由于消费者或使用者对某种品牌有偏好，因此适用选择性分销。

由于选择性分销的中间商数目比广泛性分销少，使出口企业能与中间商保持良好关系。对出口企业来说，产品可以占有一定的市场，且成本又比广泛性分销低。所以，其为我国多数出口企业所采用。

（3）独家分销。即在一定的市场范围里，出口企业只选择一家中间商来经销其产品，并规定该中间商不得再经销别的企业生产的同类产品，通常来说，贵重、价高、名牌的产品，农业机械、建筑机械等需要操作示范的产品，宜采用独家分销。此外，各种电气用品、家用耐用品等需要售后服务的产品，也可采用独家分销。

采用独家分销，对出口企业来说，易于控制中间商和商品的售价，在促销方面，能取得中间商的积极配合，且由于发货、运送、结算等手续简便，有助于降低成本、节约费用、提高产品在市场的竞争力。同时，也可以提高中间商积极性。其不足之处在于，独家分销容易使产品失去更多的市场，且当市场情况发生变化时，企业很难适应，也容易失去现有市场。

四、国际市场促销策略

（一）国际市场广告策略

广告策略是广告主根据调查分析，对广告活动开展的方式所作的决策。广告是企业的产品进入国际市场初期促销的先导，帮助产品实现预期的市场定位，也有助于企业形象的树立。企业开展国际广告，面临的难题是如何选择国际广告代理商、如何选择国际广告媒体、如何设计国际广告，下面解答这些问题。

1. 选择广告代理商策略

广告主开展国际广告活动一般是委托广告代理商——具有代理国际广告资格和能力的广告公司承办。国际广告代理商就其业务范围及服务能力而言，大致可分为三种类型：

（1）综合型广告公司。综合型广告公司是一种能为广告主提供全面服务的广告公司，其特点是机构健全、规模较大、实力雄厚、人才济济。其综合服务的能力体现在两个方面：①能为各行业的广告主提供从广告调查、广告策划、广告设计、制作到购买媒体、检测广告效果等一条龙服务；②能为广告主提供广告、公关、市场研究、营业推广、直接销售等全面的促销服务。

（2）专业型广告代理机构。系为广告主提供专项服务的广告公司。一般分为两类：专一产品代理公司和专一媒介代理公司。前者专为某类产品或行业提供服务，如房地产广告公司、医药广告公司、保险广告公司。这类广告代理公司的特点是擅长某类产品或服务的广告策划、设计、制作，专业性强；后者专门提供某种媒体的服务，如交通广告公司、影视广告公司、POP 卖点广告公司、图片广告公司等。其特点是擅长某一种媒体的广告设计、制作，与媒介关系稳定密切。

（3）国际展览公司。公司主要承揽国际性的展览会、博览会、交易会展厅的装潢设计和展品陈列。

2. 广告媒体选择策略

国际市场媒体种类繁多，如印刷媒体、电视、广播、电影广告、直邮和户外广告等，各有其特点和不同效果。国际营销应根据产品的性质和各国市场的特殊性，选择不同的广告媒体传递商品信息。

3. 国际广告设计策略

（1）标准化广告。标准化广告是指在不同的目标市场采用大同小异的标准设计的广告（有时只略作变动），这种广告模式不考虑市场环境差异，只采用一个广告版本。可口可乐在世界任何国家只采用一句口号“喝可口可乐”，其不变的广告画面主题是各国青年狂饮可口可乐；万宝路香烟的广告在世界各地采用的是一个共同的主题画面：西部牛仔骑着骏马在草原上奔驰——美国人开拓进取的形象。标准化广告的优点是可节省广告设计制作成本，缺点是难以消除文化差异造成的沟通障碍，针对性不强。

（2）差异化广告。差异化广告就是充分关注国际市场需求的差异性，针对不同市场的文化差异和消费者需求，采用因地制宜的有针对性的广告设计。例如，荷兰的海尼根啤酒行销世界许多市场，海尼根公司认为啤酒有显著的文化特征，因此，向全球推出的广告必须符合各地的文化传统及消费习惯。其设计采用差异化的模式：在意大利，它的电视广告表现为海尼根适合在任何场合饮用，包括瑞士山顶滑雪场中浪漫的小木屋；在法国杂志广告中，一个著名演员举着一杯海尼根啤酒，其在阳光照射下很像一杯葡萄酒；在日本，海尼根电视广告表现的是穿夜礼服的绅士和优雅的夫人在传说中的“东方快车”上悠然自在地品着海尼根啤酒；在美国广告中则塑造出一种高贵的象征——称为啤酒中的罗尔斯伊斯（名贵豪华轿车）。差异化的广告优点是入乡随俗、针对性强、沟通障碍小；缺点是广告设计制作成本高，且不易统一规划。

（二）人员推销策略

人员推销具有选择性强、灵活性高、能传递复杂信息、有效性强、反馈信息及时等特点，可以说是国际上最流行的促销方式之一。尽管各个国家和地区经济发展水平和富裕程度不同，但人员推销广泛存在于各个国家和地区的促销活动中。

1. 推销人员的招聘

推销人员有三个可能来源：一是本企业的外销人员；二是市场所在国的当地人员；三是其他国家或地区的人员。无论来自哪里，这些推销人员除具备一般推销人员的全部条件外，还应具备如下特殊素质：

（1）调研才能。国外推销人员必须懂得在当地如何寻求建议、如何收集信息。

（2）果断决策能力。国外推销人员必须能就风险和机会迅速作出决策，以免贻误商机。

（3）文化适应能力。国外推销人员必须精通当地语言，能够理解并适应异国文化，熟悉目标市场的政治经济和社会文化特性，在东道国有一定的社会关系，掌握不同民族的需求及心理特征。

（4）忠实可靠性。国外推销人员往往是独立工作，很少受到监督，因此必须是可信赖的在任何情况下都能守职尽责、廉洁奉公的人。

2. 推销人员培训策略

人非生而知之，理想的推销人员都是培训出来的。如进行社会文化和语言培训，或者市场营销技能培训。各跨国公司开拓国际市场成功的经验表明，培训效益十分显著。

3. 推销人员薪金策略

常用的方法有三种：

（1）固定薪金加奖励。推销人员实行固定酬金，完成任务较好则发给一定的奖金。其优点是有利于企业控制推销人员的活动，但不利于调动推销人员的积极性。

（2）佣金制。根据推销人员完成的销售额或利润额的大小支付一定比例的报酬。

（3）薪金与佣金混合制。即对推销人员实行部分固定工资，另一部分酬金按完成销售任务好坏提取佣金。此法虽好，但难以确定薪金与佣金各占多大比例为最佳。

（三）国际营业推广

国际营业推广是指非常规的优惠性的国际促销活动，旨在刺激消费者冲动性购买。具有针对性强、非连续性、灵活多样、见效快的特点。国际营业推广方式，大致可分为两大类：

1. 对消费者的营业推广

（1）免费赠送样品。即通过邮寄或商品销售时附送的方式，让消费者试用商品，使之对商品有较深的了解，并产生购买的兴趣。这种方式对于推出新产品、开辟新市场有显著效果。

（2）附赠礼品。即在商品包装中附送礼品，使顾客在购买和消费时有一种意外收获感。

（3）奖售。一般是在售货的同时发奖券或在产品包装中附赠奖券，是一种利用顾客侥幸心理，刺激顾客冲动性购买的方式。

（4）折扣减让。成熟期产品、过季产品，由于市场饱和或购买量下降，为维持顾客购买兴趣而采用优惠价、折扣价等，促使消费者增加购买频率和购买量。

2. 针对中间商的营业推广

（1）购买折让。指在规定的时间内，购买者购买某种商品可得到一定的购货折让，鼓励经销商批量进货，使经销商立即获取利润。

（2）推广津贴。在批发商购买某种商品达到一定数量时，制造商免费赠送商品或现金，如广告津贴和陈列津贴。

（3）代培推销员和维修员。为协助经销商推销商品，提高服务质量，企业免费为经销商代培售货员、维修人员，以及提供有关资料和工具等。

（四）公共关系

公共关系作为一种促销手段，是指企业为了与公众搞好关系，以增进公众对企业的信任和支持，树立企业的良好声誉和形象而采取的策略和技术。公共关系和其他促销方式不同，它是一种间接的促销手段。同时，它并不局限于企业与顾客之间的关系，更不局限于买卖之间的关系，而是立足于企业的长远发展及广大社会公众建立良好关系。

在今天的全球市场上，商品种类繁多、目不暇接；市场竞争激烈，买方市场在越来越广的范围内形成；营销环节增多，交易日趋复杂。这些都导致企业的社会关系和所处环境变得越来越复杂。现代企业比以往任何时候都更加需要公共关系帮助自身减缓社会摩擦。这对于建立和谐的社会关系参与全球竞争的企业来说尤其如此。几乎所有的全球企业都不仅在母国，而且在外国市场中广泛地开展公关活动，参与当地公益事业。例如，丰田汽车公司为了称雄世界汽车市场，力争成为受国际社会尊重的企业公民，自其1974年10月成立拥有114亿日元的丰田基金以来，不断地支持本土及国外的教育、人才培养、环境保护、生态绿化、文化艺术、交通安全、国际交流和当地社区建设等方面的活动，树立了丰田公司的良好社会形象。

（五）国际促销的特殊形式

1. 争取政府支持国际市场

许多国家的政府都帮助其本国企业在国际市场上开展促销活动。各国驻外使馆一般都为本国企业提供一般性的当地市场信息；积极参加政府组织的贸易代表团；参加并赞助有关的国际研讨会；参与组建海外贸易中心或出口开发办事处等。

2. 国际展销

国际展销是指国际性的商品展览会，包括博览会、展销会和商品交易会等。国际展销是一种超越国界，既展览产品又洽淡生意的产销见面的特殊国际促销形式。国际展览商品荟萃，行家云集，形成世界贸易焦点，国际影响大，既提供买卖双方产品的交易机会，又是产品技术和信息的交流场所。

3. 发展电子商务

通过电子商务，积极参与全球营销，这是企业长期的全球营销战略。因为一是通过电子商务可以为企业提供无限的商机。建立在电子虚拟市场上的商务活动突破了传统市场的国界与疆界，并在这个市场上构筑覆盖全球的营业营销网络，因而获得全球性的、无限的商业空间。二是电子商务超越了时间与空间的限制，因而打破了传统国际贸易形成的国家和地区之间各种有形和无形的壁垒，大大促进了各国和地区对外贸易及国际营销的发展。如根据中国电子商务研究中心 2017 年 5 月 24 日发布《2016 年度中国电子商务市场数据监测报告》显示，2016 年中国跨境电商交易规模达 6.7 万亿元，同比增长 24%。其中，出口跨境电商交易规模 5.5 万亿元，进口跨境电商交易规模 1.2 万亿元。三是通过电子商务可以降低交易成本和经营成本从而提高企业的经营效率，增强企业的竞争力。因为通过国际互联网络交易将企业同顾客、供应商、中间商和雇员直接联系在一起，可以快捷地传递信息，进行交互性的促销宣传，使顾客直接参与企业产品设计及确定价格，并且实现快捷的商品交易，从而大大节约交易时间及交易成本。同时由于电子商务是建立在内部联网基础上，使原来企业领导同各职能部门和广大员工之间，以及各职能部门之间垂直式的管理体制变成扁平化、数字化、网络化的组织机构与管理模式，提高了信息传递及决策的效率，降低了经营成本，从而增强企业国际竞争能力。

本章小结

国际市场是指本国以外的各个国家市场和地区市场纵横交错地交织在一起形成的市场整体。其特征表现在四个方面：市场营销的范围更大、购买者众多需求差异大、国际市场结算方式多元化、国际市场结算货币不同。

国际市场营销是指企业在两个以上国家与地区的消费者市场，以全球资源优化配置为手段所开展的经营活动过程。国际市场营销是通过国际贸易进行的。

国际市场营销与国内市场营销相比，有超越边界、异国性、多国性的特点。国际市场营销的形成与发展，大体上经历了以下阶段：出口营销阶段、跨国国际营销阶段、全球营销阶段。国际营销企业面临的环境主要是经济环境、文化环境和政治法律环境。中国于 2001 年 12 月 11 日加入世界贸易组织。

国际市场产品策略包括：产品和信息直接延伸策略、产品和信息改造策略、全新产品策略。

国际市场商品价格由成本、利润、税金和流通费用四个部分组成。国际市场的定价策略包括：统一定价策略、多元定价策略、国际转移定价。

企业为使产品能够顺利而及时地到达消费者手中，要选择适当的分销渠道。国际市场产品销售方式有国内生产，间接出口；国内生产，直接出口；国外生产，国外销售。

国际市场促销策略包括国际市场广告策略、人员推销策略、国际营业推广、公共关系等。国际促销的特殊形式主要有争取政府支持国际市场、国际展销、发展电子商务。

关键术语

国际市场　国际市场营销　国际贸易　国际市场产品策略　国际市场定价策略

思考与练习

1. 简述国际市场营销的发展阶段。
2. 加入世界贸易组织对我国企业的国际市场营销有哪些影响？
3. 企业进入国际市场的分销渠道如何选择？
4. 跨国公司为什么要操纵国际转移价格？转移价格应如何制定？
5. 国际广告设计有哪些策略？
6. 我国企业为什么要注重发展电子商务？

技能训练

调查当地企业如何开展国际营销

一、训练目标

1. 培养学生对开展国际营销的全面认识；
2. 提升学生市场调查的能力；
3. 促使学生树立国际营销的理念。

二、训练内容

1. 分析企业的国际市场营销处在什么样的环境？

2. 分析企业采用什么方式进入国际市场？
3. 说明开展国际市场营销有哪些营销组织策略？

三、训练准备

1. 根据学生人数进行分组；
2. 每组同学选择一个当地有国际营销能力的企业进行访谈；
3. 收集分析企业国际市场营销的信息；
4. 做好访谈、分析、讨论记录。

四、训练流程

分组→开展讨论→展现讨论成果→教师点评。

五、训练操作要点

1. 知识点：国际市场营销的相关知识；
2. 能力点：市场调查能力、活动组织能力、语言表达能力；
3. 控制点：时间及课堂氛围；
4. 考核点：选择企业的可靠性；调查结果的全面性；学生讨论的参与性。

第十五章

市场营销新发展

学习目标与要求

1. 了解市场营销发展的未来方向。
2. 掌握网络营销、知识营销、大数据营销等方面的知识。
3. 熟悉事业关联营销的基本方式方法。

本章知识架构

- 市场营销新发展
  - 网络营销
    - 网络营销的优势
    - 网络营销的模式
  - 全球营销与战略联盟
    - 全球经济时代的特征
    - 参与全球营销应树立的意识
    - 跨国公司是经济全球化的主推手
    - 战略联盟
  - 绿色营销
    - 绿色营销的兴起
    - 绿色营销与传统营销
    - 绿色营销策略
  - 知识营销
    - 知识营销的兴起
    - 知识营销产生的背景
    - 知识营销的内容
    - 知识营销的原则
  - 数据库营销
    - 数据库营销的概念和特点
    - 数据库营销的运作程序
    - 数据库营销计划
  - 事业关联营销
    - 事业关联营销是承担社会责任的最佳途径
    - 事业关联营销与承担社会责任如何对接

导入案例

微信＋可口可乐：开启跨界移动营销新模式

可口可乐营销又玩新花样，联合微信打造营销新模式。全国范围将预备9.9亿瓶印有微信品牌Logo的饮料，这次的活动详情如何？请看以下详细介绍。

相信不少读者对可口可乐2013年的夏日昵称瓶案例仍然记忆犹新，没等多久，这一次可口可乐和微信“在一起”了，并把焦点从瓶身转到了瓶盖。

除了瓶身，瓶盖算是饮料厂商最常使用的花样，如早年风靡一时的“再来一瓶”，不少品牌都尝试过。而随着消费者对“免费品尝”“特价销售”“有奖销售”和“瓶身变样”等营销策略习以为常，作为快速消费品的饮料品牌开始寻求新的策略。

近年来，可口可乐在中国进行了不少创新营销尝试，2005年就开设了网络平台ICoke，将传统的营销模式与互联网平台结合，通过一系列以ICoke为主题的活动，为消费者建立一个网上社区，并通过独创性的活动多渠道地与年轻消费者沟通，增强他们对可口可乐品牌的认可。2013年，为了迎合年轻一代消费者，可口可乐推出针对中国市场的新包装，将几十个网络昵称印制到可口可乐的瓶身上，包括“吃货”“小新”和“白富美”等流行的昵称。

通过各种事件营销、App营销、异业合作、饥饿营销等在网络中把声量提升到极致，成为2013年品牌营销的代表性案例。而2014年可口可乐与微信进行跨界合作，启动“3PM午后畅爽畅赢”活动。据了解，此次活动由可口可乐和微信、易迅三方合作推出，在微信上搭建可口可乐互动专场，用户购买可口可乐，输入瓶盖上的Pincode（识别代码），即可获得参与秒杀机会。

而为了配合此次活动，可口可乐在全国范围准备了9.9亿瓶印有微信Logo的可口可乐、雪碧和芬达。2014年3月3日，可口可乐为本次活动专门推出的15秒广告开始在全国各大卫视播出。活动的创意也在各大社交平台开始传播。

作为三方的首次合作，本次活动既是可口可乐第一次在手机端尝试兑换活动，而微信作为平台支持，创造出了互动优惠在移动端的新鲜玩法。它是真正意义上的留存用户进行客户管理，是商家营销的机会。此次三个品牌跨界合作有几点值得关注：

（1）传统饮料巨头主动向微信示好，尝试线上线下的互动新模式。

微信对于品牌的意义无须多言，不少品牌都想抢得先机。可口可乐在移动营销上一直有不少探索，也作出了不少的代表性案例。这一次，可口可乐借助微信在移动端的渗透力，除了能有效提升活动的参与度，拉近与年轻消费者的距离，必然会给销售带来正向影响。

（2）首次利用商品Pincode与移动互联网结合的形式，将线下零散的消费者拉到线上留存互动。

9.9亿瓶可口可乐瓶身上将出现微信品牌，通过线上与线下紧密联动，用户将会与微信公众账号捆绑起来，留存用户为可口可乐培养忠实粉丝，大大增加了以往Pincode兑换积分后的用户黏性，提高了Pincode反馈价值。

(3) 此次三方合作，启发了更多企业在微信营销上的创新与思路上的转变。

微信媒体不再是信息传播的载体，不再是简单的信息推送、粉丝互动、客户服务、在线交易任何一种单一的模式，通过联合各方资源进行营销，更容易实现转化。相信大量快消品企业都在等着，因为合作对于所有商家都是一次机会，例如，康师傅“再来一碗”，如果与当下大热的社交媒体微信捆绑，也会产生移动互联网时代下营销新契机。只是，能与微信和易迅合作，不是一般品牌能做到的。

微信营销怎么玩?

不少品牌都做了一些有代表性的案例，招商银行的“爱心漂流瓶”用户互动活动案例，微信用户用“漂流瓶”功能捡到招商银行“漂流瓶”，回复之后招商银行便会通过“小积分，微慈善”平台为为自闭症儿童提供帮助。深圳海岸城的微信会员卡案例也被不少的品牌效仿，微信用户只要使用微信扫描海岸城专属二维码，即可免费获得海岸城手机会员卡，凭此享受海岸城内多家商户优惠特权。而星巴克的“自然醒”和杜蕾斯的“陪聊”更是营销业人人皆知。这一次可口可乐与微信的合作，开启了跨界移动营销的新模式。

微信的主力消费群体为年轻一代，这与可口可乐日渐年轻化的品牌形象也是相吻合的，通过年轻人喜闻乐见的在线购物形式和微信互动的方法以及极具快感的“畅爽秒杀”活动，可以进一步拉近与年轻消费者的距离。而可口可乐这次活动，整合线上线下广告资源，微信利用自身在移动端的优势提供营销和服务场景，将品牌推广与销售促销更紧密地结合起来，为其他品牌在移动营销上提供了参考。

通过这次活动，可口可乐或许将转向一个线上与线下相结合的营销模式，就是我们常说的O2O，作为饮料商巨头，我们期待它未来的表现和成效。

（资料来源：贾雯．市场营销理论与实务［M］．北京：中国商业出版社，2016．略有改动）

从“微信+可口可乐：开启跨界移动营销新模式”案例可以看出，步入21世纪，买方市场日益成熟，消费意识日益提高，生产企业仅靠传统的营销方式，已远远不能适应新市场的需要，传统的市场营销理论面临全新的挑战。互联网技术的广泛推广和应用，改变了全球市场营销的结构和环境；全球经济一体化、竞争无国界化的崭新格局，引发了市场营销最深刻的变革；知识经济构成21世纪社会发展的动力，工业社会形成的营销模式需要进一步完善。我们只有根据新时代消费者心理上与消费方式上出现的一些新特点与新趋势，不断创新营销方法，打造新的营销模式，才能不断开发新的消费市场，创造出新的需求，实现企业的长效获利和稳健发展。

第一节 网络营销

一、网络营销的优势

（一）网络营销的概念

网络营销（Eybermarketing，Online marketing）中的“cyber”一词在字典中的解释为“控制复杂系统的科学”，而在实际应用中，其含义则演变为电脑和通信实现交会的无形“空间”。网络营销是借助联机网络、电脑通信和数字交互式媒体的力量来实现一定营销目标的营销手段，是建立在市场营销基础上的一种现代营销系统。网络营销是科技发展、消费者价值变革、商业竞争等因素综合作用的产物，是一种建立在国际互联网（Internet，又称因特网）上的电子化营销方式，它引发了营销史上的一次革命。

互联网的诞生与广泛应用，改变了许多商业经营的模式。互联网已成为消费者的一种生活方式，它直接影响着企业与顾客、供应商、投资商及内部员工的沟通和联系。互联网通过取消中间环节，实现了生产商与最终消费者的直接对接。互联网使得许多企业很容易进入新市场，市场范围变得模糊，价格也变得透明，也使小企业与大企业的竞争变得更容易、更直接。随着移动互联网技术的发展，手机也正在成为一种新的营销工具，尤其是对于年龄25～45岁、大专以上学历、个人月收入在3000元以上的人群。微营销成为网络营销中的一支生力军。

（二）网络营销的优势

与传统的营销方式相比，网络营销具有以下几个方面的优势：

1. 网络营销可满足消费的个性化、人性化

随着市场的细分，个性消费将成为主流，消费者将从被动接受商品地位转为主动消费地位，可以通过互联网，向卖方市场以个人愿望来挑选、定制服务或商品。这种个性消费的萌芽，促使企业重新考虑其营销战略的转移。例如：A服装生产商将各款新衣在网上展示，消费者购衣时可以将自己的照片放在虚拟试衣处，依次挑选，反复权衡、比较，还可顺手去修改一下型号、尺寸，并按个人的爱好涂上颜色，直到满意后，按下订购键，从电子钱包中划出电子货币，就可以在家等待物流配送中心的人送货了。

随着计算机辅助设计、人工智能、遥感与遥控技术的进步，现代企业将具备以较低成本进行多品种、小批量定制生产的能力，它将为个性消费奠定基础。

2. 网络营销具有互动性与主动性

网络营销区别于传统营销的最显著特点是它的互动性。买方和卖方可以随时随地通过互联网的页面、E-mail、BBS等方式进行互动式交流与交易，这种方式是双向的，将消费者由传统营销中的被动接受商品信息的地位，推到了主动定制消费的地位，这种可互动式的网络营销方式为企业进军市场占领了制高点。例如，华顺商网（http：//www. web—hs. com）中的BBS，就是消费者向企业发出主动交流的公共场所，一方面与华顺交流，另一方面还与华顺的访问者进行信息互换交流。

3. 网络营销可培育消费者的忠诚度

现代企业为了赢得顾客的持久性消费，充分运用自己的站点，开办一些诸如摩托车俱乐部、耐克城、可乐自由港、迪士尼乐园、营销沙龙等窗口，为有共同志趣的访问者在网上开设了娱乐、聊天、交友、休闲、探讨等公益性场所，逐步渗入自己的企业文化。在“俘虏”了消费者的同时，也体现了顾客与企业之间关系的最高境界。这种以文化、教育、公益为先导而达到销售商品目的的方式，被戏称为“病毒式营销”，它与传统营销方式截然相反。例如，传统的营销广告是建立在打扰的基础上的，多用渲泻式，不管你是否需要、是否爱听，都一股脑儿地往下倒。病毒式营销广告是建立在允许基础上的，多用诱导式，在宣传产品的同时更主要的是给予了你同类产品的选择、使用、养护、鉴别真伪等相关知识，同时提供互动园地，好似为消费者在网上创造了一个虚拟之家。只要一上网，就像中了毒一样，不由自主地去了那里。久而久之，对这家网站就形成了一种强烈的依赖性。例如：山西华康药业股份有限公司创办的中华药网（http：//www. sxhkyy. com），就是这样一个范本，不仅介绍自己企业的药品，而且还为消费者提供了健康社区专栏，介绍保健养生相关内容，并有医药指南等知识，访问者在接受了生活常识的同时，也接受了该企业的文化及商品。

4. 网络营销具有强大的低成本优势

网络营销可以大大降低商品在流通过程中的广告费用、通信费用、推销费用及人员管理费用等，还可以简化流通环节，直接沟通用户，提高企业在市场中的竞争能力。

通过互联网，营销人员能够更方便地、低付出地获取市场前沿的资讯。例如：亚洲水果信息网（http：//www. Asia—fruit. com）为了及时了解各地苹果的储存与需求信息，就在主页上开设了免费供求发布栏目，任何人都可以远程通过互联网终端自由进入、自由查找与发布自己的供求信息。通过此窗口，可以使市场的存量与需求量尽收眼底。如果没有采用网络营销这一方式，而是通过人工到市场各地去采集同样多的实时信息，是需要一笔巨额费用的。

网络营销在市场运用中还有很多的优越性。随着科技的不断进步，新的作用将不断发挥。

二、网络营销的模式

网络营销的方式是多种多样的，归纳起来，可以分为六种模式：

（一）顾客服务→增强与顾客的关系→留住顾客→增加销售

现代营销学认为保留一个老顾客相当于争取五个新顾客。而网络双向互动、信息量大且可选择性地阅读、成本低、联系方便等特点决定了它是一种优于其他媒体的顾客服务工具。通过网络营销可以达到更好地服务于顾客的目的，从而增强与顾客的关系，建立顾客忠诚度，永远留住顾客。满意而忠诚的顾客总是乐意持续消费，这样自然而然地提高了企业的销售量。

（二）有用信息→刺激消费→增加购买

本模式尤其适用于通过零售渠道销售的企业。它们可通过网络向顾客连续地提供有用的信息，包括新产品信息、产品的新用途等，而且可根据情况适时地变化，保持网上站点的新鲜感和吸引力。这些有用的新的信息能刺激顾客的消费欲望，从而增加了企业的销售。

（三）购买方便+折扣+直接销售+减少管理费用

使用网络进行销售对企业最直接的效益来源于它的直复营销功能：简化销售渠道、降低销售成本、减少管理费用。该模式适用于将网络用作直复营销工具的企业。

（四）新的娱乐→促进顾客的参与→重复购买

新闻业已有一些成功运用此模式的例子。报纸和杂志出版商通过它们的网页来促进顾客的参与。它们的网页使顾客能根据自己的兴趣形成一些有共同话题的“网络社区”（Network Communities），同时也提供了比传统的“给编辑的信”参与程度更高的读编交流机会。这样做的结果是有效地提高了订阅户的忠诚度。

同样，电影、电视片的制作商也可用此模式提高产品的流行程度。他们可以通过建立网页向观众提供流行片的一些所谓“内幕”，如剧情的构思和角色的背景，演员、导演、制作人的背景资料、兴趣爱好等。这些信息对影迷们是很有吸引力的，因为这样能使他们获得一种内行的鉴赏家的感觉，这种感觉会驱使他们反复地观看某部流行片，评头品足，乐此不疲。同时，他们还会与朋友们讨论这些片子，告诉他们自己的评价，甚至还会劝说朋友去看一看。

（五）提高品牌知名度→获取顾客忠诚+更高的利润

将品牌作为管理重点的企业，可通过网页的设计来增强整个企业的品牌形象，Coca－Cola、Nike、联想、海尔等著名品牌都已采用网络作为增强品牌形象的工具。

（六）数据库营销

网络是建立强大的、精确的营销数据库的理想工具。因为网络具有即时、互动的特性，所以它可以对营销数据库实现实时修改和添加。拥有一个即时追踪市场状况的营销数据库，是公司管理阶层作出动态的、理性的决策的基础。传统营销学中一些仅停留在理论上的梦想，通过网络建立的营销数据库均可实现。通过大量数据的整合、挖掘和分析，做到对目标市场的精确细分、价格的即时调整等，让产品和服务呈现在感兴趣的用户群体面前，从而实现真正意义上的精准营销。

案　例

杭州百维的网络营销

杭州百维是新成立的一家小型进出口公司，1995 年，它们在"中国黄页"开设了一个电子网页。由于当时"电子商场"的概念刚刚兴起，它们的网页严格来说，十分简单，就像一间未经装修的办公室，上面只有一个公司标志和单纯的产品报价单。

做贸易的人都知道，中国产品在海外相对而言是十分"价廉物美"的，海外的买家其实也很想绕过一些中介公司，直接与我国的企业进行交易。

长期以来，我国企业苦于缺乏资金、信息闭塞，无法经常参加海外的商业展览，更少在国外设置办事机构，无法与海外用户直接联系。

百维公司的网页发布不久，一家以色列的企业便通过电子邮件发来了消息，愿意与百维进行贸易合作，百维也成功地将洗衣粉、两面针牙膏打入海外市场。

不到半年，这家新成立的贸易公司每个月通过互联网络产生的贸易额就超过了 50 万美元。

1997 年年初，尝到甜头的百维公司在互联网络上又开设了第二家"电子商场"，销售彩色显示器，不久便成功地接到一笔大订单，一位海外买家与百维签订了一年的合同，要求百维公司每月提供 1 万台彩显（仅此一项，百维公司每月便可获利数万美元）。

网络营销是企业参与市场竞争的利器。小企业利用互联网提供的发展机会，再配合自己企业正确的网络营销策略，可以快步跨入经营的黄金期。

第二节　全球营销与战略联盟

随着互联网的广泛应用，市场经济在全球范围内得以普及，标志着全球经济一体化的来临。世界各国的经济在生产、交换、分配及消费四大环节上进入了全球一体化，全球营销应运而生。面对着一个骤然间放大的市场和消费者身份的国际化，无数个过去在传统工业社会内难以跨出国门的产品，通过互联网都可以在一夜之间进入国际市场。在这种背景下，我们的企业要生存、要发展，就必须学会运用全球营销的战略战术。

全球营销不能简单地理解为进入几个国别市场。它是一种思维，要求突破区域或国家疆界，将全球看成是一个统一的大市场，在对其进行营销、调研的基础上，进行市场细分并选择自己的目标市场。它将国别的重要性极小化，在全球范围内寻求竞争优势和最佳市场。

一、全球经济时代的特征

经济全球化对世界的推动作用是巨大的，世界任一角落的市场，都将会面临强大的竞争，对我国经济发展的影响更是不可低估。面对新的挑战，我国的市场营销必须根据全球经济时代的表现特征，在发展方向和战略重点上进行更新和调整。

全球经济时代的特征表现为：经济全球化、市场自由化、贸易区域化、产业一体化、竞争规范化、智力产业化、资产无形化。

我国企业目前所面临的一系列问题是：政策地方化、市场封锁化、贸易本位化、产业趋同化、竞争无序化、智力分散化、资产有形化。

企业在调整全球营销战略时，一定要注意发挥自身的比较优势，用经济全球化之所长，避经济全球化之所短。

二、参与全球营销应树立的意识

面对全球经济一体化的必然趋势，每个企业都要在竞争战略上树立全球意识，勇敢地去参与国内与国际两个市场。

为了积极适应全球营销，企业全员须树立以下意识：

（1）在品牌、商标等传播媒介上要追求全球化效果，将世界（包括国内市场在内）视为一个市场。

（2）打破地域概念，在全球范围内筛选最佳市场。

（3）密切关注各国市场的需求和文化间的共性，采用全球通用化标准，开发出世界性产品。

（4）战略上放眼全球，战术上立足本土。企业将自身产品的统一标准化与本土化相融合，享受标准化的成本优势，维持本土化的灵活性。

（5）树立现代化企业意识，实行经营权与所有权分离、生产权与销售权相分离，提高知识在生产成本中的含量与地位，创建国际名牌。

（6）全球营销使参与竞争的企业主体日趋国际化、集团化与虚拟化，竞争对手不再是散兵游勇或一个个独立企业，而是跨国公司、集团企业，甚至是一家虚拟的跨国战略联盟，他们在一个共同的市场空间里开发产品、培育消费者，所以我们要树立新的竞争意识。

随着经济全球化的进一步深入，世界经济进入一种一荣俱荣，一损俱损的状况。任何一个国家的风吹草动，都会波及你的企业，不管你是否愿意，都要被卷入世界经济的旋涡中来。要想关起门来，自力更生地发展已很困难，只有把自己融入世界经济的过程中才能生存和壮大。例如：麦当劳是一个全球化企业的典型。无论何时何地，只要可能，公司就将其工艺、标识、大部分广告、店面装潢和布局等标准化。然而在其法国的菜单上仍然会看到葡萄酒，在德国有啤酒，在马尼拉有菲律宾风格的香汉堡，在泰国有猪肉汉堡，在新德里有蔬菜汉堡……所有这些，都是为了迎合当地人的口味和习俗。

三、跨国公司是经济全球化的主推手

跨国公司以某地为基础，通过对外直接投资或实施兼并，将生产部门配置到成本较低的国家和地区，以全球利润的最大化为目标，从事世界性的生产和营销，最直接地推动了经济全球化的进程。跨国公司向外扩张的原因，不仅在寻求廉价的自然资源，而且还在寻找廉价的劳动力。例如：美国波音飞机的零部件就是分布在全世界70多个国家和地区的545家供应商生产的，公司总部只保留了技术密集型的高附加值生产部分，而将劳动密集型的非核心部件调配出去，我国的西安飞机制造厂就为波音飞机承担着机尾的生产任务。

只有生产的全球化，才能让企业各取优势，将生产成本降到最低。美国经济能够得以持续发展，得益于它的全球性调整。如果没有互联网的广泛应用，全球发展也难以成为现实，二者相辅相成，相互促进。

四、战略联盟

在实施全球市场营销的过程中，以单一企业的自身力量去开拓市场、开发产品，往往难以成功。面对着激烈的全球竞争，面对经济全球化、信息化浪潮的冲击，企业树立合作与共同发展的新竞争理念，为了共同的利益而组织起来联合设计产品、开发市场，于是企业间包括竞争对手之间出现了战略联盟。

战略联盟即两个或两个以上的企业或跨国公司为了实现共同的战略目标如市场目标、产品目标、品牌目标、定价目标、渠道目标等而采取的相互合作、共担风险、共享利益的联合行动。由于产品的特点、行业的性质、竞争的程度、企业的目标和自身优势等因素的差异，企业间采取的战略联盟形式多种多样。

战略联盟是企业间超出一般业务往来，而又达不到合并程度的，在一定时期、一定范围内的合作方式。合作伙伴之间通过双边或多边的合作协议，在市场竞争中实现联盟内的优势互补，增强企业的竞争力和长期发展。跨国联盟战略是企业全球化的一场巨大而深刻的变革，是一种更高效、更复杂，既竞争又合作的新型国际分工，是更深层次、更大范围、更高强度的竞争，且这种国际市场竞争的新形态在许多情况下比以往的种种市场竞争形态更为残酷。

第三节 绿色营销

绿色营销是指企业在营销战略制订、市场细分与目标市场选择、产品生产、定价、分销和促销等营销过程中注重个人与社会整体利益、消费者眼前利益与长远利益、企业利益与环境利益的协调统一，在这个前提下获取利益的一系列经营活动。它不仅包括保护生态环境，消除一切污染环境的经营行为和含有毒副作用、危害消费者身体健康的产品，还包括保护消费者的心理健康和思想健康，树立和发展良好的社会风尚。

绿色营销的理念，正被越来越多的人接受。它可以指一种产品、一种行业，也可以是一种思维方式、一种经营哲学和一种行为规范，并将成为21世纪营销的主流。

一、绿色营销的兴起

伴随着现代工业大规模发展，人类以空前的规模和速度毁坏自己赖以生存的环境，给自己的生存和发展造成严重威胁。大自然的报复促使人类幡然醒悟，绿色需求便逐步由潜在转化为现实，消费需求的满足转向物质、精神、生态等多种需求和价值并重。有支付能力的绿色需求，是绿色营销赖以形成的推动力，并决定了绿色市场的规模与发展。

1968年，在意大利成立的罗马俱乐部指出：人类社会的进步并不等于GDP的上升。1972年6月，联合国首次召开了斯德哥尔摩人类环境会议，通过了全球性环保行动计划和《人类环境宣言》，向全世界发出呼吁：人类只有一个地球。1987年，世界环境与发展委员会发表了《我们共同的未来》宣言，促使“绿色营销”观念萌芽；进入20世纪90年代以来，一些国家纷纷推出以环保为主题的“绿色计划”。如日本在1991年推出“绿色星球计划”和“新地球21”计划；英国于1991年执行“大地环境研究计划”，着重研究温室效应；加拿大于1991年推出“五年环保绿色计划”；1992年联合国环境与发展大会通过的《21世纪议程》中强调：“要不断改变现行政策，实行生态与经济的协调发展。”为绿色营销理论的形成奠定了基础。

在20世纪70年代，美国人对环保的狂热引来了“地球日”的诞生。如今美国人对环保的热爱范围越来越广，并已深深根植于他们生活的细微之处，许多城市已大力推行强制回收体系。美国的绿色市场发展潜力巨大，人们认为“环境友好产品”构成的“地球可持续市场”，将是解决环境问题的一个好办法。1978年德国首先执行“蓝色天使”计划，1997年即产生400多种绿色产品，现已达4500多种。中国的绿色工程始于绿色食品开发，1984年在广州出现了全国第一家无公害蔬菜生产基地；1989年农业部组织专家研究，提出“绿色食品”概念；《中国21世纪议程》是1992年7月编写的关于21世纪发展的行动纲要；1992年11月，国务院批准成立了中国绿色食品发展中心，制定了《绿色食品标志管理办法》；1993年5月，绿色食品发展中心加入了“有机农业运动国际联盟”。1995年年初，全国已有28种绿色食品的生产和开发，除食品外，其他绿色产品也不断研制成功。随着绿色食品的开发，绿色商店已在一些大城市相继建立。从绿色意识的觉醒、绿色需求的发展、绿色产业的形成、绿色体制的建立到绿色理论的创建，《中国21世纪工程》在行动中。

进入21世纪，我国倡导绿色发展理念，科学发展观深入人心，尤其是现今国家把生态文明建设融入经济建设、政治建设、文化建设、社会建设各方面和全过程，建设美丽中国，推进绿色发展，加大生态系统保护，实现人与自然和谐共生的现代化，努力走向社会主义生态文明新时代，使绿色营销的发展面临最好的机遇，也是未来营销发展的必然趋势。

二、绿色营销与传统营销

绿色营销与传统营销的相同之处：绿色营销是传统营销的进一步发展，在营销过程中，二者都是“4P”的组合，包括市场营销的调查和预测、拟订市场营销战略、分析购买行为、市场细分和目标市场的选择、制定市场营销组合。

绿色营销与传统营销的差异主要表现在以下几个方面：

（一）研究的焦点不同

传统营销研究的焦点是由企业、顾客与竞争者构成的“三者关系”，企业通过协调三者关系获取利润；绿色营销研究的焦点是考虑“四者关系”，即企业营销活动同社会利益的关系、同消费者身心健康的关系、同环境利益的关系，是对“三者关系”的延伸，强调遵循社会的道德规范，承担企业的社会责任。

（二）产品不同

绿色产品同传统产品相比除具有核心产品、形式产品、服务产品外，还重在绿色的表现，即注意绿色消费需求的调查与引导，注重在生产、消费及废弃物回收过程中降低公害；开发和经营符号绿色标准的绿色产品；产品的使用的原材料和包装物应有利于环保、有市场竞争力且能盈利。

（三）促销方式不同

绿色促销通过绿色媒体传送绿色食品及绿色企业的信息，引起消费者对绿色产品的需求及购买行为。绿色促销以保护生态环境为主要内容，由绿色广告、绿色公关、绿色人员推销和绿色销售推行组成，与传统促销的各个方面相比具有不同的绿色特征。

(四) 价格的构成不同

绿色产品的价格在传统产品的价格基础上增加了对环境有利的原材料的成本上升部分，引进有利于环境的设备而增加了费用，树立“环境有偿使用”和“排污者付费”的观念，把用于环保的支出计入成本，形成绿色成本；减少了包装原材料节约、能源节约及固定成本节约等可降低的费用。从短期看，绿色成本的增加会引起价格的上升；从长远看，绿色成本的下降将引起价格的下降。

三、绿色营销策略

英国威尔斯大学肯·毕泰教授在其著作《绿色营销——化危机为商机的经营趋势》一书中指出：“绿色营销是一种能辨识、预期及符合消费者与社会需求，并且可带来利润及永续经营的管理过程。”实施绿色营销的企业，应在以下几个方面制订其策略：

(一) 树立绿色营销观念

不仅仅营销部门，整个企业及社会全员都应以绿色营销观念为指导思想。以满足绿色需求为中心，为消费者提供有效防止资源浪费、环境污染及损害消费者健康的产品。从制订营销战略到具体实践过程都应贯穿着一种正确处理人与自然、经济与环境、企业与顾客、企业与社会关系的思想，实现唇齿相依、协调发展。

(二) 引导绿色消费

绿色消费是开展绿色营销的前提，企业在开展绿色营销的过程中有责任对消费习惯和倾向加以引导和教育，转变消费观念，倡导绿色消费。

(三) 开发绿色产品

开发绿色产品，要从材料选择、产品结构、功能、制造过程、包装及运输方式、产品使用以致报废处理等方面充分考虑对生态环境的影响。绿色产品的不断问世，不仅可以有效地遏制破坏环境的行为，而且还可以节省开支、增强竞争力。

(四) 推广绿色包装

绿色包装正成为绿色营销中引人注目且行之有效的重要环节。作为外在表现的产品附加成分，采用无公害新材料、新工艺的绿色包装能直接向消费者传递绿色的信息，在公众心目中树立绿色产品形象。

(五) 制定绿色价格

绿色产品企业通常会将因保护与改善环境、绿色处理废弃物所增加的支出计入产品成本，并制定出使消费者接受的绿色价格。

（六）使用绿色标志

绿色产品标志是企业立足于国内市场，打破非关税贸易壁垒进入国际市场的有力方式，是企业增强企业竞争能力、拓展市场、促进销售，获得可持续发展的有效途径。

（七）选择绿色促销

在营销过程中，通过设立绿色专柜，营造出回归大自然的消费环境吸引顾客，同时寻求环保部门的配合，加强消费观念的引导，从而更有效地实施绿色营销。

（八）提供绿色服务

企业在商品的售前、售中、售后的服务过程中，以节约资源、减少污染的原则为服务导向，被称为绿色服务，它是绿色产品整体不可分割的一部分。

总之，以保护环境为特征的绿色消费正在成为一种新的时尚，推动着绿色营销的迅猛发展。例如：1976 年，一位已 34 岁且从未受过任何商务训练的家庭妇女安妮塔·罗迪克，在英国布莱顿开办了她的第一家零售商店——帕迪店。至 1993 年，全球的帕迪连锁店已达到 893 家。到 2005 年安妮塔告别商界之前，全球超过 2070 家分店。帕迪店里所有的产品，如洗发香波、皂液、浴液、洗面奶，都是用纯天然的水果或蔬菜汁制成。顾客在使用完这些产品后，可将作为包装的塑料瓶体、瓶盖及瓶上的商标退回商店，而商店则给予顾客一定的价款返还。商店给顾客提供的塑料袋具有生物分解性，同时商店还将销售利润的一部分用于捐助保护环境活动，如“拯救亚马孙雨水森林”项目等。帕迪店不仅为顾客提供洁身用品，而且会唤醒人类的社会道义感。许多年来一直在该店购物的顾客并不认为自己是在买香水、皂液或香波，而坚信自己是出于一种社会责任而购物，他们购买的是“社会道德”；他们宁愿多花一些钱购买帕迪店的商品，而不愿到价格便宜的杂货铺去购买……

第四节　知识营销

知识营销是企业通过有效的知识传播方法，借助有效的知识传播途径，将其所拥有的对用户有价值的知识（包括产品知识、专业研究成果、消费理念、经营理念、管理思想以及企业文化等）传递给潜在用户，并使其逐渐形成对企业品牌和产品的认知，使潜在用户最终转化为用户的过程和各种营销行为。

一、知识营销的兴起

在新一轮的经济竞争中，知识成为引起经济增长的最主要因素，而且知识资源表现为越用越多、用之不竭。21 世纪初新兴起的这种以知识为基础的经济发展模式，受到越来越多的市场关注，于是，知识营销应运而生，被许多科技企业、知识企业率先采用，收效颇丰。

知识营销是商家通过各种途径向大众传播、普及本企业产品、服务等所涉及的消费常识与相关知识，进而达到拥有消费市场的一种曲线营销方式。在营销的过程中，企业的广告、宣传、公关等均注入了一定的知识含量及文化底蕴。

知识营销多以科普宣传为突破口来培育和创造市场，通过指导消费者正确使用不断出现的高新技术产品来开发市场，对于促进科技产品的销售具有决定性作用。

传统营销将占有确定的市场为目标，以营销管理成本取胜，是内向型的营销模式，具有“规模有限性、时间阶段性、市场封闭性”三大特征。

知识营销以创造未确定的市场为目标，以新知识、高科技概念取胜，是外向型的营销模式，具有“规模无限性、时间长远性、市场开放性”三大特征。

二、知识营销产生的背景

（一）营销环境发生变化

首先，竞争的日益激烈。随着信息网络技术的飞速发展及世界经济一体化的不断演进，“国内市场国际化，国际竞争国内化”将逐步成为现实，竞争也将愈演愈烈。其次，竞争的方式也将发生变化。大家共有信息技术，共享知识资源，共同开发市场，在合作中竞争，在竞争中合作，形成良性循环的竞争环境。

（二）知识型产品逐步取代传统产品

所谓知识型产品即为高科技产品的升华，产品科技含量高，如数字化彩电等。对于这些知识型产品的营销必须要求营销者具有较高素质，不仅要深谙营销技巧，同时也要掌握产品的知识含量，能够把这些知识推销给消费者。如果营销者对产品本身的技术含量、使用功能、维修知识等一知半解，对来自消费者的询问含糊其词，对产品故障不能及时排除，那么消费者将疑虑重重，营销也就很难成功。

（三）互联网使知识营销成为现实

如今，互联网已将世界连为一体，使得产品知识与信息的传递系统更加完善与迅捷，在线实时服务成为现实。传统的营销方式是靠电视、报刊等向消费者单向传达产品信息，营销方比较主动而消费者处于被动，信息反馈速度慢而有限，成本较高，往往不能制订适宜的营销战略。而在知识经济时代，网络化的实现使营销渠道四通八达，不仅营销部门可通过网络将产品信息迅速传递给消费者，大大减少营销环节，降低流通费用，而且消费者也可通过网络与营销部门进行对话，提出自己的愿望与要求，促使厂家生产出更适合市场需求的产品，信息的传递是双向的，购销双方均可处于主动地位。

知识营销需要一定的信息传播途径，网络营销是实现知识营销战略的最佳手段之一；网络营销需要向用户传递有价值的信息，而知识营销的内容是网络营销信息源中对用户最有价值的部分。

实际上，知识营销与网络营销有时本来就是一回事，只不过在网络营销中并不一定用“知识营销”这一比较笼统的概念，而是用博客营销、RSS（简易信息聚合）营销和病毒性营销等更加具体的网络营销术语。例如，目前非常流行的博客营销就是知识营销的具体表现形式之一。《网上营销新观察》对博客营销的定义中提出：“博客营销是一种基于个人知识资源（包括思想、体验等表现形式）的网络信息传递形式。因此，开展博客营销的基础问题是对某个领域知识的掌握、学习和有效利用，并通过对知识的传播达到营销信息传递的目的。”

严格来说知识营销包括网络营销，网络营销是知识营销目前最重要的部分，但是知识营销远不止于此。知识营销广义上指使用一切知识的传播达到营销的目的。

比尔·盖茨“先教电脑，再卖电脑”的做法是典型的知识营销。他斥资 2 亿美元，成立盖茨图书馆基金会，为全球一些低收入的地区图书馆配备最先进的电脑，又捐赠软件让公众接受电脑知识。再例如，上海交大昂立公司开展的“送你一把金钥匙”科普活动，通过在社区举办科普讲座，向市民赠送生物科学书籍，举办科普知识竞赛等，提高了市民的科学健康理念，引发了人们对生物科技产品的需求，达到了其他任何形式的产品营销所达不到的目的，使微生态试剂市场在短短的 10 年间，从零发展到如今近百亿元规模，创造了广阔的市场。

三、知识营销的内容

知识营销至少应包括以下三方面内容：

（1）挖掘产品文化内涵，增加营销活动知识含量，并注重与消费者形成共同价值观。知识经济时代，知识成为一种重要消费资料，企业和个人都把学习知识作为一项必不可少的活动内容。知识营销活动应努力使消费者学到更多知识。同时，随着经济发展和人民生活水平的提高，消费者购买商品时已不仅仅考虑其使用价值，而且关注它所带来的观念价值，即日益注重商品与服务背后的文化内涵，购买与之有共鸣价值取向的产品。如“李宁”服装倡导青春、健康、活泼的精神的生活，这与许多青少年价值追求相吻合，因此备受青年人青睐。

（2）注重与消费者建立结构层次上的营销关系，使消费者成为自己产品的忠实顾客。营销关系一般可分为三个层次，其一是财务层次，即以价格折扣、回扣、奖励等形式来回报顾客，这是最低层竞争手段，也最易仿效；其二是社交层次，即与客户建立友谊或各种社交关系，这是目前较流行的一种方式，但过度使用会带来拉关系甚至腐败现象；其三是最高层次结构层次上的营销关系，即在产品与顾客之间从技术结构、知识结构、习惯结构上建立起稳固关系，从而使顾客成为企业产品长期而忠实的顾客。随着产品技术含量不断提高，建立这种结构关系更为重要。

（3）加强营销队伍建设，使营销更适合产品高技术含量、智能化、个性化要求。知识经济时代，企业必须用知识赢得顾客，首先要让顾客了解并懂得如何使用产品，以及使用后能带来哪些好处，才能激发顾客的购买欲望，从而扩大销售。同时营销策略要针对不同类型的顾客进行特定设计，使产品或服务适应顾客的消费特点、文化品位和价值观念。而要做到这些，必须加强营销队伍建设，提高营销人员素质，这是我国企业面临的一项紧迫任务。

四、知识营销的原则

知识营销的应用十分广泛，大到企业的大型广告、公关活动，小到个体商贩的销售行为。一种产品，营销者不仅要宣传其用处、好处，要介绍其使用方法和维修的技巧，而且还要介绍有关这种产品系列未来发展趋势方面的科普知识，引导人们的生活方式与消费理念，从而达到提高销售量的目的。知识营销需要遵循以下几个原则：

（一）诚实守信原则

诚实守信，是中华民族的优良传统，当今仍是企业知识营销乃至整个市场经济活动中把握道德界限的基础，具体包括知识传播的真实性、产品质量上的诚实不假冒、明码实价、在交易中履行合同责任、信守承诺以及市场调查数据真实可信等方面。

（二）利益兼顾原则

利益兼顾，是指企业在知识营销获取利润的同时要考虑是否符合消费者的利益，是否符合社会整体和长远的利益。这并不是说企业通过各种营销活动包括知识营销获得利润是不正当的，因为追求利润是企业营销的根本动力和重要特征。利益本身无所谓善恶，判断企业营销活动是否道德，不取决于它是否去追求利润以及追求多少利润，而是取决于它是以什么方式去追求利润以及会带来什么样的后果。

（三）互惠互利原则

互惠互利原则，即要求在知识营销行为中，正确地分析自身的利益和其他利益相关者的利益。在企业竞争中，摒弃前嫌，携手共同开发市场的做法，也成为当今世界经济中的一个突出特色，是互惠互利的典型体现。

（四）理性和谐原则

在知识营销过程中，一定要遵纪守法，运用知识手段，科学地分析市场环境，准确预测未来市场发展变化状况，不要单纯追求市场占有率而损失利润。

第五节 数据库营销

随着信息技术、网络营销的迅速发展和普及应用，数据库营销这一适应现代信息社会的独特营销方式开始备受企业界的青睐。在竞争日益激烈的时代，企业如果能恰当运用数据库营销，将会使其产品更好地服务于顾客，从而获得更大的利润。

一、数据库营销的概念和特点

（一）数据库营销的概念

数据库营销是营销领域的一次重要变革，是一个全新的营销概念。所谓数据库营销，就是企业通过收集和积累消费者的大量信息，经过处理后预测消费者购买某种产品的概率，借助这些信息给产品以精确定位，有针对性地传播营销信息，以达到说服消费者购买产品的目的。

数据库营销需要经过系统的顾客数据资料的统计分析，准确地进行市场的细分和定位，进而实行创造性、个性化的营销策略。数据库能够及时反映市场的实际状况，是企业掌握市场的重要途径。因此。高度的理性和个性化的营销策略是数据库营销的灵魂。同时，数据库营销可以发现和创造新市场、维持现有市场，可以与消费者进行高效的、可测量的、双向的沟通，真正实现消费者对营销的指导作用。此外，数据库营销还意味着创造力、判断力、团队精神和洞察力，它需要“亲密感”，需要深刻地理解人、机器、错综复杂的关系和系统。数据库营销是技术与文化的交融，是过程与目标的结合，是消费者与企业的联姻。数据库营销在商业生活中是一种被高度整合的营销。

应该看到，数据库营销是对传统营销方式的补充和改善。对于企业是否实施数据库营销、制订何种数据库营销战略计划，要在充分分析评估企业的资金状况、人力资源状况、产品特色与市场状况等实际情况的基础上，作出合理的决策。

（二）数据库营销的特点

数据库营销通过数据库的建立和分析，可以帮助企业准确了解用户信息，确定企业目标消费群，同时使企业促销工作具有针对性，从而提高企业营销效率。数据库营销的主要特征如下：

1. 降低营销成本，提高营销效率

善于运用消费者数据库，能够准确找出某种产品的目标消费者，企业可以避免使用昂贵的大众传播媒体，运用更经济的促销方式，从而降低企业营销成本，增强企业的竞争力。据统计，没有运用数据库技术进行筛选而发送邮寄宣传品，其反馈率为2% ~4%，而运用数据库技术筛选消费者，其邮寄宣传品的反馈率为20% ~30%。

2. 增强顾客信任感，在企业和顾客之间建立牢固的感情纽带

运用数据库营销与消费者保持长期的沟通和联系，可以维持和增强企业与消费者之间的感情。企业根据数据库的信息能够分析出顾客需求和行为特征，采取相应的措施留住顾客。另外，运用存储的消费记录来推测其未来消费者行为具有相当的精确性，使企业能更好地满足消费者的需求，使消费者成为企业长期、忠实的用户。通过双向的个性化交流，使得顾客终身价值得以持续提高，实现买卖双方各自利益的最优化。

3. 数据库营销的效果能够评估和测量

传统营销方式的营销效果很难直接测定。而在数据库营销中，顾客可通过回复卡、电话等方式进行查询、订货或付款。这样，管理人员就可以得知顾客的反馈信息，每次数据库营销的效果就很容易测定了。而所测定的每次营销活动的效果可为下次数据库营销提供参考，从这个意义上说，数据库营销是科学的营销方式。

4. 实现对消费者信息的有效应用

数据库营销实现了对信息的有效应用，可以准确地识别对同一品牌或同一公司产品具有相同兴趣的消费者群。

5. 使企业之间竞争更加隐秘，避免了竞争者的公开对抗

运用数据库与消费者建立紧密关系，企业可使消费者不再转向其竞争者，从而增强抵抗外部竞争的干扰能力。另外，在传统营销中，运用大众媒体开展大规模促销活动，容易引起竞争者的对抗行为，削弱促销的效果。运用数据库营销，无须依赖大众媒体，竞争行为比较隐秘，一般不会引起竞争对手的注意，容易达到预期的促销效果。

二、数据库营销的运作程序

数据库营销在具体实践中千差万别，但一般来讲，数据库营销要经历数据采集、数据存储、数据处理、寻找理想消费者、使用数据、数据信息分析评价、完善数据七个基本步骤。

（一）数据采集

顾客信息主要包括：顾客的基本情况、顾客的偏好及行为方式、公司与顾客之间的业务交易、顾客过去的购买行为等。顾客信息可通过多种方法来收集。

（1）中间商和推销人员的记录反馈。

（2）在商品上附回函明信片，请顾客填写之后寄回，一般以赠品或售后服务作为回报。

（3）通过在大众传播媒体（报纸、杂志、广播、电视、网络站点等）做广告，请顾客通过一定方式（电话、电子邮件、在线注册登记等）给予回复。

(4) 从外部租借或购买所需的名单。

需要指出的是，营销数据库虽然是以顾客信息为主，但数据库营销者还应该尽可能地广泛收集其他有价值的信息，如产品信息、竞争对手信息等，以便更好地开发利用数据库资源，提升数据库营销的效率和效果。产品信息主要包括：产品的基本情况、供销存情况、产品的服务情况、顾客意见、企业的联系方式、支付方式等。竞争对手的信息主要包括：竞争对手的数量、经营规模、经营商品的品种、数量、价格、费用水平和盈利能力、供货和分销渠道的控制程度、市场份额、竞争对手的促销方式和服务项目以及消费者的反应情况等。

(二) 数据存储

将收集到的数据信息准确无误地存储到专门建立的数据库中。企业可以做这项工作，也可外包给专门的数据库服务公司来做。

(三) 数据处理和共享

运用计算机软件把无序的原始数据整理、汇总为有条理的数据库，然后在软件支持下，生成产品开发部门、营销部门、公共关系部门所需要的详细数据库，实现数据库的共享，并利用这些数据创造价值。通过数据库分析得来的信息与公司的整体经营策略有关，各部门都要关注和参与数据库的建设和利用，根据最新信息采取相应的措施，配合公司的最高决策成功完成。

(四) 寻找理想消费者

根据使用最多的消费者的共同特点，用电脑勾画出某产品的消费者模型。某一类的消费群往往具有一些共同的特点，比如兴趣、收入水平、品牌偏好等，以此为基础，锁定理想的消费者。

(五) 使用数据

数据库数据可以用于多个方面：确定购物优惠券价值目标，决定该送给哪些顾客；确定开发什么样的新产品；根据消费者特性，确定如何制作广告比较有效；根据消费记录判定消费者的消费档次和品牌忠诚度。数据库不仅可以满足信息需求，而且可以进行数据库经营项目开发，如实施交叉销售等。

(六) 对数据信息进行分析评价

对收集到的顾客资料进行分析评价，可以从三个角度进行：

(1) 寻求特征。指在顾客购买之前就能够决定的属性，如产品的包装、外形、规格、型号、价格，等等。

（2）体验特征。指在购买后或消费过程中能够觉察到的产品和服务属性，如口味合适、礼貌待人、安排周到和值得信赖，等等。

（3）信用特征。指顾客在购买了产品或者是消费了产品和服务后仍然无法评价某些特征和属性（原因在于顾客难以具备这方面的专业知识或技巧），因此必须依赖提供该产品或服务的公司的职业信用和品牌影响力。

具有寻求特征的变量可以称作“硬件”部分。运用数学或统计模型，发现数据中存在的关系和规则，根据现有的数据预测未来的发展趋势，就可为管理者的决策提供参考。具有体验特征和信用特征的变量是“软件”部分。这部分的改变要通过对接触顾客的员工进行训练和考核才能够改善。

（七）完善数据库

以产品开发为中心的消费者俱乐部、优惠券反馈、抽奖销售活动记录及其他促销活动等都有助于信息的收集。随着收集来的信息不断增加和完善，数据库也在不断更新，有利于及时找出顾客需求变化的趋势，促使企业调整经营方向，及时抓住市场机会。

三、数据库营销计划

数据库营销计划是指运用数据库这一新的营销工具，去识别、分析、选择和发掘市场营销机会，高效率而又富有成果地开展营销活动，以实现企业使命和目标的管理过程，亦即借助营销数据库使企业与其最佳市场机会相适应的过程。

数据库营销的基本流程包括建立营销数据库之前的准备，营销数据的收集与数据库的建立和维护，数据库的统计分析和建模等步骤。

（一）建立营销数据库之前的准备工作

（1）组织与人员协作的安排。

（2）数据库营销观念的树立。

（3）关于数据库的几个决策，包括数据库内部处理或外部处理的选择、数据库类型的选择和数据库资源的集中化或分散化等。

（4）建设营销数据库系统环境，包括硬件环境与软件环境。

（二）营销数据的收集与数据库的建立和维护

（1）发掘营销数据来源。

（2）强化营销数据库数据的收集。

（3）营销数据库的建立和维护，包括数据的甄别与维护、数据的巩固和更新、数据库的初步设计等。

（三）数据库的统计分析和建模

（1）统计分析，包括相关分析、回归分析、灵敏分析等。
（2）预测模型，包括灵敏模型、回归模型、财务模型等。

第六节　事业关联营销

2005年10月27日第十届全国人民代表大会常委会修订，2006年1月1日起施行的《中华人民共和国公司法》第五条明确提出："公司从事经营活动，必须遵守法律、行政法规，遵守社会公德、商业道德，诚实守信，接受政府和社会公众的监督，承担社会责任。"

不可否认，我国的一些企业在发展过程中只讲经济责任不讲社会责任、只讲企业利益不讲社会利益的问题是比较严重的。如有的企业急功近利，忽视和损害了员工利益、消费者利益及社会利益；有的企业为了利益不惜破坏环境、偷税漏税等。对于承担社会责任的问题，更多的是采取回避态度，或者被动地从事一些社会公益事业。出现这些问题的原因：一方面是企业的领导人对社会责任的认识还未达到道德伦理层次，受传统营销观念的影响较深，关注企业本身如何通过各种方式获取盈利，没有认识到企业除了自身获得利益外，还肩负着社会的责任；另一方面有些企业虽然已经意识到问题所在，但却不知该从何下手，如何才能做到鱼和熊掌同享、商业与慈善兼得。这就是事业关联营销，它不仅注重企业营销的效率和效果，还考虑社会与道德问题。它是慈善与营销的结合、企业利益与社会利益的平衡。

一、事业关联营销是承担社会责任的最佳途径

（一）事业关联营销的含义及发展

关于事业关联营销的研究尚没有形成定论。最早论述事业关联营销的是美国的营销学者瓦拉达拉杰（Varedarajan）和梅农（Menon）在《事业关联营销：公司公益和市场战略调整的方向》（*Cause - Related Marketing: A Coalignment of Market Strategy and Corporate Philanthropy*）中的定义：在向顾客提供满足组织和个人目标的营销活动及执行时，公司向预计的有关事业作出一定的贡献。在我国，事业关联营销是近年来营销领域出现的新词汇，在国内学术刊物及大众杂志中关于它的研究中没有形成统一的理解。有人将其称为慈善营销，更多的事业关联营销研究者引用李伍荣、卢泰宏《营销新策略：事业关联营销》一文中的定义：事业关联营销是指企业将其与非营利机构特别是慈善组织相结合，将产品销售与社会问题或公益事业相结合，在为相关事业进行捐赠、资助其发展的同时，达到提高产品额、实现企业利润、改善企业的社会形象的

目的。

事业关联营销模式20世纪80年代起源于美国。一般认为，正式将事业关联营销作为一种营销手段的是美国运通公司（American Express）。1981年，运通公司提出了“事业—关联营销”的概念，并作为一项服务标识，向美国国家专利局申请注册。此后，该公司开展了一项向“艾丽斯岛基金会”捐赠，用于翻新“自由女神像”的活动。但捐赠款不是直接取自企业的利润，而是顾客每使用一次运通卡，运通公司就捐赠1美分，或每增加一位运通卡客户就捐赠1美元。活动期间共捐赠款170万美元。在这个过程中，美国运通的交易额上升了30%，而发行的新卡也增加了15%。以后，美国运通在1993年发动了“反饥饿捐献”，这一活动在第一年就募得了500万美元。活动要求每张运通卡持有人在11月和12月使用他们的运通卡时要捐献3美分。自此以后，很多公司也开始效仿。在我国，农夫山泉、西安杨森等企业在事业关联营销方面也进行了很好的实践。现在，许多厂商已直接将慈善事业与公司发展目标联系起来。通用汽车基金会副主席甘保说，1994年以前，他们的捐赠只单纯为了利他目的，而现在他们则使利他捐赠和策略捐赠更加平衡，既考虑社会利益又考虑公司利益。惠普公司竭力说服其海外分公司相信慈善事业是公司做生意方式的一部分。

（二）企业社会责任是事业关联营销的基础

企业社会责任（Corporate Social Responsibility，CSR）的正式定义虽经国内外学界多次讨论，但还没有完全统一的认识。目前国际上普遍认同的CSR理念是：企业在创造利润、对股东利益负责的同时，还要承担对员工、对社会和对环境的责任，包括遵守商业道德、生产安全、职业健康、保护劳动者合法权益及资源等。一个企业的社会责任包括四个层面：经济责任、法律责任、伦理责任、慈善责任。企业在进行经营决策时，除了要考虑投资人的利益或企业本身的利益之外，还应适当考虑与企业行为有密切关系的其他利益群体及社会的利益，除了要考虑其行为对自身是否有利外，还应考虑对他人是否有不利影响，如是否会造成公害、环境污染、浪费资源等。企业在进行决策时，对这些问题进行考虑并采取适当的措施加以避免，其行为本身就是在承担社会责任。简单地说，企业社会责任是指企业在谋求股东利润最大化之外所负有的维护和增进社会利益的义务。企业承担社会责任是事业关联营销的基础。

正如从事事业关联营销的美国运通公司的一位总经理所说：“社会责任是一个很好的营销诱饵。”星巴克咖啡的CEO奥林·史密斯也说，星巴克的最大成就之一，就是说服顾客支付3美元的高价购买一杯“有社会责任的咖啡”。美国《商业周刊》已将事业关联营销描绘成了“慈善事业中最热门的事情”，企业通过事业关联营销，在承担一定的社会责任（如为慈善机构捐款、保护环境、建立希望小学、扶贫）的同时，借助新闻舆论和广告宣传，来改善企业的名声，提高企业形象的层次，提升其品牌知名度、顾客忠诚度，最终增加销售额的营销形式。

企业通过事业关联营销承担了社会责任，实现了消费者的某种期望，使消费者对企业和产品更加尊敬和信赖，从而得到广大消费者的积极支持和参与，获得更多忠诚的顾客，促进产品的销售。1997 年美国的一份调查报告说，76% 的消费者倾向购买开展事业关联营销企业的产品，在价格、质量相当的情况下，他们表示会转向开展事业关联营销的品牌和商店。事实也证明了这一点：美国列维与西尔斯公司在为癌症患者开展的一次事业关联营销活动期间，其牛仔裤的销售增加了 56%；美国维萨信用卡在一次培养儿童阅读能力的事业关联营销活动期间，其信用卡的交易额上升了 18.9%。企业通过事业关联营销承担社会责任，还有利于融洽企业和社会公众、社会组织、政府机构之间的关系，从而树立良好的企业形象。美国对 469 家不同行业的公司的一项调查表明：资产、销售、投资回报率均与企业的公众形象有着不同程度的正比关系，使企业获得更多的发展机遇。

可以这样说，将企业社会责任深深融入企业文化、融入企业领导者的经营理念以及每一位员工的思想观念中是一个长期的、潜移默化的、隐性的过程，而事业关联营销是在企业社会责任这个基础上所衍生的外显的、可感知的、能够及时获得回馈的营销活动。随着消费者自我保护意识、环保意识、节能意识的增强，那些主动承担社会责任、争当优秀社会公民的企业将越来越受到消费者的青睐，那些社会公信程度高的企业将有更多的成长发展机会。

二、事业关联营销与承担社会责任如何对接

事业关联营销如何与承担社会责任对接，虽然国内外企业有许多成功的实践，但还没有成熟的模式，也没有严格的标准。我们认为，做好二者的对接，实际上就是能够正确处理企业利益、消费者利益和社会利益三者之间的关系，使三者之间达成一种平衡。我国企业在开展事业关联营销时，既要借鉴国外企业的成功经验，又要结合中国国情和企业的实际，从而主动地、创造性地实现事业关联营销与承担社会责任二者的对接。

第一，企业要把实现社会基本价值与自己的经营实践统一起来，增强社会责任意识，真正履行好自己的社会责任。

正如前文所述，在我国有相当一部分企业不注重或不愿意承担其社会责任，社会责任的失范问题日渐凸显，其中最主要的还是企业的领导人没有认识到企业除了自身获得利益外，还肩负着社会进步与发展的重大责任。实现事业关联营销与承担社会责任的对接，必须使企业意识到什么是企业的社会责任，真正履行好自己的社会责任。为此，不断提高企业家素质，使企业形成自觉履行社会责任的行为规范尤为重要。自觉承担社会责任的企业的形成与企业家的素质密切相关。我们的企业家要不断提高自身素质，以公德诚信为道德基础，致力回报社会、服务社会和贡献社会。过去我们强

调的企业家素质偏向于企业家的经营能力和市场竞争能力，今后也应该要求企业家具备和不断提高履行社会责任的素质和能力。认真贯彻执行《劳动法》《安全生产法》，按照《清洁生产法》《环境保护法》等法律、行政法规组织生产与营销活动。在企业内营造各个利益主体之间的和谐氛围，正确处理企业与员工之间的关系，把维护员工的根本利益作为实现企业承担社会责任的基本点。坚持以人为本，切实维护广大员工的根本利益，注意倾听员工的心声，尊重员工的意见和建议，保障员工的合法权益。在企业外要主动承担对自然环境及社会各利益相关者的义务和责任。正确处理企业与消费者的关系，充分尊重消费者的权利。把尊重和服务消费者作为履行社会责任的重要环节，构建企业与消费者之间和谐的关系。要重合同、守信誉，坚持诚信经营、严格履约，确保产品与服务的质量，在消费者中树立起信得过、靠得住的良好社会形象。企业要承担保护生态环境的责任，大力发展循环经济，实施清洁生产，节约资源能源，参与环境整治。

第二，引导消费者树立社会责任意识，主动配合企业的事业关联营销活动。

企业开展事业关联营销，没有消费者的密切配合是不可能取得实效的。引导消费者树立社会责任意识，首先，要使消费者自觉树立维权意识和自我保护意识，倡导健康、文明的消费方式，节约资源。维护自己的合法权益，既是消费者维护自己的个体权利，也是消费者作为社会成员对强化公司社会责任所作的贡献。其次，消费者不仅维护自己的权利，而且应当关注公司利益相关者的利益。消费者有权在消费品市场联合抵制缺乏诚信公司的产品，也有义务支持有社会责任感的企业，这样才能使越来越多的企业注重社会责任，才能使企业和社会进入良性循环，继而形成和谐社会。

第三，要选择一项企业、社会公众与目标受众都非常感兴趣的社会责任。

企业应承担的社会责任是多方面的。为了达到既承担社会责任，又促进企业营销发展的目标，就必须要选择企业自身与社会公众、目标受众都非常感兴趣的社会责任。

对于一些有心进行事业关联营销的企业来说，苦于找不到合适的公益“事业”进行合作成为他们的难题。其实，不同社会、不同时期所面对的社会问题是不同的，社会责任也有不同的主题，可选择的“事业”是多方面的。从西方国家的情况看，活动主题涉及环境保护、控制饮食和肥胖、枪支管理、减少婴儿先天性缺损、反吸食毒品、反过度饮用酒精类饮品等。而从我国目前的实际情况看，企业积极参与和促进社会事业发展，包括支持赞助教育、科学、文化、卫生、体育、环保、社会公共设施建设；参与社会公共福利事业，救助灾害，扶贫济困，帮助残疾人等。

农夫山泉以承担社会责任的形式来开展产品和品牌的推广，体现了事业关联营销的精髓，值得其他企业借鉴。2002 年 3 月 28 日，农夫山泉在北京召开新闻发布会，启动“阳光工程”，推出“买一瓶水，捐一分钱”活动，以支持贫困地区的体育教育事业。从 4 月 1 日到 12 月 31 日，每销售一瓶农夫山泉饮用天然水（550ml 装），公司就代表消费者捐出一分钱用于阳光工程，然后汇集所有的钱统一购置基础体育器材捐赠给贫困地区的中小学。从4月至9月，农夫山泉通过预提销售额向24省39市、县的397所学校捐赠了价值501万元的体育器材。

第四，企业在进行事业关联营销时，应考虑其长期性、相关性和专一性。

事业关联营销不等同于社会捐赠，企业既要承担社会责任，还要体现一种营销的思想，实现社会和企业的双赢。所选择的“事业”如果与公司产品存在某种相关性，则事业关联营销的效果更好；选择意义重大、影响广泛的“事业”进行长期性的事业关联营销运作，其社会影响力更大、效果更佳。

西安杨森是制药企业，所以它的“事业”一直与疾病、贫穷、医药联系在一起，如果西安杨森设立“××音乐奖”就显得很滑稽；可口可乐长期以来把自己的社会责任放在教育或体育事业上。如果企业今天赞助这个，明天捐赠那个，它们之间又没有什么联系的话，那产生的营销效果是要大打折扣的。农夫山泉从2002年到现在一直在延续着“买一瓶水，捐一分钱”活动。

山西省运城市河东乌麦黑色食品有限公司作为一家农业科技企业，将对农村的扶贫帮困贯彻企业营销始终，他们坚持每卖出一箱产品，就从利润中抽出一角钱，用来帮助那些困难人群，并由运城《黄河晨报》监督实施。

“让美国永远美丽”（Keep America Beautiful，KAB）是美国一家全国性的非营利公共教育组织。它们关注的焦点是垃圾预防、环境美化、社区改善以及减少浪费。KAB发起了一个名为“美国大清理”的活动，鼓励美国的民众为改善本社区的环境负起更大的责任。而“来舒”（LYSOL）品牌一直致力确立消毒和清洁的标准，目的就是要帮助众多家庭免受致病细菌的侵害。因此“来舒”参与到这次社区活动是理所当然的一件事。

“来舒”与KAB在各州的所有分支机构的领导者联系，建议他们在“美国大清理”志愿者活动中使用其产品。“来舒”捐献了大约25000件产品，总的零售价值接近10.5万美元。“来舒”还充分利用全国和当地的公共关系和媒体曝光，在活动现场和杂货店设置了大量的标志、装备和其他展品。在报纸页广告中，“来舒”展示了5种产品，并声明每收回一张优惠券就向KAB捐款5美分，上限为22.5万美元。通过这次活动，“来舒”品牌赢得了美国公众的认可。

第五，要选择一家有着广泛的现有和潜在关系基础的非营利组织、慈善机构或者营利机构作为合作伙伴。

事业关联营销有多种形式，如销量决定型、公益事业冠名型、义卖捐赠型、抽奖捐赠型、主题活动型、设立基金或奖项型等，都能够直观地将企业经济效益和社会效益挂钩，影响消费者的决策，提升企业品牌形象和消费者对企业的信赖感。但无论采用哪一种形式开展事业关联营销，都要选择一家有着广泛的现有和潜在关系基础的非营利组织、慈善机构或者营利机构作为合作伙伴。因为活动的每项交易捐款额可能很小，所以巨大的交易量将是活动成功的关键，选择有着现有或潜在关系基础的非营利组织、慈善机构等作为合作伙伴就非常重要。据有关资料显示，非营利性的慈善组织在美国就有140余万个，在欧洲国家中，德国、英国、瑞士都有不下1万个基金会。有人认为，在我国，慈善、公益机构比较少，资源动员能力差，相关法规和政策滞后，缺乏有效的评估机制，观念落后，一些非营利组织的自律性和他律性不够，这些公益事业发展尚待完善的地方阻碍了我国企业开展事业关联营销和选择合作伙伴。其实，对于公益事业关联营销活动的伙伴关系，企业可以有许多选择。他们可以同一家与本企业没有关联的非营利组织或基金会结成伙伴关系，也可以指定他们自己的基金会或非营利组织接收活动期间募集到的资金，如运城市河东乌麦黑色食品有限公司就选择了本地读者都比较喜欢的《黄河晨报》作为其合作伙伴。一家企业也可以与另一家营利企业结成伙伴关系，以扩大活动的影响范围和吸引力。

本章小结

网络营销与传统的营销方式相比具有如下几个方面的优势：网络营销可满足消费的个性化人性化、网络营销具有互动性与主动性、网络营销可培育消费者的忠诚度、网络营销具有强大的低成本优势。网络营销可以分为六种模式：顾客服务→增强与顾客的关系→留住顾客→增加销售、有用信息→刺激消费→增加购买、购买方便＋折扣＋直接销售＋减少管理费用、新的娱乐→促进顾客的参与→重复购买、提高品牌知名度→获取顾客忠诚＋更高的利润、数据库营销。

全球经济时代，企业全员须树立以下意识：在品牌、商标等传播媒介上要追求全球化效果，将世界视为一个市场；打破地域概念，在全球范围内筛选最佳市场；密切关注各国市场的需求和文化间的共性，采用全球通用化标准，开发出世界性产品；战略上放眼全球，战术上立足本土；企业将自身产品的统一标准化与本土化相融合，享受标准化的成本优势，维持本土化的灵活性；树立现代化企业意识，提高知识在生产成本中的含量与地位，创建国际名牌；树立新竞争意识。跨国公司、战略联盟是全球营销的两大模式。

绿色营销与传统营销的差异主要表现在以下几个方面：研究的焦点不同、产品不同、促销方式不同、价格的构成不同。实施绿色营销的企业，应在以下几个方面制订其策略：树立绿色营销观念、引导绿色消费、开发绿色产品、推广绿色包装、制定绿色价格、使用绿色标志、选择绿色促销、提供绿色服务。

知识营销以创造未确定的市场为目标，以新知识、高科技概念取胜，是外向型的营销模式，具有“规模无限性、时间长远性、市场开放性”三大特征。知识营销的产生有三大背景：营销环境发生变化、知识型产品逐步取代传统产品、互联网使知识营销成为现实。知识营销包括三方面内容：挖掘产品文化内涵，增加营销活动知识含量，并注重与消费者形成共鸣价值观；注重与消费者建立结构层次上的营销关系，使消费者成为自己产品的忠实顾客；加强营销队伍建设，使营销更适合产品高技术含量、智能化个性化的要求。知识营销需要遵循四个原则：诚实守信原则、利益兼顾原则、互惠互利原则、理性和谐原则。

数据库营销的主要特征有：降低营销成本，提高营销效率；增强顾客信任感，在企业和顾客之间建立牢固的感情纽带；数据库营销的效果能够评估和测量；数据库营销可以准确识别对同一品牌或同一公司产品具有相同兴趣的消费者群；使企业之间竞争更加隐秘，避免了竞争者的公开对抗。数据库营销要经历数据采集、数据存储、数据处理和共享、寻找理想消费者、使用数据、数据信息分析评价、完善数据库七个基本步骤。数据库营销的基本流程包括建立营销数据库之前的准备、营销数据的收集与数据库的建立和维护、数据库的统计分析和建模等步骤。

企业承担社会责任是事业关联营销的基础。事业关联营销与承担社会责任对接：第一，企业要把实现社会基本价值与自己的经营实践统一起来，增强社会责任意识，真正履行好自己的社会责任；第二，引导消费者树立社会责任意识，主动配合企业的事业关联营销活动；第三，要选择一项企业、社会公众与目标受众都非常感兴趣的社会责任；第四，企业在进行事业关联营销时，应考虑其长期性、相关性和专一性；第五，要选择一家有着广泛的现有和潜在关系基础的非营利组织、慈善机构或者营利机构作为合作伙伴。

关键术语

网络营销　经济全球化　绿色营销　知识营销　数据库营销　事业关联营销　企业社会责任

思考与练习

1. 网络营销为什么能迅速兴起？
2. 企业参与全球营销应树立哪些新竞争意识？
3. 简述品牌与产品之间的关系。
4. 大数据营销过程分哪几个步骤？
5. 怎样才能让绿色营销深入人心、造福社会？
6. 怎样理解事业关联营销？企业应如何实施？
7. 简述知识营销的特征。

技能训练

网上信息搜集训练

一、训练目标

1. 充分认识利用网络信息的必要性，了解信息搜索的主要途径，补充网络营销相关知识；

2. 掌握使用搜索引擎搜索特定信息的方法，了解不同主题词在搜索结果上引起的差异，认识和掌握利用网络搜索结果完成实际任务的技巧。

二、训练内容

通过网络搜索相关信息资料，写一篇介绍网络营销的短文（1000字左右）。

三、训练准备

1. 学生提前熟悉使用互联网的基本知识，了解网络的登录设置、主页的选择与设置、网上文档不同格式的特点及下载方法等；

2. 教师为学生提供一些必要的网络基础知识，确定任务的要求，制作一个参考性范例。

四、训练流程

登录互联网并选择搜索工具→搜索“网络营销”相关信息→通过不同搜索渠道搜索有关网络营销的信息→选择下载相关资料并建立专门文件夹存储→利用下载资料撰写短文→在规定的时间内通过网络将短文提交给老师。

五、训练操作要点

1. 知识点：互联网的连接与登录、常用信息搜索工具、资料下载与保存；

2. 能力点：特定信息搜索能力、资料分析和利用能力；

3. 控制点：课堂氛围、正确操作、完成任务的速度；

4. 考核点：出勤情况、实训态度、实训内容完成情况。

第十六章

市场营销管理

学习目标与要求

1. 了解市场营销组织的演变过程及类型。
2. 熟悉市场营销执行和控制的相关知识。
3. 掌握营销管理的各种方法。

本章知识架构

- 市场营销管理
  - 市场营销组织
    - 市场营销组织的演变过程
    - 现代市场营销部门的组织形式
    - 市场营销组织的建立
    - 知识经济下营销组织结构新变化
  - 市场营销计划
    - 市场营销计划的作用
    - 营销计划的主要内容
    - 市场营销计划的制订程序
  - 市场营销执行
    - 市场营销计划的有效执行
    - 计划执行中的问题与原因分析
  - 市场营销控制
    - 市场营销控制步骤
    - 市场营销控制方法
    - 市场营销审计

导入案例

麦当劳公司市场营销计划书

一、市场营销状况

1. 麦当劳公司面临的市场状况

快餐食品市场正在缓慢成长。传统的街区和郊区市场已经饱和，当前大多数的销售增长来自非传统销售网点，诸如机场、火车站、办公大楼所在地。

快餐食品自然集中于汉堡包、炸鸡类和番茄酱的销售。某些新开业的专业化快餐食品销售网点，如帝·莱特斯向成年人提供了更多的食谱选择，帕史塔棒这些销售网点对麦当劳形成潜在的威胁，它们正在集中于单一的快餐食品和成年人市场而不是儿童市场，恰恰成年人这一细分市场又是麦当劳缺少顾客忠诚的薄弱环节。

比较积极的事件是：麦当劳成功地向市场投入了各种色拉和麦克德尔特三明治；儿童们对各种幸福快餐的需求经久不衰并在不断发展，趋势明显；在游乐场上成功地扩大了销售。眼下，麦当劳面临着两个主要问题：其一，在不改变麦当劳十分重视儿童市场这一传统特征的前提下，怎样提高成年人对麦当劳的忠诚；其二，当开发新销售网点地盘变得越来越困难时，怎样继续保持其市场增长的势头。

另外，通过比竞争对手在广告宣传和促销方面多花钱，麦当劳才得以维持市场占有率。麦当劳每年大约花费7亿美元，而柏格王只花2亿美元。

对麦当劳有利的一个因素是竞争对手在处理扩张发展与保持盈利方面遇到的小麻烦。当它们扩张发展时，便很难保持盈利。但是，每一个新竞争销售网点都给麦当劳销售的稳定增长带来重大的困境。

麦当劳成功地向海外进行了扩张发展，但当美国国内的竞争销售网点日益成长时，那些海外的销售网点却丝毫不能帮助麦当劳在美国国内保持增长势头。

2. 麦当劳面临一些对手的强有力竞争

(1) 柏格。几年来的广告宣传很不得力，而且没有开发什么特别的新产品，其唯一积极的因素是步麦当劳“幸福快餐”的后尘，模仿这一产品并增加它的早餐食品的花色品种。

(2) 文帝。它是一个奋斗中的快餐食品公司，当文帝中断了有效的“牛排在哪里”的活动之后，顿时失去了它的市场营销发展势头。

(3) 肯德基炸鸡。它正行进在增加它的销售网点的大道上，它将三明治加进了它的食谱之中，其广告“只有我们对鸡的烹调才是正确的”这一口号十分有效。估计它会继续增加它的销售网点，而且它会采取更大的广告宣传活动，绝不会满足于已取得的成果。

(4) 帝·莱特斯。尽管它还远远不是一个主要竞争对手，但却代表一种思想，而这种思想对麦当劳是有害的。它用帕史塔棒加色拉食谱的办法来吸引成年人，尤其午餐时备受欢迎。帝·莱特斯还投其所好，向成年人提供了它认为更有营养价值的快餐食谱。尽管其在流动资金方面存在问题，但它的很多快餐店却经营得很好。

二、问题与机会分析

营销人员制订营销计划的第二步是分析企业面临的问题与存在的机会。

1. 麦当劳公司发现它面临如下问题

①现场试验发现，顾客对麦当劳潜在的新快餐食品评价不同；

②适于麦当劳开设新销售网点的潜在地盘十分有限；

③帝·莱特斯在经营成年人快餐食品销售力方面表现出极大的潜力；

④各竞争对手纷纷向市场投放各种各样的“幸福快餐”，文帝用“土豆王”玩具来配合，成功地进行了“幸福快餐”的促销；

⑤顾客反映麦当劳最近组织的意在以成年人市场为目标的两次游戏性促销活动中的游戏太复杂了；

⑥由于很难雇到合格的工人及随着食谱花色品种的增加给保持质量带来困难，麦当劳的快餐食品本身的质量和服务质量都在下降。

2. 麦当劳公司发现企业存在如下机会

①市场调查表明，顾客将对麦当劳即将推出的自由挑选全营养小果子面包做出积极的反应；

②麦当劳在非传统的开店场所开设的销售网点相当成功，麦当劳的地区合作团体和当地特许经营组织的市场营销能力在同行业中都是最强的；

③麦当劳投放市场的各种沙拉取得了成功；

④所有快餐食品销售链的产品都正在受到营养学专家的批评。

三、营销目标与行动方案

在进行完上述步骤之后，营销计划的制订者要做的下一步是确定市场营销的目标与行动的方案。

麦当劳所拟达到的营销目标是：销售额120亿美元，毛利额43亿美元，毛利率36%，净利润额13亿美元，市场占有率25.5%。

1990年，麦当劳处在一个平淡无奇的年份里。它既没有为占领成年人市场推出一种新产品，也没有能够跟上竞争对手增设网点的步伐。麦当劳正在准备检验一些新的市场观念，这些新市场观念既满足那些喜欢传统麦当劳快餐食品的顾客，又能使那些喜欢标新立异、期待快餐食品有所变革的顾客心满意足。

麦当劳的1991年目标是，在除了额外的全营养小果子面包，其他产品都应保持原有市场占有率。为了实现这一目标设计的行动方案如下：

①不断加强对儿童的市场营销活动，增强儿童对麦当劳的凝聚力；

②以成年人细分市场为目标进行促销活动，每6个月组织一次促销性游戏。在成年人中开发出能产生较强的顾客忠诚度的几种新观念；

③继续增加在非传统的设店场所开设销售网点的数目。

另外，与主要行动相配合，还拟采取下列次要活动：扩大适合于地区合作团体用于它们的广告宣传活动的素材量；增加麦当劳主办的体育活动及有关活动的次数；增加罗纳德·麦克唐纳露面次数；发布有关麦当劳快餐食品营养成分及含量的新闻报道。

四、营销策略

开展营销的广告宣传、促销、公关活动等策略。

1. 广告宣传活动。麦当劳将继续花费重金做广告，费用额将是对手的3~4倍，计划强调两方面：儿童导向型广告将在儿童表演节目中播出；成年人导向型广告将在晚间和周末电视节目中播出。这一广告宣传将按季度进行。

第一季度：做成年人导向型游戏促销广告。

第二季度：在目标城市市场开展向顾客介绍各种全营养小果子面包的宣传活动。

第三季度：做另一个成年人导向型游戏促销广告。

第四季度：利用人们的怀旧心理，配合3个月前重新推出的双层干酪包开展一场“麦当劳伴我成长”的活动。

2. 促销活动。尽管麦当劳前两次促销提高了销售，但很快又回到一般销售水平。

因为今年快餐食品厂没有什么花样翻新，只能引起销售下降，所以促销必须尽可能避免使这种潜在的下降成为现实。促销活动游戏必须比上次简单，以便更多人参与。

另外注意以下两点：

其一是店内促销。麦当劳将继续向市场提供“幸福快餐”，并有计划地逐日稍做更新，麦当劳把其儿童游乐场票价下调35%，以鼓励更多的销售网点售出游乐场票。

其二是店堂陈设。主要陈设有旗帜和招贴，招贴应适合于贴放或放在调味品台和堆放废弃物品的容器上。

3. 公关活动。主要有如下三大公关活动：

其一，麦当劳将继续对各种竞赛提供支持，如网球赛、足球赛等；

其二，对每一个地区合作的团体，都使罗纳德·麦克唐纳的露面次数加倍，并给予合作团体的额外支出以资金赞助；

其三，发表介绍全营养小果子面包营养成分的文章，使之与批评麦当劳快餐食品缺乏营养的文章辩论。

4. 包装。更富于营养的信息置于食品外包装上。

5. 市场研究。包括对新快餐食品市场进行研究，对各种新分销选择进行市场试验。

6. 销售网点。麦当劳将继续在下列地区增设销售网点和特许经销店：受允许的外国；非传统设点场所；提高或恢复各街区的活力的场所。

五、营销计划的执行与控制

掌握计划执行进度及执行计划的费用预算等控制项目。

（略）

（资料来源：宋彧．市场营销原理与实务［M］．北京：清华大学出版社，2013．略有改动）

从世界快餐巨头麦当劳制订的营销计划方案可以看出，面对市场的不断变化、消费者需求的不断更新、竞争对手的不断涌现，市场相对饱和，任何一个企业包括像麦当劳公司都必须适应市场营销环境的变化，做好市场营销的组织、营销计划以及营销控制工作，这些都属于市场营销管理研究的内容。市场营销管理是指为了实现企业的营销目标，创造、建立和保持与目标市场之间的互利交换关系而进行分析、计划、执行和控制的过程。为了有效地开展营销管理活动，必须具备四个方面的条件：一是要有准确具体的营销决策前提条件；二是在良好条件的前提下，制订有效的营销计划；三是根据营销计划有效地从事营销活动；四是善于分析营销业绩，完善有助于今后营销活动的管理行为。

市场营销管理必须依托一定的机构或部门——市场营销组织进行。市场营销计划是关于某个产品或具体品牌如何进行市场营销的安排和要求。制订、执行市场营销计划，评估和控制市场营销活动，是市场营销组织的重要任务。

第一节 市场营销组织

一、市场营销组织的演变过程

企业内营销部门的构成是随着企业规模和营销业务量及范围的不断扩大经长期演进而来的。同时，企业经营观念的转变对营销部门的设置及在企业中地位的提高也起了不可低估的作用。其在长期的演进过程中，大体经历了五种典型形式：

（一）单纯的推销部门

当企业规模很小时，销售职能多由企业主本人或雇用一两位推销员承担，还谈不上什么职能部门。因为此时的销售是否顺畅关系到企业能否生存，加上客户关系往往是企业除技术诀窍之外最重要的资源（甚至是头号资源），所以企业主通常会亲自主持或从事销售工作。

随着企业规模的不断扩大，业务量的不断增加，企业成立销售部门，任命一位销售主管负责管理推销人员，并兼管如市场调研、广告促销等其他营销功能。销售部门的主要任务，就是销售企业生产出来的产品，生产什么销售什么，生产多少销售多少。产品的生产、库存管理等完全由生产部门决定，销售部门对产品的种类、规格、产量等问题几乎没有发言权。

（二）具有辅助性职能的推销部门

随着社会的发展，企业生产能力有很大提高，市场竞争有所加剧，产品销售出现困难，企业开始把精力放在推销上，开始使用促销手段，如广告宣传、市场调查、人员推销等，并对这些职能进行管理。为了把销售工作做得更好，企业扩大推销部门规模，雇用大量推销员专门负责推销工作。由于各地区都要分派推销人员，推销费用加大，单纯的推销部门已经不能适应企业发展，企业不得不在内部设立营销主任，负责对销售以外的其他营销工作的管理。复杂的销售部门兼有营销的职能。

当然，现实中处于这一阶段的许多企业的销售部门，虽兼有一些营销职能，但工作的重心是销售以及与销售最为密切的售后服务等。

（三）独立的市场营销部门

为了不断满足社会的需要，企业要面向市场，组织营销工作，为此出现了专门的营销部门。市场营销成为一个相对独立的职能，专门研究市场、广告宣传、产品计划、新产品开发、促销和顾客服务等，其作用是使产品更适合市场需要。原来的推销部门则主要负责产品销售。

在实际的运行过程中，这两个职能及其部门常出现工作脱节，有时很难互相配合，因此，协调解决营销过程中可能发生的矛盾，成为企业负责人一项非常重要的工作。

（四）现代市场营销部门

为了统一管理、协调营销和推销活动，企业成立市场营销与销售部门，由市场营销副总经理全面负责。按市场分工，营销部门以长期目标为导向，计划和制订市场营销战略，实施市场营销组合，满足顾客对产品和服务的长期需要；销售部门则以短期目标为导向，完成每年的销售任务。

（五）现代市场营销企业

仅仅有了现代市场营销部门的企业，还不是现代市场营销企业。成为现代市场营销企业的关键在于企业所有的管理者和每一位员工对待市场营销职能的态度。只有所有的管理人员和每一位员工都认识到，企业一切部门和每一个人的工作都是“为顾客服务”，“市场营销”不仅是一个职能、一个部门的称谓，而且是一个企业的经营哲学，从而实施“全员营销”，这个企业才算是一个真正的现代市场营销企业。

二、现代市场营销部门的组织形式

现代企业的市场营销部门有各种组织形式，不同的企业或同一个企业的不同发展时期建立的市场营销组织都不尽相同。一般来说，现代市场营销组织形式可以分为职能管理型组织、区域管理型组织、产品管理型组织、市场管理型组织、产品/市场管理型组织和事业部组织等几种类型。

（一）职能管理型组织

职能管理型组织是最常见的市场营销组织形式。它在市场营销副总经理的领导下，集合各种市场营销专业人员，如广告和促销人员、推销人员、市场营销调研人员、新产品开发人员、顾客服务人员、市场营销策划人员、储运管理人员等组成。市场营销副总经理负责协调各个市场营销职能部门、人员之间的关系。

（二）区域管理型组织

企业的业务涉及全国甚至全球范围时，可以按照地理区域组织管理销售人员。例如在国内市场上，销售部门设有华东、华南、华北、西北、西南、东北等大区市场经理；再按省、自治区、直辖市设置区域市场经理；往下还可以设置若干地区甚至若干县域市场经理和销售代表。从全国市场经理依次到地区市场经理，所管辖的下属人员的数目即“管理幅度”逐级增加。当然，如果销售任务艰巨、复杂、销售人员的工资成本太高，他们的工作成效又对利润影响重大，管理幅度可以适当缩小。

（三）产品管理型组织

一个企业生产多种产品或拥有多个品牌，往往按产品或品牌建立市场营销组织。通常是在一名总产品（品牌）经理的领导下，按产品种类（品牌）各分设一名经理，再按产品具体品种各设一名经理。在一个企业，如果经营的各种产品差别很大，产品的数量又很多，超过了职能管理型组织所能控制的范围，就适合于建立产品（品牌）管理型组织。产品经理的作用就在于制订产品（品牌）计划，监督计划实施，检查执行结果并采取必要的调整措施，以及为自己负责的产品（品牌）制订长期的竞争战略和政策。

（四）市场管理型组织

如果市场能够按照顾客特有的购买习惯和偏好细分，也可以建立市场管理型组织。它同产品（品牌）管理型组织相似，由一个总市场经理管理若干细分市场经理。各个市场经理负责制订和执行自己所辖市场的年度销售利润计划和长期销售利润计划。

（五）产品/市场管理型组织（又称为混合型市场营销组织）

面向不同市场、生产多种产品的企业，在确定市场营销组织结构时经常面临的困局是，采用产品管理型还是市场管理型；能否吸收两种组织形式的优点，摒弃它们的不足之处。因此产品/市场管理型组织便产生了，即在一个企业既按产品建立营销组织，又按市场建立营销组织。

在混合型市场营销组织中，市场部门注重于巩固、扩展已占领的市场，并发现本企业产品可能进入的其他潜在市场，因而比较关心长期的市场需求。产品部门则着重于将本部门负责的产品销售出去，并实现该产品应达到的利润目标，因而较关心短期的效益。两者协调配合得好，可能取得相辅相成的效果；如果协调不好，可能在责权划分上有重叠、交叉和含混不清之处，带来许多矛盾和冲突。

（六）事业部组织

从事多元化经营的大公司发展到一定规模后，有时为较大的产品类设立独立的事业部，这些事业部各设自己独立的职能部门，由此产生了营销职能如何在公司总部与各事业部之间分工的问题。企业通常从以下几种模式中选取一种：

（1）公司总部不设营销部门，营销职能完全由事业部自己负责。

（2）公司总部设一规模很小的营销部门，只担负极少的营销职能，如为最高管理部门进行总体市场机会评估；应事业部之邀提供咨询帮助等。

（3）公司总部设一较大规模的营销部门，为事业部提供各种营销服务，如组织全公司的广告、公关活动；提供市场研究、推广、政策咨询、人员培训等服务。

（4）公司一级设有强大的营销部门，直接参与各事业部的营销规划及实际业务工作，甚至部分地控制它们的销售经营活动。

三、市场营销组织的建立

在市场竞争越来越激烈的情况下，企业规模不断扩张，消费者需求差异化越来越突出，企业为了能根据外部环境的特点，最有效、最经济、最科学地组织和利用企业的各种资源，满足市场的需要，实现产品和服务的最大价值，通常需要建立并加强市场营销组织。

（一）建立营销组织的一般原则

企业应该在以顾客为中心的经营思想指导下，建立相应的营销组织。建立营销组织一般应遵循以下原则：

1. 整体协调和主导性原则

（1）设置的市场营销机构能够对企业与外部环境，尤其是与市场、顾客之间关系的协调发挥积极作用。

（2）设置的市场营销机构能够与企业内部的其他机构相互协调，并能协调各个部门之间的关系。

（3）市场营销部门内部的人员结构以及层次设置，也要相互协调，以充分发挥市场营销机构自身的整体效应。

2. 精简以及适当的管理跨度与层次原则

“精简”包含两方面意思：一是因事设职，因职设人，人员精干；二是内部层次不宜过多。

管理跨度，又称为管理宽度或管理幅度，指领导者能够直接有效指挥的部门或员工的数量；管理层次又称管理梯度，指一个组织下属不同等级的数目。

3. 有效性原则

效率是指一个组织在一定时间内可以完成的工作量。市场营销部门要有与完成自身任务相一致的权力。市场营销组织要有畅通的内部沟通和外部信息渠道，善于用人，各司其职。

营销组织的有效性原则还表现在企业的营销组织结构必须与企业的规模和企业的管理任务相适应。在较小的企业里，一个人可能要兼管市场调研、产品推销、广告宣传等多种营销工作，而在大中型企业，这些工作可能需要由若干个人甚至若干个部门共同来完成的。企业的营销组织可以有多种不同形式，并根据客观需要随时调整。

（二）影响营销组织建立的因素

1. 企业规模

企业规模越大，组织越复杂，企业就越需要较多的各类市场营销专职人员、专职部门以及较多的管理层次。

2. 市场

市场由几个较大的细分市场组成，企业需要为每个细分市场任命一位市场经理；市场地理位置分散，需按地区设置营销组织；市场规模大、范围广，就需要庞大的营销组织、众多的专职人员和部门。

3. 经营的产品

产业市场推销部门庞大，而广告部门却较小，产品类型多的企业，相应地就需要设置产品经理。直接面对消费者市场的企业，广告部门较庞大，推销部门则较简单。

4. 企业类型

服务行业、银行、商业的营销重点之一是顾客调查；原材料行业的营销重点之一则在于产品的储存和运输。

四、知识经济下营销组织结构新变化

伴随着科学技术的飞速发展，企业的营销生态环境发生了根本性的变化，必然要求企业的营销组织结构通过变化与之相匹配。营销组织结构的变化主要体现在管理层次与幅度、分工形式、关键职能、集分权、规范化、制度化、工业化及人员结构等方面。

（一）企业营销管理网络化

随着信息技术的飞速发展，信息的传递不必再遵循自上而下或自下而上的等级阶层，就可实现部门与部门、人与人之间直接的信息交流。企业内部的这种无差别、无层次的复杂的信息交流方式，极大地刺激了企业中信息的载体和运用主体组织的网络化发展。

营销组织结构网络化主要表现为企业内部结构网络化和企业间结构网络化。企业内部结构网络化是指在企业内部打破部门界限，各部门及成员以网络形式相互连接，使信息和知识在企业内快速传播，实现最大限度的资源共享。企业间结构网络化包括纵向网络和横向网络，纵向网络指由行业中处于价值链不同环节的企业共同组成的网络型组织，例如供应商、生产商、经销商等上下游企业之间组成的网络，这种网络关系打破了传统企业间明确的组织界限，大大提高了资源的利用效率及对市场的响应速度。横向网络指由处于不同行业的企业所组成的网络。这些企业之间发生着业务往来，在一定程度上相互依存。

营销组织的网络化使传统的层次性组织和灵活机动的计划小组并存，使各种资源的流向更趋于合理化，通过网络凝缩时间和空间，加速企业全方位运转，提高企业组织的效率和绩效。同时，营销组织也借此与客户方便地实现双向沟通。

（二）企业营销结构扁平化

营销组织结构的扁平化，就是通过减少管理层次、裁减冗余人员来建立一种紧凑的扁平组织结构，使组织变得灵活、敏捷，提高组织效率和效能。

扁平化组织结构的优势主要体现在以下几个方面：

（1）信息流通畅，使决策周期缩短。组织结构的扁平化，可以降低信息的失真度，增强上下级的直接联系，信息沟通与决策的方式和效率均可得到改观。

（2）创造性、灵活性加强，致使士气和生产效率提高，员工工作积极性增强。

（3）可以降低成本。管理层次和职工人数的减少、工作效率的提高，必然会带来产品成本的降低，从而使公司的整体运营成本降低，市场竞争优势增强。

（4）有助于增强组织的反应能力和协调能力。企业的所有部门及人员可更直接地面对市场，减少了决策与行动之间的时滞现象，增强了对市场和竞争动态变化的反应能力，从而使组织能力变得更柔性、更灵敏。

（三）组织结构无边界化

无边界化是指企业各部门间的界限模糊化，目的在于使各种边界更易于渗透，打破部门之间的沟通障碍，有利于信息的传送。在具体的模式上，现在比较有代表性的无边界模式是团队组织。团队组织指的是职工打破原有的部门边界，绕开中间各管理层，组合起来直接面对顾客和对公司总体目标负责的以群体和协作优势赢得竞争优势的企业组织形式。团队组织一般可以分为两类：一类是“专案团队”。成员主要来自公司各单位的专业人员，其使命是为解决某一特定问题而组织起来，问题解决后即宣告解散；另一类是“工作团队”。工作团队一般是长期性的，常从事日常性的公司业务工作。

（四）企业营销组织虚拟化

营销组织结构的虚拟化是指用网络技术把人、资金、知识或构想网罗在一个无形

（相对于实物形态的统一的办公大厦、固定资产和固定的人员等）的组织内，以实现一定的组织目标的过程。虚拟化的企业组织通过网络技术把实现企业目标所需要的知识、信息、人才等要素联系在一起，组成一个动态的资源利用综合体。虚拟组织的典型应用是创造虚拟化的办公空间和虚拟化的研究机构。前者是指同一企业的员工可以置身于不同的地点，但通过信息和网络技术连接起来，如在同一办公大厦内，同步共享和交流信息和知识；后者是指企业借助于通信网络技术，建立一个将世界各地的属于或不属于本企业的研究开发人员、专家或其他协作人员联系在一起，组成跨越时空的合作联盟，实现一定的目标。

（五）企业营销结构柔性化

营销组织结构的柔性化是指在组织结构上，根据环境的变化调整组织结构，建立临时的以任务为导向的团队式组织。组织结构柔性化的本质是保持变化与稳定之间的平衡，它需要管理者具有很强的管理控制力。组织结构柔性化最显著的优点是灵活便捷、富有弹性，因为这种结构可以充分利用企业的内外部资源，增强组织对市场变化与竞争的反应能力，有利于组织较好地实现集权与分权、稳定性与变革性的统一。除此之外，还可以大大降低成本，促进企业人力资源的开发，并推动企业组织结构向扁平化发展。很显然，柔性化的组织结构强化了部门间的交流合作，让来自不同方面的知识形成共享后的合力，有利于知识技术的创新。

案　例

耐克的营销组织变革

2007 年，耐克品牌总裁 Charlie Denson 宣布，耐克将进行营销组织和管理变革，以强化耐克品牌与新兴市场、核心产品以及消费者细分市场的联系。实行这一变革，使耐克从以品牌创新为支撑的产品驱动型商业模式，逐步转变为以消费者为中心的组织形式，通过对关键细分市场的全球品类管理，实现有效益的快速增长。

为此，耐克强化了 4 个地区运营中心，新设立了 5 个核心产品运营中心。4 个地区运营中心是：美国、欧洲、亚太、中东及非洲。5 个核心产品运营中心是：跑步运动、足球、篮球、男士训练和女士健康。这是一个矩阵式的管理，目标是把企业的资源向关键区域、核心产品集中，去抓住企业最大的市场机会。与传统的矩阵管理不同，此次关键是要实现跨地区、跨部门的协同。实际上，耐克公司已经有成功的经验，正是采用这种协同矩阵的管理方式，耐克公司组建了一支专门的队伍，将公司足球用品市场的销售额从 1994 年的 4000 万美元扩大到如今的 10 多亿美元。Charlie Denson 说：

"通过这种方式，我们可以更好地服务于运动员，更好地加深与消费者的联系，更好地扩大我们的市场份额，实现有效益的增长，增强我们的全球竞争力。比如中国的篮球运动市场，就由亚太区运营中心和全球篮球运营中心协同开拓。"

（资料来源：宋彧．市场营销原理与实务［M］．北京：清华大学出版社，2013．略有改动）

第二节 市场营销计划

市场营销计划是指市场营销组织对市场营销未来行动的规划和安排。营销计划通过将企业在一定时期内的营销活动任务分解给企业的各个部门、环节和个人，从而不仅为这些部门、环节和个人在该时期的工作提供了具体的依据，而且为决策目标的实现提供了保障。制订和实施市场营销计划是市场营销组织的基本任务，是指导、协调市场营销活动的主要依据。

一、市场营销计划的作用

（一）为营销活动的分工提供依据

为了实现营销组织所制订的目标，组织必须开展相应的业务活动。为了保证营销组织不同成员在不同时空的活动相互协调地进行，必须进行科学的分工。营销计划的编制将组织的目标活动在时间和空间上进行详细的分解，从而为科学分工提供了依据。

（二）为组织营销活动的资源筹措提供依据

任何活动的进行都是对一定资源的加工和转换。为了使营销组织的目标活动以尽可能低的成本顺利地进行，必须在规定的时间内提供活动进行所需的规定数量的各种资源。资源的提供不及时或者数量不足，可能导致活动的中断；而数量过多，则会导致资源的积压，从而不仅会增加资金的占用，甚至会造成资源的浪费。营销计划将活动在时空上的分解，通过规定组织的不同部门在不同时间应从事何种活动，告诉了人们何时需要何等数量的何种资源，从而为活动的资源筹集和供应提供了依据。

（三）为营销组织活动的检查与控制提供依据

营销组织的各个部门、环节和个人在决策实施中的活动情况与目标要求不一定相符，可能会出现偏差。这种偏差如不及时发现并针对原因及时采取措施，则可能会导致营销组织活动的失败。营销计划的编制为检查不同部门、环节和个人在不同时期的活动情况提供了客观的标准和依据。

二、营销计划的主要内容

市场营销计划的内容包括以下几个部分：

（一）计划概要

这是市场营销计划的开端，对主要的市场营销目标和措施作简要概括。

（二）背景分析

这一部分提供与市场形势、产品情况、竞争形势、分销情况以及宏观环境有关的现状资料并进行独到的分析。

（三）机会与威胁分析

通过分析现状，围绕产品找出主要的市场机会和威胁、优势与劣势，以及所面临的各种其他问题。

（四）拟订营销目标

明确问题后，需要做出与目标有关的选择，用以拟订战略和行动方案，这是营销计划的核心部分。

营销计划目标分为财务目标和市场营销目标两类。

营销目标应具体化，尽量用数量表达，如销售额、市场占有率、市场覆盖率、单价水平等。

（五）确定营销策略

营销策略包括目标市场、产品定位、市场营销组合策略及新产品开发和营销调查方面的计划。

（六）制订行动方案

行动方案将计划规定的目标和预算按季度、月度或更小的时间单位进行分解，如何具体着手、何时开始、何时完成、由谁做、预算经费多少等要按时间顺序列成一个行动方案。

三、市场营销计划的制订程序

（一）更新和收集数据，进行归纳分析

在解决任何问题时，首要的是掌握事实、分析事实。数据的更新与收集包括对行

业、市场、销售、宏观经济方面的历史数据的收集和整理，同时要注意收集的数据应与解决营销计划中的问题有关。

数据的分析工作非常重要，它必须能够支持得出的结论，并且透过数据可以看出设计的目标和战略是否可行。

（二）形成营销目标和营销战略

如前所述，营销目标一般采用数字指标进行衡量。销售额、品牌知名度、品牌第一提及率、现金流量等都是经常被设定的营销目标。

营销战略是为完成营销目标服务的。市场营销战略主要由三部分组成：

（1）目标市场战略，阐明企业及其品牌、产品准备进入的细分市场。

（2）市场营销组合战略，对选定的细分市场，分别制订包括产品、价格、渠道和促销等因素在内的一体化战略。

（3）市场营销预算。企业的营销目标、战略确定以后，要进行市场营销预算，即执行市场营销战略所需的、适量的各种市场营销费用、用途和理由等，作为各相关部门作出安排和管理的依据。

（三）制订营销行动方案

营销行动方案是市场营销计划的重要内容，是完成营销目标，执行营销战略的具体体现。营销行动方案按照时间系列、责任人落实、需要配备的资源等方法展示，说明了每个阶段需要对产品或服务采取的行动。

（四）预测财务结果

预测财务结果一般需要列明各项成本费用预算和盈亏金额，还包括现金流量表。这个过程通常需要财务人员的协助方能有效完成。财务结果对高层经理审批营销计划是非常关键的，它必须与公司的资源相匹配。

（五）协调和控制

再好的营销计划，也要靠具体的营销组织去实施，才能获得预期的效果。因此，营销计划的最后一部分，就是制订对营销计划的执行过程、进度等进行协调和控制的具体措施。即为了有效实行市场营销战略和计划，营销组织必须根据营销环境和企业资源、目标、策略的变化适应需要，调整自己，且企业内各职能部门均能相互配合，整体协调，共同为实现企业目标、营销计划而努力。

协调与控制常用的做法是把目标、预算按月度或季度分开，便于上级主管及时了解各个阶段的销售实绩，掌握未能完成任务的部门、环节的状况，分析原因，并要求其限期作出解释和提出改进措施。

第三节 市场营销执行

市场营销执行就是一个将市场营销计划转化为具体行动并实现既定目标的过程。

一、市场营销计划的有效执行

为了有效执行市场营销计划，市场营销部门以及相关人员对计划中的行动必须制订一个详细具体的执行方案，该方案必须明确市场营销计划中的关键环境、措施和任务，规定由“谁”在“什么时间”、“什么地点”及“怎样”去执行哪一项具体的任务。如计划规定了要组织一次与社会公益有关的公关活动，也分配了预算，这时就要安排人员具体组织并按照规定的时间完成这项任务。

（一）营销执行应掌握的技能

为有效地执行市场营销计划，营销执行过程中须掌握以下相关的技能：

1. 配置技能

配置技能即营销管理人员根据计划规定的工作量和难度，在不同任务段合理分配时间、人员和资源的能力。

2. 控制技能

控制技能包括建立和管理一个对计划执行过程进行有效跟踪监督的控制系统，以及在发生意外时迅速采取补救措施的能力。控制有四种类型：年度计划控制、盈利控制、效率控制和战略控制（见本章第四节“市场营销控制”的内容）。

3. 组织技能

组织技能主要是处理好组织内集权与分权、正规组织与非正规组织关系、建立合理制度、协调各部门关系的能力，以使组织效率达到最高。

4. 互动技能

互动技能组织的效率除取决于组织的结构、制度、传统、风格等因素外，还取决于管理者推动、影响他人努力将事情办好的能力。一位管理者还要善于影响组织之外的其他企业和个人更有效地工作或减少阻力，以达到企业的计划目标。

（二）市场营销执行的程序

市场营销计划的执行应遵循以下步骤：

1. 制订计划执行方案

根据市场营销计划，制订详细的执行方案。明确市场营销战略实施的关键性决策和任务，将执行这些决策和任务的责任落实到个人或销售小组，制订具体的任务进度表，规定行动方案执行的确切时间。

2. 建立组织机构

根据执行方案的要求，建立起与营销计划相适应的组织机构。组织机构应具备两大职能：一是提供明确的分工，将全部营销任务分解成管理的几个部分，再将其分配给各有关部门和个人；二是发挥协调作用，通过正式的联系沟通网络，协调各部门和人员的行动。

3. 开发人力资源

市场营销战略和计划最终是由企业内部的工作人员来执行的，人力资源的开发至关重要。根据人力资源管理的要求，涉及人员的招聘、选拔、培训、晋升、激励和考核等内容。开发人力资源应尽量做到人尽其才，激励考核措施要能够调动员工的积极性、主动性和创造性，防止营销管理人员行为的短期化，降低营销管理费用，保障市场营销计划的顺利完成。

二、计划执行中的问题与原因分析

在市场营销计划的执行过程中会出现各种问题，如任务不明确、权责不分明、管理不到位、资源不保障等，使得一个好的营销计划并不能带来预期的业绩。究其原因，主要有以下几个方面：

1. 计划脱离实际

市场营销计划通常由专业计划人员制订，执行则主要靠基层的管理人员和销售员。专业计划人员更多考虑的是总体方案和原则性要求，容易忽视具体执行中的细节，使计划过于笼统甚至是形式化；而基层操作人员由于不能完全理解营销计划的内涵，在执行过程中遇到困难在所难免。因此应由专业计划人员与基层人员共同来制订营销计划，可能更有利于市场营销计划的执行。

2. 长期目标与短期目标相矛盾

计划常常涉及企业的长期目标，企业对于具体实行计划的市场营销人员，通常又是根据他们短期的工作绩效，如销售量、市场占有率等指标，进行评估和奖励。因此，市场营销人员常常不得不注意短期目标，将资源主要投放到现有的成熟产品或成熟市场上，结果可能导致一个企业新产品推广的失败。所以，在制订营销计划时，一定要考虑到长期目标与短期目标之间的矛盾，设法求得二者的协调，以保障营销计划的正确实行。

3. 因循守旧的惰性

一般来说，企业当前的经营活动往往是为了实现既定的目标，新的战略、新的计划如果不符合传统和习惯，就容易受到抵制。因此，要想执行与旧战略截然不同的新计划，必须改变传统的组织结构和运行流程。

4. 缺乏具体、明确的行动方案

有一些营销计划之所以失败，是因为没有制订具体、明确的行动方案，缺乏一个能使企业内部各有关部门、环节协调一致、共同努力的依据。这就要求在营销计划实行之前，必须制订出详细具体的执行方案。

第四节 市场营销控制

市场营销控制是指企业跟踪营销活动的每一个环节，对营销计划中各项营销活动的实施和营销指标的完成情况进行监督和审计的过程。

市场营销组织的工作和任务，就是计划、实施和控制市场营销活动。营销控制的目的就是在执行市场营销计划过程中，保证企业营销计划与实际执行、预期目标与营销实绩的动态适应。

一、市场营销控制步骤

（1）确定应对哪些市场营销活动进行控制。市场营销活动的控制内容包括：销售收入、销售成本、销售利润、市场调查、推销人员工作、顾客服务、新产品开发、广告活动等。

（2）设置控制目标。

（3）建立一套能测定营销结果的衡量尺度。

（4）确立控制标准。

（5）比较实绩与标准。

（6）分析偏差原因。

（7）采取改进措施。

二、市场营销控制方法

市场营销控制包括年度计划控制、盈利控制、效率控制和战略控制等方面，具体控制方法如下：

（一）年度计划控制

1. 偏差分析

首先，控制步骤，管理者必须将年度营销计划分解为每季或每月的营销计划；其次，管理者必须随时跟踪掌握具体营销计划的实行情况，当营销实绩与计划标准属性发生偏差时，找出产生偏差的原因；最后，采取措施，纠正目标与实际执行结果之间的差额。

2. 销售差额分析

销售差额分析是指分析销售额与计划销售额之间的差距，衡量并评估造成销售差距的不同因素的影响程度。具体有两种方法：

（1）总量差额分析，是指着眼于总销售额未能达到预期目标的分析。

（2）个别销售差额分析，是指着眼于个别产品或地区销售额未能达到预期份额的分析。

3. 市场占有率分析

通过市场占有率分析揭示企业与竞争者之间的相对关系。市场占有率分析有三种指标：

（1）总体市场占有率，用本企业销售额在全行业销售额中所占比率表示。

（2）有限地区市场占有率，指企业在某一有限区域内的销售额占全行业在该地区市场销售额的比率。

（3）相对市场占有率，将本企业的市场占有率与行业内领先的竞争对手的市场占有率进行比较。

4. 市场营销费用率分析

年度计划控制要确保企业在达到计划指标时，市场营销费用控制在一定限度内，就要对各项费用率进行分析。如果费用率变化幅度过大、上升速度过快，就必须采取相应调整措施，降低费用。

（二）盈利控制

盈利控制指企业测算它的各类产品在不同地区、不同市场，通过不同分销渠道出售的实际盈利能力。盈利控制能够帮助主管人员决策哪些产品或市场应予以扩大，哪些应予以缩减以致放弃。

盈利控制分析的方法：将费用开支分摊到各项职能上；再将各职能性费用按不同地区的费用支出进行分配；根据各地区销售额和费用支付额，编制各地区营销机构损益表。

（三）效率控制

效率控制是对企业营销活动效率，如销售人员效率、广告效率、分销效率、促销效率等进行控制以达到预期要求。

（1）控制销售队伍的营销效率，包括每次销售访问平均所需时间、平均成本费用及订货量；发展的新客户数量、流失的老客户数量；销售队伍成本占总成本的百分比等方面的控制。

（2）控制商业广告效率，包括广告成本，各类媒体引起消费者注意、联想程度，顾客对广告内容、形式的意见，广告前后消费者对品牌、产品的态度等方面的控制。

（3）控制分销效率，包括分销网点的市场覆盖率、分销渠道成员所发挥的作用、存货、仓库、运输等方面的控制。

（4）控制促销效率，包括激发顾客兴趣和欲望的方式、方法，每次促销活动的成本及对整个营销活动的影响等方面的控制。

（四）战略控制

战略控制是对企业的发展战略与市场营销环境的适应程度加以控制，其目的是确保企业的目标、政策、战略和措施与市场营销环境相适应。

三、市场营销审计

为了确保企业目标、战略及策略能够与市场营销环境相适应，为了确保市场营销控制达到预期目的，企业必须时时注意对其整个市场营销活动进行全面的审查、评价，即进行市场营销审计。

市场营销审计是指对企业或战略业务单位的营销环境、营销目标、营销战略、营销组织、营销方法、营销程序和业务等诸方面进行独立的、系统的、综合的定期审查，以发现市场机会，找出问题所在，提出改善市场营销工作的行动计划和建议，供企业领导者决策时参考。

（一）市场营销审计的特性

从市场营销审计概念可以看出，市场营销审计具有四个方面的特性：

1. 全面性

营销审计不是只审计几个出问题的地方，而是覆盖整个营销环境、内部营销系统以致具体营销活动的所有方面，具体包括：营销环境审计、营销战略审计、营销组织审计、营销制度审计、营销生产率审计和营销功能审计六个方面。

2. 独立性

营销审计通常邀请企业之外富有经验的咨询部门或专家顾问参与，或由企业外部一个相对独立的、富有经验的营销审计机构客观进行，从而体现了营销审计的客观性和独立性。

3. 系统性

营销审计包括一整套有序的审计步骤，首先了解企业目标、确定审计范围，进而检查企业各项目标实现情况，从而确定对于计划的执行是否付出了足够努力；最后通过检查企业组织内信息沟通、权责分配是否合理，提出改进意见。

4. 定期进行

营销审计不是只在企业遇到问题或危机时才进行，仅仅解决一些临时性问题。营销审计是定期进行的，无论企业处于顺境还是逆境。

（二）市场营销审计的内容

市场营销审计的内容包括六个方面。

1. 市场营销环境审计

（1）宏观环境审计。宏观环境审计包括：人口统计，如人口环境的发展变化对公司带来哪些机会和威胁，公司应当采取哪些行动；经济因素统计，如顾客的收入、储蓄、信贷和产品价格等方面有哪些变化将影响公司，公司可采取哪些行动；生态因素审计，如公司所需要的资源和能源的成本及获利性的前景如何，公司在环保方面发挥过什么作用；技术因素审计，产品技术发生过哪些主要变化，公司在这些技术领域的地位如何，有何产品会替代本公司产品；政治因素审计，哪些政治和法律因素会影响公司的营销战略与策略，公司应采取何种对策；文化环境审计，消费者的生活方式和价值观发生了哪些变化，对本公司将产生何种影响。

（2）任务环境审计。包括市场因素审计，如市场规模、成本、地理分销和盈利状况，细分市场的识别和确定；顾客因素审计，如顾客和潜在顾客对本公司和竞争者的产品质量、服务、销售队伍、价格、声誉的评价带来哪些机会，造成哪些威胁，公司可采取哪些步骤。

2. 市场营销战略审计

市场营销战略审计包括：企业使命审计，如企业使命是否使用市场导向的术语明确地表述，是否切实可行；营销目标审计，如公司营销目标能否有效地指导营销计划和衡量营销实绩，是否与公司的竞争地位、资源和机会相适应；营销战略审计，如营销战略是否适应竞争者战略和经济环境，是否适应产品寿命周期阶段和竞争者的战略与经济状况，市场细分和目标市场选择是否适当，是否为目标市场制订了有效的市场营销组合，实现营销目标的资源是否充足。

3. 市场营销组织审计

市场营销组织审计包括：市场营销组织正式结构的审计，如营销主管人员是否有足够的权力和责任，营销活动能否按功能、产品、最终用户和地区有效地组织；营销组织功能效率的审计，如营销部门和销售部门及其他各部门之间能否保持良好的沟通和工作关系，产品管理系统能否有效地运作；职能部门相互之间联系效率审计，如营销部门与制造、研究开发、采购、财务、会计以及法律等部门之间能否有效地沟通与协作，亟待解决的问题是什么。

4. 市场营销制度审计

市场营销制度审计包括：营销信息系统审计，如营销信息系统能否提供关于顾客、潜在顾客、经销商、竞争者、供应商以及各种公众的真实、及时、足够的信息，公司决策者有没有开展所需要的市场营销研究，有没有正确地利用调研的结果；营销计划系统审计，如营销计划的制订是否有效，销售定额的制订是否适当；营销控制系统审计，如营销控制程序能否保证季度、年度等目标的实现，营销部门是否定期分析产品、市场、地区和分销渠道的盈利情况和营销成本；新产品开发系统审计，如公司是否很好地组织、激发、收集和筛选新产品构思，新产品开发投资是否进行适当地营销研究和商业分析，推出新产品之前是否进行市场试销。

5. **市场营销生产审计**

市场营销生产审计包括：盈利率分析，如公司不同产品、市场、地区和分销渠道相应的盈利率分析，利润情况如何；成本效益分析，如不同营销活动的成本情况如何，哪些营销活动还有可以降低成本的空间。

6. **市场营销功能审计**

市场营销功能审计包括：产品审计，如不同产品线的目标市场是什么，能否满足目标市场的需求，哪些产品线应当淘汰，哪些产品线应当增加，哪些产品线需要进一步改进；价格审计，如公司的价格目标、政策、战略和定价程序是什么，定价是否正确地考虑了成本、需求和竞争因素，顾客与经销商对本公司产品的价格与质量有何看法；分销审计，如公司的分销网络能否充分覆盖市场，渠道成员工作效率如何，可采取哪些激励方法提高其工作积极性，有无必要改变分销渠道；广告审计，如广告目标是否合理，广告费用是否适宜，广告预算如何确定，广告主题及文案是否有效，广告媒体是否适当，广告效果如何；销售促进和公共关系审计，如销售促进预算是否足够，各种销售促进工具是否得到有效利用，公共关系及公共宣传预算是否足够，公共关系部门员工是否胜任；销售队伍审计，如销售队伍规模是否适当，销售队伍是否按照地区、市场或产品因素合理组织，销售人员报酬水平和构成是否足以起到激励作用，销售队伍的工作热情、能力和努力状况如何，销售业绩评价方式是否合理等。

本章小结

市场营销管理是指为了实现企业的营销目标，创造、建立和保持与目标市场之间的互利的交换关系而进行的分析、计划、执行和控制过程。

市场营销管理必须依托一定的机构或部门——市场营销组织进行。在长期的演进过程中，市场营销组织大体经历了五种典型形式：单纯的推销部门、具有辅助性职能的推销部门、独立的市场营销部门、现代市场营销部门、现代市场营销企业。

现代市场营销部门的组织形式可以分为职能管理型组织、区域管理型组织、产品管理型组织、市场管理型组织、产品/市场管理型和事业部组织等几种类型。

建立营销组织一般应遵循以下原则：整体协调和主导性原则、精简以及适当的管理跨度与层次原则、有效性原则。

影响营销组织建立的因素包括：企业规模、市场、经营的产品、企业类型。

知识经济下营销组织结构新变化包括：企业营销管理网络化、企业营销结构扁平化、组织结构无边界化、企业营销组织虚拟化、企业营销结构柔性化。

市场营销计划是指市场营销组织对市场营销未来行动的规划和安排。其作用包括：为组织营销活动的分工提供依据、为组织营销活动的资源筹措提供依据、为营销组织活动的检查与控制提供依据。

市场营销计划的内容包括：计划概要、背景分析、机会与威胁分析、拟订营销目标、确定营销策略、制订行动方案。

市场营销计划的制订程序包括：更新和收集数据进行归纳分析、形成营销目标和营销战略、制订营销行动方案、预测财务结果、协调和控制五个步骤。

协调与控制常用的做法是把目标、预算按月度或季度分开，便于上级主管及时了解各个阶段的销售实绩，掌握未能完成任务的部门、环节的状况，分析原因，并要求其限期做出解释和提出改进措施。

市场营销执行就是将市场营销计划转化为具体行动并达到既定目标的过程。营销执行人员必须掌握以下相关的技能：配置技能、控制技能、组织技能、互动技能。

市场营销计划的执行应遵循以下步骤：制订计划执行方案、建立组织机构、开发人力资源。在市场营销计划的执行过程中会出现各种问题，如任务不明确、权责不分明、管理不到位、资源不保障等，使得一个好的营销计划并不能带来预期的业绩。原因有四个方面：计划脱离实际，长期目标与短期目标相矛盾，因循守旧的惰性，缺乏具体、明确的行动方案。

市场营销控制是指企业跟踪营销活动的每一个环节，对营销计划中各项营销活动的实施和营销指标的完成情况进行监督和审计的过程。市场营销控制包括年度计划控制、盈利控制、效率控制和战略控制等方面。

市场营销审计是指对企业或战略业务单位的营销环境、营销目标、营销战略、营销组织、营销方法、营销程序和业务等诸方面进行独立的、系统的、综合的定期审查，以发现市场机会，找出问题所在，提出改善市场营销工作的行动计划和建议，供企业领导者决策时参考。市场营销审计具有全面性、独立性、系统性、定期进行四个特点。市场营销审计内容包括：市场营销环境审计、市场营销战略审计、市场营销组织审计、市场营销制度审计、市场营销生产审计、市场营销功能审计。

关键术语

市场营销管理　市场营销组织　市场营销计划　市场营销执行　市场营销控制　市场营销审计

思考与练习

1. 知识经济下营销组织结构有哪些新变化？
2. 市场营销计划的制订包括哪几个步骤？

3. 市场营销计划执行过程中存在哪些问题？原因是什么？

4. 简述市场营销控制的主要内容。

技能训练

无领导小组训练

一、训练目标

1. 培养学生的组织协调能力；

2. 激励学生能够在团体中积极表现自我。

二、训练内容

1. 熟悉无领导小组情景训练的基本方法；

2. 根据情景分组演练。

三、训练准备

学生事先准备纸笔，分配小组；教师准备情景资料，组织学生实训，考核评价。

四、训练流程

分组开展讨论—成果展示—教师点评。

五、训练操作要点

1. 知识点：无领导小组情景训练法；

2. 能力点：组织协调能力；

3. 控制点：时间及课堂氛围；

4. 考核点：组织领导的协调能力（自我推荐）；资料分析能力（结果的数量与质量）；团队配合。

参考文献

［1］ 吴健安，钟育赣．市场营销学［M］．北京：清华大学出版社，2015.

［2］ 菲利普·科特勒，凯文·莱恩·凯勒．市场营销管理［M］．王永贵，译．北京：中国人民大学出版社，2013.

［3］ 科特勒，米尔顿·科特勒．营销的未来［M］．毕崇毅，译．北京：机械工业出版社，2015.

［4］ 菲利普·科特勒．科特勒谈营销：如何创造、赢取并主宰市场［M］．高登第，译．杭州：浙江人民出版社，2003.

［5］ 马斯特森，大卫·马克顿．营销学导论［M］．李先国，译．北京：北京大学出版社，2009.

［6］ 石井淳蔵，栗木契，鸠口充辉等．营销学——日本视角［M］．杨宇帆，译．北京：科学出版社，2010.

［7］ 艾·里斯，劳拉·里斯．品牌 22 律［M］．寿雯，译．北京：机械工业出版社，2016.

［8］ 杰克·特劳特，史蒂夫·里卡金．重新定位［M］．谢伟山，苑爱冬，译．北京：机械工业出版社，2016.

［9］ K. 道格拉斯·霍夫曼，约翰·E. G. 贝特森．服务营销精要：概念、战略与案例［M］．范秀成，译．北京：北京大学出版社，2008.

［10］ 戴维·劳登，罗伯特·史蒂文斯，布鲁斯·雷恩．营销管理：教材与案例［M］．陈兹勇，骆珊，译．北京：经济管理出版社，2006.

［11］ 彼德·多伊尔，苏姗·布里奇沃特．营销市场创新［M］．荣忠声，卢维，陈彤，译．北京：中国时代经济出版社，2006.

［12］ 西尔维·拉福雷．现代品牌管理（英文版）［M］．北京：中国人民大学出版社，2011.

［13］ 杨勇，李一红．现代市场营销学［M］．北京：中国物资出版社，2001.

［14］ 杨勇．价格竞争论［M］．北京：中国社会出版社，2005.

［15］ 杨勇，王惠杰．现代市场营销学［M］．北京：中国物资出版社，2007.

[16] 王惠杰，杨勇，高万敏．现代市场营销学［M］．北京：中国物资出版社，2011.

[17] 杨勇．市场营销策划［M］．北京：北京大学出版社，2014.

[18] 杨勇，王惠杰．现代市场营销学［M］．北京：中国财富出版社，2015.

[19] 杨勇．市场调查与预测［M］．北京：机械工业出版社，2016.

[20] 全琳琛．1 分钟学营销——故事里的营销学［M］．北京：人民邮电出版社，2010.

[21] 贾雯．市场营销理论与实务［M］．北京：中国商业出版社，2016.

[22] 郭国庆．市场营销学通论［M］．北京：中国人民出版社，2014.

[23] 吴友富，吴炎燕．新编现代市场营销策略与技巧［M］．上海：上海外语教育出版社，2008.

[24] 冯华亚．推销技巧与实战［M］．北京：清华大学出版社，2008.

[25] 杨米沙．服务营销——环境、理念与策略［M］．广州：广东经济出版社，2005.

[26] 张慧伶．市场营销方法与实践［M］．北京：中国商业出版社，2003.

[27] 吕一林．市场营销学原理［M］．北京：高等教育出版社，2011.

[28] 徐盛华．新编市场营销学基础［M］．北京：清华大学出版社，2006.

[29] 高云龙，郜启扬．营销谋略与经典案例［M］．北京：社会科学文献出版社，2005.

[30] 王勇．中外企业管理经典案例［M］．北京：人民出版社，2006.

[31] 李毕华．阿里巴巴的营销策略［M］．深圳：海天出版社，2010.

[32] 庄贵军．企业营销策划［M］．北京：清华大学出版社，2005.

[33] 方虹．物流企业管理［M］．北京：高等教育出版社，2005.

[34] 吴健．现代物流学［M］．北京：北京大学出版社，2010.

[35] 薛辛光，孙雷红．营销策划理论与实务［M］．北京：电子工业出版社，2009.

[36] 王学东．营销策划——方法与实务［M］．北京：清华大学出版社，2010.

[37] 孟韬．市场营销策划［M］．大连：东北财大出版社，2009.

[38] 屈云波，张少辉．市场细分——市场取舍的方法与案例［M］．北京：企业管理出版社，2010.

[39] 李薇辉，罗文英．市场营销学［M］．上海：华东理工大学出版社，2008.

[40] 宋海峰．哈佛市场管理方法［M］．呼和浩特：内蒙古人民出版社，2010.

[41] 纪宝成．市场营销学教程［M］．北京：中国人民大学出版社，2013.

[42] 王月辉．日本企业市场营销战略——了解你的对手［M］．北京：科学技术文献出版社，2005.

[43] 李晨耘．市场营销学实用教程［M］．北京：北京大学出版社，2010.

[44] 王槐林，李林．市场营销学［M］．北京：北京大学出版社，2010.

[45] 吕冬梅，黄译群，谢朝阳．市场营销学［M］．上海：同济大学出版社，2015.

[46] 李杰．品牌审美与管理［M］．北京：机械工业出版社，2015.

[47] 杨洪涛，张倩，赵忠伟等．市场营销——超越竞争，为顾客创造价值［M］．北京：机械工业出版社，2015.

[48] 劳拉·里斯．视觉锤——视觉时代的定位之道［M］．王刚，译．北京：机械工业出版社，2016.

[49] 刘晓东．大数据微营销［M］．北京：中国财富出版社，2016.

[50] 宋彧．市场营销原理与实务［M］．北京：清华大学出版社，2013.

[51] 秦仲篪，袁超，李萍．品牌营销［M］．北京：清华大学出版社，2017.

[52] 骆品亮．定价策略［M］．上海：上海财经大学出版社，2013.

[53] 车慈慧．市场营销［M］．北京：高等教育出版社，2010.

[54] 张洪培，尚德峰，吕变喜．市场营销［M］．天津：南开大学出版社，2014.

[55] 戴万稳．国际市场营销学［M］．北京：北京大学出版社，2015.

[56] 刘厚钧．市场营销实务［M］．北京：电子工业出版社，2010.

[57] 秦远建．企业战略管理［M］．北京：清华大学出版社，2013.

[58] 郭国庆．营销伦理［M］．北京：中国人民大学出版社，2012.

[59] 王小兵，王小东．市场营销理论与实务［M］．北京：清华大学出版社，2016.

[60] 陈劲，郑刚．创新管理［M］．北京：北京大学出版社，2016.

[61] 吴健安．营销管理［M］．北京：高等教育出版社，2010.

[62] 李志敏．跟大师学营销［M］．北京：中国经济出版社，2004.

[63] 杰克·特劳特．大品牌大问题［M］．耿一诚，许丽萍，译．北京：机械工业出版社，2016.

[64] 戴维·阿克．管理品牌资产［M］．吴进操，常小虹，译．北京：机械工业出版社，2016.

[65] 郭国庆，贾淼磊．营销思想史［M］．北京：中国人民大学出版社，2012.

[66] 李丹，徐娟，张勇．企业战略管理［M］．北京：清华大学出版社，2017.

[67] 包政．营销的本质［M］．北京：机械工业出版社，2016.